彭勇 ◎主編

天朝落日

好讀出版

天朝落日 目録

其興也勃，其亡也忽

歷史的智慧，是無數先賢聖哲將前人所付出的血與火之代價總結而得出的寶貴經驗。這筆巨大的精神財富，不光成就了輝煌燦爛的中華文明，也培養出中華民族不屈不撓的民族性格。因此，要深刻地瞭解現實、面向未來，就應當自覺地學習歷史，追溯歷史。

中國有著豐贍的文化和高度發達的文明，是唯一擁有連續不間斷歷史的國家。近五千年歲月的歷史風煙，上演了多少波瀾壯闊的歷史劇碼。「江山如此多嬌，引無數英雄競折腰。」數以百計的王朝興替，太多的英雄傳奇，讀來無不蕩氣迴腸。其開國之君，無不具有雄才大略；其開國之始，又無不氣象萬千。但隨著統治日久，統治階級內部嗜欲漸盛，驕侈之心代替了求治之心，不再治世惟危，少有「慎終如始」，王朝的危機漸漸顯露出來。所以歷史上屢有中興之主而造中興之勢。然而翻遍二十四史，數一數所謂的幾個中興時期，其氣象也不盡如人意，甚而加速了王朝的覆滅。統治者更加腐敗，社會問題更趨嚴重。就像一座梁柱被蝕空的大廈，縱有華麗的外表，也經不起輕輕的一陣風或一場薄雨的吹打。所以後來讀史者又無不慨歎：「其興也勃，其亡也忽。」每一次改朝換代，幾乎都伴隨著血與火的慘烈戰爭，伴隨著家破國亡、妻離子散的末世悲歌。在新舊王朝更替之際，社會長期陷入大動盪之中，民生凋敝，災害肆虐，人口銳減，經濟和社會生活呈現了大幅度的倒退。

「以史為鑑，可以知興替。」反省歷史，就是要避免重蹈覆轍，從歷史的經驗中吸取教訓，找到更好的社會發展方向，永保太平和睦的生活，這是每位治史者共同的期盼。因此，我們在此以辯證式歷史觀點去研究歷史，探討王朝覆滅的歷程與真相。

縱覽歷史風雲，細細品味歷代王朝興衰，我們驚奇地發現：歷代王朝創造繁榮的過程極為相似，其衰亡也經歷了驚人相似的軌跡。概言之，在中央集權專制或皇權集中的古代社會，歷代王朝的興衰與一個人有極其密切的關係，這個人就是王朝最高權力的擁有者──「天子」！即我們常說的皇帝。

在「普天之下，莫非王土；率土之濱，莫非王臣」的封建時代，天子對社會財富擁有最高的支配權，對臣民擁有無上的控制權。天下百姓，都

把天子聖明作為治世的標準。天子聖明，則百姓之幸；天子昏庸，則百姓之禍。但縱觀歷史，聖明的天子屈指可數，昏庸的帝王又比比皆是。百姓的苦樂可想而知了。所以，元代詞人張養浩在路經潼關，看到廢棄的宮闕，發出了「興，百姓苦，亡，百姓苦」的長嘆！秦朝以後，隨著皇帝制度的確立和中央集權的逐步加強，皇帝成為國家社會的最高支配者，社稷安危存亡全繫於其一人之手。

王朝興替，其興也由帝王。透過歷代社會經濟的恢復與發展，我們不難發現，初期的帝王大都勵精圖治，兢兢業業。他們時刻惦記著創業難、守業更難，「水可載舟，亦可覆舟」的訓箴，精心管理自己的「家國天下」。在政治方面，他們事必躬親，嚴加管束皇親國戚、家奴宦官；他們親賢人，遠小人，善於納諫，能聽取不同的意見，甚至是逆耳忠言。在經濟上，他們與民休息，蠲租免稅，愛惜民力，輕徭薄賦；興修水利，發展經濟；打擊豪強，分配土地，保護生產和經營；在自然災害降臨時，安置流民，傾力救濟。在民族政策方面，多充分尊重不同民族之間的風俗與信仰，以達和諧友好相處。如西漢初年文帝、景帝行休養生息政策，而有「文景之治」。唐太宗於大唐開國三十年後，即創造了「貞觀之治」。

王朝興替，其亡也由帝王。同樣，任何一個王朝衰敗和滅亡的軌跡都有著驚人的相似。

儘管每個王朝滅亡的方式千差萬別，帝王或被俘沙場、或被捉宮廷、或身首異處、或客死他鄉、或自焚宮中、或自縊身亡、或亡命天涯、或葬身魚腹……但任何一個王朝由盛至衰，由衰至亡皆非朝夕間事，都是有跡可循的。即如所謂的清平盛世，也同樣潛伏著危機，只不過被表面的繁華所掩蓋，社會承平愈久，其衰危之心愈益懈怠，統治階層更不願甚至不敢去面對，仍然我行我素。舉明清為例，普遍認為，明實亡於萬曆十五年，清實亡於康乾盛世的乾隆王朝後期。

帝王或者試圖欲挽救將傾之大廈，但終因積重難返，無法逃脫被顛覆的命運。亡國之君各有各的不同，但亡國之君的行為方式多有驚人的相似。在政治上，他們荒怠朝政，不理政事，或多年不上朝，將朝政悉數委於他人；他們偏聽讒言，致使政治不清、吏治敗壞；他們對治理國家不感興趣，對歪門邪道表現出異乎尋常的熱情，或求長生、或樂於所好、或荒淫無道等。在經濟上，他們不抑兼

併，橫征暴斂，與民爭利；他們奢侈浮華，大興土木，勞民傷財，其結果自然是積貧積弱。在民族關係和對外關係上，他們或嗜殺成性，窮兵黷武，元氣大傷，最後直落得兵敗如山倒；他們往往驕傲自大，採取民族壓迫與民族歧視，階級制度森嚴，致使民怨沸騰。如秦二世胡亥終日沉緬享樂，權柄落於趙高之手，光天化日之下上演「指鹿為馬」的鬧劇。又如萬曆皇帝迷戀房中術，二十多歲就搞得身心俱疲，常常頭暈目眩、動火熱症，多年無法臨朝，他長期怠政而勤於搜刮，加劇了明代官場的腐敗。

我們強調皇權的關鍵性，絕非忽視統治階層其他群體所施加的影響，如外戚、宦官等。其實，他們的得勢仍來自於皇權，他們之所以氣焰囂張，多是狐假虎威，仗勢欺人。一旦天子揚威，無論氣焰多麼囂張的亂臣賊子通通玩完！明末魏忠賢集團的覆亡就是個很好的例子。魏忠賢縱然被封為「九千九百歲」，在「萬歲」崇禎帝龍顏大怒時，其貌似堅固龐大的官宦集團也會迅速瓦解。

能夠對皇權運行產生直接影響的乃是官僚。他們的權力是皇帝所賦予，同時具有相對的獨立性，可以說，一個王朝的興衰，絕大程度上取決於官員素質；其素質的高低表現在保民、安民和富民的治理能力，也表現在廉潔操守方面。吏治清明，則上令下達，政通人和，社會安定祥和。除此之外，官員的素質還取決於他們的知識水準、社會責任感和價值趨向等。歷史上不乏冒死直顏犯諫的官員，他們以天下為己任，以「修身、齊家、治國、平天下」為人生價值觀，在促進社會經濟發展的同時，又能規勸帝王嚴以律己，以蒼生為念。

凡是在王朝的興盛之世，就會有一批正直廉潔無私的官員；凡是王朝衰亡和行將崩潰之時，奸臣就會藉機竊權，中正鮮少。王朝的命運似乎可透過諫臣的命運反映出來。貞觀盛世時的魏徵，雖然冒死規勸唐太宗，卻仍能得到高升和信任；明代中期的海瑞把明世宗嘉靖皇帝罵得狗血淋頭，雖被投放到監獄，但命不當絕；明末，一批正直的東林黨人慘死在血雨腥風之中，大明的滅亡注定不遠了。直至清朝入關之後，士大夫們完全沒有了「天下興亡，匹夫有責」的氣概，唯唯諾諾、自稱「奴才」以自保，他們噤若寒蟬，幾乎處於「失語」的狀態！可以說，清代二百餘年的吏治是古代中國最為敗壞的時期。所幸者，清前期的康熙、雍正和乾隆等皇帝能事必躬親，勵精圖治，尚能控制

住局面。但長此以往，高高在上的統治者一旦失掉了官員們的支持，失去了民心，專制與獨裁下的「風平浪靜」，往往滋生出可怕的逆流。當所謂夜郎自大的「康熙盛世」美夢尚未結束時，天朝大國已淪落到任人凌辱的地步！所以，我們再強調皇權在王朝興替中的重要性，「天下非一人之天下，乃天下人之天下」，這正是歷代有為統治者多把「民本思想」作為根本治國思想的原因。一個王朝的興替，泰半取決於統治者（包括官員），尤其是兆民之首的帝王對待人民的態度。

最後，要談一談農民起義在王朝覆亡中的作用，亦即對農民起義的評價。歷史上，許多王朝是在農民起義的衝擊下滅亡的。對農民起義的研究，在中國近代史學界曾經相當繁榮，但最近十年來，卻出現了過度將之貶低的現象。一些人認為，所謂的農民起義之參加者，絕大部分是沾染了流氓習氣的無賴之徒，他們好逸惡勞；所謂的「起義」不過是燒殺搶掠，不僅不可能推進歷史的腳步，甚至還製造了更大的社會混亂，導致社會發展的倒退。

這種觀點在史學界有一定的議論空間，值得商榷。譬如洪水湧來，勢必泥沙俱下。中國社會在每一次大動盪之後都能呈現出相對的穩定期和發展期，這不能不說是歷次的農民起義給予新統治者覆亡之鑑。所以明太祖朱元璋深有感觸地說：「所畏者天，所懼者民。苟所為一有不當，上違天意，下失民心，馴致其極而天怒人怨，未有不危亡者矣。」他反覆告誡大臣：「天下初定，百姓財力俱困，譬猶初飛的小鳥，不可拔其羽；新植之木，不可搖其根，要在安養生息之。」所以，每當一場大農民起義過後，新立王朝的統治者都會汲取前代亡國的教訓，採取一些與民休息的措施，促進社會經濟的恢復。

一個王朝滅亡了，我們稱它為「舊朝」；另一個王朝建立了，我們稱它為「新朝」。「總把新朝換舊朝」，這是中國五千年文明史上數百個政權更替留給我們的印象。歷史進程的必然性和偶然性是史學家長期關心的問題，著名史學家顧誠先生說：「必然性只有一條：就是社會要發展，要前進；其間可能出現短期逆轉和曲折。」歷史的車輪滾滾向前，「世界潮流，浩浩蕩蕩；順之者昌，逆之者亡」。「以史為鑑，可以知興替」，歷史科學的萬古長青，就是教導後來者借鑑歷史上的經驗，避免重蹈失敗的覆轍。歷史學家的責任就是找到一條縮短現代人和過往距離的有效途徑，領悟歷史的智慧和哲理。

——彭勇

夏禹

⊙大禹治水圖

日落湯池：夏朝覆亡眞相

夏桀文武雙全，才智過人，且力能擒虎，是一個
很有本事的人。按說，像夏桀這樣的人不應該亡
國。但歷史就是這樣無情，有本領的人往往剛愎
自用，自以為是。夏桀即是如此，性情暴戾，好
色而淫。自比太陽，終被成湯所滅，就像太陽必
落於西方湯池一樣。

被自己的光芒所傷
燃燒、升騰、墜落
歷史的塵埃覆蓋歲月的牆頭

——海默《夢迴古代·夏朝》

若要說中國歷史，夏朝是不能不說也是無論如何不可逾越的巔峰。但是，夏朝卻是一個沒有多少考古實物出土的王朝，它僅僅存留於人們的記憶和傳說中。因此，歷代關於夏王朝的真實存在性成為公案，眾說紛紜，莫衷一是。可以說，在甲骨文出土之前，商代和夏代一樣，是不被正統學術界所認同的。

甲骨文出土以後，再也沒有人懷疑商朝的真實存在性。商代世系已被甲骨卜辭確鑿無疑地證實，在位居二十四史之首的《史記·夏本紀》中，關於夏代世系的記載與該書《殷本紀》中關於商代世系的記載一樣明確。實物既已證明了商朝的存在，夏與商一樣，世系那麼明晰，傳承那麼有序，絕非空穴來風，無源之水，必有所據。

況司馬遷去古不遠，見過大量的典藏文獻，加之司馬遷撰寫史書的認真性和準確性，遍遊九州，考稽著老，不放過任何一點闕疑之處，歷為後世史家所推崇。因此，《史記》又被譽為信史。當代全球的新古代史觀，又無不重視傳說和神話等等，譬如歐洲文化的源頭——希臘的神話和傳說，實際上就是希臘的遠古史和文明史。基於此，我們有充分理由相信夏朝的真實存在性。

⊙禹，中國古代夏部落聯盟的首領，是鯀的兒子，相傳西元前二○七○年禹建立夏朝，定都陽城（今河南登封），以治水聞名，分中國為九州，制定貢賦制度，初具國家規模。

夏朝建立

在夏朝享國四百多年的歷史裡，除了大禹治水、少康失國、夏桀亡國等寥寥可數的幾個故事以外，夏朝並沒有多少典籍記載或實物佐證的存在。在後世田野發掘中的諸多文物，似乎也與夏朝缺少對應。儘管如此，我們還是盡可能地去還原這副遠古的骨架，使它栩栩如生地站在我們面前，訴說自己的王朝故事。

對於夏朝的開國國君，史學界向來存有兩種說法，一說是大禹，一說是大禹的兒子啓。照《禮記・禮運篇》所載：禹之前是不分階級、財產公有的大同社會，各部落聯盟的首領由推選產生，也就是後世推崇的「禪讓」制。禹實際上是大同時代的最後部落共主。

堯帝生前，宣布賢德的舜為接班人，讓舜代替他行管理「天下」之責。堯帝死後，為了讓堯帝的兒子丹朱繼位，舜主動離開都城，迴避到南河之南。但是，諸侯們都不去見丹朱而去見舜，就連謳歌者也不謳歌丹朱而謳歌舜，舜說「這是天意」，於是繼承了帝位。

舜帝生前，效法堯帝，也宣布治水有功的大禹為其接班人。舜帝死後，大禹也像舜讓位給堯帝的兒子丹朱那樣，讓位給舜帝的兒子商均。但由於禹治水有功，威望高，諸侯們不同意商均繼位，於是大禹繼位為王。禹成為部族聯盟首領後，將三苗驅趕到丹江與漢水流域，「天下」分為九州[※1]，制定貢賦制度，社會有了進一步分工，交換關係在增加，階級與私有的觀念在人們的腦海中逐漸成形。這意味著原始公社已趨向分化，實行族內繼承遺產制，自然就衍生出了部落酋長的世襲制。

禹帝生前宣布輔助他治水有功的皋陶為接班人，但是皋陶先禹帝而死，於是禹帝又宣布伯益為接班人。禹帝死，伯益繼位，此時夏部族的勢力已相當強大，首領禹的兒子啓不願去朝拜伯益，反自立為帝，開創夏王朝。啓能夠廢除「禪讓」制，說明私有財產制在禹時就已臻成熟了。但是，啓襲禹之位為部落大酋長，破壞了部落聯盟的推選制，自然遭到伯益等部落首領的激烈反抗。經過多年戰爭，伯益兵敗被殺。啓獲勝後，在鈞臺大宴各地部落首領，以期獲得對其統治地位的認可。有扈氏對啓破壞禪讓制的做法十分不滿，拒不出席鈞臺之宴。啓大怒，遂發兵征伐有扈氏，大戰於甘，有扈氏戰敗被滅。由於帝位世襲在此階段可說是一種前所未有

⊙ 堯帝像。堯，姓祁，又稱陶唐氏、唐堯，為中國上古傳說的五帝之一。他在位時廣施仁德，創造了後世景仰的大同社會。

的新制度，這次戰爭的勝利，使得王位世襲制得以確立，夏朝的統治也進一步得到了鞏固。

從王位世襲制的確立來說，啓是夏朝的開國國君。但是，若加上啓的王位承襲自父親禹來看，就必須從禹時開始算起。此外，大禹率領軍隊征服三苗，在塗山大會天下部落領袖，召開歷史上著名的「塗山之會」，自此奠定了天下一統的格局，從這個角度來說，大禹被視作夏王朝的開國之君，也就不足爲奇了。

失國復國

啓建立夏朝以後，和歷史上許多國君一樣，飲酒、打獵、歌舞無度；到晚年更是怠於政事，社會問題日益突顯。啓死後，啓的兒子太康繼位，太康是個庸才，終日沉溺於酒色，比啓更荒淫，帶著家眷到洛水北岸打獵，接連數月不回朝。貴族首領后羿※2利用夏民的怨恨，逐走太康，奪取了夏室的統治權力。

后羿是東夷有窮氏部落的首領，傳說他是當時最善射的人，但卻也是個荒唐的統治者。他非常自負，自恃箭術過人，對政事不聞不問，終日沉溺於田獵遊樂之中；對於敢諫諍的幾個賢臣，不是疏遠就是流放，卻重用奸詐狡猾的寒浞主持朝政。寒浞是有史記載以來的第一佞臣。他善於諂媚

◎后羿射日圖

逢迎，深得后羿的信任，同時好用各種小恩小惠愚弄百姓。他暗中培植黨羽，等待時機企圖取后羿而代之。一次，后羿從外打獵回來，寒浞收買后羿的親信聯手設伏將后羿殺死，奪得了最高統治權。然而，寒浞性格殘暴奸詐，不但霸佔了后羿的家產和妻子，而且任意驅趕和殺戮百姓，搞得民怨沸騰。

太康失國後，逃到同姓部落斟鄩（河南鞏縣西），羿滅斟鄩，立仲康。仲康子相逃到商丘，被羿攻伐，又逃到帝丘，依同姓昆吾部落。寒浞殺羿後，相成爲寒浞的肘腋之患，日夜憂懼，於是派兵攻打在帝丘避難的相；相有孕在身的妻子后緡，在忠誠的僕人幫助下慌忙從牆洞中逃歸母家有仍氏部落，不久生下少康。

少康長大後，作了有仍氏的牧正，管理畜牧。當寒浞之子派人追殺少康時，少康又逃到有虞氏部落，作了有虞氏的庖正。舜的後人虞思聽說少康賢正，就把兩個女兒嫁給了少康，並贈予大量的土地和奴隸作爲陪嫁，少康才奠定了基礎。這時，有個叫伯靡的夏朝遺臣，逃居在有鬲氏部落。他收撫了斟灌氏、斟鄩氏等部落

的逃散人眾，整頓隊伍，積蓄力量。在伯靡的協助下，少康展開了聲勢浩大的復國運動，經過幾十年的奮鬥，終於收回了太康失去的帝位。這一事件，歷史上稱為「少康中興」。

少康是夏王朝的第六世國王。少康之子杼也是位能幹的帝王，他發明了「甲」，夏因此擁有一支較強大的武裝，徹底肅清寒浞及其殘餘勢力，並且征伐東夷，使夏王朝發展達到了鼎盛。

暴君夏桀

夏朝在經歷過「太康失國」、「少康中興」之後，似乎再無什麼驚天動地的大事發生了，直到聲名狼藉的昏庸天子──夏桀的出現。夏桀是歷史上第一個亡國之君，算是荒淫天子的老前輩，他寵愛妃子妹喜而誤國。妹喜因此入了史冊中紅顏禍水之列的排頭。

相傳夏桀文武雙全，不但才智過人，且能生擒野牛、老虎，折斷鉤鎖，是一個很有本事的人。按說，像桀這樣的人不應該亡國，特別是在冷兵器時代，一切皆以武力定勝負。但歷史就是這樣無情，大概也是因為有本領的人往往剛愎自用，自以為是。桀便具有這樣的缺點，他性情暴虐，為人殘忍，好色而淫。地處東方的有施氏部落，在桀繼位前就反叛不服。

桀繼位後，調集了上萬軍隊，討伐有施。有施人丁稀疏，國小力薄，眼見夏王朝大兵壓境，滅亡在即，立即派人請罪，表示願意臣服夏朝。一開始，桀並不接受有施的投降，打算滅掉有施。有施很害怕，聽說桀好色，便挑選了一個名叫妹喜的美女，進獻給桀，以此再次請降。桀一見妹喜，大為高興，把消滅有施的事情拋諸腦後。抱得美人後，便樂悠悠地班師回朝了。

妹喜隨夏桀回到了國都，看到「破破爛爛」的都城後，很不高興。為了討得美人歡心，夏桀下令重建宮殿。為了修建宮殿，夏桀竭盡所能，搜刮民脂民膏，徵調役使百姓。宮殿建得金碧輝煌、宏偉壯觀，高得難以仰望，從地面上看好像要傾倒一樣，故取名「傾宮」。竣工後，夏桀和妹喜一起搬到了新宮，日日宴飲，夜夜笙歌，不理朝政。妹喜愛聽絲綢裂開的聲音，桀馬上命令各地每天進貢一百匹絲綢，讓人輪流撕給妹喜聽；妹喜愛聽珠玉碰碎的聲音，桀馬上命令各地每天進獻一百對美玉，讓人輪流摔碎給妹喜聽。其荒淫無聊，罕有所聞；民不堪其擾，諸侯也不堪其苦。儘管如此，夏桀仍舊認為他的統治將會永世不竭，長長久久，他把自己比做太陽，希望與日月齊輝。

夏桀的作風，引起了諸侯的不滿

和反抗。為了顯示自己的威力，也為了要諸侯貢納財物供自己揮霍，夏桀下令在有仍大會諸侯。懾於夏王朝的武力，許多諸侯國不得不前去赴會。有緡是夏王朝東部的附屬國，雖然參加了這次會盟，但對暴虐貪婪的夏桀頗為不滿，故提前離席；夏桀大為惱火，出兵征討有緡。有緡是個彈丸之地，無法抵禦大軍入境，很快就滅亡了。夏桀把有緡的財物、美女、人口盡數擄掠到都城，任意處置。這使得諸侯紛紛有了戒心，害怕有緡的命運也會落到自己的頭上。眾諸侯與夏桀更加疏離，夏朝的滅亡似乎只是時間問題了。

到了晚年，桀更加荒淫無度，命人造了一個大池，稱為「夜宮」。他帶著一大群男女雜處在夜宮內，縱情於歌樂聲色，一個月不上朝。有個名叫趙梁的小人，專門投桀所好，教桀如何享樂，如何勒索殘害百姓，得到了桀的寵信。伊尹屢次勸說桀王親賢臣、遠小人，卻險些被殺頭。太史令終古哭著進諫，桀很不耐煩，斥責他多管閒事。終古知道夏桀已不可救藥，就與伊尹先後投奔了成湯。關龍逢見國運日危，手捧「皇圖」[*3]，來到「傾宮」求見。關龍逢捧著繪有大禹治水、塗山大會等圖像的「皇圖」，進諫說：「如果天子

做到謙恭、節儉、講究信義、愛護賢才，那麼，天下才能安定，王朝才能穩固。而今陛下奢侈無度，嗜殺成性，弄得諸侯離心離德，百姓盼望您早些滅亡。國家已經到了非常危險的時刻，您唯有趕快導正過錯，體恤民情，才能使夏朝的統治千載萬世。」對於這樣的忠言，夏桀不僅不聽，反將關龍逢殺害，將「皇圖」焚毀，同時警告臣下如果再有人進言，一律殺死。從此，賢臣絕跡，佞臣當道，夏桀的統治越來越殘暴了。

此時的夏朝，整個社會分成三大階級：貴族（奴隸主）、奴隸和平民。貴族大多是由父系氏族社會末期的氏族貴族和部落首領轉化而來的。他們繼承了大量的財富，在戰爭中擴大權力，最後轉變為據有生產資源和生產者本身的社會統治者，上古文獻中的「百姓」指的就是這一階級。他們整天沉迷於飲酒、打獵和歌舞，不管奴隸們的死活。

奴隸，主要是由氏族部落之間的掠奪戰爭中得到的俘虜轉化而來，也有部分是氏族公社的貧苦者淪為奴隸。在夏代，奴隸名目繁多，從事農業生產的稱「民」、「黎民」、「眾人」、「眾」；從事畜牧業的稱「牧豎」或「隸圉」；貴族家內的奴隸則叫「臣」

⊙ 夏朝大臣關龍逢像，因直言勸諫，而被夏桀殺害。

（男性）和「妾」（女性）。在貴族眼裡，奴隸只是「會說話的工具」。奴隸被成批地趕到農田裡去種地、放牧，從事各種繁重的勞務。貴族可隨意地把奴隸關進監獄，施以重刑殺害。奴隸被殺死的方法有許多種，其中最殘酷的就是人祭和人殉。

平民階級是貴族與奴隸兩大對立階級外的中間階級，他們大多是由各級貴族疏遠的宗族成員和原來的氏族公社成員組成的，雖然擁有「自由民」身分，但同樣是各級貴族的附屬，要受到他們的剝削和壓迫。隨著社會的發展，財富日益集中到少數人手裡，貴族與奴隸、平民之間的對立日益尖銳起來。又遇到夏桀這樣的荒淫殘暴之君，加速了社會的不穩定。

湯武革命

商是黃河下游的一個部落，傳說商的祖先契在堯舜時期，曾經跟大禹一起治過洪水，是個有功的人。另一先祖王亥在夏時就以造牛車聞名，他駕著牛車，用帛和牛當貨幣，在部落間做買賣，由此可見商部落的手工業和畜牧業十分發達。到了夏朝末年，商已經成為一個強大的部落。其首領成湯是個有遠見又十分仁義的人，他看到夏桀暴虐殘忍，喜好淫樂，民心漸失，是滅夏的好時機，便採取了一系列強商弱夏的措施，在內政外交上積極謀略。

首先，成湯將居住地遷至亳※4，因為從亳到夏朝的統治中心伊水、洛水流域，交通非常便利，易於行軍打仗；其次，他對內實行薄斂政策，使人民生活安定，物產日益豐富；再次，他不拘一格地選用人才，伊尹在投奔成湯的途中成為奴隸，但成湯並沒有因此看不起他，而是大加重用，破格提拔他為右相。事實證明，伊尹在後來滅夏的戰爭中，發揮了關鍵的作用。

對外，成湯對其他小諸侯恩威並施，採取拉攏與攻打兩手政策。在豫東，伊尹輔佐成湯悄無聲息地樹立了另外一種形象。野外，有人四面張網捕鳥，並禱告說：「小鳥啊，從四面八方進我的網裡吧！」成湯則說：「怎麼能把天下的鳥捕盡呢！」於是把網揭開了三面，禱告說：「往左邊飛，往右邊飛，不聽勸告的，就要被網住了。」與「一網打盡」的貪婪相比，「網開三面」顯示出成湯寬以待人的風範。那些與夏朝疏離的諸侯聽了這個故事後，無不讚頌他的仁德。

成湯一邊用仁德感召諸侯，一邊又用武力剪除夏王朝的羽翼。當時，人們十分迷信鬼神，把祭祀天地、祖宗看作是社稷頭等大事。商部落附近有個忠於夏桀的葛國（今河南寧陵縣北），國君葛伯不按時祭祀。湯派人

⊙ 河南偃師二里頭遺址，是反映夏朝文化時期的
一個重要考古發現，右圖為二里頭遺址夏朝宮
殿仿真圖。

去責問葛伯，葛伯回答說：「我們這裡窮，沒有牲口作祭品。」於是，成湯送了一批牛羊給葛伯，葛伯卻把牛羊全部殺掉吃了。湯又派人去責問，葛伯說：「我沒有糧食，拿什麼來祭祀呢？」於是，湯派青壯年人幫助葛伯耕田，派老弱孤寡為耕作的人送酒送飯。不料在半路上，葛伯把那些酒飯全都搶走，還殺了一個送飯的小孩。葛伯的做法，激起了眾人的公憤。成湯給葛伯「挖了個坑」，而葛伯也乖乖地跳了進去。在人們看夠了葛伯的無賴相後，紛紛建議成湯出兵征伐，成湯遂名正言順地吞併了葛國。從此，成湯的聲名遠播，夏桀暴政下的人們對他「心嚮往之」，投奔者絡繹於道。用同樣的方法，成湯又先後攻滅了韋（今河南滑縣東）、顧（今河南范縣東）等夏的屬國，又擊敗了昆吾國（今河南濮陽東南），並吞併這些國家的土地和人口。

經過多年的經營，商部落的力量日益壯大。伊尹建議成湯停止向夏桀進貢，以試探夏桀的實力。夏桀果然大怒，徵調「九夷」等天下諸路兵馬，準備討伐成湯。伊尹一看夏桀還能調動九夷的部隊，認為滅夏時機還不成熟，馬上勸成湯向夏桀請罪，恢復向夏桀進貢。一年後，夏

桀的橫徵暴斂更逾於從前，弄得朝政日非，並且誅殺重臣，重用佞臣，惹得諸侯怨聲載道，眾叛親離。九夷中的一些部落實在忍受不了夏桀的殘暴，轉向成湯示好。成湯再次試探性地停止向夏桀進貢。這次，夏桀的指揮棒完全失靈，九夷之師大都找藉口拒絕徵召。此時，成湯和伊尹認為伐桀的時機已經成熟。

約在西元前一六〇〇年，成湯正式興兵討伐夏桀。戰前他召開了隆重的誓師大會，發表了討伐夏桀的檄文，也就是有名的《湯誓》。《湯誓》中記載道：「你們諸位快來，都好好聽我講話！並不是我膽敢以下犯上、發動叛亂，是因為夏桀犯了許多罪行，上天命令我前去討伐他。現在你們大家會說：『我們的君主不憐惜我們，讓我們放下手中的農活，拿起武器討伐夏桀！』我要告訴你們，夏桀罪惡滔天，我害怕違背上帝的旨意，不敢不去討伐他！現在你們又會問我：『夏桀罪行究竟有哪些呢？』我要告訴你們，夏桀大興徭役，耗盡了夏民的力量，夏民對夏桀極其不滿，他們說：『你這個太陽啊，什麼時候才會

⊙ 輔佐商湯成就霸業的名臣——伊尹。

滅亡？我們寧願跟你一起滅亡。』夏桀的統治壞到這種程度，我一定要去討伐他！你們要好好地輔佐我，執行我的命令，如此我定會大大地賞賜你們；否則，如果你們不服從我的命令，我就要懲罰你們，絕不寬赦！」在這裡，成湯揭露了夏朝政治的黑暗和夏桀的殘暴，聲稱要替天行道，代表天意去討伐他。這番誓師，大大地振奮了士氣。

誓師後，成湯選良車七十乘，敢死戰士六千人，聯合各部落軍隊，採取大迂迴戰略，繞道夏都以西，出其不意、攻其不備地突襲夏都。夏軍倉促應戰，和成湯的軍隊在鳴條一帶（今河南封丘附近）展開大決戰。兩軍交戰，夏桀登上附近的小山頂觀戰。激烈的戰鬥正在進行時，天忽降大雨，夏桀又急忙從山頂奔下避雨。夏軍將士本來就不願為桀賣命，此時也趁機紛紛逃散。兵敗如山倒，夏桀制止不住，只得倉皇逃入城內，商軍在後緊追不放。夏桀不敢久留，匆忙攜帶妹喜和珍寶，登上一艘小船，渡江向南巢逃竄。商軍窮追不捨，俘獲了夏桀和妹喜，後便將他們流放於此。至此時，夏桀還不悔悟，反而狠狠地說：「真後悔啊，當時沒有把湯殺死在夏臺監獄裡！」

原來，商湯由於治國有術，在諸侯中威望大增，夏桀感到商湯構成的威脅，就藉故把湯召到首都，囚禁在夏臺中央監獄。湯用重金買通夏桀的兩個嬖妾，說服夏桀釋放了商湯。所以桀才有此語。桀和妹喜養尊處優慣了，在這窮鄉僻壤之地，無人服侍，自己又不會勞動，最後活活餓死於臥牛山。有的史書說，夏桀並沒有被商兵俘獲，而是逃匿於南巢，最後病死。總之，夏朝宣告滅亡。湯在各路諸侯的擁護下，告祭上天，宣布了商王朝的建立。這就是歷史上有名的「湯武革命」。

古代把改朝換代說成是天命的變革，故稱為「革命」。這是中國歷史上第一次武力改朝換代，成湯透過「伐謀」、「伐交」、「伐兵」，最終取得戰爭速勝。這對後世戰爭的發展、軍事理論的建構，都產生深遠的影響。

桀的罪惡是否如此深重，後人頗有爭議。宋朝的羅泌在《桀紂事多失實論》中就認為，桀的許多罪惡其實並非桀所為，而是後人將後世帝王的罪惡加在桀身上，將他塑造成一個暴君的典型而已。

註釋
※1 九州所指，歷來說法不一，主要有《禹貢》九州、《爾雅》九州、《周禮》九州三種說法，一般指《周禮》九州，即冀、幽、并、兗、青、揚、荊、豫、雍。
※2 傳說中的射日英雄，月宮裡嫦娥的夫君。
※3 「皇圖」也叫做「黃圖」，是一幅繪有祖先帝王功績的圖。繪製「皇圖」的目的，是讓後代帝王能夠效法先帝治理國家。
※4 亳邑今居何處，目前尚無定論，多數學者傾向於一九八○年代發現的洛陽偃師商城遺址。

⊙ 甲骨文為中國最古老的文字，又被稱為契文、龜甲文、龜甲獸骨
　文，商人用龜甲、獸骨占卜。占卜後將所占卜的時間、地點以及
　所占卜的事情作為卜辭，刻在龜甲或獸骨上。

鹿臺孤魂：商朝覆亡真相

紂王雖為亡國之君，但卻對中國歷史饒有貢獻，
這點歷來為史家所忽視。正如毛澤東在評點二十
四史時所說：「他經營東南，把東夷和中原的統
一鞏固起來。⋯⋯紂王伐徐州之夷，打了勝仗，
但損失很大。俘虜太多，消化不了，周武王乘虛
進攻，大批俘虜倒戈，結果商朝亡了國。」紂王
兵敗自焚，是一幕英雄末路的悲劇。

歷史承認失敗
但不承認失敗的英雄
失敗是水　英雄是火
失敗和英雄水火不容

———海默《夢迴古代·商朝》

依據現存的文獻記載和地下史料來說，商是文字信史的開端。大量殷墟出土的龜甲和獸骨，詳細記載了殷人的禮俗、農業和戰爭等事蹟。殷墟龐大的宮室、大墓葬的規模以及精美絕倫的青銅器物，都說明了商朝是奴隸制度的鼎盛時期。

在商代，奴隸絲毫不被當作人看待，而是被視為奴隸主（貴族）的財產。奴隸主是握有威權的一群人，他們威權的來源是天命，天命的直接表現是求得鬼神的啟示。殷墟人骨數以萬計，事無大小，都要占卜。然而，天命無常，商代為奴隸社會發展的頂峰。頂峰的背後，是奴隸主對奴隸的殘酷剝削和壓迫頂峰的延續，是奴隸制度走向衰落以致滅亡的必然。

⊙ 商朝的創立者成湯，於西元前一千六百年擊敗夏桀，建立商王朝，商朝是奴隸制社會走向成熟的時代。

蒸蒸日上

商朝六百多年的歷史中，定都最久的是殷（今河南安陽），而僅次於殷的都城則是亳（今河南偃師一帶）。在商朝建立之前，成湯就把都邑遷到了亳，自稱武王。此後的一百多年間，是商朝國力蒸蒸日上的時期。從成湯經太甲到太戊，六代十一王的努力，建立了一個空前強大的奴隸國。

商朝剛剛建立，王畿內就發生了一場大旱災，延續了七年之久。遠古的商人無法解釋這些自然現象，把它看成是上天的安排，於是，無論是朝廷還是民間，人們紛紛祈求上天，希望早日下雨以紓解旱情，但毫無結果。到第七個年頭，成湯命令史官們在一座草木茂盛的山上，選桑林設立祭壇，親自率領伊尹等大臣向上天祈雨。但是，成湯的祈雨依然無果，毫雨未下，他便讓人占卜原因。史官們說：「拜祭時除了要用牛羊作犧牲外，還要用人牲。」成湯聽了，生氣地說：「我祭祀占卜祈雨本來就是為了百姓，怎麼能再把無辜的人燒死呢？還是用我來代替吧！」於是，成湯先命令點燃祭祀的柴火，然後將自己的頭髮和指甲剪掉，沐浴潔身，最後向上天禱告說：「我有罪，就懲罰我一個人吧，不要懲罰我的臣民。」

禱告完畢，毅然向燃燒著的柴火走去。恰在此時，天忽然下起了傾盆大雨。成湯自我犧牲的精神，感動了上天。於是，商人都用歌唱的方式來表達對他的熱烈擁戴。這只是一種機緣巧合，但是成湯這種勇於犧牲自我的精神，卻值得敬佩和景仰。

成湯死時，長子太丁已逝，太丁的弟弟外丙繼立為商王。外丙在位僅三年便死去，又由他的弟弟仲壬繼位，仲壬在位四年便死去。這一時期，商王朝的大權事實上掌握在大臣伊尹手中。伊尹又立太丁的長子、成湯的嫡長孫太甲為商王。太甲繼位後，面對著四方臣服、風調雨順、五穀豐登的局面，開始飄飄然起來。他認為天下已經太平，不需管理，只需享受，便耽於酒色之中，追狗逐兔。荒疏了政事不說，還寵信奸佞小人，和他祖父成湯的做法大相徑庭。伊尹苦口婆心地向他講述夏桀暴虐傷民、寵愛妹喜、失德亡國的歷史，講述成湯如何反對暴虐、愛護民眾的歷史。可是，太甲根本聽不進去，依然我行我素。伊尹並沒有失去信心，繼續教導太甲做個好君王。這次，太甲厭煩起伊尹整天在耳邊嘮嘮叨叨，並責備他多管閒事，懷疑他想要篡奪王位。多次的勸誡都不見效，伊尹經過再三的思慮，決定把太甲囚禁到王都郊外的桐宮，自己攝政處理國務。在桐宮

的三年中，太甲開始反省，重新思考伊尹的教誨，逐漸體悟到自己以前的做法是不妥當的，願意改過自新。於是，伊尹親自到桐宮接回太甲，還政予他。太甲重登王位後，果然痛改前非，效法成湯，兢兢業業主持朝政。於是，商朝呈現出一片政治清明、人民安居樂業的榮景。

太甲死後，商朝經歷了沃丁、太庚、小甲、雍己四個王，又呈現衰敗的跡象。雍己死後，他的弟弟太戊繼位。太戊繼位後的第七年，王宮的庭院中長了一棵桑樹，在桑樹下，又長出一棵谷樹，兩棵樹迅速長成了參天大樹。商人特別迷信鬼神，把它看作是妖怪。太戊懼怕不已，尹陟趁機勸說道：「臣聽說，無論什麼樣的妖魔鬼怪，一見到帝王之德就會自行退卻。這些不祥之兆，可能是大王在治理朝政時有了某些閃失。只要大王能夠妥善施政，妖怪自然就會不攻自破。」經過尹陟的勸誡，太戊勵精圖治，修德治國，使得商王朝重新振作起來。不久，這對迅速長成蒼天大樹的共生樹，也如曇花一現般迅速枯死了。從此，太戊更加敬重尹陟，事事必定請教尹陟。商朝的國運如日中天，蒸蒸日上。

盤庚遷都

從商王湯武到盤庚共歷十代，中間遷都五次。遷都的原因，後世學者眾說紛紜，其中的一個重要原因可能是爭奪王位。從第六代仲丁到第十代陽甲，眾兄弟之間爭奪王位的情況漸趨激烈，政治衰亂不堪。商朝的王位繼承制是「兄終弟及」和「父死子繼」相結合的方式：商王死後，王位由弟弟繼承，無弟可繼後才會傳給兒子，至於是傳給哪位王子的兒子，則無定制，因此子侄之間便會引起爭奪王位的爭鬥。所以，《史記‧殷本紀》上說，自仲丁以後，廢嫡而立諸弟子，諸弟子或爭相代立，造成了殷有九世之亂的混亂局面。諸侯、方國趁著商王朝內部的混亂之機，迅速發展起來，與商王室分庭抗禮。王公貴族整天只顧玩樂，忙於爭奪權力，完全不理國家大事。生活在水深火熱之中的人民，紛紛起來反抗，社會動盪不安。商朝內憂外患，危機四伏。

陽甲死，弟盤庚立。盤庚是位能幹的君主，他深知商朝正處於危險時期，如果再不進行改革，抑制奢侈惡習，勢必走向衰亡。經過長考，盤庚決定遷都到殷這個地方。殷處於黃河之北，洹水之濱，從政治上來說，離舊都比較遠，能夠削弱王公貴族的舊勢力，緩和統治階級的內部問題，擺脫爭奪王位的混亂局面；從經濟上來說，避開水澇較多的泗水流域，更有利於發展農牧業；從戰略上來說，利

於防禦北方地區和西北各方國的侵擾，同時控制四方諸侯。但是，當盤庚提出遷都之時，遭到了大多數王公貴族的反對。

面對強大的反對勢力，盤庚遷都的決心不但沒有動搖，反而更加堅定。他把反對遷都的貴族集合起來，耐心地勸說：「我要你們搬遷，是為了讓你們擁有更長久穩定的統治，讓百姓能夠安居樂業，讓我們的國家更加強大。現如今許多王公貴族整天只知玩樂，對百姓不知體恤，老百姓都快要生活不下去了。長此以往，他們是必定要造反的呀！你們不明白我的苦衷，不明白我的真正用意，反倒是反對遷都，更有甚者竟然煽動人民鬧事，想以此改變我的主張。你們真是大大的糊塗呀！打個比方說，如果大家都坐上船，而你卻不願意渡過河，這不是等著這條船沉沒嗎？這樣，不但你會沉入河中，大家也要和你一樣沉入河中，這有什麼好處呢？現在，國家處於危急的關頭，而你們仍然只顧眼前利益，不做長遠打算，這樣對嗎？」

見這些貴族沒有反對，盤庚接著說：「我準備把都城遷到殷地。大家都知道，殷這個地方不但土地肥沃，有利於發展農業，而且地理位置非常重要，利於控制四方諸侯、方國。遷都到這個地方後，老百姓不就可以安

⊙ 商代四羊方尊。四羊尊鑄於商代晚期，為現存商器中最大之方尊，它集中了浮雕、繪畫、分鑄、合鑄等工法，兼顯平面紋飾和立體雕塑，融合動物型態於器皿之中，可謂商代青銅工藝的傑作。

居樂業了嗎？社會不就可以穩定了嗎？國家不就可以強大了嗎？」（《尚書·盤庚》）那些王公貴族們雖然心裡還有些不服氣，但看盤庚態度堅決，也就不敢再提出異議了。於是，商朝遷都的計畫終得以付諸實施。

盤庚帶著王公貴族、百姓和奴隸渡過黃河，搬遷到殷。在那裡，盤庚大力整頓商朝政治。他以茅草蓋屋，減輕剝削，反對營造宮室，嚴懲貴族奢侈；使衰落的商朝出現了復興的局面，盤庚因此被稱為中興賢王。在此後的兩百多年裡，商朝未再遷都，商朝因此又稱作「殷商」，或「殷朝」。

商朝滅亡後，經過三千多年的風風雨雨，殷都早已變為一片廢墟。近代，人們在河南省安陽縣小屯村一帶發掘出大量的商朝遺物，證明那裡就是殷的遺址，故叫做殷墟。從殷墟發掘出來的遺物中，有龜甲和獸骨十多萬片，而這些龜甲和獸骨上面，大都刻著難以辨認的符號。經過歷史學家、文字學家和考古學家的仔細研究，認為這是中國至今為止發現最古老的文字，命名為「甲骨文」。

甲骨文的發現，具有重大的意義，它不僅證明了商朝的存在，印證了《史記·商本紀》中對商朝的記載確為事實，而且對研究商朝，特別是盤庚遷都以後商朝的社會情況提供了可靠的材料，對漢字起源和發展的研究也大有裨益。

⊙ 殷墟甲骨文的大量出土，將中國的信史時代向前推進了一大步。

武丁中興

盤庚遷殷以後，商朝的國勢一直處於上升階段。到了武丁統治時期，政治、經濟、文化都得到空前發展，國力趨於鼎盛，史稱「武丁中興」。

武丁是商朝的第二十三位君王。據說，武丁年少之時，父王小乙為了讓他能成為稱職的君王，就把他派到外地觀省民風、增長見識。於是，武丁來到黃河兩岸，觀察當地人民的生活，深入接觸。有時，武丁還和這些人一起參加農務。這些生活體驗，使他瞭解到生活的艱辛和勞動的不易。

武丁是盤庚以後難得的好國王，具有雄才大略。有個叫傅說的賢人，是個奴隸，他在參加修建工程時，被掌管該項工程的百工發現，向武丁舉薦。武丁親自去面見這位賢人，發現他果然談吐不凡，是個經世濟民的奇才。武丁為了任用傅說為相，三年不管事，自稱夢見聖人，並畫出傅說的相貌，令百官去尋找。殷人信鬼，武丁以此方法舉傅說做宰相，貴族們便不敢反對。自從傅說被提拔為相後，一心一意輔佐武丁，幫助武丁大力振興政治、經濟、文化，緩和了奴隸的反抗，商因此復興起來。武丁死後，被稱為高宗。

由於武丁善於選拔人才，加以晉用，所以他的身邊聚集了不少名臣，

除了傳說以外，還有甘盤、祖己等人。有一次，武丁祭祀成湯之時，一隻野雞飛到了鼎上啼叫。在王都的郊外，有一片茂盛的森林，是飛鳥經常棲息的地方。所以，一隻野雞飛到太廟中來鳴叫，原是件稀鬆平常的事情。但是，武丁卻認為這是種不祥之兆，害怕會有什麼壞事發生。祖己趁機勸諫武丁：「請大王不要擔驚，不要害怕。現在，只要你修好政事，勵精圖治，勤儉節約，一切不祥之兆自會煙消雲散。」當時，武丁用來祭祀的祭品過於豐盛，祖己擔心他流於奢侈，便勸諫如此一番話。武丁虛心地接受了祖己的勸諫。聰明的大臣往往借自然的異變來勸諫君王，效果奇佳。野雞鳴叫和共生樹的故事，有著異曲同工之妙。

武丁時期，對周圍侵擾商朝的各諸侯國、方國，包括羌方、土方、人方、鬼方、虎方、荊楚等展開了連串

⊙傳說是武丁時代有名的賢臣。

⊙ 武丁是商代君王，後世稱為高宗。盤庚弟小乙之子。武丁繼位後力求鞏固政治，增強國力，使商王朝得以大治。由於武丁將商王朝推向極盛，故被稱為中興之王。

的征討。此舉雖可促進國家穩定；但從另一方面看，戰爭同樣造成了許多負面影響，比如耗費大量的人力、物力和財力，加重了百姓的負擔，而且激化了階級矛盾等。因此，從某種程度上說，武丁的大規模戰爭，為商朝幾百年的基業預先唱起了日暮時分的蒼涼之曲。武丁中興既是商朝興盛的頂點，也是由興盛走向衰敗的起點。

奴隸制度

商朝的貴族階級，由以商王為首的各級貴族構成。在名義上，商王是全國的最高主宰，他把土地和奴隸分配給王公貴族及諸侯，形成大小奴隸主。他們殘酷地壓榨和剝削為數龐大的奴隸，過著窮奢極欲的生活。

商朝時期，奴隸的種類比較多，分布在農業、畜牧業、手工業和家內等。其中，農奴是奴隸「大眾」的主力軍。甲骨文中常見「眾」和「大眾」的字眼，經過專家研究，斷定這就是

商朝的農奴，主要從事農業生產。甲骨文的「眾」字，上邊一個太陽，下邊三個人，就像許多奴隸在烈日下勞動。當他們在烈日下勞動的時候，都有甲骨文稱作「小臣」一類的奴隸主在監督、催促、鞭打。除了農業勞動外，他們還要承擔各種勞役，並接受各種軍事訓練。在畜牧業和手工業上，貴族還要役使大量的奴隸。在貴族的家裡，大批奴隸服役於生活和生產的各方面。在眾多的奴隸之中，只有極少數的奴隸會得到貴族的寵信，從而擺脫奴隸的悲慘命運。比如伊尹原來就是家奴，後得到成湯的信任；傅說是罪徒，後得到武丁的賞識，榮升為統治階級的一員，這樣的例子實在很少。

在商朝，貴族對奴隸的慘無人道，體現在人殉和人祭制度上。生前，貴族貪婪地吮吸奴隸的膏血；死後，他們以大量的奴隸作為陪葬，把人間的壓迫生活帶入冥世，這就是著名的人殉制度。從目前所發現的商朝墓葬看，每一個大、中型貴族墓中，都有數量不等的殉人，少則幾人，多則數百人。每到祭祀時，仍要殺死一些奴隸作為祭品。這種用奴隸作為「犧牲」來祭祀的制度，就是所謂的人祭或人牲制度。成湯求雨時，史官們就打算用人牲祭祀。甲骨文中還載有各種人祭的方式，如「焚妾」，就是用烈火活活燒死女奴以求雨；「沉妾」，就是把女奴投於水中以祭神；「伐羌」，就是殺死羌奴以祭祖。從這些記載中，不難體會到奴隸制度的殘暴。另外，貴族在宮殿、居室建成奠基之時，還會在其四周埋上若干奴隸和牛、羊、狗等，以保佑宮室的堅固和居室的吉利。

在貴族的殘酷剝削和壓迫下，奴隸們過著如牛如馬，抑或牛馬不如的生活。這些有血有肉的奴隸在無法生存的情況下，開始反抗商朝貴族的統治。當然，他們的反抗，並不像後來封建社會的農民一樣，能夠組織起大規模的武裝起義。他們僅是以怠工和逃亡等方式來反抗商朝的殘暴統治。為了防止奴隸的怠工和逃亡，商朝的統治者設立監獄，制定了包括砍頭、剖腹、割鼻、活埋、刖足和剁成肉醬等酷刑。其中，刖足是商朝最流行的刑罰之一，用銅鋸從腳踝骨處鋸斷下肢，以示警示和懲罰。

⊙ 商代玉人塑像，出土自殷墟最大的的婦好墓，造墓時曾用大批的奴隸作為殉葬。

商朝的奴隸制度，無疑是極其野蠻、慘無人道的社會制度；但是，在當時的歷史條件下，正是由於奴隸制度的確立和完善，才推動了商王朝農業和手工業空前的繁榮和發展，創造出極其輝煌燦爛的商文化。

紂王無道

武丁時期，確立了嫡長子繼承制，商王生前便預立嫡長子為王位繼承人，以避免子孫在王位繼承問題上的紛爭。此後的國王皆是以嫡長子身分繼立。嫡長子繼承制，一方面加強王權，減少了王位繼承的紛爭；另一方面，王位既定，也加速了統治集團的腐朽，削弱了商朝的統治。西周初期的大政治家周公旦，目睹了商王朝一步步走向滅亡的過程。輔佐周成王時，他以祖甲之後商朝的歷史為借鑑，反覆告誡成王：「商朝自祖甲以後的國王，由於從小生活在深宮之中，不懂稼穡的艱難，也聽不到人民的疾苦之聲；優越感特別強，不知好好學習為君之道，也不懂得傾聽別人的意見，這樣的國王，只知道沉溺於享樂之中，怎麼可能會有大作為呢？怎麼可能不斷送商朝的天下呢？不僅如此，這些商王個個荒淫享樂，所以沒有一個長壽的，在位的時間長則十年八年，短則二年三年。」

盤庚遷殷，原想糾正貴族的腐化

◎ 殷墟出土的司母戊大方鼎，代表著中國青銅文化的最高水準，堪稱傑作。大鼎長一百一十公分，寬七十八公分，壁厚六公分，耳高一三三公分，重達八七五公斤。鼎身以雷紋為地，上有龍紋盤繞，四角為饕餮紋。

墮落，可是武丁以後，他們腐化更甚，到紂王時達到極致。他們荒廢耕地，讓麋鹿禽鳥生長；想出各種殘酷的刑罰，榨取財物；日夜酗酒，整個統治階級都沉溺在酒裡。殷墟出土的青銅器，有相當大部分都是酒器；從這些眾多精美的酒器中，我們不難想見商朝統治者窮奢極欲嗜酒的習慣。

紂王繼位之初，尚能勵精圖治，試圖重振昔日雄風。他御駕親征，平定東夷，將中原文化傳播到了江淮地區。大批戰俘成為商朝的奴隸，也有力地促進了商朝農牧業和手工業的發展。然而，戰爭的勝利沖昏了紂王的頭腦，他開始追求荒淫無道的生活。

愛江山更愛美人的他，為取悅歷史上另一位「紅顏禍水」——妲己的歡心，不惜巨資造離宮別館、築亭臺樓閣，建酒池、懸肉林，讓男女裸體追逐於酒池肉林[注2]間。更有甚者，他甚至剖開孕婦的肚子，取出未成形的胎兒嬉戲取樂，殘暴荒淫到了無以復加的地步。

人們常說，英明的君主旁邊必有許多賢臣，而昏庸的君主旁邊必定會有一幫諛臣。這是因為英明的君主懂得親近賢臣，昏庸的君主卻親近諛臣。而紂王身邊就有這麼幾個「助紂

⊙比干像

為虐」的諛臣，如費仲、蠻廉、惡來和崇侯虎等。他們都是當政的大臣，因善於阿諛奉承、迎合紂王和妲己，深得信任，於是便仗勢欺詐百姓，從中漁利，百姓恨之入骨。

紂王的行為招致眾諸侯的強烈不滿。有一位九侯獻給紂王一位美女，由於她不善淫欲，一怒之下，紂王將她殺掉，並把九侯剁為肉醬。另一位侯王向紂王提出了反對的意見，也被紂王所殺。有西伯侯[注3]者暗自嘆息，不料被奸佞小人聽到後加以告密，因而被囚禁了七年之久，這就是歷史上有名的「羑里之囚」。後來，西伯侯的臣下屢次進獻紂王美女、奇物、良馬等，紂王才將西伯侯放回屬國。

紂王的異母兄微子啟勸諫他說：「我們這樣拚命地喝酒，不但敗壞了先祖留下來的美德，且使百姓、大臣都做出了許多苟且之事。如果再不懸崖勒馬，商朝可能就要滅亡了。」紂王對微子啟的勸告充耳不聞，微子啟只得偷偷離去。紂王的堂兄弟箕子也來勸諫，紂王不但不聽，反而把他囚禁起來。紂王的叔叔比干好言規勸，喪心病狂的紂王居然命人活活剖開比干的肚子，取出心來觀賞。紂王的殘暴無道，嚇得大臣人人自危；有的裝病不出，有的雖上朝但不發一言，有的投奔了周武王。

紂王對大臣們尚且如此，對老百

姓就更是肆無忌憚了。他要造鹿臺，就強迫老百姓服勞役；他要喝酒，就隨意地搶奪老百姓的口糧；他要吃肉，就迫使老百姓沒日沒夜地到深山老林之中獵取野獸。愛妃妲己喜歡看殺人，他就命人用炭火燒熱銅柱，強迫老百姓抱柱爬行，直至死亡，這就是臭名昭著的「炮烙之刑」。老百姓實在生活不下去了，只好扶老攜幼，哀號哭泣著四處逃亡。

據文獻記載，夏商兩代的亡國之君——夏桀和商紂，並非平庸無能之輩。紂王才智過人，能言善辯，曾空手與野獸搏鬥。但他們的暴行又有著驚人的相似之處。有歷史學家早已經指出過，這可能是後世史家為了告誡帝王勤政省刑，刻意歷數夏桀和商紂的罪狀，將兩人的事蹟各自附會起來，以達到警示的目的。但無可懷疑的是，紂王的暴行激起了社會漣漪，早在等待時機的周武王正向他走來，一場暴雨式的革命已悄悄揭開了帷幕的一角。

武王克商

西伯侯回到西歧後，對紂王畢恭畢敬，並且率領諸侯向商朝進貢，以麻痺紂王。對於西伯侯的表現，紂王相當高興，特地賜給他田地千里，及弓、矢、斧、鉞等兵器。事實上，西伯侯對紂王的這一些行為都是表面工夫，暗地裡，他藉此時機來擴大自己的實力。

周文王的作為，與商正好相反。他嚴禁飲酒打獵，實行裕民政策，讓勞動者有積蓄而產生勞動的動力。並制定一條不許引誘、藏匿逃亡奴隸的法律。文王得天下的原因之一，即是爭取到很多諸侯國的支持。他勤修內政，親自下田勞動，發展生產，增強國力；一邊征伐鄰近的方國，以解除後顧之憂。西伯侯向西、向北討伐犬戎和密須，然後東征黎、邘，打通了伐紂的通道，直接逼近商都。接著，西伯侯回師滅掉在西方對商朝忠心耿耿的方國崇，並將國都從西歧遷到了崇，建立城邑豐邑。至此，西伯侯威望大振，許多諸侯紛紛背叛紂王而歸順他。而西伯侯呢？不露聲色，仍然表現出對紂王臣服恭敬的樣子。這時，商朝的眾大臣無不察覺到來自西歧的壓力，他們先後進諫紂王；而沉迷於聲色犬馬之中且又輕敵的紂王卻置之不理，嗤之以鼻道：「一個地方百里的小國，豈能撼動我鐵桶般的江山？」

西伯侯被周代的子孫尊稱為周文王，他壯志未酬身先死，卻為子孫東進伐紂鋪好了路。文王死後，子姬發繼承了他未竟的事業，即周武王。周武王繼位後四年，得知商朝統治集團已分崩離析，便車載文王木主（木雕

⊙ 伯夷、叔齊採薇圖。伯夷和叔齊前去阻攔周武王伐紂不成，周朝建立之後，兩人隱居首陽山採食山菜，發誓不吃周粟。

像）去伐紂。據說，周先派間諜到商察看國情，回報說，壞人執掌朝政，混亂極了，武王認為時機未到。又來報告，好人全被斥逐，大臣比干被殺、箕子被囚、微子出奔。武王認為時機還沒到。最後報告，百姓閉口都不敢說話了，更重要的是，商軍主力正遠征東夷，王都空虛，這絕對是天賜良機。於是，周武王在姜尚和弟弟周公旦的協助下，決定進攻商朝。

西元前一〇四六年，周武王率領兵車三百輛、虎賁（即近衛軍武士）三千人、士卒四萬五千人，又聯合各小國部隊，從孟津出發，向商朝都城

進軍。周軍一路過關斬將，順利地來到商都郊外的牧野。在牧野，周武王舉行了誓師大會，發表長篇誓詞，歷數紂王的種種罪惡。誓詞說：

「各位友邦君長，各位將士，你們聽我說，天地是萬物的父母，人是萬物的靈長，只有聰明才智強過他人的人才能夠做天子。天子就好比是人民的父母，要愛護人民、保護人民。現在，商王紂上不敬天，下不敬民，反而沉湎酒色，實行暴政，殘害百姓；他聽信婦人之言，濫殺無辜；他遺棄同族兄弟，重用奸佞小人；他亂殺忠良，大修宮苑亭臺；他長期征伐

東夷，耗費民力。像這樣殘忍、暴虐、無道的君主，定須滅亡。」

誓師完畢，周武王指揮大軍，向商軍進攻。

周武王帶著大軍逼近商都，此時的紂王呢？依然帶著心愛的妲己和寵臣在鹿臺欣賞歌舞，飲酒作樂。當臣下把周軍在牧野誓師的消息告訴他時，他這才慌了手腳，趕忙召集大臣商量對策。這時，由於商軍主力正在東南地區征伐東夷，一時調不回來，紂王只好臨時把都城中的大批奴隸武裝起來，開赴前線。

當周、商兩軍在牧野擺開陣勢，準備廝殺時，商紂王臨時武裝的奴隸在陣前倒戈，拿著武器和周軍一起殺向紂王。紂王大敗，帶著少數衛士狼狽地逃回朝歌。到了這個時候，紂王終於知道自己大難臨頭。於是，他先把玉石和其他珍寶圍在腰上，在鹿臺上大吃了一頓，然後放一把火，投火自焚而死。將近六百年的商朝，就這樣斷送在紂王之手，重蹈了夏桀亡國的覆轍。

紂王雖為亡國之君，但毛澤東在評點二十四史時，卻給予他較高的評價：「把紂王……看作壞人是錯誤的，其實紂王是很有本事、能文能武的人。他經營東南，把東夷和中原統一鞏固起來，在歷史上是有功的。」同時，他也指出了紂王失敗的教訓：

「紂王伐徐州之夷，打了勝仗，但損失很大。俘虜太多，消化不了，周武王趁虛進攻，大批俘虜倒戈，結果商朝亡了國。」

較早為紂王翻案的歷史考古學家郭沫若在一九五九年六月到安陽考察時，曾高度地評價紂王：

我來洹水憶殷辛，
統一神州賴此人。
百克東夷身自殞，
千秋公案與誰論？

他在《駁說儒》中也說：「像紂王這個人，對於我們民族發展上的功勞倒是不可掩沒的。商朝末年有個很宏大的歷史事件，便是經營東南，這幾乎完全為周以來的史家所抹殺了。這件事，在我看來，比較起周人的翦滅商室，於我們民族的貢獻要更偉大。」在郭沫若的眼中，紂王兵敗自焚，也是「一幕英雄末路的悲劇，有點像後來的楚霸王，……他自己失敗了而自焚的一節，不也足見他的氣概嗎？」紂王，這個亡國之君，值得我們回味思考……

註解
※1 伊尹的兒子，太戊執政時期的重要大臣。
※2 酒池就是鑿一個大得可以行船的池子，裡面灌滿了酒；肉林就是在酒池旁豎立許多木椿，上面掛著烤得香噴噴的肉。紂王和妲己在酒池邊上盡情地酗酒，到肉林盡情地吃肉。
※3 即西周的開國之君周文王。

⊙陝西驪山烽火臺遺址

紅顏禍水：西周覆亡眞相

周幽王「烽火戲諸侯」的故事，可謂家喻戶曉、婦孺皆知。褒姒也因此成為紅顏誤國的禍水，把亡國之責推到一名女子身上，顯然有失公允。
西周的滅亡，從根本上說，並非由於褒姒，而是由於新的生產關係出現的結果，周幽王只不過充當了奴隸制度的殉葬者罷了。

從紅顏到禍水的距離
近在咫尺　遠在天涯
當欲望之虎
翻越理性的高牆
世界就開始緩緩墜落

————海默《夢迴古代·西周》

周朝國君姬姓，相傳是五帝之一帝嚳之後裔棄的子孫。棄在「禪讓」時代任農官，發現了稷和麥並加以種植，被尊為農神，號稱后稷。其後世子孫世世重農，頗為富饒。《詩經》裡有許多追述周先祖重視和發展農業生產的農事詩，是周人社會生活的真實紀錄。

周朝歷經三十七代天子，國祚七百多年，是中國歷代王朝中最長久的朝代。其間，西元前七七○年，周平王把都城從豐鎬遷都雒邑（今河南洛陽），因為豐、鎬二京在西，雒邑在東，所以習慣上稱西元前七七○年以前的歷史為西周，此後為東周。西周從武王滅商建國到平王東遷，共經歷三百多年。西周的經濟制度不同於商，最主要的表現就是對民的看法之異同。商時民屬於國王直接所有的財產，可任意殄滅民命；周則重農、慎獄，天子只是民的宗主，代天保民。顯然，西周所創立的制度和文化，是中國傳統制度和文化的基石。

⊙周武王像

成康之治

周武王滅商居功至偉，他死後，太子誦繼立，是為成王。成王年幼，由曾經輔佐克商的武王之弟周公旦攝政。周公是史上有名的大政治家，他依據周國原有制度，參酌殷禮，定出一套鞏固封建統治的制度來，這就是後世儒家極力稱頌和推崇的「周禮」。

武王的兩個弟弟管叔、蔡叔懷疑周公欲篡奪王位，便詆毀周公，並與殷民聯絡，一時朝野流言四起。紂王的兒子武庚認為有機可乘，也積極圖謀復國。於是，他們一同勾結，糾集了徐、奄、薄姑和熊、盈等方國部落起兵反周。周公處在內外交困的境地，他首先向召公奭解釋，尋求幫助，隨後毅然地率領軍隊，進行東征。經過三年的艱苦作戰，周公殺武庚，黜管蔡，攻滅奄、徐等十七國，俘商貴族及遺民，因為他們頑固地反抗周的統治，被周王稱為「頑民」或「殷玩」。

為了消弭殷商的殘餘勢力，也為了鞏固西周的統治，周公首先命令諸侯在伊洛地區合力營建新城，即東都雒邑。雒邑建成之後，便把反對周朝的「殷頑民」遷徙到這個地方，嚴加控制。同時，封投降周朝的紂王兄微子啓於商朝故都，成立宋國，管理殷

⊙ 周武王之弟周公旦，西周著名的政治家，創制周禮，備受孔子推崇。

商之後；封武王之弟康叔於紂都，成立衛國，賜以殷民七族；封周公之子伯禽於奄國舊地，成立魯國，賜以殷民六族。這樣，殷商餘民遂被分而治之，天下局勢大體太平。

西周的疆域空前廣闊，為了有效統治，故而實行分封制。即周天子實行「封土建國」政策，按疆土距京城的遠近，把土地賜予分封者（大部分都是諸侯）。受封者在其封地上握有政治、經濟、軍事等大權，實行全面的統治；另一方面，受封者要對周天子承擔鎮守疆土、出兵勤王、繳納貢賦、隨王祭祀等義務。西周的分封，在武王時即已開始，但大規模分封是在成王及康王時期。西周的分封，在一定時期內加強了周王朝的統治，維護了天子、諸侯、卿、大夫、士這一階級禮制。

周公旦功成身退，還政於成王，周朝自此進入鞏固時期。成王姬誦在

⊙ 西周大盂鼎銘文，記載康王命盂管理兵戎，並賜給香酒、命服、車馬以及一千七百餘名奴隸之事，為研究西周奴隸制度的重要史料。

位後期，政治清明，人民安居樂業。後來，姬誦病倒，擔心兒子姬釗不能勝任國事，於是下令召公、畢公用心輔佐。不久，姬誦病死，康王姬釗繼位。召、畢二公率領諸侯，陪姬釗來到祖廟，把文王、武王創業的艱辛告訴康王，告誡他要節儉寡欲，勤於政事，守住祖先的基業。姬釗在位時，不斷攻伐東南各地的少數民族，掠奪奴隸和土地，分賞給諸侯、大夫。一次大戰中，周軍俘虜了犬戎兵一萬三千多人。為了慶祝勝利，康王賞予參戰的貴族盂一千七百多名俘虜，作為奴隸使用，並將此事用長達二百九十一個文字鑄在大盂鼎上。康王在位期間國力強盛、經濟繁榮、文化昌盛、社會安定，後世將這段時期和成王末年的統治譽稱為「成康之治」。

昭穆嬉遊

康王死後，昭王姬瑕繼位。姬瑕自幼養尊處優，繼位後又沒有賢臣輔佐，所以很快就奢侈荒唐起來。昭王最大的嗜好就是酷愛奇花異草、飛禽走獸，不少佞臣投其所好，以博取賞賜和升官。有時，昭王一聽得什麼地方有珍禽異獸，便立刻扔下朝政，趕去捕獵。結果，導致國力衰落，政治昏暗，一些諸侯開始不聽他的命令，中斷了貢奉。昭王依然我行我素。

昭王十九年，臣下奏告說，南方有一名為越裳氏的部落，出產一種羽毛潔白、肉味鮮美的珍禽，名叫白雉雞，成王時他們常拿來進貢，如今南方的楚國強盛起來，從中作梗，越裳氏的進貢因此中斷。昭王大怒，馬上親率大軍南征楚國，一路上強徵百姓運輸糧草、撐船拉縴，或供應食品美酒，並且徵用漁民的船隻，用完之後竟將船鑿沉，引起了百姓的憤怒。昭王渡過漢水，進攻楚國都城丹陽，屢攻不克。此時，恰巧楚王擔心敵不過周天子，派人前來請罪。昭王也就順水推舟，斥責了楚王一番，然後在楚國境內搶劫了大批財物，聲稱戰勝而班師回朝。

昭王一路遊獵，回到漢水邊上，命令部下再次強徵民船。船民含憤挑出一些船隻，將它們拆散，再用膠水

粘合起來，又用彩色圖案將痕跡掩蓋起來，讓昭王的部下把這些船拉走。昭王和將士登上船隻，行到江心，膠水經江水浸泡溶解，船板紛紛散裂，船隻下沉，昭王和隨身大臣也跌落在江中。昭王不識水性，穿著又很笨重，落水後掙扎了幾下就直往下沉，等到被救上岸來，已經腹脹如鼓，氣絕身亡。大臣們認為昭王的死非常不體面，不能公布真相，於是草草地將他埋葬，並對外謊稱是得急病而死。

繼昭王而立的是穆王滿，他在位長達五十五年之久。他好大喜功，曾因游牧民族戎狄不向周朝進貢，西征犬戎，俘虜他們的五個大王，並把他們遷居到太原。東方的徐國率領九夷侵擾周朝邊境，穆王聯合楚國之力，平定了叛亂。周穆王喜好遊山玩水，據說他以造父為車夫，駕著八匹千里馬，帶著七隊選拔出來的勇士，攜帶供沿途賞賜用的大量珍寶，先北遊到今天的內蒙古境內，再折向西巡，遊覽了今天新疆境內的許多名山大川，傳說到了崑崙山西王母國，受到西王母的隆重接待。西王母在瑤池為穆王設宴，飲酒吟詩，共頌友誼，又登山眺望遠景，在山頂大石上，穆王刻了「西王母之國」五個大字，作為紀念。然後，穆王繼續西進到大曠原，獵到了許多珍禽異獸後，返程東歸，回到鎬京。穆王西巡歷時兩年多，行程三萬五千多里，是歷史上的壯舉，沿途所經邦國，都受到了當地人民的熱情接待。

穆王遠遊也耗費了大量財富，弄得國庫虧空，但是在許多場合，周王又不得不維持著天子的架子。為了表示賞罰分明，不得不將都城附近的土地陸續分封給諸侯和大夫，使得自己直接支配的地域越來越小，收入越來越少，到周共王時，周王朝呈現衰敗的跡象。夷王由於諸侯的支持而登上王位，因此對諸侯十分感激，一改以前朝見時，天子站在堂上受諸侯禮拜的慣例，變為步下堂來和諸侯相見，天子的威嚴大為下降。被穆王遷居太原一帶的犬戎諸部也不斷反叛，夷王雖然幾次派兵征討，隱患始終未除。

國人暴動

西周社會奴隸制仍然十分盛行。奴隸被主人驅使從事家務勞動和社會生產，過著牛馬不如的生活。西周的土地基本制度是「井田制」。簡單地說就是，將大塊的田地分割成九塊，排成「井」字形，周圍八塊田地分由八家耕種，收穫物歸各家所有，為私田；中央一塊田地則由大家合耕，收穫歸國家所有，為公田。井田制下受田的人，平時向授予者交納貢賦，戰時有服兵役的義務。天子是最高的土地所有者，有權向每一位生活在土地

上的貴族和庶民取得貢賦，有權向接收土地者收回土地。西周行使取得貢賦權的方法有二種，其一，庶民助耕公田；其二，諸侯采邑主朝覲貢獻。所以，《詩經》上有「普天之下，莫非王土；率土之濱，莫非王臣」的詩句。這種土地制度，被後世的許多思想家如孟子等人譽為最理想的耕作方式。由於農業勞動者從牛馬不如的奴隸轉變為小私有經濟的農奴，生產力提高了。西周時期，農業是最重要的生產部門。

康王以後，社會問題開始明顯。一方面是社會形勢的變化，導致貴族內部發生了急劇的變化，呈現新的格局。如在昭王、穆王時期，有一部分原來地位較高的貴族，由於醉心於掠奪戰爭，不注意經營農業生產，結果家道逐漸衰落。相反的，一部分地位較低或者後起的新貴族，他們千方百計招徠流散的奴隸和貧苦的自耕農，

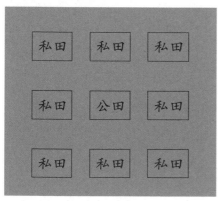

⊙ 井田制。將一百畝土地依井字形分為九塊，周圍的八塊田由八人耕種，中間作為公田。

設法擴大耕地，經濟力逐漸增強，成為暴發戶。另一方面，由於貴族的殘酷壓迫，奴隸們過著無衣無食、飢寒交迫的生活，而殘暴的酷刑、殉祭等更使他們朝不保夕，一部分聚集在山林湖澤之中，結成小團體，反抗周王朝的統治。

夷王卒，其子厲王姬胡繼位。厲王認為父親對諸侯大夫過於寬厚，轉而以嚴酷手段來加強對臣下的打擊。一些奸佞小人也利用他的這一心理為亂。如有一個臣子叫榮夷公，就教唆厲王對山林川澤的物產實行「專利」，由天子直接控制，不准百姓進山林川澤謀生。這個主意正中厲王下懷，因而對大臣的規勸和百姓的反對置之不理，一意孤行地推行這一政策。

沉重的賦稅，已使平民的生活痛苦不堪，厲王的「專利」政策讓平民忍無可忍。於是，街談巷議，抨擊朝政；痛哭詈罵，直指時弊。當時流傳著這樣一首歌謠：「碩鼠碩鼠，無食我黍。三歲貫汝，莫我肯顧。逝將去汝，適彼樂土。」這首歌謠，充分表明了百姓們對周厲王的強烈不滿。

面對怨聲載道，厲王並沒有省悟。相反的，他實行了更為恐怖的手段，派出佞臣衛巫監視百姓的一言一行，捕殺許多不滿厲王暴政的百姓，且殃及無辜。整個社會籠罩在恐怖之

⊙記錄西周兩個屬國土地契約的散氏盤。

中——親友熟人在路上遇到了都不敢打招呼，只能互相看上一眼，整個都城爲此變得死氣沉沉，這就是典故「道路以目」的來歷。厲王自以爲止謗見效，壓迫更甚以往。他得意洋洋地對大臣們說：「你們看，現在再也沒有人反對『專利』，再也沒有人咒罵了吧！」

召公是個有頭腦、有見解的政治家，曾經屢屢進諫厲王。現在見到厲王如此倒行逆施，執迷不悟，他便再次勸說道：「防民之口，甚於防川。把水堵住，一旦決堤，傷害的人更多。堵住百姓的嘴巴，不讓他們說話，其後果和堵住大水是一樣的。治理洪水的方法就是要疏通水道，讓它能夠自由的奔湧；治理人民的方法，也應該是廣開言路，讓百姓把自己的心裡話說出來，莫堵在心裡。天子掌管朝政，要讓上至公卿列士、近臣親戚，下至百工庶人以至奴隸都充分發表自己的意見，然後，君王集思廣益、博採眾長，才能避免或者少出差錯。所以，百姓心中有想法，就會透過嘴巴說出來，如果硬要堵住百姓的嘴巴，後果將不堪設想。」厲王聽了，不但不予以採納，還一意孤行地說：「我是堂堂天子，那些愚民懂得什麼？他們只能遵從我的命令，哪有資格胡說八道！」

面對周厲王的這些政策，國人忍無可忍，於是爆發了歷史上有名的「國人暴動」。「國人」是指居住在城中的人，這些人以平民爲主，他們多數是各級貴族的疏遠宗族成員。在周代，所營築的城邑通常有兩層城牆，從內到外分爲城和郭，城內稱「國人」，城外的稱「野人」或「鄙人」。由於貴族內部的分化現象日趨嚴重，

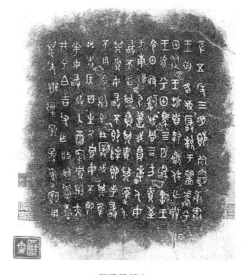

⊙散氏盤銘文

許多失勢的貴族和貧困的士階層社會地位不斷下降，在城中與一般平民雜處，成為「國人」的組成部分。另外，在「國人」中還有百工、商賈以及社會的下層群眾。

西元前八四一年的一天，都城四郊的「國人」自發地集結起來，手持棍棒、農具，從四面八方撲向王宮，聲討厲王。聽到由遠而近的呼喊聲，厲王趕忙下令調兵遣將。臣下回答說：「我們周朝寓兵於民，平民就是兵，兵就是平民。現在平民暴動了，還能調集誰呢？」厲王這才知道大禍臨頭，匆忙帶著宮眷逃出都城，沿著渭水河岸，日夜不停地逃到彘（今山西霍州市），築室居住了下來。

在周公、召公的極力勸解下，集結到王宮中的「國人」才漸漸散去，暴動暫時平息。根據貴族們的推舉，周公、召公暫時代理政事，重要政務由公卿大臣共同商議，這種政體稱為共和。在歷史上，這一年被稱為「共和元年」。由於《史記》一書於「共和元年」開始紀年，因此「國人暴動」、厲王被逐、「共和行政」建立的這一年，就被視為中國歷史有確切年代記載的開始。「國人暴動」有力地打擊了周王朝的統治，動搖了周天子的地位。從此，西周很快地衰落下去，逐步出現了分崩離析的局面。

厲王逃到彘後，派臣子凡伯返回都城鎬京打探消息。凡伯與周公、召公等商議，準備迎接厲王復位。但是民憤難消，周公、召公被迫打消了這個念頭。凡伯回到彘向厲王奏明了情況，無可奈何的厲王只好在彘定居下來，淒涼地度過了最後的十四年，最終病死了。

宣王中興

姬靜，厲王在位時被立為太子。「國人暴動」時，他聞聲逃入召公府宅避難。「國人」發現之後，趕來包圍了召公的府宅，要求召公把太子交出來。召公極力勸說「國人」，讓他們饒恕太子，卻沒有成功。憤怒的「國人」擁入府中，搜捕太子。召公趕入內室，命令他自己的兒子與太子對調衣服，忍痛將兒子推出去交給了「國人」。沒見過真太子的「國人」，看到身穿太子裝扮的人，不辨真假，湧上來一頓拳打腳踢。不一會兒，「假太子」氣絕身亡後，「國人」才紛紛離去。姬靜遂冒充召公的兒子隱藏了下來。十四年後，厲王病死在彘，周公、召公利用迷信平服了民怒，扶姬靜繼位，是為宣王。

「國人暴動」和周厲王的下場，宣王看在眼裡，記在心中，所以在繼位初期，他虛心謹慎，勤理國政。政治上，他廣開言路，有事就同臣下商議，比如當時鑄的一件銅器「毛公鼎」

⊙ 毛公鼎，清道光年間於陝西岐山周原出土，上刻有五百個銘文，是目前出土文物銘文最長者。

上就記載著凡是他發出的政令，必須有毛公的簽字才有效；他又整頓吏治，三令五申各級官吏，不准他們貪財酗酒、欺壓百姓。經濟上，他取消了屬王的「專利」政策，放寬對山林川澤的控制；還將公田分給奴隸耕種。軍事上，為了解除自西周中期以來周邊少數民族不斷內犯的威脅，也為了轉移國內的衝突，他命令尹吉甫、南仲等大臣統兵，擊退了西北一些少數民族的進攻，征伐東方的徐戎、南方的楚和西方的戎；他還效法武王、成王，將弟弟友封於鄭，將舅舅申伯封於謝，以拱衛王室。這些措施緩和了內外矛盾，繁榮了社會經濟，鞏固了周王朝的統治，史學家遂稱此時期為「宣王中興」。

事實上，在中興的表面下，西周的各種社會問題仍在滋長，有的諸侯已不肯出力拱衛王室，有的甚至蓄謀叛亂。當時的銅器「禹鼎」記載說，原來臣屬於周朝的噩侯，聯合東夷和南淮夷進攻周王室，直打到成周附近，宣王傾全國兵力進行抵抗不成，最後不得不借助一些諸侯的力量，才勉強取勝。西元前七八九年，周王室的軍隊討伐姜戎，幾乎全軍覆沒，宣王也險些被俘。

更可怕的是，晚年的宣王漸漸固執己見，聽不進不同政見。為了顯示自己的威風，在魯國選立繼承人的時候，他根據自己的喜好，硬逼著廢長立幼。魯人不服，他就興兵討伐，使魯國陷於混亂，這不僅破壞了周朝的嫡長子繼承制，也引起了同姓諸侯間的不睦，諸侯們對宣王更加不滿。對諸侯尚且如此，對在朝為官的臣下就更加放肆，更加蠻橫無理了。一次，為了一件小事，大夫杜伯觸怒了宣王，被判處死刑。他的老友左儒急忙上前勸阻，宣王憤怒地斥責說：「在你眼中，只有友，沒有國君，是何道理？」左儒回答道：「國君有理，臣就順從國君；朋友有理，臣就支持朋友。現在杜伯並沒有罪，不該問斬，所以，臣勸諫大王不要殺杜伯，否則就會枉殺好人。」「我偏要殺他，你能怎樣？」宣王惱怒地說。左儒接

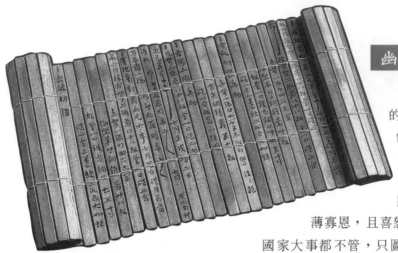

⊙ 據考證，這卷西周竹簡詳細地記錄了西周重大歷史事件，對研究西周歷史有相當高的價值。

宣王崩，他的兒子宮涅即位，是爲周幽王。幽王爲人性情暴躁，待人刻薄寡恩，且喜怒無常，什麼國家大事都不管，只圖玩樂。甫繼位，就打發人四處爲他尋找美女。政治上，幽王拜尹球爲大夫，虢石父爲上卿，祭公爲司徒，三個人都是阿諛奉承之人、貪位慕祿之輩，竭盡所能滿足周幽王的無限欲望。

有一次，三川地區的守臣上報幽王，說當地發生了大地震。幽王笑著說：「山川地震乃是常事，何必興師動眾地告訴寡人呢？」伯陽父對趙叔帶說：「以前，伊水、洛水枯竭之後，夏朝就滅亡了；各地發生地震之後，商朝就滅亡了。現在，我們周朝就如同夏商時期的末世一樣啊！」趙叔帶駭然問；「爲什麼呢？」伯陽父說：「水源堵塞之後，山川必然枯竭；山川枯竭之後，地震必然產生，地震是國家滅亡的預兆。從現在開始，二十年之內，周王朝必然滅亡！」

這年的多天，岐山出現了山崩現象，趙叔帶上奏說：「山崩地震是國

道：「臣願陪杜伯同死。」「我偏偏不讓你死，看你能怎麼辦？」宣王說罷，下令左右斬了杜伯。左儒又羞又氣，回到府宅後自刎而死，此事在大臣間引起一片驚恐。

事後，宣王冷靜下來，感到自己確實過分了些，暗暗悔恨，又不好意思明說，以致寢食難安，得了怔忡症。一次，他帶著臣下外出遊獵，藉以散心。遊獵中，他忽然在車上大叫一聲，昏迷了過去，醫治無效，幾天後即死去。後來，就流傳一種說法，說宣王打獵時，忽然看見杜伯從路的左邊鑽出來，身穿紅衣，頭戴紅冠，手持一張紅弓，搭上一支紅箭，射中了宣王的要害，奪去了他的性命，這自然是迷信之言，但其死因確實成爲千古之謎。

家不祥的預兆，希望大王能夠撫恤平民，廣開言路，以彌補天變帶來的損失，使社稷能夠轉危為安。」虢石父卻說：「山崩地震，乃是上天的正常安排，是天道，有什麼不祥的？叔帶是個迂腐的讀書人，不知天意，還望陛下仔細審察！」幽王聽信了虢石父的話，罷免了趙叔帶。右諫議大夫褒珦勸諫道：「千萬不能罷免趙叔帶，否則會阻塞臣下諫議的管道。」幽王大怒，把褒珦關進監獄。

事實上，山崩地震是正常的自然現象，但是古代的科學技術不發達，古人敬畏天命，對自然災害等現象本就抱有一種恐懼心理。加之他們相信「天人合一」，人事可透過天象反映出來，因而對山崩地裂等現象加以附會一番。話又說回來，雖然趙叔帶的話表現了廣開言路之心，用心可謂良苦。但在傳統社會之中，伴隨天災的

⊙西周利簋

往往是人禍，人禍會為百姓的生活造成更大的損失，所以，賢臣多會借助天呈異象之機，提出撫恤百姓的諫議。幽王時期，並非單純的天災，而是幽王無道，民不聊生，趙叔帶才會趁機提出以上措施。

褒珦在監獄裡一關就是三年。褒家的人想了許多法子設法營救褒珦，都沒有成功，最後兒子洪德說：「聽說天子荒淫好色，在褒城中，姒家的女兒長得十分清麗，但是他們家很貧窮。現在，我們如果用百金買下這名女子，把她進獻給幽王，那樣一定可以贖回父親。」姒家的女子年方十四歲，眉清目秀，脣紅齒白，髮挽烏雲，十指纖纖，有閉月羞花之容、傾國傾城之貌。於是，褒家以百金買下了這名女子，教導她唱歌跳舞，把她打扮起來獻給幽王，替褒珦贖罪。

幽王見到如此美人，欣喜若狂，立即釋放了褒珦。因為這位美人是出自褒地的姒家，所以就賜名褒姒，充入後宮。群臣都勸阻說：「自古以來，就有因為紅顏禍水而導致國家滅亡的，夏朝的妹喜、商朝的妲己就是兩個顯例。大王應該以前朝得失為借鑑，莫接受這個美人。」尹球、虢石父卻說：「莊稼人多收了幾捆禾麥，還可以再娶小妾。大王貴為一國之君，接受一個美人，有什麼大不了的？」幽王也大怒：「如果還有人勸

阻，斬！」自此，幽王與褎姒坐則疊腿並肩，飲則交杯，食則同器，一連十日不上朝。幽王專寵褎姒，其他的妃子，包括皇后申氏逐漸失寵。

一天，幽王與褎姒正在翠華宮飲宴之時，申后忽然來了，褎姒未起身迎接。面對褎姒的不敬行為，申后心中雖有怨忿，卻不敢說出來，回宮之後愁眉緊鎖，憂容不展。申后自知褎姒天香國色，而自己年近四十，自然無法以美色與之一爭高下，所以終日長吁短嘆。太子宜臼看見母親鬱鬱寡歡，連忙跪問原因。申后說：「你父王寵愛褎姒，不分尊卑。今日在翠華宮，見我來了，她仍飲酒自樂，也不起身迎接，也不退避。將來她一定會騎在我們母子頭上，到時，哪有我們的容身之處呀！」太子說：「母后，不要過於憂傷，這事好辦。改天，您與後宮妃子一起賞花時，如果褎姒也在賞花隊伍之中，孩兒一定命令宮人將她亂打一頓。等到她稟奏父王時，如果父王不聽，那就算了；如果父王怪罪下來，孩兒一定會殺死這個賤人！」

申后果然將褎姒打了一頓，褎姒對幽王垂淚說：「申皇后無故命令宮人痛打妾身！」幽王變色：「皇后怎麼敢如此無禮！」虢石父、尹球附和道：「臣下聽說皇后的嫉妒心特別重，她不滿意大王對褎姒的寵幸，才

會做出此種蠻橫無理的事情。」幽王大怒，下詔廢除皇后，將她囚禁在冷宮，冊立褎姒為正宮。太子宜臼憤恨不平，找幽王理論，幽王一怒之下也廢掉了太子。一日之內連廢王后和太子，於禮大謬，自然引起了朝中大臣的普遍不滿。為此，很多人敢怒而不敢言，紛紛告老歸田。

千金買笑

褎姒出身卑微，買身入宮，性格憂鬱，整日緊蹙眉黛，終日悶悶不樂。為了博她開懷一笑，周幽王可謂是費盡心思，但是千方百計，褎姒卻難得開口一笑。幽王下令樂工鳴鐘擊鼓，宮人翩翩起舞，而褎姒全無悅色。幽王問：「愛妃不喜歡音樂，喜歡什麼呢？」褎姒說：「妾身沒有什麼特別的喜好。但曾記得昔日用手撕裂彩絹的時候，喜愛聽彩絹裂開的聲音。」幽王聽後立即下令每日購進百匹彩絹，命有力的宮女撕裂，以取悅褎姒。褎姒雖然愛聽彩絹裂開的聲音，卻依舊不見笑臉。

幽王問：「愛妃為什麼還不笑？」褎姒說：「妾身從生下來之後，還沒有笑過，所以妾身不會笑，不知道笑為何物。」幽王私下與虢石父說：「你若有什麼辦法讓褎后一笑，就賞你千金！」虢石父就獻計說：「在城外，每隔五里就有一座烽火臺，用來

防備敵兵。如果敵兵進犯，就會點燃烽火，天下的諸侯看見烽火，就會以最快的速度率軍趕來都城勤王。假如諸侯率領軍隊，浩浩蕩蕩地趕到了都城，卻不見敵兵，皇后必然會笑！」

原來，西周的都城鎬京離犬戎部落不遠，而犬戎的強大，威脅著周王朝的統治，尤其是鎬京的安全。為了防備犬戎的進攻，周王朝在驪山一帶建了二十多座烽火臺，每隔幾里地就是一座。如果犬戎進犯，把守第一道關的士兵立刻點燃烽火，第二道關的士兵見到之後，也把烽火燒起來。這樣一個接一個烽火臺冒出了滾滾的濃煙，附屬於周朝的諸侯國見到了，就會立刻發兵前來援助。

聽了虢石父的計策，幽王遂與褒姒駕幸驪山，到處燈火輝煌，輕歌曼舞。周幽王向褒姒解釋烽火臺的用處，告訴她這是傳報戰爭消息的建築。褒姒聽了，不相信在這樣一個高土臺上點把火，就能召來千里之外的救兵。為了討得褒姒的歡心，周幽王立即下令，讓士兵點燃烽火。聽到此令，群臣都來勸諫說：「烽火臺用來救急，必須取信於諸侯，現在無故而點烽火，就是戲弄諸侯！以後倘若犬戎真的來進犯，用什麼東西讓諸侯發兵救援呢？」幽王一心只為博得美人燦爛的一笑，哪顧得了其他的後果呢？遂命人點燃烽火，與褒姒在望邊樓歡宴。

烽火在一個接一個的烽火臺上點燃起來，剎那間火焰直沖雲霄，不斷地噴出一股股火柱，向黑暗的遠處奔騰而去。各地的諸侯乍見烽火臺上煙塵滾滾，以為國都受到攻擊，紛紛率軍前來救援。

沒多久，各國諸侯領兵而至，一路鞍馬勞頓，風塵僕僕。到了國都之後，沒有發現敵兵的蹤影，看見的只是周幽王正和褒后在望邊樓上飲酒作樂，才知道自己被愚弄了。諸侯們敢怒不敢言，只能悻悻地率領軍隊返回。褒姒憑欄遠眺，見各路軍馬匆匆趕來，又悻悻而回的狼狽相，覺得很好玩，不禁嫣然一笑。幽王一見寵愛

的妃子終於笑了，樂得合不攏嘴。

等諸侯們都退走以後，幽王讓士兵再次點燃烽火，諸侯們不辨真偽，又急匆匆地帶著軍隊趕來了。周幽王和褒姒一見諸侯們再次上當，在望邊樓上哈哈大笑起來。幽王說：「愛妃一笑，百媚俱生，這都是虢石父的功勞！」遂以千金賞虢石父。「千金買笑」的典故就出自這裡。就這樣，周幽王反覆點燃烽火，玩火自焚，直到再也沒有諸侯上當為止。

平王東遷

申侯在回去的路上，上書責備幽王棄皇后、廢太子、寵褒姒、烽火戲諸侯四件事情。虢石父奏報說：「申侯打算與太子宜臼謀反，因此故意挑剔大王的毛病。」幽王說：「那怎麼辦呢？」虢石父又獻上一計：「唯今之計，只有趕快發兵討伐他，才可免除後患！」

於是，幽王便發兵討伐申國。申侯大驚，召見臣下商議道：「申國國小兵微，怎麼能夠抵禦周王的軍隊呢？現在，我們應該怎麼辦呢？」大夫呂章說：「我們的國家危在旦夕，只有求助犬戎、西夷，您趕快寫信給犬戎，請求他們出兵討伐無道的幽王，這樣便可避免一場災禍！」申侯依計而行，犬戎遂發兵五萬，將鎬京圍得水洩不通。

幽王見此情景，大驚失色，對虢石父叫道：「速燃烽火！速燃烽火！」烽火臺上白天冒著濃煙，晚上火光沖天，但是，卻沒有一兵一卒前來援救。因為前幾次被烽火所戲弄的諸侯已經學聰明了，他們再也不想做美人的笑料了。在無人援救的情況下，鎬京陷落。犬戎在城中放火焚燒宮室，西周寶器全被犬戎擄去。幽王也在驪山下被殺，褒姒被犬戎擄去，下落不明。不久，各地諸侯才知道，原來犬戎真的打進鎬京了。於是，他們紛紛帶著大隊人馬前來鎬京救援。諸侯們打退了犬戎，立原來的太子宜臼為天子，也就是周平王，然後就回各自的封國了。

⊙ 幽王與褒姒在旁觀賞各地諸侯飛奔而至，卻發現上當的窘態。

沒想到這些諸侯們前腳一走，犬戎後腳就又進來了，且經常進犯不休。當時，京師宮殿被焚毀，國庫虧空，西邊的大片土地都被犬戎佔去了，邊境烽火也是連年不息。於是，平王就與群臣商議遷都到雒邑（今河南洛陽）。周公反對道：「不好！雒邑雖居於天下之中，但是四面受敵；而鎬京呢，左邊有崤山、函谷關，右邊有隴國、蜀國，沃野千里，絕對可稱得上是天府之國。現在，大王要捨棄鎬京，遷都到雒邑，臣認為不可！」平王沒有聽取周公的諫議，把都城遷到了雒邑。平王東遷，並未遷徙豐、鎬二京的百姓，因此在雒邑建國的時候，只能依靠諸侯的力量，從此落入諸侯的掌控之中。諸侯們各霸一方，展開了長達五百多年的殘殺。

周幽王「烽火戲諸侯」的故事如今已被當做笑話。事實上，西周受到了申侯和犬戎的進攻，諸侯沒有前來救援，並非由於幽王曾經「烽火戲諸侯」，這個故事近乎小說，非完全可信。真正的原因是，當時的周王室十分衰弱，周天子已經無法控制各諸侯國，所以諸侯們才敢按兵不動，保持實力，坐觀成敗。當時，不僅在西周初期分封的諸侯國，如齊、魯、燕等皆發展壯大。加之，由於血緣關係越來越遠，他們也想擺脫周王室的控制。比如，在周宣王時期才建立的申國，還是周王室的親戚，如今卻帶頭反對周王。此時周王室的力量，已下降到和一個中小諸侯國的力量差不多。在這種形勢下，即使幽王把烽火燃燒得多旺，都無濟於事了。這個離奇曲折的故事，雖有許多難能相信的地方，但是它所反應的幽王求援、諸侯不救的情況，卻是符合史實的。

西周的滅亡從根本上說，並非由於褒姒，甚至不是由於幽王個人，而是當時的周王朝統治已經腐朽不堪，生產關係不符合當時的國情。此時，鐵製工具的出現，生產力的發展，使得西周末年農作物的產量有了明顯提升，奴隸對於「私田」上的勞動增加了興趣，因而出現「公田」荒蕪的現象，井田制遭到破壞。幽王時期許多貴族破產流落，富有的庶民（主要是商人）及新興地主穿貴族衣服、在朝廷任官。當時，奴隸的數量已經很少，農奴的數量擴大，貴族不得不把土地分成小塊，租給奴隸耕種，然後按一定數額收取田租，這樣就逐步發展成為具有封建性質的生產關係。與封建性質的生產關係相應的，也必然是封建性的政權。而周幽王仍然用奴隸制的方式來統治，因而充當了奴隸制度的殉葬者，實屬歷史的必然。

焚書坑儒圖

轟然倒塌：秦朝覆亡眞相

秦始皇是個暴君，但他所創建的許多制度，為後世延續兩千餘年之久的封建體制所宗法，功績不可謂不至偉。然始皇自恃威加海內，濫用民力，使河山凋敝、民怨沸騰，一旦身死，如梁柱摧折，帝國隨之瓦解，其教訓亦不可謂不深刻。

人性和獸性握手言和
英雄與魔鬼相擁而舞
世界的末日即指日可待

——海默《夢迴古代·秦朝》

⊙秦始皇姓嬴，名政，為秦莊襄王之子。他十三歲即王位，三十九歲統一中國，建立秦朝，稱始皇帝。

在中國歷史上，秦始皇是一個令人匪夷所思的人物，秦朝也是個令人百思不得其解的朝代。自秦朝起，中國形成了一個以漢族為主體的統一大國，不管豪強公開割據或外族侵入建立政權，最後總是還原為以漢族為主體的統一國家。

「皇帝」是秦始皇新創的名詞，一個皇帝在歷史上的評價如何，只能依據其表現來評判。秦始皇正是這樣一個人物，從死後到現在，經受了歷代多少文人各種不同的評點，如賈誼的責難、章炳麟和蕭一山的恭維、顧頡剛和郭沫若的批判等。儘管始皇是個暴君，但是，他所創建的許多制度，是符合當時社會所需的。假使我們撇開嬴政的個性與作為，撇開秦朝的短暫而亡不說，單說中國在西元前二二一年，也就是在西方的耶穌基督尚未誕生前約兩百年，即已完成政治上的大一統，開啓中國史分久必合的趨勢傳統。而後來延續兩千年之久的封建體制，基本上是秦制的逐步演變，秦奠定了大一統的政治基礎和心理基礎，因此可以說是個具開創性的朝代。

千古一帝

秦本是西方小國，幾代人都前赴後繼與戎狄戰鬥，逐漸強大起來。

西周孝王曾封給養馬人非子一塊土地，地名秦（甘肅清水縣），在戎狄間。宣王封非子曾孫秦仲做大夫。秦仲攻西戎戰死，子孫都戮力攻戎，國勢漸盛。秦仲孫秦襄公因為救幽王有功，又護送平王東遷雒邑，因此平王封襄公做諸侯，逐漸擁有了西周故地，成為西方強國。秦採用戎狄法律及文化，雖成西方大國，卻被東方華夏諸侯所輕視，不讓它參與盟會。

秦君大多是有作為的君主。秦文公設史官，定法律。德公建雍，秦穆公更是位有遠見卓識的國君，他招攬天下賢士，任用謀臣百里奚，戰勝晉國，擴地到黃河邊上；又滅諸戎，開疆千里，成春秋霸主。秦孝公任用商鞅為相，先後兩次主持變法。他獎勵軍功，禁止私鬥；鼓勵小家庭生產，發展封建經濟；推行郡縣制；統一度量衡等等。變法增強了秦國的軍事實力，促進了秦國社會的轉型，加快了由諸侯割據稱雄的封建國家向統一的封建國家邁進的步伐。

經過惠王、武王的苦心經營，到昭王時期，秦國實力已經大大超過了東方六國，為嬴政統一中國奠定了堅實的基礎。秦始皇繼續奉行「遠交近攻」的策略，以重金收買關東六國權臣，離間其君臣關係。從西元前二三○年到前二二一年的十年間，先後滅韓、魏、楚、燕、趙、齊六國，結束了自春秋戰國以來長達數百年之久的分割混戰局面，創立了中國歷史上第一個統一的的多民族國家。

嬴政用武力吞併六國之後，為了適應大一統的需要，參照歷代秦國的政治體制，重新建立了一套以皇帝為核心的中央集權制度。

嬴政認為，天下已經統一，過去的「帝」和「王」的稱號卻不統一，便下令臣下重新商議他的稱號問題。有大臣說，遠古時期有「天皇、地皇、泰皇」的傳說，其中以「泰皇」為尊，故主張以「泰皇」來稱呼他。聽了大臣的意見，嬴政決定去掉「泰」，保留「皇」，再加上古代的「帝」號，合稱為「皇帝」，以此顯示自己功高三皇、德超五帝。嬴政自稱「始皇帝」，後世子孫稱二世、三世，以至萬世，期盼嬴氏江山能夠延續千秋萬代。為了維護皇帝的尊嚴，秦始皇還創立了與皇帝稱號相一致的稱謂制度。如皇帝自稱用「朕」，表示至尊無二；皇帝所下涉及制度的命稱「制」，昭告臣民的令文稱「詔」；皇帝的印專門用玉做成，叫做「玉璽」，且只有皇帝之印才能叫做「璽」；皇帝的妻子稱「皇后」，父親

稱「太上皇」，母親稱「皇太后」。這一稱謂制度在此後千餘年一直被沿用。

秦始皇大權獨攬，日理萬機。政事不論大小，全由皇帝一人裁決。白天審理案子，晚上批閱公文。秦始皇規定，自己每天必須批完一石公文才休息。當時還沒有出現紙張，公文是寫在竹簡上的，所以公文的數量用「石」這一重量單位來衡量。一石在當時是一百二十斤，相當於現在的六十斤。由此可知，秦始皇確實是一位勤勉有作為的皇帝。

在中央，秦始皇建立了一套較為完備的官僚體制。皇帝之下是三公：丞相、太尉和御史大夫。丞相是百官之首，最高行政長官，職責是輔助皇帝處理政務，負責管理文武百官。太尉是最高軍政長官，負責軍務，但平時沒有軍權，戰時聽從皇帝的命令，所以軍權實際上是掌握在皇帝之手。御史大夫是副丞相，負責監察百官。三公以下設九卿：奉常、郎中令、衛尉、太僕、廷尉、典客、宗正、治粟內史和少府，各有明確的分工，負責不同的政務。

在地方，秦始皇廢除分封制，實行郡縣制，這是地方政治體制的歷史性變化。在討論地方體制時，包括丞相在內的多數大臣主張分封制，唯獨廷尉李斯主張郡縣制。李斯說，周朝實行分封制，將王公子弟封到各地為王，開始還能夠精誠團結，擁護周王，但是，過不了幾代，諸侯王與天子的血緣關係逐漸疏遠，再加上諸侯國的發展壯大，他們就不再聽從周王的指揮，致使周朝分崩離析。如果實行郡縣制，皇帝親自任免地方長官，政權就可以永遠掌握在皇帝的手裡，天下才能夠長期穩定。秦始皇採納了李斯的建議，在全國設立三十六郡，郡下設縣。郡的長官是郡守，縣的長官是縣令或縣長。縣以下依次是鄉、亭、里、什、伍，是一種準軍事化的管理體制。

為鞏固中央集權，秦始皇又採取一系列行政改革。第一，推行重農抑商政策，扶植封建地主，獎勵私有制。西元前二一六年，秦始皇下令，地主和自耕農只要向政府申報佔有土地的數額，交納賦稅，就可擁有土地的所有權；第二，統一全國度量衡，以商鞅所制定的度量衡為標準；第三，統一貨幣，以秦的「半兩」錢作為流通貨幣；第四，統一交通工具，實行「車同軌」、「行同輪」，確定車軌的標準寬度；第五，統一文字，以當時在各國流行的小篆為基礎，略加

⊙秦篆刻

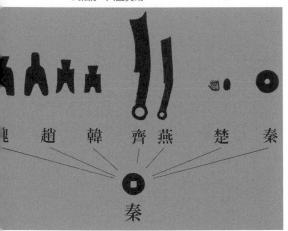

整理,作為標準文字通行天下;第六,修長城,下令將原來六國各自修造的長城拆毀,然後統一修造抵禦北面匈奴的長城,秦的長城西起隴西的臨洮,東到遼東,東西長達萬里;第七,沒收天下兵器,將其熔化鑄成十二個巨大的銅人,防止天下人作亂;第八,修馳道,以咸陽為中心,共修成三條,一條向北通到內蒙古,一條

向東通河北、山東,直到海邊,一條向南通兩湖和江蘇;第九,遷徙六國貴族和豪富到咸陽,以利於對他們的控制。這些措施,促進了民族共同文化的形成,對中國政治、經濟、文化的統一和發展,都產生了巨大的作用。但是,秦始皇又做了許多民不堪命的壞事,加上他的繼承人秦二世無比昏暴,使秦國成為短促的朝代。

始皇暴政

一九七五年,在湖北雲夢睡虎地出土的一千餘支秦簡,內容主要為秦的法律制度。這些秦律的涉及層面相當廣泛,包括農田墾種、山林保護、牲畜飼養、糧草管理、貨幣流通、物資管理、手工業生產、徭役征發、刑徒使用、軍爵賞賜、官吏任用、保舉子弟、府庫收藏、征發戍邊、對遊士的限制,以及官營手工業產品的評定等。律文內容明確,規定具體,有的近乎瑣細,反映了秦律嚴酷的特點。依史書記載,秦律的核心是刑法,它將商周時期的五刑(即墨、劓、荆、宮、大辟)發展為死刑、肉刑、罰作、遷刑和贖刑等,共計五類。每類刑罰又可分為若干不同的刑種。單就死刑來說,即可分為斬、戮、車裂、棄市、梟首、腰斬、生埋、賜死、夷族等十餘種之多。按秦律,並非只有犯罪者本人才會受到懲罰,有時候,

⊙ 秦代著名政治家與文學家李斯,他幫助秦始皇推行郡縣制、統一六國文字和度量衡,並提議「焚書坑儒」,是個毀譽參半的人物。

禍可從天而降。比如，秦律規定：一人犯死罪，親族一起處死，叫作「族誅」；一家犯法，鄰里同罪，叫作「連坐」。生活在如此嚴酷法律下的人們，隨時都會被指控犯法，隨時都會被罰做苦役，隨時都會被斬腳、割鼻、處死。

嚴酷的法律引起了百姓和士人的普遍不滿，他們依據史書、經書等書籍中所記載的先公先王的賢德事蹟，紛紛指責或影射秦始皇。升任丞相的李斯，認為這些人之所以膽大妄為地把矛頭直指始皇帝，就是因為書籍的緣故。他寫給秦始皇一封奏疏，要求焚毀「妖言惑眾」的書籍，下令除了秦史之外的所有史書，以及經書、諸子百家等典籍，無論是官府收藏，還是民間百姓和士人收藏，一律燒毀，只留下關於農業、卜筮和醫藥的書籍。秦始皇同意了李斯的意見，下令在全國「焚書」。燒掉書籍，並不能堵住百姓和士人的口，反而激起更大的反抗。士人們對秦始皇的暴政怨憤異常，流言遍布天下。秦始皇勃然大怒，派出御史到全國各地追查，竟然抓到四百六十多人。秦始皇下令把這些人押到驪山的山谷中，全部坑殺。因為他們絕大部分是儒生，所以被後人稱為「坑儒」。「焚書坑儒」事件，使秦始皇失去了士人之心，這也成為秦朝滅亡的一個重要原因。

秦始皇很喜歡六國華麗的宮殿，所以，每滅一國，他都要讓人將此國宮殿的圖樣畫下來，在咸陽仿造。六國華麗的宮殿仍不能滿足秦始皇，他曾想造一個龐大的苑囿，西起雍、陳倉，東面延伸到函谷關，面積近千里，最後被侍從、侏儒優旃勸止。優旃開玩笑地說：「這樣可太好了，有了這麼遼闊的皇苑，我們可以多放養些猛獸，如果六國的後裔有人敢從東方進攻，就把這些猛獸趕出去將他們嚇跑。」秦始皇一聽，不禁哈哈大笑，於是打消了建造巨大苑囿的念頭。儘管如此，秦始皇還是建了大批奢華的宮殿，僅咸陽周圍就建有宮殿二百七十多座，行宮關外四百多座，關內三百多座。修建這些宮殿，當然需要役使大量的勞力。其中，最有名

⊙ 清・袁耀《阿房宮圖》（局部）。據《史記》載，規劃中的阿房宮前殿東西長五百步，約合七百公尺，南北寬五十丈，約合一百一十五公尺。這項巨大工程，每年都要調用七十萬人力。到秦始皇死在出巡路上，阿房宮尚未建成。

的宮殿當屬阿房宮。另一個宏大的工程是修建秦始皇自己的陵墓——驪山墓，每年動用勞力七十多萬人。再加上其他工程，如建長城、修馳道，常年的兵役徵發等，每年參與服役的人數竟然達到三百餘萬之多。男子不夠用，就徵發女子※。秦時全國人口約兩千萬左右，被徵發營造宮室墳墓，守五嶺、築長城、戍邊等，總數佔全國人口的百分之十五。使用民力如此龐促，實非民力所能勝任。至秦皇末年，農民起義接近了爆發點。

秦始皇稱帝後，知道死是不可避免的，因而在驪山營造大墳墓；又希望可以不死。為此，他派出很多方士去求仙找藥，如讓徐福率三千童男童女東渡日本即是一例，為此浪費大量財物。方士妖妄，勸他隱藏修煉，因此又造許多宮室。他造長城，巡遊四方，大都是受方士的唆使。他到碣石（今河北秦皇島一帶）一次，到成山（今山東膠州半島成山角一帶）兩次，就是因為傳說這些地方是神仙常來的地方。秦始皇出巡還有另外一個目的，那就是向天下人炫耀自己的文治武功。至今，許多地方還存有秦始皇出巡時留下的石刻，如著名的泰山石刻。這些石刻主要是為秦始皇歌功頌德，宣傳秦朝統一天下及各項改革的歷史功績。秦始皇每出巡一次，都會耗費可觀的人力、物力和財力，鬧

得百官黎民不得安寧。

一次，他南巡想到衡山，舟行至湘山（今湖南岳陽縣西南）遇大風。秦始皇大怒，遣刑徒三千人把山上的樹全部砍光，只是為了向湘神展現皇帝的威力。西元前二一一年，有一塊隕石從天而降，有人便趁機在上面刻了詛咒秦始皇的一句話：「始皇帝死而地分」。秦始皇得到消息，火冒三丈，派御史嚴厲追查刻字的人。追查未果，御史便將隕石附近的住戶全部處死，又將刻有字的隕石毀壞，但這

⊙《琅琊台刻石》。秦始皇以各國通行的文字小篆為基礎，作為標準頒行全國。《琅琊台刻石》為李斯手書，以表彰始皇的豐功偉績。

絲毫不能挽救秦朝滅亡的命運。

沙丘政變

「山雨欲來風滿樓」，是秦始皇臨死前秦朝社會的寫照。當他客死在沙丘之後不久，陳勝、吳廣所領導的農民起義就爆發了。起義的發生非屬偶然，而是自始皇統一中國以來積累的社會問題的大爆發，是始皇暴政的必然結果。當初秦始皇兼併諸侯，一統中國，是順應了歷史發展的潮流，因為當時天下長期分裂，久經戰亂。春秋戰國四百多年之間諸侯爭霸，合縱連橫，天下紛擾，民心思安。但是，秦始皇所實行的政策，卻是反其道而行，舉全國之力修宮殿、築長城、開邊疆、闢馳道等，把全民投入曠日持久的「土木工程」戰爭中。早已經厭倦戰爭的百姓，如今又參與到這一場更大的「戰爭」之中，除了反抗暴秦，他們似乎別無選擇。

西元前二一〇年，嬴政進行最後一次巡遊，同時也是他的死亡巡遊，危若累卵的秦王朝滅亡的日子已是屈指可數。這次巡遊，隨行的有丞相李斯、中車府令趙高和他最寵愛

⊙ 荊軻刺秦王石刻拓印。荊軻為戰國時衛人，他帶著夾有匕首的地圖欲刺秦王嬴政，結果失敗被殺。

的小兒子胡亥。返回途中，一向身體健康的嬴政在平原津（今山東德州）突然病倒。到了沙丘（今河北平鄉、廣宗一帶），病情非但沒有好轉，反更加重了。秦始皇知道自己將不久於人世，急忙命令李斯起草詔書，將詔書和傳國玉璽遞送給長子扶蘇，催促扶蘇立即趕回咸陽，主持喪禮。當李斯草擬好詔書呈交嬴政審閱時，嬴政已經死去了。此時，扶蘇又在哪兒呢？原來扶蘇曾經勸說過始皇：「現在天下剛剛統一，邊境上的民眾還未安定下來，士人們也都推崇儒家的主張，而父皇卻用嚴酷的法律治理天下，兒臣擔心會令天下不穩。希望父皇能認真考慮，改變政策，安定人心。」扶蘇的話可謂句句在理，只是秦始皇哪裡聽得進去，反而斥責扶蘇多事，將他派往邊境做監軍，和大將蒙恬一起抵禦匈奴。

秦始皇死在沙丘，只有隨行的李斯、趙高和胡亥知道這件事。他們心中各懷鬼胎，明爭暗鬥。李斯

⊙ 秦代武士俑。從秦始皇兵馬俑雄偉的戰陣來看，可體會出大秦帝國的強盛，強大的帝國由盛至衰的時間如此短暫，箇中原因值得人們思索。

因秦始皇死在外地，生前又未立太子，唯恐引起天下大亂，故決定祕不發喪。做過胡亥老師的趙高爲了篡奪朝政大權，準備改立胡亥爲秦皇。因此，他不僅扣下秦始皇給扶蘇的書信，竭力慫恿胡亥奪取王位，而且還以官祿權勢爲誘餌，對李斯進行威逼利誘。胡亥能夠登上九五之尊，何樂而不爲呢？李斯爲了保全自己，終於失節妥協。於是，趙高開始一步步地實施自己的陰謀。首先，他假造遺詔，指責扶蘇在外不能立功，反而怨恨父皇，命令他自殺。接到詔書後，扶蘇便自殺而死。接著，趙高將嬴政的屍體放在車中，關上車門，拉上車簾，讓百官以爲秦始皇仍然活著，帶領大隊人馬匆忙往咸陽趕去。路上，因爲天氣炎熱，屍體腐爛發臭。趙高派人弄來大批鮑魚，命令每輛車上裝鮑魚一石，以混淆屍臭。安全抵達咸陽後，趙高才宣布發喪，並擁立胡亥爲帝，是爲秦二世。趙高擁立有功，從此把持朝政，橫行無忌，就連胡亥也只能聽從他的擺布。

胡亥即位後，在趙高唆使下，殺死王子、公主二十二人（秦始皇子女）和大將蒙恬、蒙毅兄弟，以及許多大臣。第二年，又以謀反的罪名腰斬李斯，滅其三族。秦二世以累累白骨企圖鞏固其帝王寶座，暴露了他殘暴的本性。對於普通百姓的殺戮，秦二世更是毫不手軟。在埋葬秦始皇時，他擔心修建驪山墓的工匠會洩露地宮玄機，竟下令將全部工匠閉死於墓中。不僅如此，他還大興徭役，加重賦斂。始皇死後，他繼續調集大量的勞力，加緊修建阿房宮、直道和馳道。爲了加強對關中地區的統治，他又徵調五萬人屯衛咸陽。秦二世還竭盡所能的享樂，豢養了大批狗馬禽獸，以供遊獵之用。橫徵暴斂與荒淫無道，與秦始皇相比，有過之而無不及。

秦二世只是個昏庸的皇帝，一個終日沉湎於享樂的皇帝。他聽信趙高的一派胡言，把朝政都交給了趙高。二世以爲從此可以窮奢極欲一輩子，趙高以爲從此可以篡奪帝位。中央集權的秦朝廷，實際上只剩下秦二世和趙高兩個獨夫了。一天，趙高爲了考驗朝中誰服他、誰不服他，就牽了一隻鹿上朝，對胡亥說：「陛下，我弄

⊙ 趙高不擇手段爬上丞相之位，以一齣「指鹿爲馬」的高明手法測試出自己的勢力所及，秦二世終逃不過被其所弒的命運。

到一匹馬，特來進獻給您。」胡亥哈哈大笑：「愛卿在開玩笑吧！這明明是隻鹿，怎麼是馬呢？」趙高板著臉，一本正經地說：「是馬，請大家認吧。」許多大臣懼怕趙高，就附和著說是馬，只有幾個忠厚的大臣如實地指出這是鹿，我們可以想像這幾個大臣的下場。這就是歷史上「指鹿為馬」的故事。從此，趙高更加為非作歹，再也沒有人說個不字。

陳涉首義

　　陳勝，字涉，陽城（今河南登封）人，年輕時曾為地主耕作土地，是個貧苦的農民。吳廣，字叔，陽夏（今河南太康）人，也是貧苦農民。地主階級的壓迫和剝削，使他們對現實社會充滿了憤懣和不平。陳勝不甘於貧困的生活，曾對一同耕作的貧農說：「如果將來我們之中的任何一個富貴了，千萬不要忘記其他人。」這反映了他要一圖改變現實的志向。

　　西元前二〇九年七月，秦二世下令徵調貧民去戍邊，

陳勝、吳廣也在徵發之列。他們和另外九百個貧農，在兩個將尉押送下，到漁陽（今北京密雲縣西南）戍守。但是天有不測風雲，當他們走到蘄縣大澤鄉（今安徽宿州市東南大澤鄉西南）時，遇到大雨，道路不通，無法繼續前行，延誤了到達漁陽的日期。按秦律，如果戍卒不按期報到，必定斬首。於是陳勝便和吳廣私下商議道：「趕到目的地或者逃亡，都不能免於一死，不如趁此作一番轟轟烈烈的大事。」為了堅定大夥兒對陳勝的信心，為了發動戍卒跟隨自己共舉大事，他們便暗暗在帛上書寫了「陳勝王」三個字，並把它藏在魚腹中。戍卒在剖魚時發現帛書，非常驚異。他們又在深夜，到附近祠中點上一堆火，並模仿狐狸的聲音，大呼「大楚興，陳勝王」。這「魚腹藏書，篝火狐鳴」的辦法十分有效，戍卒們私下議論紛紛，覺得陳勝不是一般人，跟隨陳勝就有活路。

　　箭在弦上，一觸即發。一天，押

⊙秦二號坑出土的銅馬車，又稱安車，是秦始皇出行專用車。

58

送戍卒的兩個將尉酒醉，吳廣故意說要逃走，將尉一聽，舉鞭就打，一會兒竟要拔劍殺人。此時，吳廣奮起奪過劍，殺死平時作威作福的將尉，陳勝也幫助殺掉另外一個將尉。早就鬱積在大家心頭的仇恨火焰，一齊迸發出來。陳勝抓住時機，說：「我們大家都知道，現在已經超過規定的到達期限，而失期就要被斬，難道我們就去白白送死嗎？王、侯、將、相，難道天生就是享福的嗎？貧苦百姓，難道生來就是受罪的嗎？難道我們就不能反抗他們嗎？難道我們就不能過富裕的生活嗎？」陳勝的話，激起了大家的鬥志。於是，九百個戍卒「斬木為兵，揭竿為旗」，以「大楚」為號，推舉陳勝為將軍，吳廣為都尉，組成了一支手持木棍、農具的起義隊伍，樹起了反秦的大旗。為了發動更多的群眾參加起義隊伍，他們用秦始皇長子扶蘇和楚國大將項燕的名義號召群眾。中國歷史上第一次農民起義的熊熊烈火，就在大澤鄉燃燒起來了。

農民起義進入高潮時，得到貧苦農民的熱烈擁護，所到之處的農民紛紛前來投奔。隊伍很快擁有戰車七百輛、騎兵千餘人、步兵數萬人，攻佔六個縣城，橫掃數百里。起義隊伍來到陳縣（今河南淮陽）時，郡守和縣令均已逃走，只有郡丞率領秦軍進行頑固的抵抗。在麗譙門一戰中，郡丞被殺，秦軍潰退，起義軍迅速佔領陳縣，幾萬大軍浩浩蕩蕩開進這座城堡。陳縣是秦末農民起義軍佔領的第一個大城市。在這裡，陳勝自立為王，吳廣為假王，國號「張楚」，提出了「伐無道，誅暴秦」的口號。

陳勝出身傭耕，是為地主種田的雇農。社會地位很低，沒什麼名聲，也沒有多少政治、軍事上的才能，可是他一起義，天下群聚響應。各郡縣豪強和民眾捕殺秦官，四出略地，公認他是起義首領。連孔子八世嫡孫孔鮒也來投奔，足以說明秦的暴政是多麼不得人心。革命的風暴迅速席捲了大半個中國，沛縣人劉邦在起義軍佔領陳縣兩日後，聚眾數百人，殺死沛縣縣令，舉行起義。項梁、項羽在吳縣聽到陳勝起義消息後，立刻起兵響應，殺死會稽郡守殷通，集合精兵八千人。早已率領一支「刑徒」組成起義隊伍的英布，此時也迫使鄱陽縣令吳芮共同起兵，活躍於鄱陽湖一帶，隊伍發展到幾千人。這些隊伍都以陳勝、吳廣領導的起義隊伍為中心，把「張楚」作為他們共同的旗幟。

張楚政權建立後，經過短暫的休整，陳勝布下了滅秦的總體部署。他把軍隊兵分三路：南路，派鄧宗率軍攻九江郡；北路，派武臣、張耳、陳餘率軍渡黃河向魏國舊地進攻；西

路，也就是起義軍的主力，向秦王朝統治中心——咸陽挺進。向西的軍隊又兵分三路：一路由假王吳廣率田臧、李歸等圍攻滎陽，以打開通往秦都咸陽的道路；一路由宋留率領，從南陽直叩武關，以突破進入關中的另一條道路；另一路人數最多，由周文率領，直搗咸陽。這樣，形成了起義軍對秦王朝全面包圍的形勢。各路起義軍在廣大群眾的熱烈擁護下前進，迅速佔領了黃河南北的大片土地。周文率領軍隊一路西進，九月時進軍到距秦都咸陽不到百里的地方。

就在這關鍵時刻，起義軍內部發生了分裂。隊伍裡，除了大多數的貧農以外，還有一些懷有各種目的的六國舊貴族等諸色人等。他們加入起義隊伍後，固然對加速秦王朝的崩潰瓦解有積極的作用。同時，也極有可能分裂起義隊伍，削弱反秦力量。西元前二〇九年，舊貴族武臣投靠陳勝，後率軍北上。其間，他受到張耳、陳餘等人的唆使，脫離陳勝。武臣遂自立為趙王，以陳餘為大將軍，張耳為右丞相。與此同時，另一路由陳勝派到北方去的周市軍，在攻下魏國故地後，也立魏國舊貴族魏咎為魏王。齊國的舊宗室田儋也趁機在狄縣自立為齊王。景駒據楚地稱楚王，韓成據韓地稱韓王。這些六國舊宗室貴族各有異心，完全不聽陳勝的號令，致使農民起義軍聲勢大傷。他們理應成為反秦的主力，卻互相攻伐，掠奪土地，誰也不想出力攻秦。正因為如此，當秦二世派章邯率領幾十萬大軍向周文的農民軍反撲的時候，這支孤軍深入的隊伍就不可避免地潰敗了。

陳勝稱王以後，逐漸驕傲起來，貪圖享受使他與群眾的距離愈走愈遠。曾經與陳勝共患難的「故人」都紛紛離開他，而他只信任朱房和胡武等人，有功者不能賞，有罪者不能罰，對於和朱、胡有私怨的人，則任意加罪，結果失掉了人心。當章邯率大軍逼近陳勝時，陳勝已無多少兵力。西元前二〇九年十二月，農民軍的根據地——陳失陷。於是，陳勝率一部分隊伍且戰且退，不幸被駕車的莊賈殺害。

從陳勝首義到敗亡，只有六個月。興起那麼勃然，是因為符合當時社會的需要；敗亡又那麼驟然，則是因為過早遇到了秦章邯軍；其次，義軍首領各懷異志，不能相互求援；而最致命

⊙秦雲紋瓦當

的一點是陳勝驕傲自滿。故鄉朋友聽說他做了王，特地來投奔他，談起「苟富貴，勿相忘」的故事，陳勝嫌丟臉，把客人斬首，嚇得一起來的窮朋友連夜逃走。他的岳父來看他，他也傲慢無禮，岳父大怒而去。對部下更是任意殺戮，以圖提高威權，其結果是眾叛親離。陳勝雖然失敗了，但反秦的浪潮自此洶湧，不可遏止，最終沖毀了秦的統治。

楚漢滅秦

陳勝、吳廣等起義領袖去世以後，各地起義軍的領導權相繼落入六國舊貴族之手，他們為了恢復各自的政權而爭奪地盤，鬧得四分五裂。秦國大將章邯、李由想趁此時機擊破各個起義軍。就在這個緊要關頭，原楚國貴族項梁在薛城（今山東滕州市南）召開軍事會議，試圖把分散的起義軍重新集合起來。為了擴大影響，項梁聽取了謀士范增的意見，把流落在民間、為地主放羊的楚懷王之孫找出來，仍立為楚懷王，以作為起義的旗幟。

項梁一度成為秦國大將章邯攻伐的主力，雙方展開多次激戰。幾次勝利過後，項梁狂妄起來，聽不進別人的意見，結果被章邯偷襲殺害。項梁死後，章邯又將主力轉向原趙國屬地的義軍。楚懷王決定兵分兩路增援趙

⊙秦鐵盾和銅劍

國的義軍：一路由宋義和項羽率領北上，直接救援，然後迂迴挺進關中；一路由劉邦率領，西進關中。同時，楚懷王和眾將約定：誰先進入關中，誰就稱王，藉以鼓勵士氣。

宋義到達安陽後，滯留四十六日卻不前進。項羽建議迅速進兵，遭到拒絕。項羽一怒之下，殺死宋義，被楚懷王任命為上將軍，統領北路軍，繼續前行。項羽旋即派遣英布、蒲將軍領兵兩萬先行救趙。自己則下令全軍破釜沉舟，僅持三日的糧草，渡過漳河，經過九次激戰，大敗秦軍，殺死蘇角，俘虜王離。接著，蒲將軍和項羽連挫秦軍。章邯見大勢已去，又怕被趙高陷害，遂率領餘眾投降。

此時，由於秦軍主力全部開赴趙地攻打項羽，西線空虛，劉邦的軍隊得以順利西進。他採納陳恢的建議，

⊙ 西元前二○六年，楚王項羽在灞上設鴻門宴，宴請漢王劉邦。

實行招降政策，秦朝的地方官吏紛紛歸順。因此，劉邦迅速攻下武關，直驅關中。秦二世三年，趙高先脅迫胡亥自殺，立子嬰為秦王；接著，子嬰又謀殺了趙高，派兵駐守嶢關（今陝西藍田東南）。劉邦用謀士張良計，繞過嶢關，大敗秦軍於藍田。西元前二○六年十月，劉邦的軍隊進抵灞上。秦王子嬰見大勢已去，無可奈何之下只得獻城投降，將玉璽親手交給劉邦，秦王朝就此滅亡。

　　劉邦得意洋洋地進入咸陽城，看著富麗堂皇的宮殿和後宮的三千佳麗，開始戀戀不捨起來，準備就此住下。張良苦口婆心地勸誡他：「現在到處都是戰火，天下還沒有平定，你怎麼能夠留居咸陽呢？再說，項羽率領軍隊馬上就要進入關中，你難道想

和他大戰一場嗎？你現在可是他的對手？」這時，劉邦猛然省悟，意識到問題的嚴重性，立即將軍隊撤退到灞上。到達灞上之後，劉邦便召集關中名士，和他們「約法三章」：殺人者死，傷人及盜抵罪。其他秦朝的苛刻法制一律廢除，這使劉邦贏得了民心，惟恐他不做關中王。進入咸陽時，劉邦的丞督事蕭何把秦朝的檔案、律令、戶籍控制在自己手裡，因而掌握了天下的山川形勢、關隘要塞及土地和戶口數字，為稍後開始的楚漢戰爭和國家的重建預備了條件。

　　西元前二○六年，項羽在河北消滅秦軍主力後，率軍進駐鴻門（今陝西臨潼東北的項王營），準備與劉邦決一雌雄。此時，項羽擁兵四十萬，號稱百萬，劉邦擁兵十萬，號稱二十萬。劉邦自知寡不敵眾，於是採納張良的諫議，親自到鴻門向項羽賠罪。項羽設宴招待劉邦，這就是歷史上有名的「鴻門宴」。宴後數日，項羽率軍進入咸陽，殺子嬰，燒秦朝宮室，搜刮財寶、婦女，然後發號施令，分割天下。項羽自認已定天下，故驅逐楚懷王，自立西楚霸王，有地九郡，

⊙漢高祖劉邦　　⊙與劉邦爭奪天下的項羽

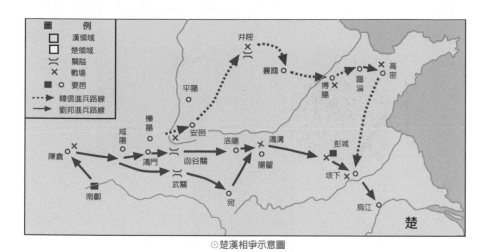

⊙楚漢相爭示意圖

建都彭城。其餘的土地封給劉邦、章邯等十八個王。

　　項羽的分封，引起了一些手握重兵而未封王之將領的強烈不滿，其中尤以劉邦、田榮、彭越、陳餘四人為最。不久，田榮首先在齊地起兵反抗項羽，接著，劉邦趁機進兵關中，剛剛平息的戰火又在中原大地上燃燒起來。從此，劉邦與項羽展開了一場長達四年的楚漢戰爭。西元前二○二年，項羽於四面楚歌聲中在烏江（今安徽和縣烏江鎮）自刎，劉邦於山東定陶汜水之陽舉行登極大典，定國號為漢。

　　秦王朝是個短命王朝，但它在中國歷史上卻留下了濃墨重彩的一筆，開創了此後二千餘年的封建帝制。秦皇初起時，山東六國莫

敢與之爭鋒，爭相賄秦以自救。秦王統一中國後卻不知與民休息，只依靠暴政維持統治，殊不知建立在強權之上的統治猶如沙地築樓，失去基礎，自然是不會長久的，秦朝實際上滅亡於自己制定的嚴刑峻律上。而一代英雄項羽，在與劉邦的爭鬥中失敗，原因是不知順應時世，大肆封疆裂土。唯獨劉邦，於亂世中能乘勢而起，以弱勝強，終成一代帝王。何也？乃知天下思治久矣，便以亡秦為鑑，輕徭薄賦、教養農桑，以人為本、本固邦興。可知天下之事，興衰所憑，惟在民心。所謂得民心者得天下，固其宜也。

註解
※ 秦朝因為實行法治，反對儒家思想，沒有
　像後來那樣限制婦女從事公共活動。

⊙秦調動軍隊時使用的陽陵虎符

⊙ 湖南長沙馬王堆漢墓軑侯妻墓出土的帛畫《升天圖》，表現出墓主靈
　魂升天，祈求墓主死後的福澤，也含誇耀死者生前生活之意。

蟒斷兩漢：西漢覆亡眞相

高祖斬蟒蛇起義，民間遂有蟒蛇索命之說，即王莽亂漢，漢祚命危。雖是穿鑿附會，但西漢讖緯盛行，一切皆假託天命，王莽是當時大儒，深諳符命，他造符信，以致使人深信。他代漢實屬天命，漢之亡，豈因是乎？

蟒蛇索命
是一段民間傳說
漢室覆亡
卻是一句由王莽親筆寫下的讖語

─────海默《夢迴古代‧西漢》

在河南省永城市芒山鎮文物管理所西南角，每當夜幕降臨，總有人們絡繹不絕地來到一座「漢高祖斬蛇碑」前，聽講解員秉燈講解劉邦斬蛇的悠遠故事。

說起劉邦斬蛇，據《史記‧高祖本紀》記載：

秦朝末年，劉邦為沛縣的泗水亭長，奉縣令之命，押送一批罪犯到驪山修秦皇陵。不料剛出了縣境，就有幾名罪犯跑掉了；走了數十里，又有幾名不見了；晚上投宿的時候，查點人數，比出縣境的時候少了一大半。劉邦心裡捉摸，照這樣走下去，到了驪山，肯定就剩下自己一個了，不如做個人情，讓大家散去吧。想到這裡，劉邦就道出了自己的想法，大部分人都散去了。有幾個無家可歸的人認為劉邦夠義氣，決定追隨他，浪跡天涯。

這些人不敢走大路，也不敢住店，披星戴月，向芒碭山方向出逃。忽然，一條大蟒蛇攔住了他們的去路，對劉邦說：「你是真命天子，將來會榮登至尊。」但牠卻不肯讓路，劉邦提起劍就要砍過去，大蟒蛇又說：「你斬我的頭，我亂你的頭；你斬我的尾，我亂你的尾。」乘著酒力，劉邦揮劍將大蟒蛇攔腰斬斷。大蟒蛇死後，化為一股白氣，向劉邦索命，劉邦隨口說：「高山之上，哪有什麼命啊？到平地再還吧。」後來，劉氏漢室雖有長達四百餘年的基業，但在漢平帝時，卻被由大蟒蛇轉化成的王莽攔腰斬斷，橫出一個為時十五年的新朝。

當然，這只是一個傳說，並不可信。那麼，劉邦所建立的漢朝究竟是怎樣被王莽攔腰斬斷的呢？

⊙ 漢武帝劉徹像

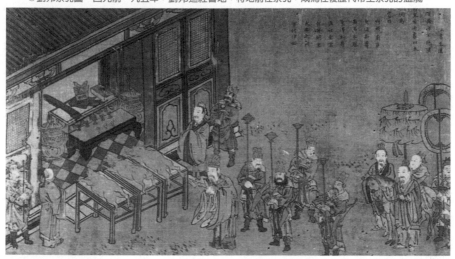

⊙劉邦祭孔圖。西元前一九五年，劉邦巡經魯地，特地前往祭孔，成為往後歷代帝王祭孔的濫觴。

艱難度日

劉邦建立的漢朝，千瘡百孔，物資匱乏，以至於皇帝都不能找到四匹純色的馬駕車，將相大臣就更不用說了，他們只能使用牛車。所以，從漢高祖劉邦，中經漢惠帝、呂后、漢文帝到漢景帝，都奉行道家「無為而治」的思想，採取休養生息的政策，讓社會生產逐漸恢復，人民生活安居樂業。到了武帝時期，政經文化等方面都達到了顛峰，終成一代盛世。

劉邦認為，秦朝二世而亡的原因之一是沒有得到同姓王的幫助，所以他把自己的兄弟、子侄分封到全國各地為王，力圖建立拱衛王室的屏障。漢初，朝廷直接統治的領土僅十五郡，其餘都分封給諸侯王，幾乎恢復了戰國時的割據局面，但是隨著宗室血緣的疏遠，一些地方諸侯不但不拱衛王室，反而試圖奪取中央權力，漢文帝時爆發的「七國之亂」就是明證。漢武帝深感威脅，便以諸侯奉獻的黃金成色不好或分量不足為藉口，一次廢除了一百零六個王侯的爵位，強化中央集權。在處理西北匈奴關係上，漢初採取「和親」政策，把公主嫁與單于，並贈以大量的繡、錦、絮、繒、酒等禮物，以換取暫時的安寧。和親就是對匈奴忍辱退讓，但在當時卻有利於人民的休息。加上田租輕微，徭役較少，農民得到五、六十年休養生息的時間，社會經濟漸漸繁榮。漢景帝末年，地方官府的倉裡裝滿了糧食；庫裡裝滿了銅錢。朝廷所藏的錢，累積達好幾百億，錢串子爛了，散錢無法計算。糧食新舊堆積，任其腐爛。正是有了強大的經濟和軍

事力量作後盾，武帝一改與民休息政策而用盡民力。漢武帝主動出擊，派李廣利、衛青、霍去病等年輕將領深入大漠，驅匈奴於漠北，一舉消除了困擾漢朝近百年的北方邊患。

「興，百姓苦；亡，百姓苦」。元曲作家張養浩的《山坡羊・潼關懷古》這首小令是西漢初年百姓生活的寫照。漢初，漢高祖重新分配大量的荒廢土地，第一批得到土地的是皇室成員，其次是有功之臣，再次是秦朝的舊地主，接下來是幫著劉邦打天下的中下級官兵，他們也得到了可以養家糊口的土地。最初，農民依靠一小塊土地，勉強度日。然而，不久他們就面臨著新的生存壓力——日趨沉重的賦稅和由此帶來的土地兼併。

漢武帝時期，董仲舒建議實行「限田政策」，也就是限制富室大族擁有田地的數量，避免失去土地的農民流離失所，引起社會動亂，這一政策的實際效果卻相當有限。宣帝、成帝、元帝、哀帝皆未解決土地兼併問題，這在某種程度上給了王莽篡漢的可乘之機。

昭宣中興

毛澤東的《沁園春・雪》中曾經提到「秦皇漢武」，「秦皇」，指秦始皇嬴政；「漢武」，指漢武帝劉徹。漢武帝和秦始皇相提並論，自然二人都是一代英雄豪傑。其中，還有一層深刻的含義，那就是在許多方面，漢武帝和秦始皇都有著驚人的相似。比如，他們都好大喜功，連年對外戰爭，對內大修宮苑神祠，實行嚴刑竣法，多次巡遊全國。

漢武帝的「文治武功」，使得漢朝積累了幾十年的國庫幾乎消耗殆盡。受戰爭影響最深重的自然是農民，漢武帝為取得大量財物，對農民進行殘酷的剝削。田三十畝按百畝徵收租稅，口錢二十改為二十三，七歲起算改為三歲起算[※1]，貧民生子多殺死。農民窮困破產，富人趁機大肆掠奪。漢武帝晚年，許多地區爆發了規模大小不等的起義。可貴的是，漢武帝發現了問題所在，痛下「輪臺罪己之詔」，反省自己的過失，表示要發展生產，與民休息；其次，他選擇了合適的繼承人和輔政大臣。漢武帝去世時，繼立的昭帝年僅八歲，一切政

⊙「天降單于」瓦當

事都由輔政大臣霍光全權處理。霍光輔政期間和此後繼位的宣帝都採取與民休息的政策，漢代社會一度又出現了「昭宣中興」的好局面。

昭帝和宣帝統治時期，一改武帝前期的好大喜功政策，復行無爲政治，採用休養生息的政策，七次頒布減免田租、算賦、口賦以及其他雜稅的詔令，六次頒布照常貸給糧種和食物的詔令，使流亡農民陸續回到故鄉來。另外規定，凡是郡國遭受地震、水旱災害時，當地當年的租賦、徭役皆全部免除。漢昭帝下詔廢除苛捐雜稅，宣帝下令降低食鹽的價格，禁止官吏擅自徵發徭役，減輕農民的負擔。由於這些政策的實施，瀕臨崩潰的西漢經濟逐漸得到恢復，糧食剩餘。沿邊地區設立的常平倉，是農業生產發展的有力證據。

爲了保證政策法令的貫徹，昭帝和宣帝都十分重視吏治。他們大力改革弊政，澄清吏治，尤其重視地方官吏的選舉。對於刺史、守、相這類職官的人選，一定要先由大臣推舉，皇帝親自召見，詢問他們治理國家的政策措施，以決定是否任用。漢宣帝還大力褒獎清明廉潔的官員，從政績卓著的地方官員中選拔公卿大臣。潁川太守黃霸撫養鰥寡，救助貧窮，於是就下詔褒獎他爲「賢人君子」，賜爵

⊙《鹽鐵論》是中國古代的一本政論集，由西漢桓寬編著。西漢漢昭帝在西元前八十一年（始元六年）期間召開「鹽鐵會議」，以賢良文學爲一方，以御史大夫桑弘羊爲另一方，就鹽鐵專營、酒類專賣和平準均輸等經濟政策，展開辯論。桓寬根據當時的會議紀錄，並加上與會儒生朱子伯的介紹，將其整理改編，撰成《鹽鐵論》。

關內侯，賞黃金百斤。

爲了緩和社會衝突，昭帝於西元前八十八年頒布特赦令。漢宣帝親政後，也廢除了漢武帝時的許多酷法，如下令凡是觸犯他名諱的人免於追究刑事責任。漢宣帝專門設置了「廷尉」一官，以解決疑案、平反冤獄，並且把審理案件的好壞作爲考核官吏的要項之一。

昭、宣時期，這些良策措施的實行，使一度風雨飄搖的西漢皇朝轉危爲安，又興盛起來，史稱「昭宣中興」。西元前五十二年（甘露二年），匈奴呼韓邪單于自願稱臣降服，對外戰爭停止。西漢極盛時期達到了頂點，由此轉入衰亡時期。

成哀腐敗

　　雖然漢元帝一生節儉，但是因為他用人不當，終使得西漢王朝走向了下坡路。到了漢成帝時，朝政更加混亂，人民生活日益困苦。外戚、宗室等有權之人，多行兼併，成為新興的上層豪強，原來的地主、商賈豪強勢力日漸衰弱。新舊豪強和下層豪強，在兼併土地、掠奪奴隸上有所衝突，但在破壞中央集權上，卻起著一致的作用。

　　歷史上，漢成帝是個以昏庸出名的皇帝，從小就只知吃喝玩樂，不學無術；繼承皇位後，更加肆無忌憚，熱衷於尋歡作樂，終因好色喪了命。

　　「環肥燕瘦」的典故裡，「環肥」指的是楊玉環，「燕瘦」就是成帝時的美女趙飛燕。趙飛燕的秀麗姿容、輕盈身材和出眾舞技，在後宮中出類拔萃，卓爾不群。為了緊緊抓住漢成帝的心，她把容貌更勝自己一籌的妹妹趙合德推薦給漢成帝。趙合德的美貌令漢成帝驚豔不已，她的柔情更令漢成帝為之傾倒。漢成帝一刻見不到趙氏姐妹，便心神不安；趙氏姐妹的話，漢成帝無不言聽計從，朝政因此而荒廢。

　　忙於貪歡的成帝把政事全部委託於外戚王氏集團。成帝即位後，尊其生母王政君為太后，由此拉開了王氏家族專權擅政的帷幕。在漢成帝在位的二十多年裡，王氏家族先後有十人封侯，五人相繼為大司馬大將軍兼領尚書，掌控了漢王朝的軍政大權。

　　繼立的漢哀帝不僅重用外戚，還寵愛佞幸。哀帝在位期間，祖母傅氏家族和母親丁氏家族勢力大增，把

⊙西漢彩陶舞俑

持朝政。他們濫殺無辜，胡作非為，把大漢朝廷攪得烏煙瘴氣。漢哀帝雖不好女色，卻獨好男風，對儀貌秀美、勝過六宮粉黛的董賢，大加寵愛。說起漢哀帝對董賢的寵愛，歷史上還留傳了這麼一段故事。有一次，漢哀帝和董賢同床共枕，漢哀帝想起身時，不料董賢的身體壓著了他的衣袖，為了不驚醒「心愛人」，他不惜割斷了自己的衣袖。這就是「斷袖」的由來。漢哀帝不僅賞賜董賢大量的珍寶財物、良田府邸，甚至想把皇位傳給他。如此昏庸的漢哀帝，怎麼能夠治理好大漢皇朝？漢王室的滅亡也是遲早的事情。

漢哀帝時期，大臣鮑宣痛心地指出：公卿大臣和地方長官大都貪汙殘暴成風，地主花天酒地成性，農民流離失所，有「七亡」、「七死」，就是沒有辦法活下去。所謂「七亡」，是指使人民喪失財產的七件事情，即水旱天災、苛捐雜稅、貪官汙吏的掠奪、豪強地主的兼併、國家徭役耽誤農時、地方雜差影響生產、盜賊搶劫平民財物；「七死」是指危害人民生命的七件事情，即酷吏打死、判刑從重、冤陷無罪、盜賊傷害、相互仇殺、荒年飢餓、瘟疫疾病。在這種混亂的情況下，人民生命財產毫無保障，國家要想安定，簡直像是天方夜譚。鮑宣這些話，絲毫不能阻止豪強的肆意兼併。

漢朝後期的社會危機，最突出的有兩項：一個是土地高度集中，一個是奴婢無限增加。奴婢問題和土地兼併問題又是密不可分的，其實質都是農民問題。因為土地兼併，農民喪失了土地，無以為生，他們先是變賣家產，然後賣妻鬻子，最後他們窮得只剩下自身，於是只能把自己賣為奴婢，這是他們生存的唯一出路。漢朝建立之初，由於大饑荒，許多百姓變賣子女為奴。當時曾出現固定的人口市場，為賣一個好價錢，有的奴婢被主人精心打扮，更多的奴婢和牛馬關在一起出賣。到漢朝後期，奴婢的數量急劇增加，朝廷掌握的自耕農數量則大量減少。這樣，向國家納稅的人口銳減，國家財政更加困難。奴婢的大量存在，反應了西漢後期嚴重的土地兼併，社會危機日益加深。

王莽代漢

「昭宣中興」之後，稍微緩和的農民起義又如星星之火般在中原大地上燃燒起來。漢朝天下岌岌可危。隨著社會危機的加劇，人們普遍意識到必須有所變革。有些人主張「限田限奴」，實行自上而下的社會改革，結果行不通；有些人主張選賢任能，選取劉姓家族中有才能的人做皇帝，結果也失敗了。人們逐漸對西漢皇朝失去了信心，對劉氏的統治失去了信心，認為漢朝

⊙漢代陶住宅模型

氣數已盡，希望「異姓受命」，要求皇帝退位，把皇位傳給賢人。社會問題異常嚴重，皇帝完全陷入絕望的困境裡，連最忠於漢朝的宗室劉向也認為漢朝的命運已經完結了。此時，上層豪強的代表王莽粉墨登場了。

王莽，字巨君，是皇太后王政君弟弟王曼的兒子。王莽的父輩中九人封侯，同輩兄弟中或拜官晉爵、或乘時奢侈，過著聲色犬馬的生活。只有王莽由於父親早死，孤苦伶仃。但王莽聰明伶俐，虛心向當時著名的學者陳參學習禮法，不僅受到儒生的歡迎，而且贏得了皇太后的歡心；在家裡，他特別孝順自己的母親，照顧早寡的嫂嫂，養育喪父的侄兒；在外面，他沒有像一般人那樣阿諛奉承達官顯貴，而是廣泛結交知名人士，有禮貌的侍奉叔伯。有一次，大司馬大將軍王鳳——王莽的伯父生病時，王莽就像親生兒子一樣，在王鳳身邊端茶送水，遞湯餵藥。王鳳每次喝藥時，王莽都會先自己嘗過之後，才送到他的嘴邊。這樣，幾個月衣不解帶的侍候，使得王莽蓬頭垢面。如此行為，當然使王鳳感動得一塌糊塗。隨後，王莽開始逐漸地升官晉爵。人們都說，虛心使人進步，驕傲使人落後。而加官晉爵的王莽並沒有驕傲，相反的，他的官爵越高，行為卻越加恭謹，所得資財也大都用來贈送賓客，供給名士。三十八歲時，王莽就取得了大司馬大將軍的職位，這對他的政治生涯來說，是非常關鍵的一步。此時的王莽，反而越加簡樸。有一次，他的母親生病了，公卿列侯爭相派自己的夫人前去探望。當這些身著綾羅綢緞、花枝招展的夫人來到王莽家時，一個打扮極其簡樸的女人出來迎接她們。眾夫人心想，這是王家的哪個奴婢呀？怎麼穿得這麼樸素？一問，眾夫人驚訝：原來這就是大司馬大將軍——王莽的夫人。

正當王莽躊躇滿志之時，成帝去世，哀帝即位。隨著哀帝的繼位，王莽的靠山——王政君被尊為太皇太后，但是失去了權力，王莽下野，一度回到自己的封國。此時，得勢的傅氏和丁氏家族紛紛湧入京師，擠入朝廷。在封國這段期間，王莽依然克己節儉，結交儒生，韜光養晦。為人仁義的王莽，竟然被一群烏煙瘴氣的小人撐下了政治舞臺，為此，有許多人為他鳴冤叫屈，一部分人甚至辭官不做。為了堵住悠悠之口，哀帝以侍候王太后的名義，把王莽召回到京師。一年後，傅太后、丁太后、哀帝先後去世，哀帝無子。此時，年近七十的王太后重新出山收拾殘局，選立年僅九歲的中山王為漢平帝，委軍國大政於王莽。從此，王莽重登政治舞臺，大權在握，成為實質上的皇帝。王莽

⊙西漢彩陶射俑

的野心急劇膨脹，他要做眞正的皇帝。

西元元年，王莽脅迫王太后封他為太傅、「安漢公」，取得了當年周公在周成王初年的權力。次年，他把自己的女兒嫁給漢平帝為后。西元四年，他強迫王太后加封自己為「宰衡」、「位上公」，接著又以「加九次」的封賞，使自己具有皇帝的威儀。王莽一步一步的走近皇帝的寶座，漢平帝則一步一步的走近死亡的深淵。王莽假借天命，徵集天下通今博古之士及吏民四十八萬人齊集京師，上書皇太后要求重賞王莽。於是，「告安漢公莽為皇帝」的天書應運而生，王莽也就理所應當的由「安漢公」變為攝皇帝、假皇帝。為了更便於自己榮登九五至尊，在漢平帝死後，王莽立了年僅兩歲的子嬰為皇帝。

「司馬昭之心，路人皆知。」此時，王莽之心，也是天下人皆知了。對劉漢皇朝忠心耿耿的劉崇、翟義當然看不慣王莽一幕幕的鬧劇，他們率領幾十萬人，起兵反抗假皇帝的統治。很不幸，假皇帝擁有上天的保護，很快平息了這些叛亂。接著，王莽應該作眞皇帝的符命就接踵而至。在上天的強烈願望下，王莽宣布接受天命，改國號為「新」，走完了代漢的最後一幕。

王莽代漢之所以能夠成功，是劉漢皇朝自身所造成的，它的腐敗無能使整個社會生出對改朝換代的期盼。除了劉崇、翟義的叛亂外，王莽幾乎沒有遇到什麼阻力。另外，王莽在朝和在野期間的所作所為，也使他幾乎成為眾望所歸的人物。王莽任大司馬時，不僅大封漢宗室及漢初以來的功臣子孫，且大封自個兒親信數百人為各級貴族，得到了劉派、王派上層豪強的擁護；又在人民中製造影響，其子王獲殺死奴隸，王莽令其自盡償命。郡國發生旱災，王莽獻錢百萬、獻地百頃分配給貧民。因此，王莽得到了自上而下的擁護。

新朝改制

當王莽穩穩當當地坐上皇位之時，他面對的天下並非太平盛世，而

是一個亟待收拾的爛攤子。王莽深知，若不痛下決心改革，弊政絕無革除的可能，於是他開始了大刀闊斧的改革。

新朝改制，其中最主要的措施就是針對西漢社會後期的兩大頑疾——土地和奴婢而進行。針對嚴重的土地兼併，王莽提出了「王田制」，具體措施就是：把民間的田地更名為「王田」，屬於朝廷所有，個人不得買賣；如果一家男子不到八個人，而田地卻超過了九百畝，那麼，這個家庭就應該把多餘的田地分配給本族或鄰居中沒有田地的人們；原本沒有田地的人，按照每個男子一百畝的標準分配田地。「王田制」具有很大的空想性，不論是對大地主的限制，還是對農民的均田，這在當時的歷史條件以至後來的封建社會，都是不可能實現的。「王田制」，對於大地主來說，無疑就是虎口奪食，無條件剝奪他們的土地，這理所當然地遭到了他們強烈反對；「王田制」，對於貧苦農民來說，看似極具吸引力，但畫餅不能充飢，望梅止渴之舉反而引起農民更大的怨憤。

因此「王田制」在實施的過程中遇到了極大的阻力。再之，制度本身不嚴密，存在許多漏洞，一些執行者營私舞弊，帶頭破壞。結果，「王田制」不僅沒有解決土地兼併問題，反而帶來了更大的社會混亂，王莽不得不下令廢除。

「私屬制」是王莽試圖改革奴婢問題的重大舉措。「私屬制」，就是把民間的奴婢更名為私屬，不允許買賣，以區別朝廷的官奴。顯然，「私屬制」不是反對奴婢的佔有和使用，而是為了保持私人佔有奴婢的現狀，

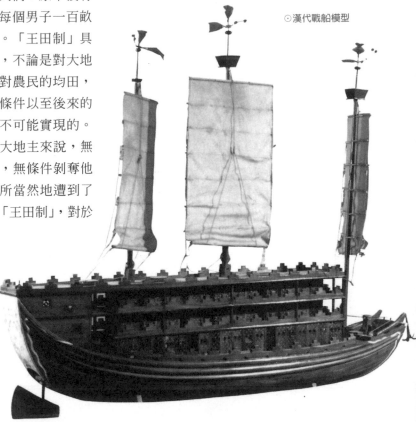

⊙漢代戰船模型

防止越來越多的人淪為私人奴婢，避免影響到國家的政治和經濟利益。然而，奴婢問題和土地問題是密不可分的，解決不了土地問題，奴婢問題也無從解決。由於「私屬制」限制和妨礙了地主階級的利益，自然也引起了他們強烈的反對和抵制。對農民而言，雖然奴婢的生活非常痛苦，地位非常底下，但是，賣身為奴無疑是他們唯一的出路。王莽的改革，等同把他們唯一的生路也堵死了。

王莽的第二項改革是「五均」、「賒貸」和「六管」。「五均」是動用國家力量平抑商品的市場價格，在都城長安以及洛陽、邯鄲、臨淄、宛、成都等五個城市設立五均官，由他們對商品經營和物價進行監督管理。如果某一商品的市場價格過高，他們就以平價抛售掌握的商品，以平抑物價；如果市場價格過低，則聽其買賣，自由交易；對於五穀、布帛、絲綿等日用品，凡是賣不出去的，國家就會以成本價收購。「賒」，是指在老百姓無錢從事喪葬或祭祀活動時，由政府提供無息貸款；「貸」，是指在老百姓想要創業或繼續發展事業但缺少資金時，政府給其低息貸款，「賒貸」政策，亦由五均官管理。王莽又採納大

⊙新朝發行的「大布黃千」幣

臣魯匡的建議，實行「六管」政策，即由國家對酒、鹽、鐵、名山大澤、「五均」、「賒貸」以及鐵冶銅冶等工商業實行統一管理。這些措施的實施，不但沒有達到預期的效果，反而使物價、市場、社會等陷入更大的混亂。但是，造成混亂的原因並不在於政策本身不好，而是用人不當。如在沒有任何監督的情況下，王莽就任用富商大賈張長叔、薛子仲等人擔任五均官，這不是等於授予他們魚肉百姓的合法權力嗎？他們和地方官員互相勾結，利用特權，敲詐勒索百姓，這樣的政策執行者怎麼可能成為政策真正的貫徹實施者呢？

王莽的幣制改革近乎荒唐。他不但把早已停止不用的貝殼、龜甲等都恢復為貨幣，並且亂定貨幣之間的比價。每進行一次幣制改革，就會使一部分老百姓破產，增加社會的不穩定因素。從根本上說，王莽的幣制改革否定了貨幣運動的客觀規律，注定了失敗的命運。另外，王莽對官爵、行政區劃、禮樂等制度都進行了廣泛的改革，結果是越改越亂。改制期間，王莽附加了嚴刑峻法，許多人由於違反新法而淪為官奴，社會因此更加混亂不堪。

王莽改制，確實存在著

食古不化、迂腐瑣碎的毛病，但是，他也真正地看到了西漢後期所存在的社會弊端。許多政策法令均包含一定的合理性，含有關心民間疾苦的成分。實際上，像土地兼併、奴婢買賣這樣的問題，在古代社會裡是很難解決的。在新朝任職的桓譚曾經評論說，王莽的缺點在於不識大體：一是自以為是，不聽下屬的勸告；二是事事仿古，只知道古代聖賢制度好，而不明白自己不可能執行；三是任人唯親，不知道選舉良材。這種評價，倒不失為較客觀的評價。

王莽的對內改革造成了社會的一片混亂，對周邊少數民族也帶來了連綿的戰火。為了顯示新朝的王威，王莽下令把原來對周邊少數民族首領諸王的稱號一律降稱為侯；另外，王莽又派出王奇等人，分成五路出發，一方面向周邊地方政權宣講新朝建立是天命的安排以及他的威德，另一方面收回漢朝的印綬，改發新朝的印綬。貶低封號的做法和欽差大臣傲慢的態度，引發邊地部落的普遍不滿，在西北、華北和遼東等廣大地區都燃起了戰火，激起了曠日持久的戰爭。為應付戰爭，王莽大量募集丁男、罪囚和奴隸等，充作戰爭的先鋒；為了戰爭，王莽下令徵收新稅，全天下的人都要交納自己資產的三十分之一充作軍費。各級官吏就更慘了，不但要納軍費，而且要按照官階保養軍馬。許多官宦和百姓傾家蕩產，甚至家破人亡。新朝對少數民族的戰爭，造成了中原疲敝、海內虛耗、騷亂四起的嚴重後果，它是新莽政權迅速垮臺的重要原因之一。

王莽的新朝，本來給許多人帶來了光明和希望。但是，「王田制」、「私屬制」的失敗，農民揭竿起義；由於「五均」、「賒貸」、「六管」政策同樣損害了商賈和高利貸商人的利益，這些人也站到了反對王莽的一方去；新朝對於少數民族的戰爭，把越來越多的人逼上了梁山。

豪傑並起

帶給無數人希望的王莽改制，又給無數人帶來了絕望。作為王莽統治基礎的上層豪強與無市籍的下層豪強，也漸漸離開王莽。王莽廢漢諸侯王為民，劉姓上層豪強不滿加劇；大封新的公侯過多浮濫，又無錢奉養，有些新貴甚至為人傭工度日，下層豪強也怨恨不已。又沒收官吏財產五分之四充公，允許奴婢告發主人，地主階級也憤怒了。王莽統治徹底失去了統治基礎，唯有敗亡一途。在這種情

況之下，爆發了農民大起義。

起義最初從西北邊境的五原、代郡一帶爆發，然後迅速傳遍全國。其中最重要的起義，就是綠林、赤眉起義。西元十七年，南方荊州地區鬧饑荒，飢餓的農民成群結隊到低窪的沼澤地中採集草根野菜充飢。有時，飢餓的人群為了爭奪草根和野菜而發生摩擦，甚至是大規模的衝突。其間，新市人（今湖北京山）王匡、王鳳逐漸建立起威信，被人們推為首領。他們在綠林山（今湖北當陽縣東北）舉起了反抗的旗幟，四面八方的人如潮水般湧上了綠林山，這就是歷史上所謂的「綠林兵」。西元二十一年，王莽的荊州牧率領兩萬人馬，浩浩蕩蕩前來剿滅綠林軍，不幸的是，剿滅者反而被剿滅了；綠林軍士氣大振，威名遠播。西元二十二年，綠林山發生瘟疫，人死了一大半。為了獲得生存，綠林軍兵分兩路，一路由王常、成丹率領，號稱「下江兵」；另一路由王鳳、王匡、馬武率領，號稱「新市兵」，轉戰別處。

與此同時，北方山東地區也發生了大規模的起義。西元十八年，琅琊人樊崇自稱「三老」，率領一百多個貧苦農民起義，進入泰山一帶。無以為生的饑民紛至沓來，在泰山地區迅速聚集了一萬多人。由於樊崇的勇敢善戰，徐宣、謝祿、楊音等領導的起義隊伍都紛紛加入他的隊伍，聯合作戰。西元二十二年，樊崇擊殺王莽所遣大將景尚。憤怒的王莽又派大將軍王匡、廉丹等率精兵十萬前來剿滅起義軍。為了與官軍相區別，樊崇命起義軍將眉毛染成紅色，因此被稱為「赤眉軍」。赤眉軍大敗王莽軍，王匡敗走，廉丹被擊殺，赤眉軍人數迅速增至數十萬。

除了綠林軍、赤眉軍外，新朝大地上還有像「亂麻沸湯」一樣，成百上千支的大大小小起義軍。這些起義軍的主力，多是被暴政逼得無以為生的農民。他們沒有嚴密的組織、嚴明的紀律和起義的綱領，有的只是填飽肚子的願望，「兵來將擋，水來土掩」的生存之道。因此他們成為世家大族劉秀改朝換代的工具。

劉秀兄弟二人是南陽的豪族地主，同時也是大商人。他們是漢高祖的九世孫，漢景帝的後裔。為了實現政治野心，他們與新市、平林軍合夥共舉義旗。不過，他們萬萬沒有想到，平林軍隊伍裡已先有了一個野心家，就是劉玄。劉玄是劉秀的族兄，沒落貴族。在他們的共同組織和領導下，起義隊伍面貌煥然一新，戰鬥力和組織性大大加強。野心家與野心家碰頭，必然展開一場爭權奪利的殊死搏鬥。有了一定基礎的劉玄取得了暫時的勝利，西元二十三年二月，綠林

軍在南陽城外設壇場[※2]，立劉玄爲皇帝，初建更始政權。

更始政權建立後，劉玄一面派劉秀等人興兵北伐，一面發布復興劉氏江山的政治號召。綠林軍的陣勢嚇壞了王莽，他一面故作鎮定，把頭髮和鬍鬚都染成黑色，顯示自己老當益壯，有力量戰勝「盜賊」；一面派王邑、王尋發各州郡精兵四十二萬人，號稱百萬，圍困昆陽（今河南葉縣）。在這裡，綠林軍與王莽軍展開了一場精彩的對決，上演了歷史上以少勝多的著名戰役——昆陽大戰。昆陽大戰的勝利使指揮此役的劉秀一舉成名，這成爲他此後事業發展的起點。昆陽之戰是決定性的戰役，王莽的新朝也隨著這次戰敗而完全崩潰，原本還在四處觀望的各地豪強，包括王莽的許多官吏，紛紛起兵割據。不到一個月的時間，新朝就只剩下長安和洛陽這兩座孤島了。

王莽的失敗已成定局，而此時的更始政權中，卻出現了分裂的局面。更始帝劉玄、新市、平林諸將領和一部分南陽豪強嫉妒劉秀兄弟的威望，就以莫須有的罪名謀殺了劉秀的哥哥。此時，劉秀正在前線作戰，聽說兄長被殺，心如刀絞，但他自知羽翼未豐，表現出異常的智力和耐力，迅速趕回宛（今河南南陽），向更始帝謝罪。不與其兄的舊屬來往，不爲兄長行喪禮，只說自己的罪過，卻閉口不談昆陽的戰功。如此，劉秀方逃過了更始帝的鍘刀。

除掉劉秀的哥哥後，綠林軍兵分兩路討伐王莽。王莽早已成了眾叛親離的孤家寡人，長安城很快就被更始軍隊攻下，王莽被殺，新朝滅亡。更始政權隨之遷居長安。然而，劉玄缺乏遠大的政治理想，沒有治理天下的才能，只知享受優裕奢侈的生活，長眠於女人的溫柔鄉裡，不知經營新政權。在娶了趙盟的女兒爲夫人後，劉玄不分日夜的與她宴飲於後宮，把政事大權全託於趙盟。朝臣奏事時，趙盟安排侍中坐在帷幕中假裝劉玄與群臣說話。諸將領聽出不是劉玄說話，非常不滿意。另外，趙盟獨斷專權，枉殺無辜。有一次，他要殺死侍中，就連劉玄講情都不能阻止。於是，朝中人人自危，不敢多說一句話。帶兵在外的將官與土匪無異，他們四處燒殺擄掠、騷擾百姓，毫無軍紀可言。這樣的政權與軍隊，自然不能長久。正在此時，赤眉軍攻入了關中。

更始政權三年（西元二十五年），赤眉軍兩部合一，以劉盆子爲皇帝，徐宣爲丞相，

⊙ 漢朝宮女塑像，寬袍大袖是漢朝宮廷的時尚，和勞動者的短衣長褲形成強烈對比。

⊙漢代彩繪騎馬俑

又一一剪除了全國的割據勢力，如東方張步、北方彭崇、西方隗囂、西南公孫述等，完成了統一大業。

西漢王朝得之於農民起義，又失之於農民起義。西漢初期，冶鐵業、水利的迅速發展，使漢初的農耕生產水準大幅提升，加之統治者採取無爲而治的黃老之術，社會財富迅速增加。與此同時，豪強地主爲了追求更大的利益，紛紛兼併土地，巧取豪奪，致使農民們失去了賴以生存的土地，成爲流民或豪族的傭工。此時的社會問題已明顯呈現在地主與農民間的衝突，伴隨這一問題而來的，是農民失去人身自由，淪爲奴婢，終於爆發了大起義。王莽雖認識到這一問題，也力圖勵行改革，但由於時代的局限，他的改革以失敗告終，反更加激化了社會矛盾。王莽之所以能夠代漢自主，除了他利用西漢本身的社會弊病外，另一點就是西漢時期讖緯大盛，一切歸於天命，當時的王莽也算是名至實歸；但此後的嚴刑峻法又導致了他的最終失敗。

樊崇爲御史大夫，攻入長安，更始帝和一些官員投降。赤眉軍進入長安之後，將領忙於論功行賞，士兵忙於搶劫長安內外的財物，使百姓寒了心。於是，百姓紛紛組織起來進行自衛，抵制赤眉軍。而赤眉軍呢？他們已經養成了流寇作風，認爲不能供給他們衣食的長安城一無是處，於是一把火燒了宮室，轉戰他方。但是，他們萬萬沒有想到，劉秀已經爲他們築好了墳墓。

更始帝遷都洛陽之後，派劉秀到河北鎮撫諸州郡。從此，劉秀開始經略河北，一步一步創建了自己的勢力。西元二十二年，劉秀來到河北巡行諸郡縣，釋放囚犯，廢除王莽苛政，恢復漢朝官名，逐步樹立了自己的威信。此後不久，劉秀消滅了王郎等河北的割據勢力，統一河北，擁兵數十萬。在河北站穩腳跟之後，劉秀開始了統一天下、剿滅農民起義軍的路程。西元二十五年，劉秀在洛陽稱帝，建立東漢政權。東漢政權先後消滅了更始軍、赤眉軍等農民軍，然後

註解
※1 漢制，民生七歲至十四歲每人每年納口錢二十。
※2 壇場，古代設壇舉行祭祀、盟會、拜將的場所。

北
玄武

西
白虎

東
青龍

南
朱雀

◎四靈獸青龍、白虎、朱雀、玄武，分別代表四象方位。

蕭牆之亂：東漢覆亡眞相

東漢的建立者劉秀本身是豪強，他所依靠的統治
集團就是一個以南陽豪強為基礎的豪強集團，這
個集團本身具有兼併性和割據性。所以，從一開
始，東漢王朝的統治基礎就是不穩固的。為了抑
制豪強，朝廷重用外戚和宦官，社會問題更加嚴
重，為以後的大分裂埋下了禍根。

大廈將傾
英雄何為
時間的巨手翻雲覆雨

──────海默《夢迴古代·東漢》

漢光武

⊙東漢光武帝劉秀像

歷史，就是一齣齣的鬧劇。經過西漢末年風風雨雨的王莽改制、農民起義之後，洛陽城上又重新飄揚著大漢的旗幟。歷史好像開了一個莫大的玩笑，轉了一圈，又回到了原地。劉家的人，又擠滿了這新的都城，擠滿了這新的朝廷。而「苟延殘喘」的農民，放下了他們的武器，垂頭喪氣地走回自己的故鄉，重新拿起生銹已久的鋤頭，走向荒蕪的田野。當他們投到新主人面前的時候，回憶昔日的場景，真像是一場噩夢。一場噩夢還沒有醒過來，新的噩夢又縈繞在農民心裡。不堪重負的農民，在南陽的這個豪強地主還沒有坐穩皇帝位子的時候，就開始了新的反抗運動。

光武更新

光武帝劉秀初定天下，中國復歸於統一，但長期積累的社會問題並未善加解決。前朝遺留的土地問題，哀、平二帝時已相當嚴重；王莽的新朝，因為沒能解決這一問題，終被推翻；新市、平林軍和赤眉軍先後建立政權，但也沒有解決土地問題，先後覆滅。至東漢初年，土地問題依然是社會的病瘤，漢光武帝劉秀本人是大豪強，他所依靠的統治集團就是一個以南陽豪強為基礎的集團。這個集團一開始就顯示出嚴重的兼併性和割據性，因此東漢前期，中央集權的朝廷只能在不妨礙豪強利益的限度內，對他們行使著有限的控制。

為了鞏固東漢政權、恢復農村秩序，建武十五年（西元三十九年），光武帝下令「度田」，清丈全國的土地。清丈土地，一是為了核實田賦的徵收，檢舉有田而不納稅的大地主、大商人；二是沒收大地主和大商人手裡的一些土地，分配給無地的士兵和貧苦農民。這一政策顯然侵犯了大地主、大商人的利益，因而遭到了強烈反對，特別是洛陽附近的新貴和南陽的皇親

國戚。地方官員自然得罪不起這些豪強，只好祖護他們，把負擔轉嫁給中小地主和貧苦農民身上。於是，生活基礎最差、抗風險能力最差的中小地主和貧苦農民發生了普遍的叛亂，地方豪強大族也趁機加入。這次叛亂遍及全國大部分地區，曾是西漢農民起義軍發源地的山東、河北、蘇北等地，反抗尤為劇烈。光武帝劉秀發現問題，果斷解決。當然，他和州郡官一樣，也不敢查問豪強。他嚴查了大司徒歐陽歙任汝南太守時貪贓一千餘萬錢、查田不實的罪行，並以同樣罪名處死了河南尹及郡太守等十餘人，表示出對貪贓枉法官員懲處的決心；同時，他採用分化農民起義軍的方法，平息了動亂。從此以後，東漢王朝向豪強勢力完全屈服，不再檢查墾田與戶口的實數。

像度田這樣的調整土地分配關係的政策，本是新朝建立之初的正常措施，隱瞞和反隱瞞兩種傾向的對抗現象也長期存在。但像東漢初年引起的大規模起義者，在中國歷史上實屬罕見。它說明在東漢初期，豪強地主的勢力特別強大，他們有與東漢中央相抗衡的政治力量。在爭奪人口和土地問

⊙ 漢倭奴國王印。東漢光武帝中元二年（西元五十七年），日本遣使入貢，光武帝贈予日本（當時稱倭奴國）此金印，上刻「漢倭奴國王」。

題上，中央與豪強地主存在根本的分歧，所以，東漢王朝的統治基礎從一開始就是不穩固的，這爲以後的大分裂埋下了禍根。

雖然社會問題重重，東漢政權還是能夠保持基本穩定。究其原因，主要是大亂之後的中原，人口大量死亡，土地拋荒，農民有田可種，暫時緩解了土地兼併的問題。名義上，光武帝統一了全國。事實上，當時的中國到處都是孤兒、寡婦和殘疾人等，人口數量比西漢全盛時期相去甚遠。

自西元二十六年到三十八年，光武帝連續頒布釋放奴婢和禁止傷害奴婢的詔令。這些詔令的實行，一方面是與地方豪強爭奪人口，另一方面體現出奴婢人身依附關係的鬆弛，它使大批奴婢解除了人身束縛，重新回到土地上。這一措施最初收到一些成效，稍緩和了社會問題。但後來，豪強地主蓄養奴婢的情況又有所抬頭，在許

多地方，奴婢的人數有增無減。除關注土地和奴婢問題外，光武帝還採取了安定社會、加強中央集權的一系列措施，如加強對官吏的法律監督、限制外戚勢力、削弱「三公」權力、提高尚書令權力等等。在光武帝的慘澹經營之下，東漢社會呈現少有的繁榮與安寧，史稱「光武中興」。

內外傾軋

光武帝之後，明帝、章帝繼續執行光武帝時期的政策，東漢社會保持著相對的穩定與緩慢的發展。但是，在安定局面的背後，是地主貴族的無窮奢侈和老百姓生活的艱辛。到漢和帝時期，隨著皇帝的怠政和豪強地主勢力的擴張，許多社會問題逐漸暴露出來，開始走向下坡。

和帝和安帝時代，社會問題愈加明顯，歷經順帝、桓帝，以至到靈帝時，東漢王朝已經病入膏肓。對東漢政權運行的特點及存在的問題，著名史學家翦伯贊先生在《秦漢史》一書中有極其精闢入理的分析：「具體的史實，就是在東漢社會後期，往往都是母后稱制，外戚專權，

⊙馬踏飛燕

84

⊙場面浩大的東漢貴族車馬出巡壁畫

宦官禍國。但這只是東漢政權腐敗的表現，並不是腐敗的原因。因為在東漢社會前期，在皇朝之中，也有母后、外戚、宦官，但是這些人並沒有把持政權，並沒有成為政壇上的要人，這是因為當時的政權還沒有腐敗。一個很淺顯的道理，母后稱制，就意味著英明帝王的消失；而外戚、宦官等人登上歷史舞臺，就表明了一個政權已經落在了皇帝親戚和家奴的手中。所謂英明的帝王的消失，並不是指在皇朝內部，無緣無故的生出了許多的傻子或者白癡，而是在選定皇位繼承人的時候，有意的選定這些人做皇帝。因為只有這樣，在皇帝的背後，才可以安穩的做一個太后。而只有太后能夠坐在皇帝的背後，外戚才會由於裙帶關係得勢，從而專權，同時那些皇宮中的男女奴才才可能成為皇帝唯一可依賴，並利用與外戚對抗的力量。」（北京大學出版社，一九八三年版，第四四七至四四八頁）

東漢後期是多災多難的時期，輪番上演著外族的叛亂，演繹著外戚與宦官爭權的一幕幕血雨腥風的鬥爭，其間又夾雜著農民生死存亡的掙扎和隨之而來的起義。東漢後期的政治，基本上就是外戚、宦官兩大集團附帶著一個官僚集團的活動、衝突和變化。這三個集團在東漢前期先後發展起來。光武帝、明帝時，皇權威猛，外戚和宦官還不敢公然橫行作惡。至章帝時改變先前的「嚴切」政治，外戚、宦官得到寬厚優待，開始作起惡來。

章帝死，十歲的和帝繼位，竇太后臨朝稱制。外戚竇憲總攬大權，是事實上的漢皇帝。竇家大批徒黨都得到升遷，最小的也是個縣令。這些人搜刮民脂民膏給竇憲送禮報恩。竇家又豢養大批刺客，迫害正直不肯阿附的人，引起朝野不滿。和帝與宦官鄭眾密謀，將竇憲及其徒黨悉數下獄治罪。鄭眾因功封侯，宦官從此參與朝政。東漢政治進入更黑暗的時期。

和帝死，安帝繼位，皇太后鄧氏輔政，鄧氏家族開始執掌實權。鄧騭、鄧悝、鄧弘、鄧閶皆為列侯。在

⊙ 東漢儒學講經圖。漢朝儒風盛，東漢光武帝尤其大力推崇，然漢朝的儒學已滲入了先秦陰陽學說和法家思想。

大封外戚的同時，鄧太后從竇家的失敗裡取得了一些經驗，並用外戚與宦官。因此，安帝的朝堂上，充斥了各有所圖的外戚和宦官。他們關注的不是如何把天下治理好，而是看皇帝的臉色，得到個人的利益好處。

安帝時，太子因閻皇后進讒言，被貶爲濟陰王。安帝死，閻皇后就和其兄閻顯商議，擁立幼小的北鄉侯爲少帝，閻太后臨朝，閻顯輔政，盡殺安帝寵信的宦官。可惜好景不長，少帝病死，宦官孫程等十九人發動宮廷政變，殺掉閻顯及其同黨，擁立濟陰王爲順帝。孫程等人因爲擁立有功而相繼封侯，宦官勢力又大進一步。當時有人把他們比喻爲西漢的開國功臣韓信、彭越，期盼重揚大漢雄風。但是，他們同樣是一群狗仗人勢的奴才，壓榨百姓、魚肉鄉里。

陽嘉四年（西元一三五年），漢順帝任命皇后的父親梁商爲大將軍執政。梁商死後，其子梁冀繼任大將軍。梁冀是個不學無術的紈褲子弟，卻世襲了此等高位，這又比西漢末年王氏家族的專權好到哪裡去呢？三年後，順帝死，年僅兩歲的沖帝繼位，於是梁太后臨朝聽政，其兄梁冀掌握實權。一年後，沖帝死，梁太后和梁冀共謀迎立年僅八歲的質帝，梁氏仍然把持朝政。八歲的質帝年幼而聰明，已認出梁冀是個「跋扈將軍」。不到一年，質帝就一命嗚呼了。當然，這是「跋扈將軍」所精心導演的一場把戲。接著，梁太后和梁冀又擁立他們正準備選爲妹夫的蠡吾侯爲桓帝。桓帝繼位後，娶了梁冀的另一個妹妹爲皇后。

梁冀權勢熏天，遠在桓帝之上。外官任職考述，都要先到梁家求見謝恩，然後才敢去官衙報到。吳樹任縣令時，曾拒絕梁冀的囑託，秉公執法，誅殺了轄境內貪殘害民的梁氏賓客。梁冀對此懷恨在心，伺機報復。終於機會來了。吳樹升任荊州刺史，赴任前到梁府辭行時，梁冀竟然用毒酒款待，使得他一出門就死在車上。梁冀在政治上無法無天，在生活上奢華無度。各地貢獻皇帝的珍異貢品，上等的都先送到梁府去，其次的才給皇帝享用。他大肆修建豪宅，富麗堂

皇可比皇宮；又在都城附近開闢獵場，逶迤千里；在河南城西邊設置兔苑養兔，周圍綿延數十里，徵發吏役修建了幾年才得以完成。在他把持朝政二十多年裡，梁氏一門前後有七人封侯，婦女七人封君，二人出任大將軍執政，三位皇后，六位貴人，把外戚專權表演到極致。

西元一五〇年，梁太后病重，不久死去；一五九年，梁皇后一命嗚呼，這預示著梁冀的末日已為期不遠。漢桓帝把握時機，利用如廁之際悄悄與宦官唐衡商議，尋求顛覆梁氏家族之策。不久，漢桓帝和宦官單超、徐璜、具瑗等五人聯手，共同剷除了梁冀和梁氏徒黨自三公、九卿至州刺史數十人，斥逐次等徒黨三百餘人，朝官幾乎空了。沒收了梁冀及其徒黨的家產，變賣所得，竟相當於東漢政府半年的租稅收入。誅殺了梁冀，

◎匈奴王金冠

單超等五人自然成為有功之臣，他們獲得多方讚譽，得到各種獎賞。單超被封為新豐侯，徐璜等四人也都封侯，各食邑萬戶，侯覽、趙忠等八人被封為鄉侯，他們的宗族親戚被分派到各地做官。這些人開始在地方作威作福，同盜賊無異。侯覽之兄侯參出任益州刺史時，為了滿足自己的私欲，對轄區內家財富足的人誣陷罪名殺害，然後沒收其財產，裝入自己的腰包。這些做法，遭到太尉楊秉的彈劾，在被押送到京城的途中，侯參畏罪自殺。徐璜的侄兒徐宣求婚於李家，被拒絕後，他就率領吏卒到李家把姑娘搶走，用箭射死，把屍體埋於縣衙內。當徐宣的暴行受到黃浮懲處時，徐璜卻找漢桓帝告狀，黃浮反被判刑服苦役。自西元一五九年梁冀死後至一六七年桓帝死，八、九年間，宦官勢力幾乎達到獨霸政權的地位。

桓帝死，十二歲的漢靈帝繼位，由竇太后臨朝稱制，其父竇武以大將軍輔政。竇武聯合太尉陳蕃等人，密謀誅殺宦官。竇太后卻認為，宦官乃東漢舊制，不必棄而不用。在竇太后猶豫之時，宦官先發制人，發動宮廷政變，軟禁竇太后，殺竇武、陳蕃等人。竇氏家族遭到毀滅性的打擊，朝政盡歸於宦官。而漢靈帝比桓帝更加昏庸，竟然把宦官比作自己的父母，常常說：「張常侍是我的父親，趙常

侍是我的母親。」到黃巾之義爆發的時候，宦官和外戚依然在爭權。綜觀以上史實，無論是外戚掌權，還是宦官掌權，朝政自上而下都是一片混亂。外戚與宦官的爭權戲碼，擾亂了東漢政局，把漢朝拖向絕境。

黨錮之禍

　　宦官和外戚把持著選拔官吏的大權，他們顛倒是非，混淆黑白，堵塞了士人任官的門路。當時，民間有這麼一種說法：當選才學優秀的卻沒有經綸，當選品德高尚的竟不供養父母，當選清貧廉潔的反比汙泥穢濁，當選勇猛有帥才的竟膽小如雞。在外戚、宦官的腐朽黑暗統治下，社會危機日益加深，東漢王朝瀕臨危境，一些有識之士深爲憂慮。國家的命運和個人的前途同樣渺茫，促使部分官僚和知識分子對當時的政局提出尖銳的批評，對不畏權勢憂國憂民的官紳則加以表揚，士人階層逐漸形成「清議」之風——太學生及名士們透過清議表達他們關心社會、參與政治的熱情。

　　在反宦官專權的鬥爭中，一批不畏強暴的正直官吏利用手中的權力，直接懲治不法的宦官權貴，李膺、陳蕃、王暢等「黨人」就是其中的傑出代表。他們評議朝政、褒貶人物，公卿大夫竭力接待士人，希望免受惡評，州郡都有官學，太學生與州郡學生互通聲氣，形成一個全國性的政治團體。宦官及其徒黨無論在宮內或在地方做官，都遭到猛烈的攻訐。桓帝初年，司隸校尉李膺親自帶人到大宦官張讓的家中搜查，把他的兄弟、罪大惡極的張朔抓獲，繩之以法。李膺等正直官吏對宦官勢力的打擊，遭到宦官集團的瘋狂反撲，官僚士大夫、太學生與宦官集團的衝突迅速激化，最終釀成「黨錮之禍」。

　　第一次黨錮之禍發生在西元一六六年，有個名叫張成的方術士，與宦官往來密切，甚至連漢桓帝也曾經召他去講學。據說他推算到將要大赦，便唆使他的兒子殺人。李膺得知後，立即派人將他的兒子抓捕歸案。這時，政府果然下大赦令，按例應該將罪人釋放，可是張成平素結交宦官，作惡多端。李膺便不顧赦令，毅然將他的兒子處死，於是遭到宦官集團的誣陷。桓帝遂指李膺等二百多人爲黨人，下獄治罪，受到百般折磨，逃脫的人亦受到通緝。這種伎倆，遭到許多正義官僚的斥責和抵制。太尉陳蕃極力反對迫害黨人，他拒絕審理李膺等人，堅決不在判處李膺的公文上簽字，因而被罷免。與此同時，大將軍竇武雖是桓帝的岳父，但反對迫害黨人，並以辭職相威脅，李膺等人也在獄中展開積極的抗爭。宦官雖在政治上擁有很大權力，但社會地位極低，

精神上深感自卑。宦官中的某些子弟也在暗中接近士人，以獲得士人們的禮遇為榮幸。因此，當李膺在獄中牽引出不少宦官親眷時，宦官們害怕受到牽連，加之一向仰慕名士的外戚竇武的從中出面勸說，桓帝不得不赦免黨人，但規定禁錮終身，不許再出任官職。

第一次黨錮之禍後，黨人的聲望在全國空前高漲，許多人把改變社稷的希望寄託到黨人身上，並且以和黨人結交為榮。像竇武那樣的貴族，也要裝出樸素生活的樣子來接近黨人。雖然黨人的名單還未被官府登記在案，而全國各地卻給黨人貫以各種稱號加以表彰，有「三君」、「八俊」、「八顧」、「八友」等。這些人互相激勵，反抗宦官的呼聲再度高漲。

西元一六八年，桓帝死，靈帝繼位。竇太后臨朝，竇武掌朝政，竇武與陳蕃、李膺合謀，欲除宦官之禍，不幸事洩。宦官殺竇武、陳蕃，權力達到了最高峰。宦官侯覽在山陽郡的家屬依仗權勢，橫行鄉里，殘害百姓。時任山陽郡東部督郵張

儉便向朝廷告發，要求處置侯覽。侯覽則指使人告發張儉等結黨營私。靈帝依靠宦官，再次大興黨獄，李膺、杜密、范滂等一百多人慘死在獄中，禁錮者六、七百人。黨人五服內親屬以及門生故吏凡有官職的，全部免官禁錮，唯有張儉巧妙的躲過了宦官的追捕。這就是第二次黨錮之禍，對士人的打擊慘重，內外官職幾乎全被宦官集團佔據。

黨錮之禍延續了近二十年，直到黃巾起義爆發。當時宦官們害怕黃巾起義的威力，有些暗中投降，願做內應，有些則召還做地方官的子弟和黨徒，準備退讓。漢靈帝很孤獨，質問宦官們，你們都說黨人該殺該禁錮，但關鍵時刻還是這些黨人為國家出力，而你們卻和黃巾軍通情，其實該殺的是你們。於是下詔解除了黨錮。

黨錮之禍，使東漢社會損失了大批優秀的知識分子，致使朝政腐敗，社會毫無生機和活力。黨錮之禍宣告了東漢社會已病入膏肓。飽受宦官高壓的士族階級因此又得了勢，藉鎮

⊙東漢鐵魚麟甲

壓黃巾起義的機會，紛紛組織武裝，等待割據稱雄時代的到來。

黃天當立

靈帝繼位時年僅十二歲，在一批奸佞小人的影響下，一心求財，花樣翻新。他把國家的財政收入大量轉為皇家私產，由宦官專門保管。他在河間老家買田地修住宅，似乎準備在萬一當不成皇帝時，還可以回去作個土財主。西元一七八年，靈帝公開張榜出賣官爵，郡守級官員二千萬錢，縣令級官員四百萬錢，關內侯五百萬錢，如果按照資歷應當升遷的，就出半價或三分之一。家資富裕的先交錢，交不起的還允許賒欠，到任後加倍交納。對於國家最高級官吏三公九卿，靈帝大概覺得不便公開標價出賣，便透過左右親信私下交易，以掩人耳目，事實上也有價錢，公千萬，卿五百萬。這些官吏的品級更高而價格卻不高，主要是因為中央官吏實際搜刮的門路比地方官吏要少一些。定價之外，又看求官人身分及財產隨時加減。如名士崔烈半價買得一個司徒，宦官曹騰（桓帝宦官）的養子曹嵩（曹操父）家極富饒，買太尉出錢一萬萬，比定價貴十倍。買官賣官後來竟發展到所有的官吏升遷調動，都要先講好價錢才去上任。往往是一個官上任不久，另一新官又去上任，州

郡官一個月內甚至替換好幾次。官怕損失本錢又要大獲利錢，一到任便如狼似虎的搜刮，刻不容緩。人民被迫「寒不敢衣，飢不敢食」，賤價賣出自己僅有的一點穀物，讓新官一到就得錢，以保全一家人性命。更奇怪的是，有些人不肯貪贓枉法，請求不去做官，竟被強迫派去。比如，當時新任鉅鹿郡太守司馬直是著名的清官，因而特別減價，只收他三百萬錢。得到詔書後，司馬直很不痛快，他不願意做這種事情，於是以請假為名，不去上任，但卻得不到批准。沒有辦法，他只好勉強答應。走在路上，他越想越氣憤，便上書皇帝，在援經據典、抨擊時弊後服毒自殺。

靈帝時，宦官的權勢達到頂峰已如前述。在黨錮之禍中受封的有一大批宦官，如王甫、曹節等人。這群人大都沒有什麼遠見卓識，只是一些鼠目寸光的傢伙，他們一旦得勢，只知搜刮民脂以中飽私囊和阿諛奉承。在這幫奴才統治之下，社會一片黑暗。不僅如此，他們看到太學的學生不可靠，一律禁錮不用，另設鴻都門學，培養自己的走狗。另外，他們又竊取兵權，組織武裝。從訓練爪牙、訓練武裝來說，靈帝時期的宦官已經比他們的前輩高明了許多。

上自皇帝，下自宦官、外戚和公卿大臣，個個都變成了斂財的高手。

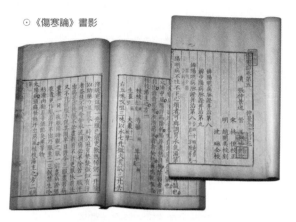
⊙《傷寒論》書影

平民們的生活就可想而知了。他們食不果腹、衣不蔽體，過著如牛馬般悲慘的生活，一些地區甚至出現了人吃人的現象。據史載，在河內、河南這兩個地區，發生了婦女吃自己丈夫、丈夫吃自己妻子的可怕現象。黃巾之亂就是在這種情況下爆發的。

黃巾之亂是一次有組織、有計劃的農民起義，這是它與秦末農民起義最大的不同。起義的另一鮮明特點就是利用宗教──太平道發動組織群眾。太平道是早期道教的一支，大約產生在東漢中期。從現存《太平經》的內容看，太平道夾雜了一些陰陽五行思想和巫術雜語。不過，太平道中也宣揚平等觀念和對封建統治者無限制橫徵暴斂的指責，這使得在無邊苦海中飽受煎熬的農民得到了一些精神安慰和寄託。黃巾軍領袖張角，就是巧妙地利用太平道中的積極思想成分，發動組織群眾，從而促成了聲勢浩大的農民起義。

張角，冀州鉅鹿（今河北平鄉西）人。他與弟弟張寶、張梁透過傳播太平道，向廣大群眾做了長期的思想動員和組織訓練。張角自稱「賢良大師」，以治病為傳道手段，實際上是讓病人在他面前跪拜，傾吐內心的煩惱以消除鬱悶，解除痛苦，然後喝下經過畫符念咒──可能放了某些藥的神水。張角用這種近乎神祕的巫醫方式，成功地治癒了許多人。於是一傳十、十傳百，張角治病靈驗的消息越傳越廣，越傳越神，人們紛紛從四面八方前來投奔張角大師。

當然，我們要明白，任何時代的農民暴動都不能用一杯符水灌出來，也不能用幾句咒語咒出來，只有飢餓和殺人的社會才能把它喚出。同樣的，黃巾之亂也不是張角用魔術煽動起來的。如果沒有飢餓的流民及惡劣的社會環境，那麼張角的符水和咒語就不會起任何作用。在張角組織太平教之前，即在東漢社會後期，許多地方的農民就已有暴動。這個時候的暴動都是零散的，他們各不相屬，各自為政，沒有形成太大的氣候。張角明白，沒有組織的農民暴動注定要被政府絞殺。因而，他派出八名得力助手，以傳教為名組織動員百姓。經過

十餘年的努力，張角把入教的群體進行統一編制，分為三十六方，聽從他的統一指揮。

張角認為起義的時機逐漸成熟，便宣布了起義的口號：「蒼天已死，黃天當立，歲在甲子，天下大吉。」「蒼天」，指的是東漢政權；「黃天」，指的是農民政權；「甲子」，指的是當年的三月初五。張角巧妙地利用民間曆法，在起義口號中隱含了起義的時間和目的，隱晦得連東漢政府聽到之後，都沒有起疑心。接著，張角到處派人在京城和州郡官府的牆壁上，書寫上「甲子」兩個字。為了更加穩妥起見，組織者之一馬元義常常去都城探聽官府的動靜，並且收買宦官徐奉等人，讓他們與農民黃巾軍裡應外合，攻打官府。萬事俱備，只等甲子這一天的到來。但是，就在這個關鍵時刻，黃巾軍內部卻出現了一個叫唐周的叛徒。他把起義的日期、一些教眾的姓名和裡應外合的全部祕密，作為投降的禮物，全部報告給官府。於是，官府捕殺馬元義、宮廷衛士等張角的同黨，約有一千多人。張角當即立斷，迅速採取措施。在燈光之下，他一連寫了三十六封檄文，派人快馬加鞭地送到各個分部，約定於檄文到達之日立即起義。

太陽出來了。鉅鹿的上空，飄起了三面大旗，一面寫著「天公將軍」（張角），一面寫著「地公將軍」（張寶），一面寫著「人公將軍」（張梁）。號角吹起，殺聲震天，黃巾之亂爆發了，迅速推向全國。這個消息傳到洛陽，京師震動，朝廷慌了手腳，迅速調集五校、三河的騎士，募集新兵四萬餘人，命令皇甫嵩和朱儁各率一支，前去鎮壓農民軍。

朱儁的官軍剛剛進至穎川境內，就被波才的軍隊殺得大敗，急忙撤退到長社（今河南嵩縣東北）與皇甫嵩的軍隊會合。由於黃巾缺乏作戰經驗，把軍隊紮到草叢中，被皇甫嵩縱火燒了營地。朱儁乘機強攻，波才的軍隊招架不住，轉勝為敗。皇甫嵩率軍乘勝向汝南出發；朱儁的大軍揮師南陽，一路殺了農民軍十餘萬人。同時，盧植、董卓帶領官軍，直接撲向張角的黃巾軍，圍困鉅鹿城達數月之久，始終未能攻破城池。其間，張角不幸病逝，黃巾軍由張梁率領，與官軍繼續對抗。皇甫嵩也加入攻城的行列，鉅鹿城最終告破，張梁戰死。不久，張寶也被他們聯合鎮壓，無數農民軍慘遭屠殺。

黃巾軍的主力雖然被消滅了，但是農民起義的熊熊烈火並沒有被撲滅，許多地區的黃巾軍依舊堅持抗鬥，有冀州黑山軍、西河白波軍、青徐黃巾軍、益州黃巾軍、漢中起義軍等。從張角領導發動的黃巾之亂，到

後期持續三十多年的各地反抗，沉重地打擊了東漢皇朝的統治，橫掃了世家大族。黃巾之亂被鎮壓下去後，並沒有帶來東漢政權的鞏固，反倒使地方割據勢力坐大，軍閥與外戚、宦官展開權力爭奪，皇室成為名存實亡的空架子。

西元一八九年，漢靈帝死後，其子劉辯繼位，是為漢少帝，何太后與其兄何進掌權。此時，宦官的勢力仍然不小，尤其是擔任上軍都尉的宦官蹇碩控制著朝廷重兵，權勢在何進之上。何進非常憎恨宦官，在中軍都尉袁紹的幫助下，除掉了蹇碩。趁此時機，他還想誅殺所有的宦官，可是事與願違，他反而被宦官所殺。聽到這個消息，袁紹立即率軍攻進皇宮，將兩千餘名宦官殺得一個不留。董卓引兵到洛陽，逐走袁紹，廢少帝，誅何太后，立漢獻帝。東漢中期以來外戚與宦官的鬥爭，雖以雙方的同歸於盡告一段落，但東漢朝廷實際上已經消滅，豪強們公開進行著瘋狂的武裝混戰，割據一方，黑暗的東漢後期轉入了社會空前大破壞的分裂期。

鼎足三國

董卓立漢獻帝劉協，在朝廷上專橫跋扈，為所欲為，完全不顧群臣的意見，眾大臣敢怒不敢言。他放縱軍隊燒殺搶掠，無惡不作。這種倒行逆施的行為，引起了人們普遍的憤慨。各地州牧郡守遂共同擁立袁紹為盟主，各擁兵數萬人，結成關東同盟軍，從北、東、西三個方向對洛陽形成包圍之勢。面對同盟軍的威脅，董卓感到洛陽難以繼續維持，便決定遷都長安，並強迫洛陽的幾十萬百姓一同西遷。遷都長安以後，董卓依然一意孤行，引起大臣的強烈不滿。西元一九二年，王允收買呂布，殺死董卓，結束了他罪惡的一生。董卓死後，部下開始了新的權力爭奪。曹操就在這場群雄逐鹿和兼併戰爭中脫穎而出。

曹操，字孟德，沛國譙縣人，父親曹嵩是漢末大宦官曹騰的養子。在討伐董卓的盟軍之中，就有曹操所帶

⊙曹操像

領的五千人的軍隊。盟軍解體後，曹操因與袁紹不合，領兵到濮陽地區發展自己的勢力。西元一九二年，曹操收編了活動在這一帶的黃巾軍和一些豪強地主的武裝，實力大增。接著，他又掃除掉東面陶謙的威脅，穩定了兗州的統治。西元一九六年，兩件大事改變了曹操的命運。第一件，是曹操迎接漢獻帝到許昌，開始了他「挾天子以令諸侯」的政治生涯。第二件，是他在軍中推行屯田制以解決軍糧問題。在當時的軍閥混戰中，軍糧成為困擾各路大軍的頭等大事，不少割據勢力不是被敵人打敗，而是因糧食短缺而不攻自破。對此，曹操深有

體會，他以軍事為手段，將流民編制起來，耕種無主荒地，收穫物一部分上交政府，一部分留作己用。這樣即解決了流民問題，又解決了糧食問題，可謂一舉兩得。從西元一九六年到一九九年間，曹操的勢力獲得迅猛的發展。此時曹操的主要對手，西面有張繡，南面有袁術，東面有呂布。他採取先弱後強、各個擊破的方針，首先接受了張繡的投降，接著征討袁術，最後消滅了呂布。在官渡之戰中，曹操以少勝多，擊敗袁紹，統一了北方。

三分天下而有其一的另一位主角就是劉備。劉備，字玄德，涿郡涿縣

⊙三國時期蜀漢君主劉備

⊙三國時期東吳君主孫權

人，西漢景帝子中山靖王劉勝之後。劉備早年喪父，家境貧寒，與母親一起艱難度日。黃巾之亂爆發後，劉備率部追隨官軍參與鎮壓起義。軍閥混戰中，劉備先後依附公孫瓚、陶謙、呂布、曹操、袁紹、劉表等，始終沒有固定的地盤，未能組建一支強大的軍隊，只是在混戰中四處流亡，地盤多次得而復失，軍隊多次聚而復散，但他始終不甘心寄人籬下，始終夢想有朝一日能夠建立自己的功業。他的這一願望終於因為有了諸葛亮而得以實現。

孫堅，吳郡富春人。黃巾之亂爆發後，孫堅追隨劊子手朱儁鎮壓農民軍。在討伐董卓的盟軍之中，孫堅是最堅決的擁護者。後來，袁術派孫堅攻打劉表，為劉表部將所殺。孫堅之後，他的十餘歲長子孫策，廣泛結交豪傑，繼承了他的事業。在袁術的手下，懷有一腔抱負的孫策卻未能得到重用，因而開始有了離心。佔領江東之後，在眾豪傑的支持下，孫策宣布正式脫離袁術的控制，擁護漢獻帝，事實上也就是擁護曹操。

在與袁紹相持於官渡之時，曹操為了避免孫策趁機渡江北上，主動與他聯姻，加以籠絡，因而成為官渡之戰的大贏家。此時，正當孫策想要施展宏圖抱負的時候，卻被刺客暗殺。臨死前，他一再囑託親信，好好輔佐弟弟孫權。孫權，字仲謀，孫堅次子。兄長死後，他在江東地區建立了完善的統治機構，平定山越，消除了江東內部的不安定因素，穩定了大後方。

曹操大抵統一北方之後，展開南下征戰，要征服江南，就必須先控制

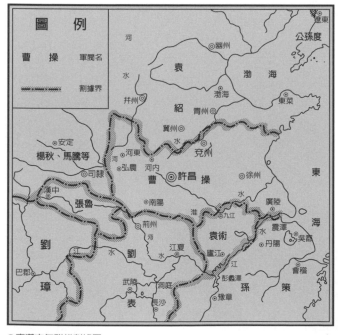

⊙東漢末年群雄割據圖

荊州進而鞏固江東；這也是孫策、孫權的既定方針。同時，劉備投奔劉表後，利用荊州之地招募丁壯，補充軍隊，拉攏當地豪強，勢力逐漸壯大起來。於是，荊州成為曹、孫、劉三方爭奪的焦點。西元二〇八年秋，曹操率領二十萬大軍，號稱八十萬，南征荊州。八月，劉表病死，沒有主見、軟弱的劉琮襲職，在曹操大軍壓境之時，在部下的慫恿下，他立即投降了曹操。聽到這個消息，劉備自知力量不足以抵抗曹軍，於是率領軍隊南撤。為了各自的生存，阻擋曹操南進，劉備和孫權聯合起來。於是，二十萬曹軍和五萬孫劉聯軍上演了中國歷史上以少勝多的著名戰役——赤壁之戰。

赤壁之戰讓曹操一舉統一江南的夢想破滅，被迫退回長江以北地區，長江成為三國鼎立的天然屏障。孫權偏安江南，劉備割據西蜀，成三足鼎立之勢，中國歷史進入了「三國時代」。它們各自發展自己的政治、經濟和軍事實力，表面上承認漢獻帝是天下共主，實際上是三個獨立的王國，東漢王朝就在三國鼎立的局面下壽終正寢了。

西元二二〇年，曹丕稱帝，國號魏，廢漢獻帝，東漢王朝正式滅亡。翌年，劉備在成都稱帝，國號漢。西元二二九年，孫權稱帝，國號吳，三國鼎立終告完成。

在東漢前期，中央集權的朝廷，對豪強勢力還有一定程度的抑制力。漢和帝時，朝廷向豪強讓步，廢除鹽鐵專賣，下層豪強的財力大為增加，他們要求分享權力，並分別在朝廷中尋找代理人，實行對朝廷的控制。這樣，外戚與宦官兩個集團，為爭奪對朝廷的控制權而展開激烈鬥爭。這種鬥爭一直延續到東漢末年，以兩敗俱傷而告結束。豪強武裝鎮壓了黃巾軍，同時對中央集權的依附越來越弱，進行瘋狂大混戰。向來是經濟文化中心的黃河流域，遭受毀滅性的破壞，戶口驟減，十不存一。曹操的詩寫道：「白骨露於野，千里無雞鳴，十室不餘一，念之斷人腸。」東漢末年的戰亂是一次前所未有的大破壞，是東漢兩百年豪強統治的後果。

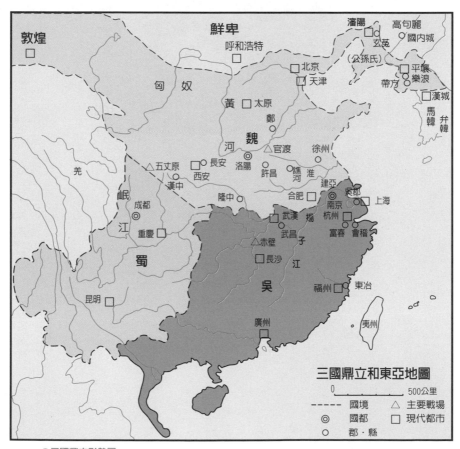

⊙三國鼎立形勢圖

⊙西晉對書俑，生動地刻畫兩個西晉文官在交談時的形象。

名士輓歌：西晉覆亡眞相

魏晉時期，定門第、憑族望，成為選官用吏的標準。西晉開國之君司馬炎，膏粱本色，憑族蔭而登九五，無開國之君應有的危機意識，提倡享樂，驕奢淫逸，整個社會瀰漫著清談玄遠、崇尚虛無之風，晉亡之速，堪比秦隋。

虛無之風勁吹
枝殘葉敗
恍惚間
西晉的大樹隨之連根拔起

──海默《夢迴古代·西晉》

晉武帝司馬炎

⊙晉武帝司馬炎，字安世，西晉開國君主。

西元三一六年，西晉王朝末代皇帝愍帝司馬鄴率領飢腸轆轆的子遺臣民，向兵臨長安城下的匈奴漢國大將劉曜肉袒出降，不久即如前任懷帝司馬熾一樣遭受「青衣侑酒」之辱後被殺。至此，西晉滅亡。距離開國皇帝武帝司馬炎意氣風發，指點江山，「王濬樓船下益州，金陵王氣黯然收」的輝煌時刻，不過短短三十七個年頭，就迅速演變成了覆滅悲劇。亡速之快，堪比秦、隋。

但秦、隋承亂世之後分啓漢、唐盛世，而西晉王朝的覆滅，卻使剛結束漢末近百年分裂局面的中華大地，又陷入了比此前更為慘烈動盪的亂世深淵，中國歷史也隨之墮入了長達三個多世紀的漫長黑暗時期。數百年間，群雄逐鹿，漢室凋零；公子王孫，賤若泥沙；流民百姓，淚盡胡塵。後世史家，眾說紛紜。

究竟西晉王朝的喜劇是怎樣演變成悲劇的，其悲劇後果為何如此慘痛？讓我們一起掀開那頁沉重的歷史，從前人的斑斑血淚中去尋覓歷史的真相吧！

⊙三國時期建築的棧道，沿著山壁浮架於江上。

豎子成名

東漢是依靠豪強地主而建立起來的政權，逐漸形成所謂的「衣冠望族」（世代任官）或有名望的氏族，散布在各州郡。在反對宦官的鬥爭中，他們互通聲氣，互相支持。宦官失敗以後，世族內部的問題便加劇了。世族內部按族望的高低，門閥的上下，也就是按勢力大小來分配任官。魏文帝更施行九品官人法，就是對這一既成事實的法律肯定，取得了世族對曹魏政權的擁護。司馬氏要想奪取曹氏政權，當然也必須爭取世族的支持。出身河內名門望族的司馬懿起初曾因有「狼顧相」而遭多疑的曹操猜忌，直到曹丕篡漢稱帝後才逐漸受到重用。明帝曹睿時，因「北平公孫、西拒諸葛」而漸掌兵權、累積戰功，終成魏國重臣，也成了世族門閥階層當然的

利益代言人。他用優厚的待遇收買世族，逐漸形成司馬氏集團。雖然明帝臨終托孤，但因功高震主屢遭猜忌而被架空。於是老傢伙裝傻充楞、隱忍待時，終於等到機會，於西元二四九年發動政變，掌控了魏國大權。他的兩個兒子司馬師與司馬昭更是青出於藍，將曹魏皇帝玩弄於股掌之中，氣得魏帝曹髦嚷出了那句名言：「司馬昭之心，路人皆知。」

其時，那個激情澎湃的三國時代已接近尾聲，曾經叱吒風雲的英雄們老的老、死的死，正是「世無英雄，遂使豎子成名」的時代。司馬昭父子算是趕上了好時候，有足夠的理由顧盼自雄。魏國是寡婦孤兒、人盡可欺，自不必說；蜀國國君恰是那位連諸葛亮都「扶不起來的阿斗」，更慘的是「蜀中無大將，廖化作先鋒」；吳國更不幸，國君孫皓是個典型的虐

待狂，一高興或一不高興就鑿人眼睛、剝人面皮，可惜只敢虐待自己人，搞得人神共憤、眾叛親離。

司馬昭沒費多大工夫，就於西元二六三年趁蜀國內亂，派鄧艾、諸葛緒、鍾會率大軍三路攻蜀，把蜀漢後主劉禪俘至洛陽，優待得樂不思蜀，蜀漢遂亡。兩年後，司馬炎效仿曹丕故技，重演「禪讓」鬧劇，廢魏帝曹奐，自立為帝，國號晉，都洛陽，史稱西晉。他於西元二八○年，發起統一戰爭，二十萬大軍水陸並進，王渾、杜預率陸軍勢如破竹，以摧枯拉朽之勢橫掃江北，把前來迎戰的吳國主力兵團就地殲滅；王濬統率著當時世界上最龐大的艦隊出長江三峽，排江而下，「千尋鐵索沉江底，一片降幡出石頭」。接下去傳檄而定江南，割據江東近八十餘年的孫吳政權灰飛煙滅。

至此，三家歸晉。司馬炎成為西晉王朝的開國君主，創建了一統天下的勳功偉業。

可司馬炎這紈褲子弟既乏雄才偉略，亦無宏圖大志，全靠著繼承祖父輩的遺產，就站在歷史的高點上。只需演一齣早在傳說中的堯舜禹時代就已寫好、不久前又經曹丕示範過的「禪讓」鬧劇，就成了一個新王朝的開創者。歷來艱難的統一戰爭，如今竟然一戰定天下，簡直太順了。而且

出身高貴的司馬炎儀表非凡、聰明神武、長髮委地、垂手過膝，簡直就是上天的寵兒。總之，司馬炎有十足的理由躊躇滿志、自我放縱，卻無半分開國君主應有的危機意識與深謀遠慮，這使他成為中國歷史上最荒唐的開國之君，也為西晉王朝的覆滅種下了前因。

滅吳後，晉武帝司馬炎的膏粱本色盡顯無遺，他對吳宮佳麗的興趣顯然遠遠大於對吳國戶口錢糧的興趣。他的第一道命令就是指使軍將在江南搜羅美女。除了把吳宮佳麗全數運往洛陽皇宮外，少不了順道從民間強搶大批美女一同北上。加上先前魏、蜀兩國的宮女，超過上萬人。就算一天換一個也得三十年才能輪遍，而司馬炎不知從哪裡得來的荒唐主意，乘著羊車，在宮裡隨意遊逛，羊車停到哪

⊙ 司馬懿，字仲達，三國時期魏國傑出的武將、名臣，其孫司馬炎篡魏，建立晉朝。

兒，就在哪兒上演「一夜情」。於是有些宮女就在自家宮門前插上竹葉，地面灑上鹽水，好引誘皇帝的羊車前來。最終自然是群起效尤，於是宮內竹葉片片，鹽路條條，羊兒越來越肥，司馬炎越來越瘦……晉武帝提倡荒淫，世族自然響應。

變著法子尋開心，自然是花錢如流水，雖然天下統一後納稅人增加了一倍，但司馬炎還是覺得錢不夠花，賣官鬻爵成了斂財捷徑。有一次，司馬炎主持祭祀典禮後，興致高昂，隨口問身邊陪同的司隸校尉劉毅道：「朕與漢朝的皇帝相比，可與誰齊名啊？」劉毅倒是個有膽色的臣子，回道：「桓帝和靈帝。」桓、靈二帝被公認是東漢的亡國罪人，正驕矜自得的司馬炎當然很生氣：「怎麼能把朕與這兩個昏君相比呢？」劉毅回答說：「桓、靈二帝賣官的錢入了官庫，陛下賣官的錢進了自己的腰包，從這方面看，您還不如桓、靈二帝呢。」司馬炎氣樂了，笑道：「桓、靈之世，沒有誰敢說這樣的真話，現在朕有你這樣忠直的臣子，畢竟還是比他們強啊！」

由此可見司馬炎頗有自我解嘲的幽默感，自滿而不失厚道，荒唐卻絕不昏聵。但上既有荒唐的君主，下自有荒唐的臣子。

世族自矜門第清高，對商賈極其

⊙魏文帝曹丕，曹操次子，三國時期魏國君主。

賤視。當時的法令規定，商賈必須一腳著白鞋，一腳著黑鞋，社會地位極低，可是世族多兼做商賈。司徒王戎家有許多園田，親自拿著籌碼算賬，晝夜忙得不亦樂乎。家有好李，怕買者得好種，鑽破李核才到市上出賣。

公卿誤國

自曹丕始設立的「九品中正制」，逐漸成為世家門閥壟斷遴選用人的工具。司馬氏為世家門閥的利益代表，自然採取縱容的政策。晉武帝司馬炎建立晉朝，對待高級世族愈益寬泛，如劉友、山濤、司馬睦、武陵四人私佔官稻田，被李憙告發。司馬

炎說，山濤等三人私佔官稻田，查明是劉友幹的事，應處死以懲邪佞，山濤等不可問罪。司馬炎罰小官不罰大官，顯然是寬容所謂朝士的高級世族，實際上是為高級世族保障利益。而高級世族在政治上的權利，一開始就從九品官人法中得到保障。所謂「九品官人法」事實上只依據士人的籍貫及祖、父官位，定門第的高低。吏部尚書只依據門第高低，作用人與否的標準；結果自然是「上品無寒門，下品無世族」，任何人（包括皇帝）不能侵犯高級世族任官的特權。通常歷史上的大一統王朝在開創之初，君臣群策群力，富有進取開拓精神，總能夠為王朝的長治久安打下深厚的根基。但西晉王朝卻是例外，晉武帝君臣在天下一統後，不是把富餘的精力用於勵精圖治，而是一面縱欲享樂，一面崇尚清談。

《世說新語・汰侈》中對當時達官顯貴窮極奢侈的描繪，足以令當今的暴發戶們瞠呼其後，最著名的莫過於石崇與王愷鬥富的故事。石崇在荊州太守任上指使治安部隊假扮強盜，打劫富商，累積了巨額財富。這種令人髮指的罪行竟然無人過問，可以想見吏治腐敗到了何種地步。石崇又用贓款買得更高的

官位，積下更多的財富。他在首都洛陽建造了豪華莊園，僅妻子就有一百多個，每人頭上和手上金光閃爍，穿戴的首飾價值連城。王愷是司馬炎的舅父，靠與皇帝的裙帶關係貪汙受賄成了超級富豪。兩人互不服氣，各顯神通，公開鬥富：王愷用麥芽糖涮鍋，石崇就用蠟燭當柴燒；王愷在四十里的路段上用綢緞作屏風，石崇就把五十里道路圍成錦繡長廊；王愷用花椒粉塗房子，石崇就用赤石脂作塗料……王愷落了下風。司馬炎知道了，就賜給他一株高約二尺左右、價值連城的珊瑚樹。王愷帶著珊瑚樹去石崇面前炫耀。石崇隨手就用鐵如意將珊瑚樹砸個粉碎。王愷既覺得惋惜，又認定石崇是妒忌瘋了，聲色俱厲地質問石崇。石崇若無其事道：「值得生氣嗎？賠你好了。」於是叫家人把家藏的珊瑚樹全部拿出來讓王愷挑。高大的約三、四尺，次等的約兩、三尺，像王愷那樣的珊瑚樹要算最次等的。石崇指著珊瑚樹對王愷說：「你要賠償，請隨便挑吧。」王愷只

⊙世族階層乘坐的豪華牛車

⊙高句麗狩獵圖

好認輸，連被擊碎的珊瑚樹也不要
了。一個皇帝助臣下比鬥奢侈，可以
想見奢風的盛行。

　　石崇富可敵國，又恣意炫耀，常
大宴賓客，安排美女勸酒，有飲酒不
盡興的，當即殺掉勸酒的美女。王導
（東晉宰相）和王敦（東晉大將軍）
兩兄弟曾一起去石崇家赴宴。王導不
善飲酒，因怕美女被殺只好強飲數
杯，當場醉倒；王敦酒量很大，但美
女勸酒時，卻故意不肯喝。接連三位
美女被殺掉，王敦面不改色。王導指
責他，王敦回答說：「他殺他自家的
人，關你何事？」

　　石崇家的廁所內也有十多個美女
排列伺候客人，準備著錦衣華服、名
貴香料、洗漱用品等。賓客如廁時都
得脫下舊衣，出去時換上新衣。大多
客人不好意思當著眾美女更衣如廁。
王敦卻旁若無人地脫衣更衣，滿臉傲
色。伺候在旁的美女們竊竊私語道：

「這個客人肯定適合做賊。」

　　石崇不過是晉國的一個中級官僚
（散騎常侍），就如此狂亂縱欲變態浪
費，宰相級別的高級官員就更不用說
了。宰相何曾每天要吃掉上萬錢，還
總埋怨沒有可口的菜，無處下筷子。
以當時的購買力，一萬錢相當於一千
個平民百姓一個月的伙食費，其奢侈
程度可想而知。他兒子何劭更為誇
張，「食之必盡四方珍異，一日之
供，以錢二萬」，每天的餐費是他老
爸的兩倍。

　　司馬炎有次駕臨駙馬王濟家，王
濟盛宴款待，用的都是琉璃器具，一
百多名美女穿著綾羅綢緞，手托著食
物列隊伺候。乳豬的味道異常鮮美，
引起司馬炎的好奇，詢問箇中祕訣。
王濟解釋說他家的小豬是用人奶餵養
大的。司馬炎覺得自己貴為天子、富
有四海，倒還不如這幫傢伙會享受，
因此心覺不忿，沒吃完就走了。這還

⊙ 唐代畫家孫位的作品《高逸圖》（局部）。畫面中描繪的是竹林七賢中的阮籍、劉伶。竹林七賢是指西晉初期七位名士，即阮籍、嵇康、山濤、劉伶、阮咸、向秀、王戎。

不算什麼，王濟喜歡遛馬，就在地皮最貴的北邙山下買了一大片地方作跑馬場，用編織起來的金錢鋪滿界溝，時人稱之爲「金溝」。

世族過著奢侈的生活，人民自然受到殘酷的剝削。傅咸上書說：「侈汰之害，甚於天災。」因爲天災尚有時日，奢侈之風則沒有止境。

除了像王愷、石崇這一類誇張行徑外，還有另一種荒唐行徑，就是吃飽了飯便三五成群聚在一起胡亂吹牛，盡扯些脫離現實、荒誕無稽的奇談怪論，是爲「清談」。竹林七賢實是首開清談之濫觴者，但西晉初期，阮籍、嵇康等人爲了逃避政治殺戮，裝瘋賣傻，空談玄遠，尚情有可原。而值此四海歸一，政局穩定之時，本當勵精圖治，銳意進取。可這些朝廷菁英們卻個個變成了大哲學家和大詩人，成天手執塵尾，峨冠博帶，剃面熏香，望之如神仙中人，以政事爲「俗務」，玩命地鑽研老莊玄言。如尚書令王衍「每捉玉柄塵尾，與手同色。義理有所不安，隨即更改」，這就是成語「信口雌黃」的出處了。要命的是，他們多是達官權臣，「名重當世，朝野之人，爭慕效之」，是世人表率，負有濟世安民之重任，卻不屑綜理時務而一味崇尚虛無、清談玄遠。名士與高官合爲一體，變亂就在這種風氣中孕育滋生。後人批評晉人清談誤國非是無因，連王衍自己臨死前都有覺悟：「吾等若不祖尚浮虛，不至於此。」可惜悔之晚矣。

上至皇帝、宰相，下至各級官吏都是這副荒唐德行。雖然也有個別清醒的大臣如傅咸等請求皇帝制止，但司馬炎對西晉王朝從一開始就瀰漫著的荒唐風氣採取了縱容態度，非但無意制止，有時反倒推波助瀾。即使連自己都對某些過分誇張的行徑難以容忍時，卻也不去追究。正所謂「善善而不能從，惡惡而不能去」，司馬炎的這種性格缺陷，使他在安排繼承人及顧命大臣這樣關乎國運的大事上，犯下了嚴重錯誤。

牝雞司晨

晉武帝司馬炎與皇后楊豔，膝下有三子三女，唯獨太子司馬衷是個弱智。司馬炎也知道太子有些問題，他本來光兒子就有二十六個，選擇餘地

挺大。但因與楊后夫妻關係甚篤，而楊后很堅持「立嫡以長不以賢」的祖訓。更重要的是皇太子司馬衷的兒子司馬遹乖巧聰慧，深得司馬炎賞識。有一次皇宮內半夜失火，司馬炎登樓觀望，司馬遹才五歲，在一旁拽著爺爺的衣帶拉入暗影之中。司馬炎覺得奇怪，問小孩子為什麼這樣做，司馬遹說：「暮夜蒼茫，應嚴加提防，不應該讓旁人看見皇帝在光亮中。」武帝更加稱奇，曾撫著小孩的後背對大臣說：「此兒當興吾家。」甚至在朝會上對群臣表示司馬遹人品樣貌與先祖司馬懿相似，其實是對皇儲安排的一種暗示。所謂「看孫不看子」，改換太子一事也就作罷。但從歷史的結局看，晉武帝司馬炎的這個選擇相當失敗，比立儲的選擇更失敗的，則是他對於太子妃的選擇。

司馬炎本想為太子司馬衷迎娶衛瓘之女，但楊后與權臣賈充的老婆郭氏關係很好，又私受了不少奇珍異寶，就攛掇著迎娶郭氏的女兒。郭氏和賈充生有二女：長女賈南風，奇醜無比；次女賈午，長得倒很漂亮。起初本是選賈午為太子妃，因其身材嬌小，尚未長成，連太子妃的禮服都撐不起來，於是臨時換了賈南風。賈午後來與父親手下的韓壽私通，還把稀有的皇家香料贈與韓壽，「偷香竊玉」的典故即出於此。賈氏家風可窺一斑。賈南風的醜陋，倒與白癡太子司馬衷堪匹配，可是卻讓做公公的司馬炎目瞪口呆。但堂堂冊立太子妃的國家大典已舉行過，萬無退貨的道理，只好自認倒楣。後世史家每論及亡國禍亂之事，多為帝王諱，常諉過女子，然則西晉王朝的覆滅，這位「貌陋而心險」的賈南風確是罪魁禍首。

賈南風生性酷虐，曾親手殺掉左右侍女數人。有一次她發現有個宮女偷偷懷上了太子司馬衷的孩子，妒怒之下，以銳戟刺入，已成形的胎兒被剖出墮地而死。司馬炎聞訊大怒，令人修了一座冷宮金墉城，要把她廢掉打入冷宮。但當時的楊皇后※由於賈南風係堂姐所薦，而賈、楊兩家關係頗好，便聯合多位大臣好言相勸，晉武帝才消了怒氣。事後，楊芷告誡賈南風定要改過自新。然而賈南風對楊芷的救命之恩視若無睹，卻對這番斥責懷恨在心。

熟悉傻太子的大臣們不時旁敲側擊。尚書和嶠委婉進諫說：「皇太子有淳古之風，而末世多偽，恐不了陛下家事。」話說得很客氣，其實就是說您的傻兒子根本沒有能力治理天下。老臣衛瓘也藉著宮廷宴飲的酒勁，撫著御座對司馬炎嘆道：「此座可惜。」晉武帝心中也覺得不踏實，乾脆找些案卷來考驗一下太子處理政務的能力。太子妃賈南風見狀連忙請

了個宮裡的老先生當槍手，案卷批得頭頭是道。剛好太子身邊有個機靈的太監提醒說：「太子不好學習，人所共知。現在批文上引經據典，必會被皇帝看穿，怪罪下來。不如乾脆就事論事，把意思表達清楚就行了。」賈南風覺得有理，便命這小太監負責起草，再由太子抄寫下來。司馬炎本來對太子的期望就不高，現在一看這傻兒子總算還能把意思表達清楚，也就放了心。

西元二九〇年，司馬炎病重，立詔由叔父汝南王司馬亮和皇后的父親楊駿一起輔政。司馬炎臨死時，只有楊駿在旁，他想獨攬大權，就和女兒楊皇后串通偽造遺詔，指定楊駿單獨輔政，並想除掉司馬亮。司馬亮的手下勸他起兵討伐楊駿，這老王爺雖在司馬氏族中口碑不錯，卻是庸才一個，查其領兵紀錄，未嘗一勝；但總算還有自知之名，連夜逃往封地許昌避禍去了。

司馬炎死後，太子司馬衷即位，是為晉惠帝，後世人稱「白癡皇帝」。他完全是個傀儡，國家政事一件也管不了，卻鬧出不少笑話來。有一次，他在御花園裡玩，正是初夏季節，池塘邊草叢間響起陣陣蛙鳴。晉惠帝呆頭呆腦地問道：「這些小東西，是為官叫呢，還是為私叫呢？」身邊的太監面面相覷，不知如何作

答。有個機靈的太監一本正經地說：「在官地裡的為官家，在私地裡的為私家。」有一年，某地鬧饑荒，地方官員上報災情，說災區百姓餓死許多。晉惠帝就奇怪地問道：「好端端的人怎麼會餓死呢？」大臣回奏：「當地鬧災荒，沒糧食吃。」晉惠帝更覺奇怪了：「沒有糧食，為何不吃肉粥呢？」大臣們聽了，個個哭笑不得。西晉王朝出了這樣一個活寶，周圍的一群野心家自然蠢蠢欲動，興起問鼎之念。

楊駿本是個低級小吏，十足的草包，因借了太后女兒的光而位極人臣，總攬朝政，不禁得意忘形，儼然有代理皇帝的派頭。對於太后楊芷以及其他人的勸說，置若罔聞；其專橫跋扈，引起了司馬家族諸王的反感。皇后賈南風更是無法容忍，開始私下培植親信，外聯楚王司馬瑋。召楚王瑋帶兵進洛陽後，又操縱晉惠帝宣布楊駿謀反，夷其三族。連太后楊芷的老母親龐氏也不肯放過，楊太后跪地苦苦哀求，表示願做她的婢女來換母親的性命。賈南風卻毫不動心，殺了龐氏後，又廢太后楊芷為庶人，將她關進那座當初為賈南風所建的冷宮金墉城裡，落得活活餓死的下場。楊太后若想及曾為賈南風求情的往事，定是悔不當初。賈南風對自己的救命恩人、婆母楊芷尚且如此罔顧天良，對

其他人自然更不在話下。因嫌汝南王亮、老臣衛瓘礙事，她便矯詔指使楚王瑋將兩人處死，沒過幾天又以「擅自處死司馬亮、衛瓘」的罪名處死了司馬瑋。楚王瑋臨刑時大叫冤枉，然於事無補。

賈后自此專權達七、八年之久，常派人誘騙美貌男子尋歡作樂，事後殺人滅口。數以百計的男子中，僅有一名小吏得免。這名小吏年輕俊美，住在洛陽城南，失蹤了一段日子，再出現時華衣美服、喚奴使婢，儼然富豪。眾人都懷疑他偷了巨室的財物，抓他去見官。賈皇后有個遠親聽說此事，想參與進來好索取涉案財物，遂與法官共同審案。小吏稟告說路遇一老婦，說家中主人生病，巫師占卜說要找城南少年來驅邪，便將他裝進一口箱子，運入一座豪宅中。詢問到了哪裡，被告知是「天上」。後來有位三十五、六歲的矮胖醜婦出現，留他共宿了一段日子，然後順原路將其送出，並贈以許多財物。賈后的親戚聽這小吏如此一說，頓時明白，溜之大吉。法官也猜知原委，便草草結案，將小吏釋放。賈后之淫亂宮闈、胡作非

⊙ 西晉青瓷騎吏，對研究西晉服飾文化有重大價值。

為多如此類。

賈后因怕太子司馬遹年長後，自己地位難保，就設計陷害太子。先請人用太子口氣起草了一封內容是逼晉惠帝退位的書信，代筆之人竟是以美貌與文采著稱於世的潘安。接著尋機請太子喝酒，灌個爛醉，趁其昏昏沉沉之時，騙他把那封信抄寫一遍。次日，賈后即透過晉惠帝召集群臣，操縱廷議，宣布太子謀反。賈后此舉引起了眾怒。西元三〇〇年，掌握禁軍的趙王司馬倫想趁機起兵篡位，就散播謠言說大臣們正密謀扶助太子復位。賈后果然害怕起來，立即派人毒死太子。這正好給了趙王倫把柄，派禁軍校尉、齊王司馬冏帶兵進宮逮捕了賈后，曾經橫行朝廷、不可一世的賈南風不久被司馬倫以金屑酒毒死。

正是賈南風的專權亂政，一場影響中國歷史長達十六年的「八王之亂」由此拉開了序幕。

同室操戈

趙王司馬倫誅滅賈氏外戚，掌握政權，濫賞官爵，收買人心，封文武官員數千人為侯。才過了一年，又忍不住把晉惠帝軟禁起來，自立為帝，大封黨徒，連奴隸走卒也給爵號。浮濫的賞賜與猛烈的殺伐互相交加，一直延續到西晉統治的消亡。當時，官帽上都用貂尾做裝飾，因為封賞得太

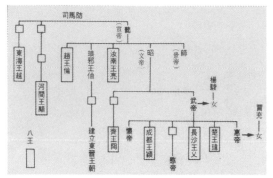

浮濫，庫存的貂尾都用完了，只好用狗尾巴來湊數。民間就編了歌謠諷刺道：「貂不足，狗尾續」。

各地諸侯王聽說趙王倫篡位稱帝，均感不平，爭先恐後地前來搶奪皇位，遂引起一場長達十六年曠日持久的內亂。先後捲入血腥戰爭的有趙王司馬倫、齊王司馬冏、成都王司馬穎、河間王司馬顒、長沙王司馬乂、東海王司馬越，再加上先前被殺的汝南王司馬亮、楚王司馬瑋，共八個諸侯王，故史稱「八王之亂」。

誅滅賈氏外戚，齊王司馬冏居功不小，卻不得重用，反遭忌被外調許昌，他一氣之下遂與成都王穎、河間王顒共謀造反，三國聯軍殺向洛陽，常山王乂半路加入。數十萬部隊在朝歌（今河南安陽）到穎上（河南穎縣）一帶屯紮連營，趙王倫慌忙拼湊了六萬多人的部隊前去應敵，自己卻躲在洛陽日夜求神拜佛。最後在洛陽城外的決戰，趙王軍隊盡遭殲滅，雙方混戰戰死者達十餘萬人。趙王倫向聯軍

投降，被關進金墉城，同樣被迫喝下他曾在此逼賈后喝過的金屑毒酒，其心腹孫秀和名將孟觀等都被族誅。

聯軍取得政權，大封功臣，以齊王冏首功封為大司馬，成都王穎為大將軍，河間王顒為太尉，常山王乂為撫軍大將軍，改封長沙王，東海王越為中書令兼侍中，梁王肜生急病死了，追封為太宰。傻惠帝前一批大臣還沒來得及認全，這就又換了一批。齊王冏以復辟的大英雄自居，日益驕橫，遂引起其他諸侯王不滿。

長沙王乂便又與成都王穎、河間王顒密謀反叛。西元三○二年十二月，河間王顒遣大將張方為先鋒率領十萬軍隊討伐齊王冏，齊王冏知道長沙王乂與河間王顒關係甚好，恐其為內應，故先發兵攻長沙王乂。在洛陽城內混戰了三天三夜，齊王冏兵敗遭長沙王乂活捉。長沙王乂自然因功晉升太尉，而倒楣的齊王冏則被斬首，勞師千里無功的河間王顒枉為他人作嫁，心有不甘；適逢益州發生了流民叛亂，遂領命前去平叛。

成都王穎與河間王顒，一在鄴城，一在長安，虎視眈眈盯著洛陽城裡的皇帝寶座；於西元三○三年八月，聯合起兵討伐長沙王乂。翌年元月，成都王穎在河間王顒的幫助下攻克洛陽，抓住被東海王越出賣的長沙王乂，將其活活烤死，時年二十八。

成都王穎佔領洛陽後，為了酬謝河間王顒，便縱容其大將張方在城中燒殺搶掠，裹脅一萬多名宮女和財物而去。在回師的途中，張方的部隊因糧食匱乏，把搶來的宮女逐批殺死充作軍糧，一路吃到長安。

成都王穎的暴政甚過以往的任何一個。他先讓部將石超率領五萬兵馬守住洛陽內外，然後自封為丞相兼皇太弟，帶頭挨門挨戶進行大搶劫，把跟隨過長沙王乂的衛士和他所討厭的官員全部殺死。東海王越發動叛變，很快聚集起十萬人的部隊，於西元三〇四年七月裹脅惠帝討伐鄴城。部隊走到了河南蕩陰（今湯陰），沒有設防就宿營；結果被成都王穎的部將石超氣勢洶洶地殺過來，一敗塗地。東海王越一看形勢不妙，趕緊帶頭逃竄回封地東海（今江蘇連雲港）去，把傻皇帝撇在亂軍之中。

成都王穎迎惠帝到鄴城。幽州的大軍閥王浚不滿成都王穎的作為，遂聯絡宗室並州刺史東嬴公馬騰，並邀請烏桓國的鮮卑族騎兵助戰，加上自己本部，共計十萬人討伐成都王穎。成都王穎手下有一匈奴族大將名叫劉淵，就是未來匈奴漢國的創建者。他向成都王穎請求借匈奴騎兵來對付鮮卑騎兵，並建議堅守城池，等敵人糧盡退兵時再行突擊，千萬不要妄自出戰。成都王穎當時滿口答應，

但等到劉淵的鐵騎兵趕來解圍的時候，成都王穎大勢已去。原來，劉淵前腳一走，成都王穎後腳就把他的承諾忘個精光，派大將石超迎戰王浚的部隊，結果被打得慘敗而歸。成都王穎聽到噩耗，趕快收拾殘部一萬五千人準備撤退到張方守衛的洛陽。鮮卑騎兵進軍的煙塵滾滾而來，發一聲喊，殘軍霎時作鳥獸散。成都王穎只好領著幾十個親兵牽著惠帝的牛車逃往洛陽。鮮卑騎兵貪圖在鄴城搶掠財物，懶得去追捕惠帝就先行返回了。王浚放他們回國的時候，發現鮮卑人裹挾著許多婦女，不准他們帶走，鮮卑人就在易水旁把這八千婦女全部丟入水中淹死。

河間王顒聽說張方搶到了惠帝，喜出望外。立即命令張方把惠帝和成都王穎帶到長安，張方得令後，立即準備起程，派士兵在皇宮和洛陽城內大肆搶掠，又趁機搶掠了許多宮女做軍妓。大軍排成長蛇陣，在茫茫大雪中，伴隨著百姓的一路嚎哭向長安進發。到了長安，河間王顒廢除了成都王穎皇太弟的稱號，立十七歲的豫章王司馬熾為皇太弟。已無權無勢的成都王穎只好討了點殘兵回守洛陽。河間王顒於三〇四年十二月當上宰相，掌控了晉室大權。

西元三〇五年七月，東海王越以張方劫持惠帝為由，聯合兗州刺史苟

晰等人討伐河間王顒。幽州都督王浚也派新招募的部將劉琨率領八百幽州鐵騎前來支援。聯軍部隊進逼滎陽，威脅長安。河間王顒自知不敵，將張方的項上人頭送給聯軍以便媾和，卻想不到聯軍拒絕和解。河間王顒的部隊得知驍勇善戰的張方被害，紛紛嘩變。聯軍部隊以鮮卑騎兵為先鋒，一路殺進長安，河間王顒隻身狼狽逃跑。成都王穎聽說河間王顒跑了，也慌忙逃亡，先往長安跑，跑到華陰覺得是自尋死路，又向南準備去新野，途中被東海王越的堂兄范陽王所擒，押至其從前的老巢鄴城後迫其自盡。

鮮卑騎兵率先殺入長安，下令大掠三日，共殺死兩萬多老百姓，無論是官員還是老百姓，都紛紛逃到終南山採摘橡子充飢，直到東海王越到達長安才停止。眾大臣又用牛車把惠帝接回洛陽。這時的京城已是殘垣斷壁、衰草連天，小朝廷只好在黑瓦屋裡重建宮室。西元三〇六年十二月，東海王司馬越覺得傻惠帝已無利用價值，便派人在餅中摻藥將其毒死，然後立惠帝的二十五弟司馬熾為帝，改元永嘉，是為晉懷帝。

河間王顒起初逃到太白山不敢露面，後來又趁東海王越迎惠帝回洛陽之機奪回長安，困守孤城。東海王越散布消息說朝廷要赦免河間王顒，還要讓他當司徒。河間王顒乍聞此等好事，便信以為真，遂與三個兒子一起投奔洛陽而去，在半路全部被截殺。

至此，「八王之亂」終告結束，但歷時十六年之久的殘酷殺戮，已耗盡西晉王朝的國力，使之虛弱到了極點，不堪一擊。加之諸侯王相互攻訐時，引鮮卑、邀匈奴，無異於引狼入室，更加速了西晉王朝的覆滅。

八王之中七王相繼被殺，東海王司馬越捱到最後，似乎得到了最後的勝利，其實下場更是可悲。司馬越擁立懷帝後，大權獨攬，不臣之跡，四海皆知。永嘉四年（西元三一〇年），眼見洛陽城外狼煙四起，司馬越戎服入朝，請討石勒，想趁此擁大兵立功以自固。他率四萬精軍出發後，沿路飛檄各州郡徵兵，但「所征皆不至」。憂懼勞頓，又得悉懷帝密詔苟晞等人要剷除自己，更是急怒攻心，兵至項城（今河南沈丘），忽發暴疾，死於當地。同軍而行的襄陽王司馬範和太尉王衍祕不發喪，準備率軍送司馬越屍身還葬封地東海。

時任匈奴漢王劉淵部屬的羯族首領石勒得知消息後，率勁騎追趕這群官兵、家眷混雜的烏合之眾，在苦縣寧平城（今河南鄲城）大開殺戒。大隊騎兵像打獵一樣圍著數十萬西晉軍民亂箭狂射，「王公士庶死者十餘萬」。石勒派兵士一把火燒掉司馬越的

棺柩，說：「此人亂天下，吾爲天下報之，故燒其骨以告天地。」僥倖未死的西晉兵民二十多萬，又不幸陷入劉淵另一部將王璋的包圍圈，被驅入火海變作了燒烤的人肉軍糧。

石勒部下抓住太尉王衍、吏部尙書劉望等多位晉朝高官，還有襄陽王司馬範、任城王司馬濟等六位皇族王爺。襄陽王司馬範「神色儼然，顧呵之日：『今日之事，何復紛紜。』」半夜，石勒派兵士推倒屋牆，把王衍和司馬範活活壓死。

司馬越留守洛陽的部將何倫等人聞敗，慌忙擁司馬越世子和他的王妃裴氏逃往東海，洛陽城中百姓也緊隨軍隊一起外逃。跑到洧倉，被石勒大軍迎截，東海王世子以及皇族四十八個王爺都死於亂兵之手，東海王王妃亦被亂兵所辱，轉賣爲奴。

永嘉五年（西元三一一年）六月，晉懷帝被匈奴劉淵漢軍抓獲，於三一三年被殺，時年三十；三一六年，惠帝的侄子晉愍帝司馬鄴肉袒出降，於三一八年被殺，時年十八。至此，西晉滅亡。

掩卷思之，西晉王朝之所以短命而亡，其直接原因正如祖逖所云：「由諸王爭擅，自相夷滅，遂使戎狄乘虛，毒遍中土。」遠因則在於晉武帝司馬炎缺乏遠見卓識，所託非

人。繼承人惠帝根本就是個弱智，輔政大臣一個是楊駿那樣的得志小人，一個是汝南王司馬亮那樣的懦弱庸才，以致大權旁落、奸婦秉國，滿朝公卿尸位素餐，諸侯親王篡逆相殘，異族外敵乘虛而入。究其根源則在於世族門閥壟斷下的人才選拔制度，在表面上爲其家族提供了最大的利益保障，使得出身世族門閥者哪怕弱智白癡也可佔據高位，其結果必然導致統治階層的腐化墮落。壟斷必將導致行業退化與產品稀缺，人才的壟斷同樣如此。

西晉以降，迄於南朝，罕見漢人英才，雖有張賓、王猛、崔浩等帝師王佐之才，亦終爲胡人所用始大放異彩。反觀五胡族內卻群雄並起、英才輩出，無論匈奴貴族劉淵，還是羯族奴隸石勒，均是雄才大略、英武不凡，而且代有梟雄相競逐鹿，汰弱留強。北朝日盛、南朝日弱，寒門崛起、世族衰落，由北平南，毫無懸念。直至科舉考試制度的確立，使得「朝爲田舍郎，暮登天子堂」，平民與權貴可以和平轉換，始爲準英雄們謀得出路，更廣泛地選拔出濟濟人才，最終造就了隋唐的盛世輝煌！

註解
※ 此楊皇后是楊艷的堂妹楊芷，楊皇后將死，要求晉武帝不得立妾爲妻，正式聘娶她的堂妹楊芷爲皇后。

⊙西晉持刀武士俑

⊙東晉《莊園圖卷》

偏安江左：東晉覆亡眞相

縱觀東晉歷史，可以用「皇帝垂拱，世族當權」
來概括。世族門閥輪流執政。至東晉元年，社會
危機日重。世族政治式微，庶族人物劉裕趁勢而
起，代晉自立，徹底改變了自魏晉以來門閥政治
的格局。

皇帝袖手旁觀
門閥各自爲政
東晉天朝
在庶族英雄的吶喊聲中
灰飛煙滅

　　——海默《夢迴古代·東晉》

⊙南北朝時期劉宋開國皇帝劉裕像

東晉自西元三一六年司馬睿稱帝開始，到四二○年晉恭帝司馬德文遜位止，共歷十一個皇帝，一百零四年。縱觀東晉的歷史，可以用「皇帝垂拱，世族當權」來概括。東晉末年，社會動盪加劇，時局瞬息萬變，世族已無法照舊當權，司馬氏也不能照舊而居帝位。此時，走上歷史舞臺的庶族代表人物劉裕則毫不留情地拋棄了司馬氏，改變了門閥政治的格局，重建起皇權政治的統治秩序。

共治天下

東晉開國皇帝司馬睿是司馬懿的曾孫，生於西元二七六年。正當八王混戰，匈奴、羯起兵反西晉，黃河流域陷入大混亂的時候，長江流域是較安定的地方，中原一部分世族和民眾開始渡江避亂。三○七年，晉懷帝任命琅琊王司馬睿為安東將軍，都督揚州、江南諸軍事，鎮建康。北方世族爭相來奔。司馬睿先稱晉王，西晉滅亡後，他於西元三一八年三月正式稱帝。司馬睿為元帝，在位五年病逝。由於司馬睿是江左開國的第一個皇帝，歷史上便稱之為東晉。

司馬睿向來缺少才智，又是晉室疏屬，之所以能重建晉室，主要得益於北方世族王導的全力扶持。王導是中原著名的世家大族，東晉王朝的實際創立者，自比為春秋名相管仲，時人皆稱他具「將相之才」。從司馬睿到江南創立基業開始，王導、王敦等王氏家族成員就竭盡全力，輔佐司馬睿。起初多數南渡人物對晉室心存疑慮，甚至失望悲觀。例如，有一次諸名士在江邊一處亭上飲宴，周顗嘆氣說：「風景殊好，而山河殊異。」名士們都哭起來，王導正色道：「大家正應該出力輔佐王室，恢復中原，何至於窮困喪氣到相對哭泣！」名士們聽了都停止哭泣。

這批流亡世族在王導的率領下逐漸趨於穩定。司馬睿深知晉室復興，倚賴於王導，他稱王導為「仲父」，還將他比作輔佐劉邦建立漢朝的蕭何。司馬睿在即位稱帝時，姿態非常謙恭，他三、四次請王導御床同坐受賀。王導再三推辭說：「如果太陽下同萬物，蒼生何由仰照？」司馬睿這才坐到了皇帝的寶座上。

王導雖然推辭了與皇帝同坐御席，但司馬睿此舉卻震動了滿朝文武。從此，王導在東晉政權中即有著特殊的地位：王導位至宰輔，掌握著中央的行政大權；從兄王敦手握重兵，鎮守荊州，在地方上指揮軍隊，負責征討叛賊逆匪，整個王氏家族都擔任要職。當時，人們習慣把司馬氏家族稱為「馬氏」，把王氏家族稱為「王氏」，王家和司馬氏幾乎達到了「平起平坐」的地步，於是民間流傳有「王與馬，共天下」的說法。實際上是司馬氏勢力不抵王氏勢力。身為開國之君，竟要請一個大臣同坐受賀，可以想見司馬氏的微弱。此後東晉政權的存在，不是因為它本身有力量，而是因為幾個大姓間保持勢力的均衡，共同推戴司馬氏作為象徵來維持這種平衡而已。

「王馬共天下」顯示了東晉政權的政治特點，終東晉一朝，世族權臣幾經更易，但「主弱臣強」依舊。在

琅琊王氏以後又出現潁川庾氏、譙郡桓氏、陳郡謝氏等權臣，呈現了庾與馬、桓與馬、謝與馬「共天下」的尷尬局面。

司馬睿只想做個偏安皇帝，王導也只是想建立一個以王氏為主導的小朝廷，他們的目光專注於江東內部的權力分配上，不做北伐的準備，甚至反對北伐。誰主張北伐，誰就遭排斥。大臣周嵩曾上書勸晉元帝要整軍備武，收復失地，險些喪命。世族熊遠要求朝廷改正過失，說不能遣軍北伐是一失；朝廷中人忘記國恥，耽於遊戲酒食是二失，結果丟了京官，外放為地方官。至於堅決主張北伐的祖逖，下場也好不到哪裡去。元帝擔心臣下在北伐中立功孚望，威脅自己的統治，故從不給予支持。只給祖逖一千人糧餉，三千匹布，任豫州刺史，讓他自募兵員，自造武器。祖逖軍紀嚴明，深得民眾擁護，屢次大敗石勒軍，收復了黃河以南全部失地。正當祖逖準備渡河收復失地時，晉元帝卻派戴淵為征西將軍，以致收復的失地又盡數丟掉。而此時朝廷中權臣王敦與晉元帝公開對抗，內亂瀕臨爆發。西元三二一年，祖逖感到前途無望，憂憤而死。

東晉建立不久，南渡世族內部出現了尖銳衝突，終於西元三二二年爆發了王敦之亂。王敦字處仲，是王導的從父兄，晉武帝之女襄城公主的丈夫，性情殘忍。當年權臣王愷、石崇以豪侈相尚，王愷曾經設宴會，讓女伎吹笛。女伎吹得稍微不合聲韻，就被王愷打死。當時王導、王敦都在座，諸客大驚失色，只有王敦神色自若。

司馬睿稱帝後，王敦官任征東大將軍、侍中、大將軍、江州牧等職；他鎮守荊州，手握重兵。司馬睿擔心王氏權勢太重，威脅他的統治，想削弱王氏勢力，就任用北方大族劉隗、刁協等為心腹大臣，暗中做軍事部署，以平衡王導的權勢。王導漸被疏遠，王敦對此大為不滿，上書元帝說：「當初陛下說過：『我與王敦和王導是管仲、鮑叔之交』，這話至今銘記在心，我想這話不會一朝而盡吧？」王敦言辭咄咄逼人，王導覺得不妥，就將奏書密封後退還了王敦。王敦卻

⊙祖逖北伐圖

很不識趣，再次上奏。

御史中丞劉隗看到王敦威權太盛，無法控制，就勸元帝派心腹鎮守重要州郡，以防王敦為患。王敦得知此事後十分氣憤，致書劉隗恐嚇說：「只有天下安泰，帝業才能興隆。否則，天下就沒希望了。」劉隗答書說：「魚相忘於江湖，人相忘於道術，我的志向是竭盡全力效忠王室。」王敦由此嫉恨在心。另外，尚書令刁協因不肯與當時門閥世族相沉浮，不滿他們凡事崇上抑下，而且對優游無事、趨炎附勢的風氣深惡痛絕，所以也遭王氏嫉恨。王敦本是個野心家，趁機以反對劉隗、刁協，替王導訴冤為藉口，陰謀篡權。祖逖死後，王敦更無忌憚。永昌元年（西元三二二年）正月，王敦假借「清君側」的名義，在武昌舉兵，上表討伐劉隗、刁協等。由於建康沒有較強軍力的支持，手握重兵的王敦輕而易舉地進入了石頭城，兵臨建康城下，放縱兵士劫掠。

遭圍困的皇宮大殿中，宿衛早已四處逃散，只有兩位侍中還在元帝身邊。元帝脫下戎裝，穿上朝服，無可奈何地感嘆：「王敦想要我的王位，只管及早表明，我自還琅琊，何至於如此擾亂百姓呢？」最後，元帝派人告知王敦：「你如果不忘本朝，就此息兵，那麼天下還可以共安。如果不肯罷手，我當返歸琅邪，自避賢路。」簡直要把帝位拱手讓給王敦了。當年十一月，晉元帝司馬睿憂憤而死；太子司馬紹繼立，是為晉明帝。

司馬紹是元帝長子，他聰明機智，神武明略，深孚眾望。王敦感覺有必要對明帝加以抑制。太寧二年（西元三二四年）七月，明帝乘王敦病重先發制人，準備以弱敵眾。明帝因擔心眾人懼怕王敦，便假稱王敦已死，下詔歷數王敦「以天官假授私屬，將要威脅朝廷，傾危宗社」的種種不義行徑，以討伐其同黨錢鳳的名義，發兵征討王敦。不久，王敦憂憤而死，餘黨全被消滅，叛亂得以平息。東晉統治集團內部最主要的問題是帝室和幾個強大世族之間的對立。帝室如果安享尊榮，不干涉強大世族的權力，各種勢力相對平衡，政治上則呈現安定局面。反之，則引起世族的強烈反攻。晉元帝任用劉隗、刁協，並用南方世族戴淵作將軍，顯然侵犯了王氏勢力，變亂自不能免了。

庾氏專權

明帝在平息王敦之亂後，對王氏家族更有戒心，親庾亮、疏王導的意向越來越明顯。太寧三年（西元三二五年）閏七月，晉明帝突然病死，其長子、年僅五歲的司馬衍即位，為晉

成帝。

　　成帝因年幼不能理政，明帝遺詔命王導錄尚書事，與中書令庾亮、領軍將軍卞壺等人共同輔政。不久，皇太后庾氏臨朝稱制。庾亮是太后庾氏的親兄，其兄妹二人合力掌控朝廷大權。王導等人審時度勢，急流勇退，朝中政務全由庾亮一人裁決，東晉政局此後發生了新的變化。

　　庾、王二人相較而言，王導輔政較寬和，注意籠絡人心，史書說是「鎮之以靜，群情自安」。就是讓有勢力的大族在相互牽制下，各私其欲，朝廷不加干涉也不抑制。王導常說：「人家說我糊塗，將來會有人想念我這糊塗。」後來的事實證明的確如此。庾亮輔政後，一改王導的寬政，恃權放肆，用法嚴苛，排斥異己，妄殺大臣，在朝野上下結怨甚多。明帝時期所倚重的宗親南頓王司馬宗對庾亮專橫朝政不滿，被庾亮改任為驃騎將軍。司馬宗失去要職，自然嫉恨庾亮，便和流民統帥蘇峻來往密切，互通書信，意欲除掉庾亮。庾亮知道後，也想除掉司馬宗。恰這時中丞鍾雅告司馬宗謀反。庾亮趁機下令右衛將軍趙胤率軍逮捕司馬宗，並立即將其殺掉。因司馬宗為王室近支，經常上朝，且滿頭白髮，故成帝稱他為白頭翁。過了些時日，成帝未見司馬宗上朝，便問庾亮：「前日的白頭翁怎麼許久不見了？」庾亮道：「因他有意謀反，我把他殺了。」成帝聽了，氣得流著淚說：「舅舅說誰反，誰就被殺；假如有人說你謀反又如何處置呢？」庾亮平時總以為幼主易欺，遇有異己便私自處置，卻沒有想到一個八歲的小皇帝居然敢跟自己說出這樣的話來！

　　庾亮自恃有太后撐腰，自己又握有兵權，非但沒有收斂，反而加快了打擊異己的步伐。歷陽太守蘇峻，因明帝時討伐王敦有功，威望一向很高，且部下甲杖精銳，對庾亮專擅朝政相當不滿。庾亮就設計奪其兵權，堅持徵詔其入朝為大司農。

　　蘇峻決定擁兵自守，抗拒詔命。他對朝廷使者說：「既然上面說我要造反，難道還有活路？我寧願在山頭上望監獄，也不能在監獄裡望山頭。過去國家危如累卵，非我不行。現在狡兔既死，獵犬自然當烹。但我一定要向陰謀者報仇。」

　　咸和二年（西元三二七年）十一月，蘇峻聯合豫州刺史祖約等發兵都城，討伐庾亮。蘇峻攻打京城時，順著風勢放火，烈焰沖天，所有宮廟、宮室、官署皆化為灰燼。他還縱兵搶掠，侵逼宮女，驅役百官，一時間京都內外哭聲震天。官庫所藏的金銀布匹等物，都被蘇峻洗劫一空。蘇峻自稱為驃騎領軍將軍、錄尚書事，又隨

⊙ 北涼樂伎與百戲圖。南北朝時期，北方盛行起自涼州的「西涼樂曲」，在北魏、北周之交又稱為「國伎」，此樂風一直流行至隋唐時代。

意任命親黨，完全掌握了京城。

此時的成帝被軟禁在一間倉庫裡，蘇竣每天都到成帝面前放肆胡言。王導擔心會有不測之禍，試圖護衛成帝出奔，後事情不成，被迫攜二子逃走。成帝的侍從劉超和鍾雅也密謀護衛成帝出奔。不料事情洩漏，蘇峻派人逮捕劉、鍾二人。成帝當時抱住二人，不讓士兵拉走，並悲泣著說：「還我侍中、右衛。」但來人哪裡會聽從這位小皇帝的旨意呢？劉、鍾二人最後慘遭殺害。

咸和四年（西元三二九年）春，在征西大將軍陶侃和江州刺史溫嶠等人聯兵攻打下，蘇峻、祖約之亂終被平定。蘇峻本非門閥世族，他雖試圖憑藉際遇起兵謀利，但螳螂在前、黃雀隨後，終被門閥世族聯合擊敗。

蘇峻之亂，為東晉王室帶來又一次劇烈變動。叛亂平息之後，京都建康幾成廢墟，民生凋敝，怨氣沸騰。劫後餘生的庾亮為了平息民憤，不得不暫退一步，請求外任以保存實力。咸和四年三月，庾亮以豫州刺史出鎮蕪湖，朝中大權復歸王導之手。

自從庾亮因蘇峻變亂而引咎外鎮，就把八歲的皇帝留在建康交由王導看管。庾亮出朝，鎮守蕪湖，是對王導的一步退讓，但只是暫時的。庾亮在外期間，力主經營北伐，但他的目的在於取得軍政大權，企圖建立起自己的霸業。

庾亮和庾翼兄弟相繼以北伐為名，控制了江州以上全部地域，並一度遣軍入蜀，庾氏的軍事力量逐步增強。庾氏在長江上游經營的成果，並未使庾氏門第延綿久長。西元三四五年，庾翼臨死，堅持讓自己的兒子繼任，開藩鎮世襲的惡例。朝廷不允許他的請求，派譙郡的桓溫驅逐庾氏勢力。桓溫驟然在上游興起，代替庾氏。東晉門閥政治的演化，自此進入一個新的發展階段。

皇帝夢碎

東晉立國幾十年，連遭王敦、蘇峻叛亂，元氣大傷。自明帝、成帝之後，又傳位康帝、穆帝、哀帝，五任皇帝四十年中，雖無大的建樹，但朝政總算清靜了許多。興寧三年（西元

三六五年）三月，哀帝司馬丕因服丹藥中毒而死。會稽王司馬昱便與褚太后商議嗣位之事，因哀帝無子，只好令其弟司馬奕即位，這就是東晉第六任皇帝，晉廢帝。廢帝司馬奕即位後，內有會稽王司馬昱處理政事，外有大司馬桓溫統帥軍務，廢帝便成了一個有位無權的木偶皇帝。

桓溫是晉明帝的女婿，與庾翼關係密切。建元元年（西元三四三年），庾翼北伐時，就以桓溫爲前鋒官。庾翼死後，桓溫任荊州刺史，積極發展自己的軍事勢力。桓溫繼承了庾氏兄弟長期經營的成果，擁有荊、梁等八州的廣大地區，又有以徐寧爲刺史的江州作爲與長江下游豫、揚之間的緩衝地帶，勢力急劇膨脹。此時的桓溫，希望透過建功立業以增強自己的名望與實力，在東晉朝廷中取得較高的政治地位。

永和二年（西元三四六年）十一月，他上表伐蜀。當時蜀漢皇帝李勢

⊙東晉戰陣圖

驕奢淫逸，不理國事，朝中問題重重，被諸強滅掉只是時間問題。桓溫立志伐蜀，不等朝廷詔准，就率兵直指成都。第二年三月，桓溫攻克了成都，李勢投降，蜀漢滅亡。

桓溫的威名日盛，野心也日趨膨脹，他所統轄八州的所有人力物資都不聽從國家調用，甚而逐漸產生了自立爲帝的想法。他希望透過立功於河朔，可以接受九錫殊禮。他曾經躺在床上對親信說：「如果寂然無爲，將會被漢文帝、漢景帝所嘲笑的。」眾人聽出他有野心，都不敢對答。他又撫枕起身說：「雖不能流芳百世，亦當遺臭萬年！」

穆帝覺察到桓溫存有謀反之心，故對其北伐，雖不敢竭力反對，但也不加支持，甚至從中多方阻撓。他任用虛名甚大的清談家殷浩參與朝政，專與桓溫作對，使得桓溫的三次北伐都以失敗告終，損害了他的實力和威望。哀帝時期，桓溫建議遷都洛陽以求控制皇室，遭到哀帝和眾大臣的一致反對。桓溫遂決定採取進一步奪權的行動，伺機發動宮廷政變。西元三七一年，他把司馬奕趕出皇宮，先將其降爲東海王，再降爲海西公，並另立司馬昱爲帝，是爲簡文帝。

桓溫廢立的本意是想要晉文帝禪位於自己，或者由自己入朝攝政。簡文帝司馬昱在朝中的地位由此可知！

122

司馬昱時常感到自己這個皇帝當得太窩囊了，心鬱成疾，結果只當了八個月的皇帝，便於次年七月病死了，時年五十二歲。簡文帝在彌留之際，急立其子司馬曜為太子，即孝武帝，又封另一個兒子司馬道子為琅琊王，並遺詔桓溫輔政。

桓溫原以為簡文帝臨終會禪位給自己，不料仍然只是輔政之責。他憤恨成疾，遂催促朝廷加自己九錫之禮，為禪讓做準備。大臣謝安等人見他病入膏肓，便故意拖延。此後不久，桓溫就病死了。

桓溫苦心追求多年的皇帝夢最終還是破滅了。實際上，他控制了東晉政權，真正阻礙他登上皇位的是在朝的太原王氏、陳郡謝氏兩大家族，他們以政治之力，在關鍵時刻給桓溫掣肘，使桓溫窮於應付。他們憑藉在朝中擁有的潛在力量，扼殺了桓溫的野心，維護了東晉司馬氏的帝位，保證了門閥世族的政治利益。

自桓溫廢海西公而立簡文帝，再到桓溫之死，其間不過一年半。這一年半，是激烈的權力之爭的一年半，是朝野鼎沸的一年半，是晉室命懸一線的一年半。這一年半，皇權處於最低點。皇位的一廢一立，全憑桓溫一言定局，被廢的海西公無可奈何，被立的簡文帝也無可奈何。簡文帝手詔有言：「……如其大運去矣，請避賢

◎東晉騎射圖

路」，意即由桓溫任意選擇皇帝，包括桓溫自立為帝。所以簡文遺詔中有「君自取之」之語，是不足為奇的。

皇權降至最低點，門閥世族的權力卻急劇膨脹。桓溫篡晉積謀甚久，終未成功，全由幾家門閥世族作梗。他們在內外軍權全歸桓氏、皇室完全屈服的情況下，憑藉社會、政治影響，勉力抵拒，挫敗了桓溫，扭轉了形勢，使東晉王朝延長了將近半個世紀之久，也使司馬氏與世族共治的局面延長了將近半個世紀之久。東晉世族歷來反對他們中的任何一家獨攬政權，取代司馬皇室地位。但是在關鍵時刻，世族純以其聯合的政治力量，用和平手段抗拒軍權，並戰而勝之，這還是第一次。司馬氏皇權不興的局面被打破，這首先歸結於陳郡謝安在政壇發揮的作用。

主相之爭

謝安字安石，陳郡陽夏（今河南太康）人。其家族是流寓江東的北方世家大族。謝安少年時代就善於清談，享有盛名。謝氏門戶地位突出，

始於簡文、孝武之際。當時世族王、謝並稱。桓溫死後，謝安任尚書僕射，與中書令王坦之共輔幼主——孝武帝司馬曜。他採取「鎮以和靖，禦以長算」的策略，實行德政，寬宥小事，使文武大臣都聽從朝命。人們將他比作王導。東晉朝內部出現前所未有的和睦氣象，這也和謝安繼承王導力求大族間勢力平衡的做法不相分。謝氏威望在朝中日益增高，於淝水戰後達到最高點。

前秦在帝王苻堅時，國力強盛，他率百萬大軍來取東晉。謝安被任命為征討大都督，坐鎮指揮抗擊前秦的軍隊。謝安利用前秦軍壓境，朝廷徵召鎮禦北方之軍事人才的機會，舉兄謝奕之子謝玄為兗州刺史。

太元四年（西元三七九年）六月，謝玄又兼王蘊所領徐州，徐、兗復為一鎮。謝玄的北府兵就是在這裡組建的，有了這支北府兵，謝安在建康執政才有所憑藉。謝玄組織的北府兵，是集合一部分以前本屬於北府，後來分散開來的處於獨立、半獨立狀態的江淮老將和流民武裝（江淮老將也出於流民武裝），再徵發一部分南逃的流民充實而成。謝玄賴以指揮和聯絡的人，是謝氏豫州舊將劉建之子

⊙東晉名臣謝安像

劉牢之。

淝水之戰一役，東晉的北府兵創造了以少勝多的奇蹟，留下了「草木皆兵」的經典故事。淝水一戰既勝，謝玄火速派人送來了捷報，這時的謝安正在深山別墅裡和客人下圍棋，等待戰鬥的消息！他看完了捷報，就隨手放到床上，不露喜色，繼續下棋。客人問起戰況如何，謝安才平淡地說了一句：「小兒輩已經破賊！」等到下完棋回到內室時，謝安再也無法控制內心的激動，過門檻時竟絆了腳，連木屐的齒都折斷了。由此可以看出謝安是多麼善於矯飾情感，穩定人心了！

淝水之戰後，來自北方的威脅暫時解除。東晉統治集團內部的爭權奪利繼續上演。當時，「清談玄學」盛行一時，官僚世族的貪汙營私和為非作歹，對現實的政治產生了不良的影響。無論是北方還是南方的世族，都過著奢侈的生活。所以，淝水之戰後，東晉的社會問題和統治集團內部的衝突都更加複雜和尖銳。這尤其表現在主相之爭方面。

門閥世族與皇室之間原本關係微妙，司馬氏與謝氏的對立在淝水之戰前夕，以司馬道子與謝安共錄尚書事

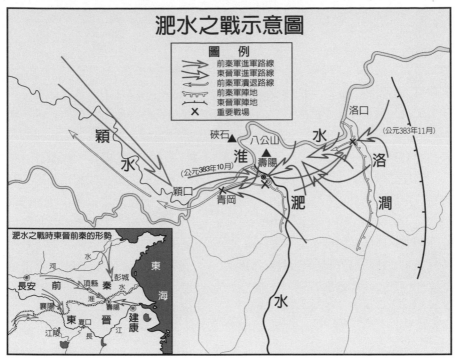

◎淝水之戰示意圖

時就已出現。淝水戰後謝安功高不賞，附於司馬道子的太原王氏王國寶，又以「讒諛之計」行於孝武帝與謝安之間，遂成嫌隙，以致謝安被排擠出建康，不得不於太元九年（西元三八四年）八月自請北征，並於次年四月出居廣陵，當年八月病死。

謝安死後，朝政全歸司馬道子。司馬道子遂得為揚州刺史、錄尚書事、都督中外諸軍事。謝玄也在太元十二年（西元三八七年）正月退就會稽內史職，第二年正月死。到安帝隆安四年（西元四○○年），謝琰戰敗被殺，謝氏門戶力量更衰。此後的謝氏人物，同其他的世族高門人物一樣，都不得不陸續投靠出自北府將的

劉裕或劉毅，不能再獨樹一幟。

淝水之戰以後，世族腐朽，正是孝武帝伸張皇權的大好時機。他一改簡文帝清談治世之風，講《孝經》、覽典籍、延儒士，謀求振興皇權。此時的皇權振興，主要依靠同母弟會稽王司馬道子。司馬道子錄尚書事，以相權輔佐皇權，這種輔政體制與前此居位的某幾家世族與司馬氏共天下者，已大有不同，東晉朝廷由此又呈現出一種不同於門閥政治的政治格局。

桓玄稱帝

孝武帝死後，由安帝司馬德宗即位，司馬德宗是個不折不扣的低能兒，一切聽從司馬道子、元顯父子的

擺布。司馬道子終日沉湎酒色，眞正是昏君亂臣當朝。此時，門閥世族的代表人物，則是原爲孝武帝親信而居徐州京口之任的太原王氏王恭，以及居長江上游的桓玄。

隆安二年（西元三九八年），太原王氏中居京口重鎮的王恭等起兵聲討司馬道子父子，但王恭的兵力仰賴於非門閥世族出身的劉牢之，最終失敗被殺。這時的桓玄封鎖了長江，朝廷僅能控制東方各郡即會稽、臨海、永嘉、東陽、新安、吳、吳興、義興八郡。

隨著東晉統治集團內部問題的日益加劇，各政治勢力之間已演變成自相殘殺。司馬元顯首先發難，進攻割據長江中游的桓玄。桓玄列舉元顯父子的罪狀，起兵加以討伐。他們順流東下，收買了北府兵將領劉牢之，攻入建康，殺死司馬元顯父子，掌握了朝廷大權。隨後，桓玄又除去劉牢

之，將東晉王室置於自己的掌控之下。

桓玄是桓溫之子。桓溫在世時，就有當皇帝的野心，只是由於王、謝等世族的阻撓，才未能如願。桓玄也早就萌生了篡位的野心，在設計除掉司馬道子父子之後，他認爲篡權的障礙已掃除，便在元興二年（西元四○三年）二月受封爲大將軍，九月又自稱相國、封楚王、加九錫、領十郡。十二月，桓玄逼晉安帝司馬德宗退位，廢爲平固王，安帝之弟司馬德文由琅琊王降爲石陽王；隨後自己稱帝登基，國號楚。東晉一朝是王、謝、庾、桓四大家族勢力平衡下的產物，王、謝、庾三族相繼衰落，桓氏成爲唯一的大家，狂妄自大的桓玄輕而易舉的便消滅了東晉王朝。

桓玄稱帝後，驕奢淫逸，遊獵無度，政局動盪。西元四○四年四月，北府兵將領劉裕等趁機起兵，殺入建康；桓玄抵擋不住，便挾持安帝和琅

⊙晉屯墾磚畫

126

琊王西逃荊州。劉裕追擊，桓玄大敗，捨下安帝，繼續西逃；途中，被益州刺史毛璩的部下俘獲殺死，時年三十八歲，諡號武悼皇帝。桓玄所建立的楚國宣告滅亡，只存在四個月。

從桓玄興師入都到後來廢晉立楚，門閥世族贊同其消滅司馬道子父子勢力，但不敢公然反對其篡晉，反映門閥世族業已虛弱，喪失了左右政局的能力。真正有能力顛覆桓玄的，卻是並非世族高門出身的北府將劉裕。

桓玄死後，劉裕迎安帝重新回到建康，繼續做他的白癡皇帝。劉裕驅逐了桓玄，成為東晉門閥政治的一次迴光返照。昔日在朝中舉足輕重的門閥世族，現在大都已無所作為。相應地，東晉皇室由庶族劉裕恢復以後，重建世族與司馬氏共治的門閥政治局面是再也不可能了。不過，劉裕以庶族之身收拾殘局雖易，代晉建宋卻非一蹴而就，需要相當長的準備時間。

劉宋代晉

劉裕，字德輿，小名寄奴，祖籍彭城（今江蘇徐州），出身寒門。年輕的時候，種過地，砍過柴，捕過魚，還做過小買賣，受過「京口之蠹」刁家大姓的欺侮。有一次他和刁家人賭博，輸了還不起賭債，被刁逵縛在馬椿上。困難時常常到岳父家裡去混飯吃，受人奚落。後來他追隨劉牢之，勇悍善戰，屢立大功，成為北府兵中的名將。元興二年（西元四〇三年），桓玄取代司馬氏做了皇帝，不過百日就被劉裕打倒。劉裕滅桓氏後，要取消司馬皇帝的名號，還必須自己先取得更高的威望，因此，劉裕為了滅晉而進行大規模的北伐。

自西元四一〇年至四一七年間，劉裕北伐，消滅了南燕、割據四川的譙縱和後秦等政權，奪取了北方廣大地域和長安、洛陽兩大古都。劉裕因戰功赫赫，被晉安帝封為侍中、車騎將軍、都督中外諸軍事，領徐、青二州刺史，後又加任兗州及揚州刺史，掌握了東晉的軍政大權。

庶族代表人物劉裕的迅速崛起讓我們看到：在統治階層發生變化的時刻，擁有一支強旅是十分重要的。回顧東晉之初，門閥政治尚不穩定，王敦、蘇峻叛亂相仍。由於建康沒有強大軍力的支持，叛亂者動輒兵臨都城，威脅東晉朝廷的存在，而且擾及三吳地區。在這種歷史背景下，北府重鎮得以建立。廣陵、京口及其左近定居，以及不斷南下的北方流民和他們之中的流亡統帥，是北府兵的主力。

東晉初期，北府兵的作用是支持建康朝廷的門閥政治，維持幾家當權世族力量的平衡，消除已形成的和潛在的軍事叛亂，穩定東晉政局。後來，謝玄重新組建北府兵，由劉牢之

實際統領，開展了包括淝水之戰及其戰後的北伐戰爭等重大軍事活動。王恭死後，劉牢之代王恭爲北府統帥。北府重鎮第一次落到非將門出身的下層世族之手。北府兵開始經歷由門閥世族軍隊向庶族軍隊的轉變。

元興三年（西元四○四年），劉裕在京口重組北府勢力，此時的北府兵已完全成爲庶族的武裝。它摧毀了以桓玄篡晉形式出現的門閥世族統治；它鎮壓了由另一批庶族孫恩等領導的農民抗爭；它又取得了一系列對外戰爭的勝利。北府兵建立了穩固的社會基礎，他們活動於建康附近，打散了還可重建，所以在劉牢之之後，劉裕能夠迅速捲土重來，並成爲他驅逐桓玄、鎮壓盧循、進行北伐和廢晉立宋的主要力量。

庶族代替門閥世族的統治地位，終將帶來朝代更替（「易姓」）、政制易形（「易制」）。易制才能保證易姓的成功。所謂易制，就是劉裕把東晉孝武帝試圖恢復而未成功的皇權政治眞正付諸實踐。

此時，年過六十的劉裕自知時日不多，爲了在有生之年實現皇帝夢，他便想伺機害死安帝。安帝的弟弟司馬德文機敏聰慧，他看到劉裕舉止反常，心懷鬼胎，擔心安帝遇害，便日夜守在安帝身邊，就連安帝的飲食，也是自己嘗了之後再給安帝。劉裕無機可乘，焦急萬分。誰知在義熙十四年（西元四一八年）十二月十七日，琅琊王司馬德文突然患病，不得不回府醫治。琅琊王剛一離開，劉裕便指使心腹，派中書侍郎王韶之迅速入宮行動。王韶之急忙入宮，指揮內侍用布條做結，套在安帝的頸上，將其活活勒死。安帝死時，年三十七歲，在位二十二年。

安帝死後，劉裕令人假作遺詔，推琅琊王司馬德文嗣位，是爲恭帝。司馬德文明知道其兄爲劉裕所害，但朝中盡是劉裕爪牙，自己無一親信，無法追究，只有忍氣吞聲。司馬德文即位，改元元熙。元熙元年（西元四一九年）正月初三，恭帝在劉裕心腹的逼迫下，爲表彰劉裕推立有功，下

⊙顧愷之《洛神賦圖卷》（局部）

◎王羲之名作《蘭亭序》

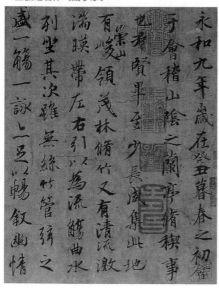

永和九年歲在癸丑暮春之初會
于會稽山陰之蘭亭脩禊事
也羣賢畢至少長咸集此地
有崇山峻領茂林脩竹又有清流激
湍映帶左右引以為流觴曲水
列坐其次雖無絲竹管弦之
盛一觴一詠亦足以暢敘幽情

詔封劉裕為宋王。

劉裕本希望晉恭帝能以禪位形式
把帝位傳給自己，誰知一年過去了，
恭帝仍無讓位之意。於是，他派人散
布風聲，說宋王功勞那麼大，晉室皇
帝又那麼沒本事，還不如讓宋王當皇
帝。這風聲越傳越廣，先是下頭人傳，
後來朝中大臣也這麼說，好像晉恭帝
理所當然就該把皇位
讓出來似的。

不久，劉裕的親
信傅亮便按預先和宋
王商量好的辦法，勸
恭帝禪位，並草擬詔
書，請恭帝再親手抄
一遍。晉恭帝只能拿
起御筆照抄，他一邊

◎王羲之像

抄，一邊對左右侍從說：「桓玄作亂
的時候，晉室已失掉天下，後賴劉公
討伐桓玄，才又使晉朝延續了二十
年。今日禪位給他，是我甘心所
願。」西元四二○年六月十一日，恭
帝司馬德文讓位，重新回到琅邪王府
第，後被封為零陵王。十四日，宋王
劉裕即帝位。至此，晉室滅亡，劉宋
開國。

東晉最典型的政治特色是門閥政
治。著名學者田餘慶先生認為，「東
晉門閥政治，是中國古代皇權政治在
特定條件下的變態」。他說：「如果
沒有一個成熟的有力量、有影響的社
會階層即世族的存在，如果沒有一個
喪失了權威但尚餘一定號召力的皇統
存在，如果沒有民族矛盾十分尖銳這
樣一個外部條件，如果以上這三個條
件缺少一個，都不會有江左百年門閥
政治局面。反之，這三個條件中任何
一個條件變化，都會導致江左門閥政
治的相應變化。」他指出：「東晉一
朝，皇帝垂拱，世族當
權，流民出力，門閥政
治才能維持。」換言
之，一旦皇權、世族和
流民三方力量的發展被
打破，東晉門閥政治的
格局勢必終結。東晉滅
亡和劉宋開國就說明了
這一點。

⊙北魏鎮墓陶俑

變夷苦旅：北魏覆亡眞相

北魏為鮮卑族拓跋族所建，從道武帝、太武帝到孝文帝，英才輩出，極慕漢文化，棄胡俗、著漢裝，移風易俗，鑄就了歷史上一次空前規模的大融合。游牧民族的尚武精神所輸入的新鮮血液和蓬勃生機，為日後隋唐盛世的輝煌奠定了豐厚的民族基礎。但改革中存在嚴重的不公正，勢必遭到反對「以夏變夷」的舊貴族反對，最終釀成「六鎭兵變」。

以夏變夷

民族走向融合

從眞理到謬誤只有一步

「度」就是永恆的哲學

——海默《夢迴古代・北魏》

西晉王朝經「八王之亂」同室操戈後已是風雨飄搖、不堪一擊，在匈奴漢國的鐵騎踐踏下頓時支離破碎，先後湧出三十多個大大小小的割據政權。匈奴、鮮卑、羯、氐、羌等各族數百萬眾湧入中原，一時間烽煙滾滾、刀兵四起，黃河流域頓時墮入血海深淵，史稱「五胡亂華」。正是在這血與火交織成的慘烈熔爐中，鑄就了中華民族一次空前規模的大融合，游牧民族的尚武精神所輸入的新鮮血液與蓬勃生機，為日後隋唐盛世的輝煌奠定了豐厚的民族心理基礎。

在這個風起雲湧的大時代，匈奴兒、鮮卑子、羯族豪、氐族雄、羌中傑、漢家英，輪番彎弓射鵰、飛馬逐鹿、縱橫驅馳、叱吒風雲，演繹出一幕幕波瀾壯闊、瑰麗磅礴的歷史劇碼，令人嘆為觀止。鮮卑族拓跋部所創建的北魏王朝無疑是其中最精彩的一段樂章，其餘韻引領出歷史劇的最高潮──煌煌盛唐的橫空出世。因創建了北魏王朝而在歷史上煊赫一時的鮮卑族拓跋部雖早已融入中華民族之中而湮沒無痕，但其因何而興，因何而滅，仍是一個值得我們認真探索、不斷發掘的歷史課題。

◎北魏孝文帝

北魏建國

　　鮮卑族顯於史書的共有三部：宇文氏、慕容氏和拓跋氏。

　　拓跋部最初活動於大興安嶺北端東麓一帶，以游牧漁獵爲主；生活簡單樸野，刻木作符信，沒有文字。西晉末年，部落首領猗盧統一拓跋各部，因依附西晉抗擊匈奴劉聰、羯趙石勒，擁有匈奴舊地，受晉朝冊封爲代王。猗盧得晉人幫助，成爲一國之君，而拓跋部還是「國俗寬簡，民未知察」，保持舊習俗。君臣官民的區別並不嚴明。猗盧一方面要向各部落酋長行使絕對權力，一方面各酋長依舊例要同掌朝政，不能容忍國王專斷。對立加劇，猗盧用殘酷的刑法壓服部屬，違禁者，全部落盡被戮滅，前後殺死上萬人。拓跋本部和屬部驚駭思亂，西元三一六年，猗盧子六修

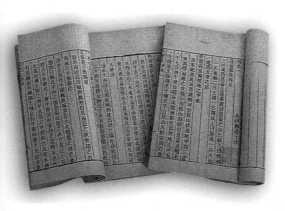

⊙《水經注》書影。《水經注》爲北魏酈道元所撰，乃《水經》的注本，內容以一百三十七條水道爲經，記述人物、地理、古蹟、景貌，兼具地理和文學價值。

　　違令，猗盧往討，被六修擊敗。猗盧逃匿民家，被婦人認出被殺。猗盧死後，拓跋部重陷分離混亂之中。新舊猜疑，互相殘殺，所謂新舊，就是鮮卑人稱舊人，歸附的晉人及烏桓人爲新人。猗盧信任新人，引起舊人憎恨。西元三三八年，什翼犍重新統一拓跋各部，自封代王，建都盛樂（現內蒙古托克托），邁出了建國的艱辛步伐。什翼犍在石勒都城做人質十年，深受漢文化的影響。他即位後，設置官職，制定法律，用漢族人作長史，確立了代國的體制。

　　正當拓跋部在迅速發展國家的時候，不幸遭遇了一代天驕前秦大帝苻堅。苻堅滅掉鮮卑族慕容部所建的前燕後，目光投向了北方草創中的代國。被什翼犍打敗的匈奴劉衛辰部向前秦求助，爲苻堅伐代提供了最佳藉口。西元三七六年，前秦大軍勢不可擋，在石子嶺一戰中大敗代軍。身患重病的什翼犍竄逃陰山之北。前秦軍隊帶著無數的戰利品凱旋時，什翼犍卻被忤逆子姪殺死，內部大亂，前秦大軍趁勢回師，一舉滅代。

　　此前五年，大臣長孫斤謀反，藉朝會之機刺殺什翼犍。嫡子拓跋寔奮死護父，身受重傷而死。代國滅亡時，寔子拓跋珪尙幼，隨生母賀蘭氏投親靠友，在戰亂流離中成長。西元三八六年，苻堅兵敗淝水，前秦土崩

瓦解。拓跋珪爲什翼犍的嫡長孫，受拓跋各部擁立爲代王，時年十七歲；不久他改國號魏，史稱北魏。

此後，拓跋珪銳意進取、連年征伐，收服了周邊許多部族。拓跋部世仇劉衛辰父子趁其征伐柔然之際，派兵攻魏。此舉激起了拓跋珪的舊恨新仇，回師大破劉衛辰部，劉衛辰父子相繼死於亂軍之中；拓跋珪仍不解恨，把五千多名俘虜全部殺死，投入黃河。劉衛辰全族盡滅，僅有第三子勃勃逃脫，就是後來建立大夏國的暴君赫連勃勃。拓跋珪繳獲良馬三十多萬匹、牛羊四百多萬頭，北魏國力更加富強，周圍各部族聞風臣服。

同一時期，在前燕亡國後歸降苻堅的慕容垂也趁亂光復燕國，自立爲帝，史稱後燕。慕容垂立國後，第一要務就是統一慕容部，西燕首當其衝。西燕國主慕容永被困長安，一面向東晉求援，一面向當時尙屬後燕附庸的北魏求助。拓跋珪知曉脣亡齒寒的道理，短暫猶豫後即派兵救援，軍隊還在路上，西燕已經滅亡。此前，拓跋珪爲表示臣服慕容垂，曾派弟弟拓跋觚向後燕進貢，卻被扣爲人質以勒索代地良馬。拓

⊙北魏金奔馬

跋珪毫不妥協，兩國從此結仇。

魏國弱小，拓跋珪不敢正面攻燕，便不時派兵擾其邊境，慕容垂不堪其擾，西元三九五年，派遣八萬精兵大舉伐魏。終於要面對慕容垂，這位連曾經輔佐苻堅一統北方的蓋世英才王猛都頗爲忌憚的梟雄時，英武若拓跋珪者也覺膽寒。當得知燕軍統帥是太子慕容寶時，不禁精神一振，用心籌劃。起初魏軍佯敗示弱，西渡黃河千餘里，誘使燕軍驕狂輕進。拓跋珪派人截獲燕國使者，使之散布「慕容垂已死、諸子爭位」的謠言，趙王慕容麟的手下慕容嵩認定老皇帝已死，企圖殺了慕容寶，改奉慕容麟爲帝，事敗被殺。但慕容寶、慕容麟兩兄弟自此貌合神離、相互猜疑。慕容寶歸心迫切，連夜燒船回師。當時天氣雖寒但黃河尙未結冰，而魏軍船隊已在先前的戰鬥中遭摧毀。慕容寶認定魏軍無法渡河追擊，就未考慮斷後問題。孰料寒流忽至，有如神助，一夜間黃河千里冰封。拓跋珪親率輕騎、涉冰過河，追襲燕軍。

燕軍邊走邊搶、行軍遲緩，在一個叫參合陂的地方臨水駐紮，晝夜兼程的魏軍已先趕到

這裡設伏。燕軍一覺醒來，忽見魏軍嚴陣以待，頓時亂作一團。拓跋珪縱兵衝殺，燕兵赴水淹死及自相踐踏而死者多達萬餘人。拚命過河的又被對岸北魏伏兵截擊，慘遭屠殺。太子慕容寶、趙王慕容麟棄眾逃脫，近五萬燕軍群龍無首，紛紛投降，拓跋珪將其全部活埋，其殘忍程度令人髮指。

慕容垂驚聞噩耗，整軍備戰。旋以古稀高齡、帝皇之尊，親率奇兵，祕密伐魏，出其不意，首戰告捷。北魏震驚，拓跋珪企圖遷都避難。幸好天不亡魏，燕軍兵過參合陂，祭奠被活埋的同胞，縱聲大哭，聲震山谷。老英雄慕容垂悲從中來，不可斷絕，舊疾復發，死於軍中，部眾扶靈而退。懾於慕容垂的威名，北魏君臣竟無人敢起追擊之念。

但至此，魏王拓跋珪再無對手，遂於西元三九六年改元稱帝，建都平城（今山西大同市），是為北魏道武帝。之後他親率四十萬大軍伐燕，絡繹兩千餘里，鼓行而進，民屋皆震。草包皇帝慕容寶一路敗將下來，惶惶如喪家之犬，於西元三九八年被舅父蘭汗誘殺於龍城。後燕遂分裂為遼東的北燕和山東的南燕兩小國，鮮卑慕容氏至此一蹶不振。其後數年中，北魏四處興兵，征伐不已，大河以北諸州郡全為魏所有，終成北方強國。

魏道武帝有戰必勝，在政治、軍事、經濟上採取了一系列積極措施。在軍事上，利用頒賜群臣各有差的辦法，使上下積極參加，鮮少發生叛逃事件。在政治上，大量任用漢族士人；他留心納賢，士大夫凡來軍門求見，不論老少，一概引入談話，盡量錄用，並尊孔讀經，大興太學。在經濟上，提倡農業，改變鮮卑部落原有的生產結構，使鮮卑社會發展演化。可以說，道武帝是一位有力推動鮮卑社會進步的人物。他滅後燕，建立強大魏國，為結束北魏長期混亂、統一北方作了準備。

拓跋珪晚年因服食一種名為「寒石散」的丹藥中毒，精神分裂，喜怒無常、殘暴嗜殺，最後被逆子拓跋紹所弒，時年三十九歲。拓跋紹自幼即殘暴無賴、不得人心；最後群臣將之擒殺，擁戴素有賢名的拓跋嗣為帝，是為明元帝。拓跋嗣在位十五年，其軍事才能平庸，既不及乃父道武帝拓跋珪，亦遜色其子太武帝拓跋燾，加上生不逢時，遭遇南朝傑出的軍事天才劉裕，難有作為。然其在位期間，內修德政，外抗強敵，堪稱守成之君。

統一北方

明元帝拓跋嗣亦嗜好「寒石散」，三十二歲就病死了。太子拓跋燾繼位，是為太武帝。

早在北魏立國前，古東胡苗裔柔然即迅速壯大，逐漸形成了一個東起外興安嶺、西至阿爾泰山、北括貝加爾湖、南連朔漠的游牧強國，在相當長的時期內，一直是北魏北方最主要的威脅。柔然趁喪伐魏，攻陷了北魏舊都盛樂。年方十四歲的拓跋燾聞訊大怒，親率輕騎疾馳三天兩夜，直抵雲中（今內蒙錫林格爾）；後遭遇柔然騎兵，被重重包圍，但拓跋燾神色夷然，指揮若定。魏軍將士見主帥少年英雄，士氣高昂，大敗柔然。次年，拓跋燾又親自率軍，分五路征伐柔然，越大漠擊其腹地，柔然國主紇升蓋落荒而逃，很長一段時間不敢興兵南下。鮮卑族到魏太武帝時期，武力達到最高峰，統一了黃河流域。魏太武帝如魏道武帝一樣，是魏國傑出的皇帝。

此前，東晉權臣劉裕在相繼鎮壓了南方邪教和另一權臣桓玄的叛亂後，開始大舉北伐。他先後滅南燕，平西蜀，破後秦，大抵收復了黃河流域，建下蓋世功勳。可歎英雄遲暮，自知時日無多，不及鞏固疆土，便匆忙趕回建康篡位，只留下幾個幼子鎮守名都重鎮，不久便在北方各國的反擊中得而復失，為他人作嫁。赫連勃勃趁機奪占關中，建立夏國。

赫連勃勃是當初為道武帝拓跋珪所滅的劉衛辰唯一漏網的兒子，本姓劉，改姓赫連，意為家族顯赫與天相連，又因《史記‧匈奴列傳》所載匈奴乃夏王朝之苗裔，故國號大夏。其視人命如草芥，攻破長安後殺人如麻，積數萬人頭為一景觀，號為「骷髏臺」。他命工匠蒸土築統萬城，城牆完工一段，就以鐵錐試驗，紮進一寸，立殺築牆匠人，把屍體築進牆內再換一批工匠來築，終於築起一座堅固無比的統萬城。名為「統萬」，意思是統一天下萬城。其南門號稱「朝宋門」，意為使宋國來朝；東門號稱「招魏門」，意為招降魏國；西門號稱「服涼門」，意為征服西涼；北門號稱「平朔門」，意為掃平朔北。因此，赫連勃勃以兇殘暴虐、猖狂自大而名著於史。赫連勃勃死後不久，拓跋燾率兵征夏，攻進統萬城，看著窮極文采、雕梁畫棟的壯麗樓臺，撫摸著堅硬如鐵、可磨刀斧的統萬城牆，不禁嘆道：「彈丸小國，勞民傷財到這種地步，怎麼能不亡國呢！」

滅夏後，拓跋燾多次北伐，大破柔然，修築長城三千餘里，設置軍事重鎮六座，大致消除了北方邊患，始向割據遼東的北燕發起進攻。

北燕最初為後燕殘餘勢力所建，如今政權幾經輾轉，落入漢人馮跋之手。馮跋在位二十二年，是十六國中少見的仁德君主，他輕徭薄賦，崇尚儒學，勸民農桑，息兵止武，使北燕

境內百姓享受到少有的亂世粗安。馮跋有個弟弟叫馮素弗，一九六五年考古發掘從他的墓中出土了一副馬鐙，說明東晉十六國時期已開始使用馬鐙，這在軍事史上不亞於坦克的發明，具有里程碑的意義。它標示著騎兵開始成為獨立的、決定戰爭勝負關鍵的作戰力量，同時也揭示了此時期游牧民族迅速崛起於草原卻相繼隕落於中原的奧祕。馮跋死後，他的另一個弟弟馮弘自立為天王，廢殺太子馮翼，並把大哥馮跋其餘的兒子一百多人全部殺死，搞得眾叛親離，連其長子馮崇在內的幾個兒子都看不過去，奔亡北魏去了。

太武帝拓跋燾自然不會錯過良機，不斷發兵蠶食鯨吞。馮弘先向南方的劉宋請降，奈何遠水不解近渴，於是在徵得附庸國高麗國王的允許後，舉國遷徙，北燕滅亡。宗主國投靠附庸國也算奇事一樁，但馮弘逃至高麗後，仍然一副高麗太上皇的派頭，最後被憤恨不平的高麗王滅族。在馮弘奔亡北魏的兒子中有個叫馮朗

的，他的女兒就是日後北魏王朝大名鼎鼎的文明馮太后。

至此，北方只剩下北涼這最後一個割據勢力。北涼是十六國中轄區最小的一個，建國者沮渠蒙遜是匈奴別種，本是後涼國主呂光手下大將，於西元四〇一年自立為王，史稱北涼。西元四二〇年，窮兵黷武的北涼國主沮渠蒙遜攻入酒泉，滅掉西涼，西域諸小國向其稱臣納貢，著實風光了一陣子。但後兵敗於柔然，歸附北魏。太武帝拓跋燾待他不薄，仍封為涼王。沮渠蒙遜病死後，其子沮渠牧犍襲位，同時向南朝宋國和北朝魏國遣使報喪，兩國俱冊封他為「河西王」。拓跋燾為籠絡北涼，把妹妹武威公主嫁與沮渠牧犍。牧犍髮妻李氏不滿，私下派人往武威公主食物中投毒，拓跋燾得知後忙派御用「傳車」載御醫疾馳而至，才撿回妹子一條命，但已造成殘疾。他大怒之下，命沮渠牧犍交出李氏，牧犍捨不得美貌的李氏，藏嬌於酒泉。

拓跋燾遂起伐涼之意，但大臣們多認為北涼「土地鹵薄，略無水草」，攻之甚遠，占之無益。司徒崔浩卻力排眾議，援引《漢書‧地理志》論證涼州實乃水草豐茂、牲畜繁多的富饒之地。否則沮渠氏何以建國？拓跋燾深覺有理，遂決意征伐。西元四三九年，他親率大軍兵分兩路伐涼。

窮途末路下，沮渠牧犍開城出降，北涼遂亡。至此，北方紛亂多時的十六國時代宣告終結，北魏一統北中國，與劉宋政權隔江對峙，歷史躍進了南北朝時期。

崔浩事件

滅北涼後，拓跋燾親見北涼府庫珍寶無數、士民殷富，對崔浩的非凡識見更是信服。崔浩歷仕北魏道武、明元、太武三帝，多次在關鍵時刻出謀劃策，無論是在平定北方諸國還是對南朝作戰中，其謀略都對北魏軍隊的勝利有決定性的作用。

崔浩出身北朝第一望族清河崔氏，長相如美貌婦人，文韜武略，常以張良自比，官至司徒，位列三公。拓跋燾對其言聽計從。崔浩篤信道教，勸說太武帝滅佛。佛教自東漢傳入中原，至北魏廣為傳播，上至太子，下至百姓，信徒無數。佛教僧侶無限量的增加，兵役徭役人口日益流失，對北魏的皇權統治構成威脅。拓跋燾曾親見寺僧藏匿武器、淫亂婦女，於是下了「滅佛詔」，焚經毀像，殺戮僧侶。雖矯枉過正，多為後世所非，但這場滅佛舉動在短時間內，確實對鞏固北魏皇權、阻止讖緯邪說的傳播產生重要作用。太武帝拓跋燾因此名列滅佛帝王「三武一宗」[※1]的首位。崔浩此舉，也得罪了大批信奉佛教的鮮卑貴族。

最終為崔浩惹下殺身滅族慘禍的，是《國記》事件。崔浩負責主編北魏國史《國記》，其直書鮮卑源起，「備而不典」，對北魏皇族的老祖先多有不敬，又涉及北魏王朝許多同族殺戮、荒暴淫亂的史實。加之崔浩名士文人、輕狂喜功，銘刻《國記》於石碑之上，豎立道旁供人瀏覽，希望能流傳千古。鮮卑貴族，以及嫉恨崔浩的大臣，紛紛上疏告發崔浩藉修國史「暴揚國惡」。晚年的拓跋燾酗酒成性、喜怒無常，幾乎喪心病狂；盛怒之下，他不僅盡誅崔浩全族，又族誅與崔浩有姻親關係的范陽盧氏、河東柳氏及太原郭氏等北方望族。臨刑之前，崔浩囚於木籠內，數十兵士在臺上嗷嗷大叫著向他頭上小解，如此功臣，如此汙辱，為幾千年文士功臣所未有之慘遇。

崔浩事件是北魏王朝前期最慘重的政治事件，崔浩問題也最能反映北魏王朝前期漢化與反漢化兩種勢力的鬥爭情形。因此後世史家，無不對崔浩事件倍加關注。後世論崔浩之死，或從民族方面提出華夷之爭，或從宗教方面提出佛道之爭，均失之表面。從個人處世態度方面來看，崔浩因長期受寵於北魏皇室而得意忘形，四處樹敵、屢觸禁忌，雖自比張良，卻乏

⊙ 北魏名臣崔浩，字伯淵，武城（今山東武城）人。他出身於清河崔氏，為人多智善謀，歷仕北魏道武、明元、太武帝三朝，對促進北魏統一北方貢獻良多。

其「明哲保身」、「功成身退」的道家式遠見。

　　其深層原因應在於崔浩「齊整人倫，分明姓族」的世族門閥政治理想與鮮卑統治階層利益的衝突。對鮮卑貴族而言，崔浩所理想的出身與才能相結合，而出身又以家族的學術地位為標準的高官與儒學相關聯的貴族政治若建立，則標誌著鮮卑統治階層建立於血統基礎上的貴族政治理想的破滅。淺層次表現為漢化與反漢化的衝突；深層次則是貴族將為漢化新貴族所替代的矛盾。正是這種潛意識裡的恐懼使鮮卑貴族極力拒絕漢化，藉崔浩主編《國記》「備而不典」之過，將北方門第最高的清河崔氏與范陽盧氏大抵殺絕。而對「備而不典」的看重與指責，恰恰說明鮮卑貴族已沾染了漢人世族的思維習慣和認知方式，不自覺地走上漢化之路。到了孝文帝遷都洛陽，全面推行漢化改革時，已無任何阻力能左右改革洪流滾滾前進的方向了。

孝文改革

　　太武帝拓跋燾晚年受太監宗愛所惑，處死了太子拓拔晃的親信道盛等人，太子憂懼而死。事後宗愛恐事洩，又先下手為強，一根繩索勒死了威名烜赫的一代雄主拓跋燾，然後擁立與自己關係親近的太武帝第五子拓跋余為帝，掌控了大權。拓跋余試圖奪回權力，卻被宗愛重施故技勒死。不久東窗事發，大臣們處死宗愛，迎立故太子拓拔晃的嫡子拓拔濬為帝，是為文成帝。文成帝立馮氏為后，即北燕末帝馮弘的孫女、未來的文明馮太后；又立年僅三歲的拓拔弘為太子，根據魏國「子貴母死」的祖制賜死了太子生母。文成帝二十六歲駕崩，來不及有什麼作為。太子拓拔弘繼位，是為獻文帝，尊馮后為太后。車騎大將軍乙渾趁亂矯詔殺害多位重臣，自封丞相，位居諸王之上，事無大小、專權獨斷。值此主少國疑、奸臣擅權之際，馮太后顯示出過人的機智與膽識，經過短期虛與委蛇後，趁機除去乙渾，臨朝聽政。

　　獻文帝皇子拓跋宏出生，馮太后還政，使獻文帝得以自行決斷朝事。但隨著獻文帝執政能力日益增強，這對名義上的母子之間的關係卻每況愈下，獻文帝對馮太后私生活的干預，激起了馮太后的殺心。西元四七六年，馮太后鴆殺了這位年輕有為的皇帝。年僅十二歲的太子拓跋宏即位，他就是未來北魏王朝的一代英明君主孝文帝。馮太后以太皇太后身分重新主持國政，事無大小，均由她來決斷。馮太后英明果斷，立決萬機。天性孝謹的孝文帝事無巨細都一一稟明馮太后。馮太后還親作《勸戒歌》三

百多篇，又作《皇誥》十八篇，用來教育孝文帝如何修養德操，做一位好皇帝。她還尊崇儒學，在長安爲孔子立文宣王廟。平常生活儉樸，不喜奢華。馮太后對孫子孝文帝的刻意栽培，成就了孝文帝日後的千秋盛名。馮太后死時，孝文帝五天五夜漿水不入，哀痛至極，上祖母尊號爲「文明太皇太后」，史稱文明馮太后。

孝文帝自西元四九○年親政後，銳意革新，清除積弊。他規定了官員的俸祿，嚴厲懲辦貪官汙吏；實行「均田制」，把荒地分配給農民，成年男子每人四十畝，婦女每人二十畝，讓他們種植穀物，另外還分給桑地。農民必須向官府交租、服役，死後除桑田外，都要歸還官府。這樣一來，開墾的田地多了，農民的生產和生活穩定了，北魏政權的收入也增加了。

在儒家教育薰陶中成長的孝文帝認爲，要鞏固北魏王朝的統治，定要汲取中原的先進文化，改革落後習俗。他想用同化的方法，保持拓跋氏的統治地位。爲此，他決心把國都從平城（今山西大同）遷到中原的政治文化中心洛陽。爲了減少大臣們對遷都主張的反對，他採取了迂迴策略，不提遷都的主張，宣稱要大舉攻伐南朝。但鮮卑人自西元四五○年大戰[2]後，害怕和南朝作戰，南朝成爲唯一的敵國。以任城王拓跋澄爲首的文武百官紛表反對，朝會不歡而散。退朝後，魏孝文帝召拓跋澄到宮中談知心話，拓跋澄被提醒，改爲全力擁護，贊成遷都大計。

西元四九三年，魏孝文帝出動騎兵三十多萬南下，從平城出發，行至洛陽。正值秋雨連綿，足足下了一個多月，道路泥濘不堪，將士叫苦不迭。但孝文帝仍舊騎馬上路，作勢繼續進軍。隨軍大臣們實在受不了了，苦苦勸駕。孝文帝順勢正色道：「我們興師動眾，若半途而廢，必遺笑後世。如果不願南征，就乾脆把國都遷到這裡。諸位認爲如何？」大家聽了面面相覷。孝文帝說：「不能再猶豫不決了。同意遷都的往左邊站，同意繼續南征的往右邊站。」文武官員雖也多不贊成遷都，但兩權相害取其輕，只好表示擁護遷都了。遷都洛陽後，孝文帝進一步策劃改革風俗習慣，宣布了幾條法令：改說漢語，改穿漢服，鼓勵鮮卑人跟漢人世族通婚，改用漢姓。北魏皇室本姓拓跋，從那時起改姓爲元。孝文帝更名元宏。同時進行全國世族門第的評定，官職按門第的高下來分配，低級地方官從低級世族中選取，讓這些世族也

有希望。

透過這場大刀闊斧的改革，不僅使北魏政治、經濟得到了迅速發展，挽救了統治危機，也進一步促進了民族融合，消除了中原地區的民族界限，把鮮卑游牧民族的蓬勃生機與尚武精神注入漢文明之中。煌煌盛唐的橫空出世實肇基於斯。以此論之，北魏孝文帝既是民族大融合這一歷史趨勢的產物，又是反過來推動和加速了民族大融合的歷史角色。而一手栽培出孝文帝這位明君的文明馮太后也堪稱一代女中豪傑，對北魏王朝實際起了承先啓後、繼往開來的關鍵作用。

六鎮兵變

北魏孝文帝遷都洛陽以後，曾兩次攻打南齊，無功而還，不久病死。其子宣武帝元恪繼位，在位十七年，三十三歲病死。傳位孝明帝，因年紀太小，由他母親胡太后臨朝。歷史本身即富有戲劇性，北魏歷來有「子貴母死」的祖制，唯獨胡太后是個例外，而北魏歷代君主的擔憂偏偏就在她的身上成為令人扼腕的事實。

北魏中後期的統治者均篤信佛教，先後動用大量人力物力，開鑿石窟，建造佛像。在建都洛陽之前，花了三十多年時間，在雲岡（在今山西大同）開鑿大批石窟，有大小佛像十萬尊以上。從宣武帝到胡太后，又在洛陽伊闕的龍門山開鑿石窟，建造佛龕；前前後後開鑿了二十四年，徵用了八十多萬人工。這些石窟和佛像現在看來雖然是國寶和文化財富，但當時卻是人民的夢魘。

至胡太后更是奢侈無度，耗費巨資造起一座氣勢宏偉的永寧寺。寺裡供奉的佛像有用黃金雕塑的，也有用白玉雕塑的，高的一座有一丈八尺。寺旁又建造了一座九十丈高的九層寶塔。每到夜深人靜的時候，風吹動塔上的銅鈴，發出的聲音，十里外都聽得到。寺裡有一千間僧房，都用珠玉錦繡來裝飾，叫人看了眼花撩亂。自佛教傳至中國，如此華麗的寺院絕無僅有。

由於北魏前期國力強盛，掠奪四方，又受孝文帝卓有成效的改革之惠，累積了不少財富。有一次，胡太后偶然看到庫房裡堆積如山的綾羅綢緞，就想出一個主意，命令貴族大臣都到庫房來，把綾羅賞賜給他們，但規定各人要憑自己的力氣，拿得動多少就賞賜多少。這批貴族大臣貪得無厭，都想多拿一些。可是，他們平時養尊處優，哪裡拿得動許多絹匹。尚書令李崇、章武王元融各背了一疊絹，累得汗流浹背，剛邁出沒兩步，就連人帶絹滾作一團。李崇傷了腰，元融扭了腿，躺在地上哼哼唧唧地叫疼。胡太后命人把他們身邊的絹匹全

奪了回來。兩位大臣偷雞不著蝕把米，一步一拐空手出了宮門，成為千秋笑柄。

上有胡太后帶頭，下面的貴族豪門便競相鬥富為樂。河間王元琛宴席上用的食器，有水晶杯、瑪瑙碗，每樣都精巧華麗得出奇。元琛還請大家參觀他堆滿金銀綢緞的倉庫。後來大家到他家的馬廄一看，發現連餵馬的食槽也是用銀子打的。他一面領著大家參觀，一面得意洋洋地對章武王元融說：「大家都誇晉朝的石崇富有。我不恨自己見不到石崇，只可惜他沒有見到我。」元融從元琛家裡回來，懊惱自己沒有元琛富有，氣得三天都沒有起床。北魏的皇室貴族這樣窮奢極侈，當然得向百姓窮凶極惡地搜刮。人民忍受不住，紛紛起來反抗。北魏王朝處於風雨飄搖之中。

但真正給予北魏王朝致命一擊的，則是北方「六鎮兵變」。先前為防柔然，太武帝拓拔燾在北方邊境設了六座軍鎮，後來陸續增加，但仍沿用六鎮之稱。西元五二三年，沃野鎮（今內蒙古五原北）的匈奴人破六韓拔陵首義起兵，其他各鎮兵士紛紛響應。

這次兵變通常被解釋為底層窮苦士兵的起義，其實是對六鎮軍士來源的誤解。須知北魏六鎮及禁軍的將卒「往往皆代北部落之苗裔，其初藉之

以橫行中國者」，是徵召於強宗子弟、高門良家，出身舊鮮卑貴族的職業化軍人。北魏以尚武之民族靠軍事起家，軍事貴族不僅享有各種特權，而且本身就是一種榮耀。但自孝文帝改革，尤其是遷都洛陽之後，「以夏變夷」，崇文抑武，使得原本同屬統治階層之人，留居平城的遷到洛陽，接受漢化，繼續顯貴；而留守邊鎮的，未實行漢化，地位已是大不如前。至孝明帝時更徹底喪失了貴族身分，不僅仕途無望，且淪為永遠遭人輕賤的下等府戶。此前，洛陽發生的一起羽林軍暴亂事件，即因對成為改革的犧牲品不滿而群體發難，實際已經是六鎮兵變的前奏。六鎮兵變從本質上來說其實是對北魏改革中，人為造成的社經地位大落差這一不公正現象進行的抗議和反擊，而非什麼受壓迫的底層士兵的起義，或是簡單的對漢化政策的反動。

面對愈演愈烈的兵變，北魏只好反過來勾結原先設立六鎮所要防禦的柔然人，共同鎮壓六鎮兵士的叛亂。破六韓拔陵戰死後，北魏把起義失敗的六鎮兵士二十多萬人押送到冀州、定州、瀛州等地安置。但在葛榮率領下，各路起義兵士復合一處，號稱百萬，聲勢更大，洛

⊙北魏重甲騎馬俑

陽爲之震動。這時候，被北魏政府安置在秀容（在今山西省）的殘餘羯族部落的酋長爾朱榮，帶領本族八千強悍騎兵，趁葛榮輕敵，設伏山谷，伺機突襲，葛榮兵敗被殺。

孝明帝因不滿胡太后大權獨攬，私下密詔爾朱榮進兵洛陽。爾朱榮大喜，立馬起兵。走在半路，聽聞孝明帝已經駕崩，實爲胡太后毒死。興頭正盛的爾朱榮聞訊怒不可遏，擁眾直奔京師。同時，擁立長樂王元子攸爲帝，是爲孝莊帝。爾朱榮大軍入京，先派軍士把胡太后及其所立的年僅三歲的小皇帝扔入黃河淹死；復請孝莊帝至河陰，欺騙百官說要祭天，誘引百官群集河邊。爾朱榮立馬橫刀，大聲叱責說：「天下喪亂，肅宗暴崩，都是你們不能輔弼造成。而且朝臣貪虐，個個該殺！」言畢，縱兵屠戮。死難朝臣人數達二千多人，不分忠奸，殺個精光，史稱「河陰之變」。

此後，爾朱榮即成爲風雨飄搖之中的北魏王朝的實際當權者。其後孝莊帝雖伺機刺殺了一代梟雄爾朱榮，但也於事無補，仍擺脫不了任人擺布的傀儡身分。最終，由六鎮兵變起家的高歡和宇文泰分別佔據關東與關中，各自擁立北魏皇族成員爲帝，史稱東魏、西魏。不久，二者後人分別上演了禪讓把戲，建國稱帝，史稱北齊、北周。至此，盛極一時的北魏王

朝煙消雲滅。

鮮卑拓拔部崛起於亂世之中，備歷艱辛、幾經浮沉，創建了在中國歷史上影響深遠的北魏王朝。馮太后與胡太后這兩位不平凡的女子分別對北魏王朝的興衰產生了巨大的影響，前者勵精圖治，匯聚當世英才，並隻手栽培出一代英主，承先啓後，將北魏王朝推上了強盛的巔峰；後者淫蕩自恣，佞佛建廟，內寵面首，外侈財物，取之盡錙銖，用之如泥沙，致使上恨下怨，民不聊生，盜賊蜂起，兵連禍接，一舉將北魏王朝由極盛推入衰落深淵。所謂成也太后，敗也太后。

而一代英主孝文帝，高瞻遠矚，順時變革，富國強兵，融合各族，使鮮卑成功融入中華民族之中，形亡而實存，避免了許多少數族群統治多數族群而國破族滅的下場。但改革中存在著嚴重的不公正，造成社會差距過大而引發了「六鎮兵變」。後來取代北魏王朝的北齊高氏、北周宇文氏均係六鎮軍人出身，藉兵變起家，其統治時期均有不同程度的逆向「胡化」改革，其實正是因孝文帝改革而成爲改革犧牲品的六鎮軍人「抗議」勝利的標誌，所謂興也改革、亡也改革。

註解
※1 指北魏太武帝、北周武帝、唐武宗及後周世宗的滅佛事件。
※2 西元四五〇年，北魏太武帝拓跋燾率六十萬大軍南下攻劉宋，最後不克而退。

⊙ 隋文帝採取了新的選官制度，即開科舉。科舉制度是中國古代設科考試用以選拔官吏的重
要制度，通稱科舉制。始創於隋，形成於唐，延續至清末，存在了一千三百多年。隋煬帝
時，設置明經、進士二科。學業優敏及明經科，文才秀美即進士科。

欲速不達：隋朝覆亡眞相

歷來治史者都把煬帝作為暴君的典型，而真實的
煬帝卻是一個頗有才華、極想有所作為的皇帝。
從當政之初，就一直做著大國之夢，並時刻在為
實現大國之夢而不懈努力，而他的失敗也恰恰在
於他是個脫離實際國情的理想主義者。為了實現
大國夢，他用盡民力，耗盡了文帝積累的巨量財
富。他的大國夢，毀掉了大隋的錦繡江山。

錦繡江山
在大國夢中崛起
夢醒之後
空中樓閣便化為烏有

————海默《夢迴古代‧隋朝》

隋朝（西元五八一至六一八年），中國歷史上重要而又短命的朝代。歷隋文帝楊堅、隋煬帝楊廣、隋恭帝楊侑三世，共三十八年。

隋朝的重要在於它結束了魏晉南北朝三百年的分裂割據局面，南北民眾獲得休息，社會呈現空前的繁榮，也為大唐帝國的輝煌盛世奠定了基礎。而隋朝又如此的短命，有人將隋與秦相比較，認為這兩個朝代有諸多相似之處。秦始皇創秦制，為漢以後各朝所沿襲；隋文帝創隋制，為唐以後各朝所遵循。秦、隋兩朝都留下開創性制度的歷史貢獻，是繼往開來又具有深刻教訓的朝代。

歷史真的存在週期律嗎？隋朝滅亡的真相到底如何？讓我們回到波瀾起伏的歷史長河中去尋找答案吧！

⊙ 隋文帝楊堅，隋朝開國皇帝，諡號文帝，廟號高祖，在位二十四年，後為次子楊廣所弒。

楊隋一統

隋朝建立於西元五八一年，建立者是北周外戚楊堅。楊堅的父親楊忠是西魏、北周時期的軍事將領，西魏的十二大將軍之一，曾被賜鮮卑姓普六茹氏，北周時官至柱國大將軍，封隨國公。楊忠死後，子楊堅襲爵。說楊堅是外戚，是因為楊堅的女兒嫁給了周宣帝宇文贇為皇后，周宣帝在位一年就傳位給太子宇文闡，即周靜帝。他自己稱天元皇帝，仍舊執掌朝政。楊堅就成了太上皇的岳父、皇帝的外公。西元五八〇年，天元皇帝駕崩，鄭譯、劉昉等大臣密謀，假傳遺詔命楊堅入朝，讓他掌握軍政大權。楊堅掌權後，革除周宣帝所行暴政，用法較為疏闊；又令漢人各復本姓，廢棄宇文泰所給鮮卑姓，這都是符合漢族士人願望的。他殘酷地打擊北周宗室，將北周皇室中能對自己構成威脅的人全部除掉。北周大臣尉遲迥、司馬消難、王謙等起兵叛亂，很快就被消滅。在當時，楊堅已是眾望所歸的人物，遂於北周大定元年（西元五八一年）二月稱帝，改國號為隋，即隋文帝。

隋朝建立之時，面臨的形勢是：北面的突厥頻頻南下，虎視眈眈；南方的陳朝偏安東南，負隅頑抗；東部舊齊勢力蠢蠢欲動，伺機反撲；東北的高句麗積極備戰，覬覦中土；西域之地政權眾多，各自為政。隋文帝面對如此嚴峻的形勢，一方面採取長孫晟「離強扶弱」的政策分化突厥各部，使各部之間頻起戰火；另一方面，則打擊以高保寧為代表的舊齊勢力，並使其在逃奔契丹的途中被部將所殺。解決了北方和東部的威脅之後，楊堅積極蓄積力量，準備消滅南方的陳朝。此時的陳政權正處於「亡國之君」後主陳叔寶的統治之下，玉樹後庭花*的曲聲籠罩著整個陳朝。

開皇八年（西元五八八年），隋文帝正式下詔伐陳。次年正月，隋軍渡長江，攻陷陳都建康（今南京），陳朝滅亡。而就在隋軍陳兵江邊之時，陳後主還對屬下講：「南京是王氣所在，北齊三次來犯、北周兩次南侵，沒有一次成功的，隋軍此來又能如何！」在隋軍渡江進逼南京城下之際，陳叔寶仍喝得酩酊大醉，醉後熟睡到天黑，絲毫沒有亡國的擔憂與恐懼。這樣的君主豈有不亡國的道理！

為鞏固統一，隋朝在文帝時期和煬帝前期進行了一系列的改革，創立了諸多意義深遠的制度。

首先，改革行政制度。在中央，開皇元年（西元五八一年），隋文帝下令廢除西魏、北周時期的「六官制」，實行以尚書、內史、門下三省為行政中樞的制度，內史省負責皇帝

詔敕的起草，門下省負責詔敕的審批，而尚書省是皇帝詔敕的執行機構，如此分工，使中央各部門的職能更明確健全，運轉更順暢。這一制度到唐代得到繼承和發展。地方上，改魏晉南北朝以來的州郡縣三級制爲二級制。隋朝初年，由於戰亂頻仍，人民流離失所，加之各政權地方機構的工作不力，導致地方機構設置混亂。當時的情況是，在不足百里的土地上幾個縣同時存在，人口不滿千戶的地方卻有兩個郡來分領。更可笑的是，有的郡、縣只有名稱，根本沒有轄地。然而，州郡縣所轄的土地和人口雖少，官員的數量卻很多。國家要給官員開俸祿，卻又拿不出錢，只好把這筆費用攤到老百姓頭上，造成民不聊生、怨聲載道。隋朝建立之初，便改州、郡、縣三級爲州、縣兩級（大業年間爲郡、縣兩級）。此舉大大加強了上傳下達的速度，提高了行政效率，減少了官員的數量，降低了百姓負擔，便利中央對地方的管理。

二是繼續推行均田制，減免賦役。均田制始於北魏，它是在國家掌握大量土地的前提下，將土地分給農民耕種，農民向國家交納賦稅的一種制度。由於戰亂，隋初有大量的土地無人耕種，隋朝遂推行均田制。根據均田令，百姓基本都能獲得一份土地。同時，在文帝和煬帝前期，還大力減免百姓所承擔的國家賦役。如，文帝開皇三年，將承擔賦役的年齡由十八歲提高到二十一歲；到煬帝大業前期，男子的成丁年齡又提高到二十二歲。而且，隋煬帝還經常實行臨時性的減免賦稅。隋前期推行的與民休息政策，大大提高了百姓的勞動積極性，同時也爲中央王朝帶來了巨大收益。至文帝末年，國家的糧食儲備相當充足，可以保證五、六十年的供應。

三是開科舉。魏晉南北朝的各個政權都以門第爲標準進行選官，只有高門大族才能任官，而且在選官時還要調查先輩有無任官的資歷。其結果是，一人爲官、世代爲官，不以人的才能，專以家世門第爲選官的依據。隨著時代的發展，世族門第觀念從體制到觀念等各方面，已不適於王朝統治的需要，因此，楊堅採取了新的選官措施——開科舉。透過考試來選拔官吏，任何人都可來參加科舉考試，而以考試成績作爲中央選官的依據。隋朝的科舉包括秀才、明經、進士等科，各科考試的內容不同，選拔官吏的類型也不同，提供了政府與考生選擇的機會，同時也避免了世族門第觀念選官爲王朝統治帶來的負面影響。

楊氏立國實屬不易，爲國祚長久做出了許多努力。每個王朝的帝王們無不希望能夠江山永固，特別是開國

君主，楊堅即是如此。隋文帝對大隋江山的經營可謂兢兢業業，事必躬親，和秦始皇的夢想一樣，楊堅想做楊氏帝國的始祖，他的楊氏基業能傳至萬代。而歷史是有其諷刺性的，隋朝僅僅三十八年就亡國了。一直以來，傳統觀點認為隋朝滅亡，隋煬帝要承擔全部責任，因為他荒淫無度、殘暴不仁，與桀紂相比，有過之而無不及。但從歷史典籍中，我們發現隋朝的短命與文帝也有密切關係，楊堅並不是一塊毫無瑕疵的碧玉，隋朝的滅亡從他執政時就有了徵兆。

文帝悲劇

隋文帝楊堅，西魏大統七年（西元五四一年）生於馮翊般若寺。據說他出生時，寺中一位尼姑說：「這孩子很有來歷，不能放在一般的房子裡。」並把楊堅放在一間密室中撫養，還說：「這孩子，有朝一日必得天下！」這則傳說當是史家的附會之語。但楊堅篤信佛教卻是事實，他生活節儉、勤於政務，可以認為與其受到的佛教教化有關。但楊堅作為皇帝信徒，他的修煉程度遠不及梁武帝蕭衍。因為文帝沒有完全被佛教教義感化，並在佛教允許的範圍內治國，這主要是由楊堅的性格決定的。特別是晚年的文帝，他性格中的弱點開始發揮作用，甚至到了誤國害民的地步，

也導致了自身悲劇的發生。

隋文帝在中國古代的帝王中，聲譽較佳，主要是由於他生活節儉、勤於政務、不沉湎於酒色。他勵精圖治，為大隋江山的鞏固付出了巨大的心血，也取得豐碩的成果。從輔政開始，隋文帝便提倡節儉生活，積久成為習慣，因而對民眾的剝削大為減輕。《隋書》說他：「躬節儉，平徭賦，倉廩實，法令行，君子咸樂其生，小人各安其業，強無凌弱，眾不暴寡，人物殷阜，朝野歡娛，二十年間天下無事，區宇之內晏如也。」史家之筆，難免有溢羨之處，但離事實也不會太遠。他編修大隋律，廢除前朝酷刑，民眾有冤屈，本縣官不受理，可以越級上告。他刪削刑條，務求簡要，為減少冤獄，他下詔：死罪要經過三次奏請才能行刑。隋文帝對官員往往小罪重罰，甚至在朝廷上杖殺官員，而對民眾犯罪，用心極是平恕。齊州有個小官王伽，送囚人李參等七十餘人去京城，行至滎陽，王伽對李參等人說，你們犯國法，受罪是該當的，你們看護送你們的民夫多麼辛苦，你們於心何安？李參等人謝罪。王伽遣散民夫，釋放李參等人，並與之約定，某日到京城報到。王伽說，至期不到，我只有代你們受死。結果無一人失約。隋文帝聽了很驚異，召見王伽，大為歡賞，又免李參

等人無罪。又下了一道詔書強調：只要官有愛民之心，民眾並非難教，要求官吏像王伽一樣，以至誠待民。史書又記載他非常關心民間疾苦，有一次關中饑荒，他見百姓食豆粉拌糠，流涕責備自己無德，從此不食酒肉；並親率饑民到洛陽就食，重罰驅趕民人的兵士。遇到扶老攜幼的人群，自己引馬避路；遇道路狹窄處，則親自扶助挑擔的人。他知道政權的基礎是民眾，因此首先必須取得民眾對自己的信任。

隋文帝屬行仁政，只是最高權力所有者維護統治的美好理想罷了，實行起來並非易事。官吏積習成弊，貪求多財，在他約束不到的地方，往往有不法之舉；因此，嚴刑峻法又是他經常使用的手段之一。隋文帝幼年時，相士趙昭曾祕密告訴他說，你將來該做皇帝，必須大誅殺，才得穩定。因而他實行寬嚴兩法，使官吏不敢過分作惡。他經常派人偵察京內外百官，發現罪狀便予以重罪。他甚至派人祕密送賄給官員，一受賄賂，立即處死。他的兒子秦王楊俊，因生活奢侈、多造宮室，他便勒令歸第；而太子楊勇，奢侈好色，便廢黜楊勇。

為了政權的長治久安，楊堅不斷地補增律令，甚至流於嚴酷。開皇十五年（西元五九五年），楊堅下詔規定：凡是偷盜邊糧一升以上者，處斬，家人沒入官府。之後，又命令凡盜一文錢以上者，斬首；四人共盜一桶、三人共偷一瓜，都要問斬。楊堅對苛律的執行也是不折不扣的。某日早朝，一名武官衣劍佩戴不夠整齊，而御史沒有及時彈劾糾正，文帝就將御史處死。一日，蕃客館的庭中有馬屎，還有幾名僕人在地毯上遊戲，文帝得知後，將主管官員和遊戲者全部處死。朝堂是君臣商議國家大事的場所，可楊堅把它也當成了刑場。文帝在朝堂上設置木杖，哪位大臣觸犯龍顏，即被處以杖刑，不少大臣被活活打死。若有大臣勸阻，也難逃殺身之禍。一天，文帝又於大殿殺人，兵部侍郎馮基進諫，亦被處死。隋文帝迷信嚴刑峻法，帶來的不會是百姓的信服與社會的穩定，反只會使百姓恐懼這個政權，厭惡這個朝廷，王朝的統治基礎隨之而漸生動搖。

身為最高統治者，能挑選到忠心耿耿而又有治國之才的大臣輔佐，對於政權的穩固是非常重要的。而隋文帝在識人、用人上，卻犯下了嚴重的錯誤。從兩個人身上，即可反映出楊堅的不識善惡與刻薄寡恩。此二人是：高熲與楊素。

高熲是隋朝的開國功臣，字昭玄，渤海蓨人。他自幼涉略文史，擅寫詩詞，有濟世報國之志。楊堅代周之前，高熲即入堅府理事，任相府司

錄，為楊堅代周出謀劃策，他曾對楊堅說：「願為丞相效勞，即使您代周自立的大事不成，我也絕無怨言！」可謂忠義之士！隋朝建立，高熲為尚書左僕射兼納言，權傾朝野，一人之下，萬人之上。而高熲未辜負隋文帝的器重，更沒有為自己謀什麼私利。他謀劃平陳之策，以晉王楊廣助手的身分，參與平陳戰役；他制訂新朝一系列制度，包括制刑律、定官制、頒田令、查戶口等。此外，高熲還向文帝推薦了許多文臣武將，如楊素、蘇威、韓擒虎、賀若弼等。高熲真可謂良相了。由於高熲的忠誠賢能，隋文帝、獨孤皇后也曾待他如親人一般。文帝講過：「我看待高熲比我親生的兒子還重要，即使有時見不到他，也好像常在我眼前似的。」

但古人云：伴君如伴虎，更何況高熲陪伴的是好猜忌的隋文帝。高熲失信於文帝，是在議太子廢立之時。

⊙ 隋代名將韓擒虎，原名豹，字子通，河南東垣（今河南新安縣人）。他以膽略雄威見稱。

隋文帝初立皇子勇為太子，但由於文帝忌太子權重，加上獨孤皇后從旁挑唆，導致廢立太子風波的出現。文帝向高熲徵求意見，高熲長跪不起，勸文帝說：「長幼有序，怎麼能夠隨便廢立？」文帝只好作罷。但後來文帝又問高熲削弱東宮宿衛一事，高熲仍然認為不可。這時，楊堅開始懷疑起高熲。因為高熲的兒子娶了太子的女兒，與太子成為親家。文帝認為高熲已依附太子，對自己不忠誠，漸對高熲心存芥蒂。

楊堅聽信讒言的弱點，也堅定了他對高熲的態度。何人進的讒言呢？當然是著名的獨孤皇后。獨孤皇后是西魏大將鮮卑大貴族獨孤信之後，與楊堅是結髮夫妻。楊堅要透過獨孤氏，收攬宇文氏以外的鮮卑貴族，因此畏懼獨孤氏，讓她參與政權，宮中稱為「二聖」。楊堅的五個兒子都是獨孤氏所生。獨孤皇后在世人眼中是個相夫教子的賢妻良母，默默支持丈夫的事業。但事實上，獨孤氏憑藉自己的身分地位，對楊堅的施政指手畫腳。尤其是到了晚年，獨孤后屢進讒言，廢立太子也與她的堅持有關係。而高熲結怨於獨孤后實出於一件小事。當初，文帝寵幸後宮妃嬪尉遲氏，獨孤后知曉後，趁早朝之際，將尉遲氏殺害。楊堅聞之，怒不可遏，但懼內的楊堅又不能將獨孤氏如何。

他獨自騎馬跑入禁苑之中，高熲等人在後面追趕，高熲大聲喊道：「陛下怎能以獨孤后一婦人而置天下於不顧呢？」文帝止步，認為言之有理，遂回宮，一切如故。高熲的一句話，使文帝平靜下來，卻使得獨孤后勃然大怒，遂與高熲結怨。之後，她利用文帝對高熲的懷疑，頻頻在文帝面前進讒言，說：「高熲在隨同漢王楊諒征討高句麗的時候，專橫跋扈，大權獨攬，根本不把統帥楊諒放在眼裡」，「高熲與太子關係親密，怕是不利於陛下，若想廢勇，應先除高熲」等。這些話，讓文帝對高熲更加失去了信任，遂藉故將高熲免官。後來，高熲的屬下檢舉高熲的兒子曾經對高熲說：「三國時期，司馬懿起初稱病不上朝，最後得天下。父親現在這樣的境遇，可能會有福氣降臨啊！」楊堅聞之，立刻將高熲囚禁，並對大臣說：「自比晉朝皇帝，他想幹什麼？」

於是將高熲貶為平民。高熲失信於皇室，最後被煬帝藉口誹謗朝政而殺害。高熲對楊氏一片忠誠，卻落得如此下場，可憐！可歎！隋文帝不識善惡，屠戮忠良，可悲！可恥！

在罷賢相高熲的同時，楊堅卻重用奸臣楊素。

楊素並非毫無才幹之徒，他同樣具有文韜武略。「才」與「德」在評價人的搭配上是這樣的：德才兼備、有德無才、有才無德、無才無德。前兩種人能夠得到社會認可，受人尊重，而後兩種人則是社會唾棄、詬罵的對象。楊素屬「有才無德」一類。讓我們來看看他的所作所為是如何討得文帝歡喜，而又是如何導致隋朝衰亡的？

楊素，字處道，弘農華陰人。楊素的祖輩都是西魏、北周顯貴。他本人也因平齊之功，被周武帝封為縣公。楊堅掌權後，楊素便投靠到他的

⊙隋朝五牙戰船復原圖

門下。隋朝建立後，楊素先後拜御史大夫、納言、內史令、尚書右僕射，被封為越國公，出任平陳主帥。隋煬帝大業年間，任尚書令，拜太子太師、司徒，改封楚國公。大業二年，病卒。從楊素的經歷來看，他乃出將入相之才，極有才幹。且楊素深諳為臣之道，在頗好猜忌的楊堅父子身邊，竟能得以善終，實屬不易，可謂「政壇不倒翁」。

楊素得以被文帝賞識，也是由於他的才能。楊素多次參加戰爭，屢任主帥，幾乎每戰必克。此外，楊素博覽群書，擅寫文章，為人聰明，善於察言觀色，辦事穩妥，使得文帝對他頗為滿意，言聽計從、深信不疑。但此人精於政治投機，不擇手段打擊異己勢力，瞞天過海，又是文帝不曾知曉的。文帝憑個人權術，用法嚴酷；朝中舊臣罪小罰重，多已殺盡，最後只剩下狡猾的楊素。文帝對他信任有加，此人恰是幫助楊廣弒君的奸臣。

楊素的政治投機有兩次：一是廢立太子，二是謀弒文帝。

當文帝與獨孤皇后起了廢立太子之念的時候，楊素已經察覺出來，並透過弟弟楊約與晉王廣祕密接觸，籌劃廢立之事。楊素借助與文帝頻繁接觸的機會，向文帝進讒言，誣告太子勇有自立之心，並力薦晉王廣仁孝節儉，頗類文帝，對於楊堅做出廢勇立

廣的決定，他起了推波助瀾的作用。楊素利用文帝的信任，進行政治投機，向新主子表忠心，完全出於自身日後的仕途考慮，毫無公心可言。

仁壽四年（西元六○四年）隋文帝的暴卒，亦與楊素有關。當時文帝病重臥床，住在仁壽宮。尚書左僕射楊素、兵部尚書柳述、黃門侍郎元巖等在身旁侍駕，太子楊廣也奉詔從長安趕來。楊廣估計文帝時間不多了，就與楊素商量文帝的後事，不巧的是，楊素給太子的回信被誤送到文帝手中，文帝大怒。這時文帝的寵妃陳夫人，哭著跑到文帝床前，說太子要非禮她。老皇帝聽到這裡，捶胸頓足，大罵道：「這個畜生，我怎麼能將江山交給他啊？都是獨孤害我呀！」並急忙對柳述、元巖說：「快喚我兒來！」二人以為是叫楊廣，文帝喊道：「是楊勇！」柳述和元巖就急忙出去擬詔。等在門外的楊素，透過柳述、元巖二人得知，情況緊急，楊廣很有可能被廢掉，那麼自己又將會有什麼樣的下場呢？想到這，楊素心中頓生邪念，他認為唯有將文帝除掉，讓楊廣立刻即位，才能保全自己的性命與地位。楊素馬上假傳聖旨，將知內情的柳述、元巖逮捕入獄，將皇宮宿衛全部換為楊廣的親信，宮門也由楊廣的心腹把守，將照顧文帝的宮女們趕到別處。這時，楊素派自己

的人進去探望文帝，不久文帝駕崩。對於文帝是被毒死，還是被扯拉致死，尚不得而知。但清楚的是，楊素直接指揮了這場弒殺文帝的宮廷政變，他用這種慘無人道的手段，將信任自己的隋文帝楊堅送上了黃泉路，又迫不及待的跪在新主子楊廣面前三呼萬歲。隋文帝始終信任楊素，臨死都不知道就是這位忠臣將他置於死地的，這難道不是楊堅的悲劇嗎？

⊙ 隋煬帝楊廣是隋朝的第二個皇帝，楊堅的次子，是個富有才華、頭腦精明的人，卻以殘暴著稱於世。

行廢立，毀家國。隋文帝一生最大的錯誤，莫過於廢立太子一事。楊堅行廢立的動機是好的，是想把江山傳給有治國之才的君主。事實卻恰恰相反，繼承者隋煬帝楊廣成了後世帝王引以為戒的負面教材，百姓心目中十足的昏君形象。這是楊堅始料未及，但卻是他一手造成的。

隋朝建立，楊堅即下詔立皇子楊勇為太子。在相當長的時間裡，父子相處融洽，文帝將許多朝政委予太子處置。但隨著楊堅執政日久，太子也不斷成熟，父子之間的關係便出現了微妙的變化，這種變化被別人發現並利用，導致了隋文帝廢立太子事件的發生。開皇六年，有人上書要求楊堅傳位太子。後來某年冬至，百官向太子朝賀，太子也舉行氣勢宏大的儀式受賀，遭到了文帝的譴責，並勒令停止此類活動。之後，文帝對太子的恩寵便大不如前了。太子楊勇生性率直，不擅掩飾，依舊按部就班，做自己喜歡之事。這更加引起文帝和獨孤皇后的不滿。而當時的晉王楊廣，可是極盡表演的天賦。文帝尚節儉，楊廣就將琴弦弄斷，布滿灰塵，顯示其不喜聲色。獨孤后不喜歡男子納妾，楊廣就只與妻子蕭妃同處，以展示其高尚品格。這樣，楊廣漸漸討得文帝與獨孤后的歡心，而楊勇的表現益發使他的父母不滿意。廢立太子的聲音，開始傳入文帝的耳中，最終化為了現實。

隋文帝一直認為自己的決定是正確的，直到臨死時他才揭開這個新太子的真面目，但為時已晚，他只能含恨撒手西去。楊堅一死，楊廣就假傳遺詔，令廢太子楊勇自盡，並誅殺楊勇諸子及楊勇親信的大臣，又令漢王楊諒入朝。楊諒識破了楊廣的騙局，舉兵反叛，楊廣遂發兵數十萬鎮壓楊諒，諒兵敗，被幽禁而死。蜀王楊秀亦被楊廣囚禁，最後在江都被宇文化

154

及殺害。楊廣兄弟五人，僅有秦王楊俊因早死，而未受到楊廣的殘害。楊廣爲了權力，毀了自己的家族，骨肉相殘，多麼慘烈的人間悲劇啊！而更爲慘烈的人間悲劇，在楊廣執政的十四年裡，還在不斷上演。

大國之夢

隋煬帝楊廣，是隋朝的第二位皇帝，隋文帝的次子。他透過各種手段博得文帝信任，被立爲太子。仁壽四年，文帝駕崩，楊廣即位。他憑藉文帝積累的豐厚民力和財富，得以無休止地施行暴政。他是歷史上著名的浪子，也是標準的暴君。歷來都把楊廣當政的十四年視爲黑暗年代，濫用民力、大興土木、勞民傷財、揮霍無度，是對他施政的概括。但他又曾爲隋朝的建立出生入死，爲抵禦突厥而揮師北上，爲便利交通修築大運河，爲國家安定巡視邊疆。楊廣——一個一直在做大國夢的皇帝！從當政的十幾年裡，他時時刻刻都在爲實現大國夢不懈努力，而他的失敗，就在於他是個脫離實際國情的理想主義者。他缺乏了做晉王和當太子時的謀劃，他雖是個強勢皇帝，但他不擇手段的惡毒與不計代價的好大喜功，讓他在歷史舞臺上早早的謝幕。

隋煬帝的大國夢包括四個組成部分：大外交、大工程、大排場和大戰爭。讓我們分別來看這四個部分——

大外交

中國古代社會的外交形式，主要是中央政權對周邊民族及其政權進行冊封、賞賜，前者是後者的宗主國，後者要承認歸附前者，並承擔納貢、出兵幫助宗主國平叛等義務。而當時交通不便，又處於民族的整合時期，所以周邊民族及其政權叛附不定，令中央王朝非常頭疼。隋煬帝的大外交戰略，主要是透過他巡視邊疆，向各個周邊民族政權表明中原王朝對他們的關心，使得這些政權不反叛，實現安定邊疆的目的。隋煬帝進行過三次北巡和一次西巡，巡視的重點分別是突厥地區與西域地區。除煬帝末期大業十一年（西元六一五年）的第三次北巡，由於突厥的叛亂沒有成功外，其餘的巡視均達到了預期的效果：北部突厥未南下犯邊，而西域諸國紛紛歸附隋朝。

但在外交活動中，隋煬帝不切實際地向外邦炫耀財富，造成了國力的大量損耗。大業六年（西元六一○年）正月十五，隋煬帝在東都舉行了盛大的慶典，向隨他西巡入京的諸國使節、商人，展示大隋帝國的強盛與富足。他將東都皇城外的定鼎門大街闢成戲場，五萬名樂工在這裡通宵達旦地表演各種節目，持續了半個月。

煬帝又將東都的市場整飭一新，供各國商人參觀。各間店鋪都重新裝潢，連賣菜的小商販都要在店鋪裡鋪上地毯。各國客商路過酒店，都會被邀請進去喝幾杯，分文不收，還騙他們說：「我中原富足，老百姓到酒店吃飯都是不要錢的。」煬帝還命令用絲綢將路旁的樹木纏起來，而胡商的反應卻非常有諷刺意味，他們說：「你們這裡有人連衣服都穿不起，還不如把這些裹在樹上的絲綢拿去給他們做衣服呢？」真是弄巧成拙啊！隋煬帝要是能為老百姓考慮一些，何至於成為亡國之君呢？

大工程

隋煬帝時期興建大工程的舉措主要有：建東都、修運河和築長城。楊廣初即位，就立刻下令擴建東都洛陽。因為長安的交通不夠便利，且農業規模也遠不及中原地區。擴建後的洛陽城氣勢恢宏、道路寬敞，極具大國的氣派。修建運河，也是煬帝即位之初便提出的，可見煬帝對這些大工程早有打算。運河的修築分為幾個階段：大業元年（西元六〇五年）下詔開鑿通濟渠、邗溝；大業四年修永濟渠；大業六年開江南河。這樣，南北貫通的大運河修築完成了。修築長城共兩次，一次在大業三年，另一次在大業四年。

大工程都如期完成了，楊廣對於這些作品非常滿意，但他絲毫未顧及到修築這些工程所耗費的人力及代價。營建東都共耗時十個月，每月役使男丁二百萬；開通濟渠徵男丁百萬，鑿永濟渠共徵發河北地區男女百餘萬人，連婦女也被徵調開渠，可見勞役的繁重；兩次修長城，也耗民力達百萬以上。

在以農為本的社會，短短的十幾年裡，國家徵發如此龐巨的人力修築公共工程，對國家的生產造成了重大損失，老百姓在繁重的勞役下，衣不遮體、食不果腹，妻離子散、家破人亡，百姓心中的怒火已點燃了隋朝這座將傾的大廈，隋煬帝還沉浸在他的大國迷夢中，根本沒有感受到這股熊熊烈火已向自己迎面燒來。

大排場

隋煬帝認為，作為大國的君主，凡事都要有大國的氣派。他三遊江都正是基於這種想法。楊廣在做晉王之時，就以揚州總管的身分在江都生活了十年，對江都頗有感情。即位後，他分別於大業元年、大業六年、大業十年三遊江都，第三次之後，就常住江都，並死在那裡。隋煬帝三遊江都，每一次都是擺足了帝王的氣勢與排場。

大業元年（西元六〇五年）八

⊙《康熙南巡圖》中發達的大運河漕運。大運河乃隋煬帝時開掘，對促進南北經濟流通效益卓鉅。

月，煬帝展開了登基以來的首次南下江都。他所乘坐的船叫龍舟。龍舟分為四層，有六層樓高，上層有正殿、內殿、東西朝堂，可舉行朝會；中間兩層有百餘間房子，供煬帝休息、娛樂之用；下層是宦官、宮女等近侍的住處。船上雕梁畫棟、金碧輝煌，與宮殿沒有兩樣。皇后、後宮、王侯、大臣、僧尼、道士等等，分乘不同船隻，還有其他不同用途的大小船隻數

千艘隨行，最後還有兵船數千艘護駕。陸地上，幾萬名縴夫、騎兵一路相隨。船隊前後綿延二百餘里，水陸共有二十幾萬人同行。所過州縣都要為船隊獻食。這樣的排場，一去一回，往返三次，煬帝可謂風光無限，掙足了面子。可他只知興奮、滿足，忘記了樂極生悲的典故。如此的驕奢淫逸、揮霍無度，最終斷送了國家的前程和自己的性命。

大戰爭

戰爭可以顯示一個國家的實力與尊嚴，尤其在冷兵器時代。隋煬帝認為，大隋王朝國力空前，其他國家只能對隋朝馬首是瞻、唯命是從，絕對不允許有任何形式的挑釁與背叛。隋煬帝三征高句麗，就是出於維護大國威儀的目的。

高句麗是當時朝鮮半島北部的國家，趁北朝末年、隋朝初年中原戰亂不斷，北方突厥頻頻入塞侵擾的形勢，多次派兵侵入遼東地區。隋文帝曾因此欲發兵討伐，後高句麗上表謝罪，文帝方才罷休。

充滿大國情結的煬帝絕不能坐視高句麗再囂張下去，決定御駕親征，讓高句麗王跪在自己的腳下謝罪稱臣。為了討伐高句麗，煬帝做了精心部署。大業四年，開通永濟渠便利運輸；大業六年，又下令全國為出征備

好戰馬、武器；大業七年，命令幽州總管造海船三百艘；之後，調動江淮、河南、河北等地的民夫運送糧草到遼西，最後是徵調全國的軍隊，一切準備就緒。隋煬帝遂於大業八年、九年、十年三次出兵討伐高句麗。之所以有三次征討，是因為第一次隋軍經驗不足、指揮不利，導致兵敗；第二次因為楊玄感叛亂而中途終止；第三次討伐，由於高句麗國力耗盡，隋軍又取得平壤戰役的勝利，所以高句麗王遣使請降，隋煬帝才心滿意足地班師凱旋。

煬帝征高句麗，維護了大國的尊嚴，但付出的代價相當沉重。在戰前準備階段，為造海船，就有三到四成民夫死亡，運輸糧草而累死、餓死、病死的民夫更是不計其數。第一次征高麗，隋軍兵士死傷大半，四萬海軍在平壤中埋伏，生還者僅幾千人；高句麗將詐降，大將宇文述中計，三十萬將士，僅二千七百人得以生還。煬帝如此大規模用兵，導致國家財力枯竭、人民勞役繁重，土地無人耕種，青壯年勞力大量流失。這種戰爭勝了又有何意義？只是隋煬帝窮兵黷武、好大喜功的虛榮心得到了滿足。

隋煬帝的大國夢，毀掉了大隋江山。俗話說，得民心者得天下。不管楊廣的主觀意圖是什麼？他的作為，已使得他喪盡了民心。人民在忍無可

忍的情況下，揭竿而起！隋朝氣數即將走到盡頭。

誰亡隋朝

隋煬帝的統治，激起了人民的強烈不滿，中原各地紛紛燃起起義的烽火。在短短的幾年間，北至山西、河北，東到山東、江浙，南抵嶺南，西達河西走廊，大大小小的義軍就有數百支。但這些起義軍沒有統一的口號，力量相差懸殊，彼此之間缺乏溝通、聯合。隋朝因此得以苟延殘喘一段時日。但與此同時，統治集團內部也正發生著劇變。人們常說：堡壘往往從內部被攻破。隋朝這個堡壘正是由於統治集團內部的幾個「炸彈」而摧毀的。這幾個「炸彈」是：楊玄感、李密、李淵和宇文兄弟。他們舉起反對隋煬帝的旗幟，最後導致隋朝的滅亡。

楊玄感是奸相楊素之子，楊素死後，他襲爵楚國公，官至禮部尚書。玄感善文學，好結交賓客，領導

瓦崗軍的李密就是他家的常客。楊素晚年遭到隋煬帝的猜忌，恰在此時楊素病逝，躲過了一劫。而身為楊素後人的楊玄感，已經感到了處境的危險，他害怕煬帝翻楊素弒文帝、害忠良的舊案，致他楊氏一門於死地，為此遂生殺煬帝之心。大業五年（西元六○九年），玄感隨煬帝西征吐谷渾。其間，他試圖趁警備鬆懈、侍衛疲憊之時，刺殺煬帝；因其叔父楊慎認為時機不成熟，玄感才未施行。

大業九年，煬帝二次東征高句麗，命玄感在後方督運糧草，當時百姓苦於連年征戰、勞役繁重，怨聲載道，人心思變。玄感認為舉兵討伐煬帝的時機成熟了，遂與所督民夫講：「當今皇帝無道，不顧百姓死活，玄感願與諸位起兵殺無道昏君，救億萬黎民，如何？」聽者無不踴躍相從。這時，李密來到玄感大營，玄感問他下一步該去向哪裡？李密為其獻了上、中、下三策：上策是

⊙李淵，字叔德，唐朝開國皇帝。

入河北，阻斷煬帝歸路；中策是取關中，據險而守；下策是向東都，率軍攻佔，但拖延不得。楊玄感選擇了攻佔東都。由於東都守備嚴密，又有長安發兵救東都，煬帝又從前線調集部隊回援東都，楊玄感兩面受敵，力不能支，遂戰敗自殺。楊玄感雖然戰敗，但他吹響了討伐隋煬帝的號角，也使得統治集團內部發生了分裂。大批達官子弟投到楊玄感的旗下，參加討伐煬帝的戰爭，隋煬帝之不得人心，可見一斑。

李密，父祖皆為周隋顯貴。密少時任東宮千牛備身，侍衛太子楊廣，後辭官，專心讀書。大業九年，楊玄感起兵反隋，李密曾做過玄感的幕僚，為其獻三策，玄感兵敗之後，李密被捕又設計逃脫。大業十二年（西元六一六年）與瓦崗軍首領翟讓相識，二人戮力取得了一系列戰役的勝利。後來，翟讓讓位於李密，李密開始領導瓦崗軍。李密的瓦崗軍，對隋朝的統治構成了極大的威脅，煬帝連年派兵企圖剿滅瓦崗軍，可是直到隋亡，李密的瓦崗軍仍然活躍在河北、河南等地。

李淵，隋朝宗室，其母與隋朝獨孤皇后是姐妹，所以李淵與隋煬帝是姨表兄弟。隋末，李淵任太原留守。從李淵建國的步驟也可明顯看出他起兵的動機。李淵宣布起義後，就直入關中，攻佔了隋朝國都所在地長安，爭取政治上的合法化。然後他擁立尚未成年的代王侑為帝，遙尊遠在江都

⊙位於河北趙縣的趙州橋，建於隋大業年間，是中國現存最古老的橋樑。

的煬帝為太上皇，自己獨掌大權。李淵擁立代王，挾天子以令諸侯，而煬帝受困江都、四面楚歌，等同宣布了隋朝的滅亡。待煬帝在江都被殺，李淵即迫不及待地逼迫恭帝楊侑退位，自己黃袍加身，建立了唐朝。

另一滅隋的關鍵人物是宇文兄弟，宇文兄弟指宇文述的三個兒子：宇文化及、宇文智及和宇文士及。宇文述是隋朝開國功臣，是隋煬帝最信任的大臣。宇文化及和宇文智及都曾違反煬帝禁令而獲罪。大業十二年，宇文述死後，煬帝方才赦免兩人。當時，宇文兄弟隨煬帝來到江都。大業十四年，大批跟隨煬帝來到江都的北方兵士，不願久留南方，想設計逃回北方，那時的江都，已人心不穩。一部分下級軍官得知了這個情況，也想借助這些兵士的力量，逃回北方去。但這兩股勢力都不曾有謀反、弒君的打算。可螳螂捕蟬，黃雀在後。宇文兄弟正好利用了這兩股力量，實現了弒君、兵變的目的。三月十日，江都兵變發生，次日，煬帝被宇文兄弟縊死，隋朝滅亡。

末年的煬帝，滿足於他大國夢的「實現」，只知吃喝享樂，既無治國之心，又無興國之力，可能他已預感到自己的窮途末路了。有一天，煬帝照著鏡子，摸著自己的頭，自言自語道：「這麼好的頭，不知誰來砍它！」

面對如此頹廢的煬帝，宇文兄弟遂決定弒煬帝。

隋朝滅亡了，煬帝做夢也不會想到自己的大臣、宗親、親信會舉起反旗，藉機奪取自己的性命、推翻大隋的江山。

隋朝是中國歷史的重要朝代，它產生了承上啓下的作用。但隋朝太短命，僅僅三十八年。它因何而亡呢？它亡於隋文帝的嚴刑峻法、不辨忠奸、聽信讒言、擅行廢立；它亡於隋煬帝的驕奢淫逸、好大喜功、濫用民力、民心喪盡。而統治階級內部分化出的反隋力量，伴隨農民起義的烽火，最終滅亡了隋朝。

註解
※ 南朝陳後主所譜之曲，是萎靡的宮廷音樂代表，又被稱為「亡國之音」。

⊙ 華清池是唐代華清宮內的溫泉池，因白居易《長恨歌》中一句「春寒賜浴華清池，溫泉水滑洗凝脂」，成為唐玄宗和楊貴妃愛情故事的著名景點。

盛世悲歌：唐朝覆亡眞相

唐朝自玄宗天寶年間以後的一百五十年間，一直
處於動盪之中。政權得以如此長時間的維持，有
賴於唐初君主勵精圖治所打下的堅實基礎，也有
賴於後期有為君主的亡羊補牢。唐朝的衰落源於
安史之亂的爆發，唐朝的滅亡是藩鎮割據、宦官
亂政、朋黨之爭等因素交叉作用下的結果。

藩鎮割據　宦官專政　朋黨之爭
安史之亂的導火線
點燃了大唐王朝的彈藥庫

　　　——海默《夢迴古代·唐朝》

唐朝建立於西元六一八年，亡於西元九○七年，共二百九十年。歷高祖、太宗、高宗、中宗、睿宗、玄宗、肅宗、代宗、德宗、順宗、憲宗、穆宗、敬宗、文宗、武宗、宣宗、懿宗、僖宗、昭宗、哀帝共二十帝，在中宗與睿宗之間曾有武周政權。

唐朝是中國封建社會的鼎盛時期，在政治、經濟、文化等方面都有輝煌的成就。唐朝還積極發展對外關係，使中華文明傳播到世界各地，成為當時世界上的超級大國。

但如此強大的帝國也難逃衰落、滅亡的結局，是什麼原因呢？自唐亡以後，人們就在尋找這個問題的答案。那麼，今天讓我們從現代人的角度，重新審視唐朝的滅亡，以探尋其滅亡的真相。

⊙唐太宗李世民，唐朝第二位皇帝，他的名字意思為「濟世安民」。太宗是他的廟號。他本身是傑出的軍事家、政治家和書法家，且開創了著名的「貞觀之治」，將社會推向鼎盛。

盛世氣象

唐朝的建立者李淵是隋朝太原留守，隋朝宗室貴族。隋大業十三年（西元六一七年），他趁隋末天下大亂的局面，起兵西入長安，立楊侑為帝，尊在江都的隋煬帝為太上皇，自己獨掌大權。大業十四年三月，隋煬帝在江都被部將宇文化及縊殺。五月，李淵逼迫楊侑禪位，自己稱帝建國，國號「唐」，李淵即唐高祖。

唐朝建立時，天下依然是群雄並爭，戰亂不止。所以唐高祖面臨的首要任務就是平定各地的叛亂，統一全國。在唐初十年裡，唐朝還以平叛為要務，唐高祖、太宗先後剿滅西北的薛舉、薛仁杲父子，河西走廊的李軌、山西的劉武周、黃河流域的竇建德、河北的劉黑闥、江淮的輔公祏、北部的梁師都、黃河流域的王世充、江淮的杜伏威、南朝梁代後裔蕭銑、嶺南的馮盎，招降幽州的羅藝等，全國始告統一。

唐太宗常把隋朝當作一面鏡子，隋朝的迅速興亡，留給他深刻的教訓，尤其是農民起義令他充分領教到民眾所蘊含的威力。得罪了民眾，即使像隋煬帝那樣集威權於一身的帝王，也難逃亡國身死的命運。他藉此對大臣們說：「人君依靠國家，國家依靠民眾，剝削民眾來奉養國君，好比割身上的肉來充腹，腹飽了身也就斃命，君富了國也就滅亡。」為此，他在政治、經濟、文化各方面採取了一系列積極措施，開創出前所未有的唐朝盛世。

「貞觀」是唐太宗李世民的年號，在太宗統治時期，社會出現了太平景象，史稱「貞觀之治」。史書中對「貞觀之治」如此描述：「貞觀初年，全國人口不到三百萬戶，一匹絹能換一斗米。到了貞觀四年，一斗米四、五分錢，牛馬滿山坡，人出行幾千里都不需買糧食，周邊少數民族歸附者有一百二十萬人。這一年，全國被判處死刑的只有二十九人，社會出現路不拾遺、夜不閉戶的太平景象。」這種繁榮穩定局面的出現，與太宗李世民的統治分不開。他的具體措施有：在政治上，任用賢能、善於納諫。太宗任命房玄齡、杜如晦等才德兼備之人出任宰相，同時，虛心接受魏徵等大臣對自己提出的諫言；且重視吏治，注重官員的選拔與管理，嚴懲貪官汙吏。在經濟上，沿續均田制，大力發展生產，減輕人民負擔。

⊙ 房玄齡，名喬，字玄齡，為齊州臨淄（金山東濟南）人。為唐初名相，他與杜如晦一同為唐太宗奪取政權，為開貞觀之治的主要謀臣之一，深受李世民的重用。因房善謀但有些優柔寡斷，而杜處事果斷卻不善謀略，因此人稱「房謀杜斷」，成為良相的典範。

在軍事上，打敗強敵突厥，解除北方的威脅。

與此同時，太宗實行開明的民族政策。西元六二六年，益州地方官奏稱僚人※1反叛，請發兵進攻，他不許出兵，說：「僚人居深山，時出掠搶，相沿成習，不算反叛。地方官如果公平對待，自然相安無事，哪可輕動干戈，殺害他們。」唐太宗對待外族寬厚持平，因此，少數民族紛紛來朝，並尊太宗爲「天可汗」。唐太宗對自己的成功總結了五條經驗：一是不嫉妒比自己強的人；二是充分發揮人的長處；三是尊敬賢能之人，憐憫不肖之人；四是不厭惡正直的人；五是沒有狹隘的華夷觀念。太宗對自己的概括，是比較實事求是的。對於一名權力高度集中的君主，能夠做到這些，相當難能可貴，證明了「貞觀之治」出現實非偶然。

太宗之後的高宗、武后統治時期，是承前啓後的重要階段，爲「開元盛世」的出現打下堅實的根基。唐高宗李治是太宗的第九子，即位後，按其父親的治國之道行政，後來由於健康因素，皇后武則天開始輔助高宗處理朝政，且成爲實際上的最高統治者。由於武則天在高宗病逝後，先後廢立中宗、睿宗，並於西元六九〇年，改國號爲「周」，自立爲皇帝。

歷史上對武則天頗多微詞，傳統史家批判她篡奪李唐政權的行爲，認爲武氏任用酷吏、實行酷政、陷害忠良、迷信福瑞、大興土木、耗費民力等等，將她貶得一無是處。這些言論並非空穴來風，比如，武后確實賞識並重用過酷吏周興、來俊臣等人，也確實迷信福瑞、大造明堂、多修造像，造成社會一些負面影響。但從歷史發展的角度而言，武則天執政時期，社會並未出現停滯、倒退，相反地，是有明顯進步的。從這一點上看，她的統治是值得肯定的。

爲維護統治，武則天實行了一些有效的措施：發展科舉制，由她親自策問貢舉人，舉行殿試、增開武舉。她還多次派人到各地搜訪人才，不經考試直接任用。她加強對官員和軍隊的監督，賦予肅政臺（即御史臺）更大的權，使他們對文武百官、各地軍隊有較爲獨立的監督權，便於朝廷對官員和軍隊的管理。她繼續推行輕徭薄賦、勸課農桑的政策，使經濟持續發展，人口由三百八十萬戶增長到六百一十五萬戶。高宗、武后的統治，

推動了唐朝的進一步發展，為開元盛世的到來奠定下基礎。

西元七〇五年，武則天病重，宰相張柬之等率文武群臣入宮革斃亂政的張易之、張昌宗等人，擁立唐中宗李顯即位，恢復唐國號和一切唐舊制。但中宗並不信任這幫舊臣，專寵韋皇后及安樂公主。韋皇后欲效仿武則天，準備臨朝稱制，但除了暴行之外，實無武則天的政治才能。她們毒殺唐中宗後，李隆基發動羽林軍攻入宮中，盡殺韋后黨徒，連幼兒都殺死。李隆基後來登上了皇帝寶座，即唐玄宗。

由於唐玄宗在開元年間勵精圖治，國家出現了太平盛世的局面，史稱「開元盛世」。開元年間，玄宗善用賢人，任用姚崇、宋璟、張嘉貞、韓休、張九齡為相，這些人各有所長，有的忠言直諫，有的守法不阿，有的善於吏治，對玄宗大政方針的制定與實施，都有參謀協助之用。

玄宗反對浪費、精簡機構、節約開支；進一步加強對地方官的選拔與監督。在經濟上，玄宗主張興修水利，在邊境地區實行大規模的屯田，發展生產。此外，玄宗在邊疆地區設置大的軍區，加強對周邊少數民族地區的管理，並以此保證中原與西域、中亞地區的道路暢通。由於經濟與社會的發展，開元時期的人口大量增加，到開元二十年，全國民戶數量為七百八十萬戶，人口四千五百萬，比唐初戶數增加了一倍半以上。

但是，比起唐太宗、武則天來，會發現唐玄宗身上有許多缺點。唐太宗經常以「守成難」、「慎終如始」警戒自己；武則天執持政柄，權不下移。玄宗卻恰恰相反，在開創盛世局面以後，便不思進取，產生了驕傲自滿和怠政的情緒，驕侈心代替了求治心。所以玄宗從天寶年間起，在朝中重用李林甫、楊國忠一類的奸臣，在外則賦予胡人安祿山較大的權力。李、楊二人在朝中打擊異己、陷害忠良、賄賂公行，使朝政日趨腐敗；安祿山一面表示效忠朝廷，一面招兵買馬，集結力量，企圖自立。而唐玄宗卻視而不見，仍沉浸在開元盛世的自豪與滿足之中。在內有奸臣當道，外有叛匪磨刀的形勢下，終於導致了安史之亂的爆發。

⊙ 唐三彩女立俑。以白、綠、黃三種顏色為主，多次上釉，以低溫窯烤，讓釉藥互滲流動，誕生出豐富的色澤變化。是盛唐時期的藝術展現。

安史之亂

唐玄宗天寶十四年（西元七五五年）爆發的安史之亂，是一場嚴重的社會動亂，這場動亂幾乎摧毀了李唐政權，爲社會、經濟帶來無法估量的損失。安史之亂成爲唐代歷史的轉捩點，亂前是唐朝的鼎盛時期，亂後的唐朝則進入了衰落階段，最後走向滅亡。

安史之亂中「安」、「史」指的是安祿山與史思明，他們都是少數民族將領，又是唐朝的節度使。節度使最早設置於唐睿宗景雲二年（西元七一一年），目的是以固定的軍區設置來加強唐朝的防禦力量。到玄宗開元、天寶年間，形成平盧、范陽、河東、朔方、隴右、河西、安西、北庭、劍南、嶺南等十個節度使，又稱爲「十鎮」。節度使起初具有管理鎮內軍需調度和營田事務的權力，後來逐漸集軍事、民事、財權於一身，並兼管地方事務，權力甚大。到玄宗晚年，更以一人充任多鎮節度使，並將大部分兵力布置在節度使地區。當時全國兵員總數爲五十七萬，而邊兵竟有四十九萬之多，中央兵力空虛，地方武力坐大，給節度使發動叛亂創造了條件。

安祿山正是利用當時的形勢，發動叛亂。安祿山是居住在今天遼寧朝陽的胡人，據說他的祖先是從今日的伊朗遷移而來。安祿山通多種民族語言，年輕時在邊境市場充當突厥與唐朝互市的仲介人。後來得到幽州節度使張守珪的賞識，被認作養子。安祿山賄賂使臣，獻媚皇帝，博得玄宗的信任，因此不斷加官晉爵。到天寶十年（西元七五一年），安祿山已成爲平盧、范陽、河東三鎮節度使，掌握今河北、遼寧西部、山西一帶的軍事、民政及財政大權，具備了稱霸一方的實力。而在安祿山起兵之前，他卻絲毫未被玄宗懷疑，得益於安祿山將朝廷內部、玄宗身邊的情況早已摸清楚，還表演了精彩的胡旋舞作「效忠」。

⊙ 大雁塔位於古長安城，爲七層磚造建築，呈四方形，仿印度佛塔藏經並供奉舍利子。

168

⊙ 胡旋舞自中亞傳入唐朝，以輕盈快速的旋轉動作為主，甚受唐人喜愛。

一次，玄宗見他那肥碩的肚子，便笑著問：「你這肚子裡都裝什麼，這麼大？」安祿山答道：「除了一顆效忠您的赤子之心，沒有別的東西了！」安祿山得知玄宗與太子存在矛盾，就故意在玄宗面前表現出對太子不敬。一次，玄宗命安祿山與太子見禮，他卻不拜，還裝傻說：「臣是胡人，朝廷裡的官太多，臣弄不明白，這太子是什麼官啊？」玄宗跟他說：「這是儲君，未來的皇帝。」安祿山竟然答道：「臣頭腦愚笨，只知道一心效忠陛下您，不知道還有什麼儲君？」為了進一步顯示忠心，安祿山竟請比自己小十六歲的楊貴妃認作養子。這樣一來，玄宗對他就絲毫沒有戒心。即使在天寶十四年，安祿山已露出了叛亂的馬腳，但自信的玄宗還表示：「祿山對我推心置腹，肯定不

會謀反！」安祿山在安撫玄宗的同時，卻在馬不停蹄地謀備叛亂。他大規模修築城池，豢養同羅、奚、契丹降人八千名，組成自己的親兵衛隊，大量購買馬匹，囤積糧草，購置武器。天寶十四年二月，他獲准在自己的轄區裡以三十二名蕃將代替漢將，至此，安祿山的準備工作就緒了。由於安祿山與宰相楊國忠不和，他害怕朝廷先發制人，遂於同年十一月九日，以討楊國忠為名，發動了叛亂。

這場叛亂，唐朝政府沒有絲毫準備，所以安祿山進軍速度很快。十二月十二日，就攻佔了東都洛陽，並向長安進發。此時的唐朝中央，亂作一團，京城周圍兵力很少，調動軍隊就花了許多時日，又急調大將火速回京護駕。唐軍初戰不利，高仙芝、封常清等大將都因戰敗被殺。皇帝的御駕親征也沒有成行。而這時的戰爭出現了片刻的喘息，那就是安祿山於天寶十五年正月初一，在洛陽稱大燕皇帝，因此放慢了戰爭的步伐，讓唐軍得以在潼關一線集結兵力。在接下去的半年裡，雙方一直在爭奪潼關。因為潼關是進入長安的大門，潼關失守，長安必然不保。但六月九日，安祿山的軍隊還是攻佔了潼關。於是，唐玄宗不得不攜帶文武百官、後宮、宦官等，於六月十三日逃離了長安。六月十四日，當玄宗一行到達馬嵬驛

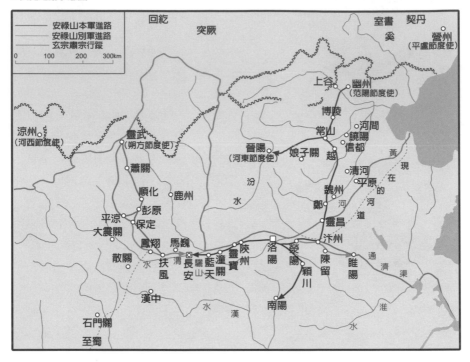

⊙安史之亂示意圖

安祿山本軍進路
安祿山別軍進路
玄宗肅宗行蹤

0   100   200   300km

回紇
突厥
室韋 契丹
奚
營州
（平盧節度使）

上谷
幽州
（范陽節度使）

博陵
常山
河間
饒陽
信都

涼州
（河西節度使）

靈武
（朔方節度使）

晉陽
（河東節度使）

娘子關
越

清河
平原

黃河現在的河道

蕭關

順化
鹿州

彭原
魏州
鄭

平涼
大震關
保定

鳳翔
馬嵬
靈昌
汴州

散關
扶風
清
長安
驪山
藍天關
潼靈寶
陝州
洛陽
滎陽
穎川
陳留
睢陽

汾水

河水

通濟渠

漢中

南陽

淮水

石門關
至蜀

汾水
漢水

時，隨行部隊發生嘩變。軍隊將士認為此次叛亂全都是因楊國忠而起。當大家看到楊國忠與吐蕃使臣談話的時候，就有人喊：「楊國忠與蕃人謀反啦！」眾軍士怒火中燒，將楊國忠斬首。而這時大家又在想，楊國忠能權傾朝野，原因何在？很自然，兵士們想到了楊國忠的妹妹——楊貴妃。

憤怒的士兵認為唐玄宗之所以廢弛朝政、貪於享樂，楊國忠之所以小人得志、惑亂朝廷，最根本的原因就是楊貴妃。因此，將士們群情激憤，要求唐玄宗處死楊貴妃。這讓老皇帝始料未及，他很難在江山與美人中間做出取捨，但玄宗最後捨棄了美人，

將楊貴妃縊死。這才平息了嘩變，大隊人馬最終得以到達成都。而就在此時，另一件事也讓老皇帝非常吃驚，那就是太子李亨在七月於寧夏靈武即位，是為肅宗，尊玄宗為太上皇。這是公開的奪權行為，但對於出逃在外的玄宗來講，也只能聽之任之。至此，唐玄宗退出了歷史舞臺，他於西元七六二年憂鬱地病逝於長安宮中。

在唐朝內部發生權力更迭的同時，安祿山集團內部也發生了變化。至德二年（西元七五七年）正月，安祿山被其子安慶緒所殺，乾元二年（西元七五九年）三月，部將史思明又將安慶緒殺死，自稱大燕皇帝。上

⊙ 平定安史之亂建功的郭子儀，歷任唐玄宗、肅宗、代宗、德宗四朝，官至太尉、中書令，時稱「郭令公」。

元二年（西元七六一年）三月，史思明又被其子史朝義殺死。叛軍的內訌，給予唐軍平叛的機會。

肅宗即位後，一邊任命大將郭子儀、李光弼等率兵平叛，收復失地，另一方面又迅速從河西、北庭、安西節度使處調兵增援。此外，肅宗還向回紇、于闐、西域等外族借兵援戰。在叛軍的控制區，如河北等地，由於叛軍的殘暴統治，百姓自發組織起來，反抗安、史的統治。在唐官軍和地方百姓的雙重打擊下，寶應元年（西元七六二年），安史叛軍已入窮途末路。當年正月，史朝義逃往范陽，守將不予接納，遂自殺。歷時七年的安史之亂得以平定。

安史之亂，唐朝幾乎動員了全部兵力，消耗了大部分的國力，自此以後，唐朝的國力再沒有恢復到天寶年間的水準。戰爭期間，百姓飽受戰爭之苦，流離失所，經濟損失嚴重，土地大量荒蕪。東都洛陽遭到毀滅性破壞，城中居民被屠殺殆盡，建築多毀於戰火。回紇等少數民族軍隊在助剿的同時，也大肆搶掠，加深了人民的苦難。肅宗在借兵之時即與回紇統治者約定：「克城之日，土地、官員歸唐朝，金銀財寶、老百姓皆歸回紇。」這使得回紇的搶掠更加有恃無恐。安史之亂最大的負面影響就是造成了藩鎮割據的局面。藩鎮割據長期存在於唐朝後期，節度使擁兵自重、互相攻擊、戰亂不止，嚴重地破壞了社會穩定和經濟發展，導致唐朝一步步走向滅亡。

藩鎮割據

安史之亂後，唐朝出現了藩鎮割據的局面，這是因為參與平叛的將領，幾乎都被朝廷授以節度使之名，在內地廣泛建立大軍區，節度使制度得以大肆實行，為藩鎮割據開了大門。此外，參與叛亂的大部分將領、士兵依然存在，他們雖然投降了，但割據思想仍然根深蒂固，朝廷沒有力量消滅他們，便只能加以安撫。戰爭剛剛結束，唐代宗就任命安史降將張忠志為成德節度使，並賜名李寶臣；薛嵩為相衛節度使；李懷仙為幽州節度使；田承嗣為魏博節度使。與唐朝

優崇安撫的初衷相左，這一任命給這些已存割據之志的將領們提供了成爲新割據者的條件。在各藩鎮中，有一部分能夠服從中央指揮，但相當數量的藩鎮存在不同程度的割據，其中平盧、成德、魏博三鎮的割據性最強，被稱爲「河朔三鎮」。在這些藩鎮中，節度使父死子繼、自闢僚屬、財政自治、掌控軍隊。而各個藩鎮之間爲了各自利益，經常爆發戰爭，使國家處於長期戰亂之中。

面對這一局面，唐朝中央多數時間在忍耐，但爲了維護中央的權威，唐朝政府與藩鎮也曾發生過戰爭，其中德宗、憲宗、武宗時期的三次規模戰爭較大。

唐德宗建中二年（西元七八一年）正月，成德節度使李寶臣死，其子李惟岳請襲其父位，魏博鎮節度使田悅亦代爲請求，唐德宗予以堅決拒絕。李、田於是聯合淄青節度使李正己、山南東道節度使梁崇義起兵反唐。七月，李正己死，其子李納也請求襲其父位，德宗仍然不答應，李納也因此叛亂。唐德宗只得採用「以藩制藩」的策略，調動其他藩鎮軍隊鎮壓叛軍，導致越來越多的藩鎮捲入了這場戰爭。在戰爭期間，有四人稱王，二

⊙唐代持箭兵士俑

人稱帝；朱滔稱冀王，王武俊稱趙王，田悅稱魏王，李納稱齊王，李希烈稱楚帝，朱泚稱秦帝。在平叛過程中，許多藩鎮採取觀望態度，不肯出力。面對這樣的局面，德宗只得遠調涇原兵參戰。可是當涇原兵路過長安之時，嫌朝廷犒賞不豐，遂擁立朱泚，起兵作亂。唐德宗被迫逃離長安，險些丟掉性命。這場戰爭經歷了五年，結果唐德宗向藩鎮妥協，藩鎮割據局面進一步深化了。

唐憲宗打擊藩鎮，恢復中央權威的決心是非常大的。憲宗一即位，就把「舉貞觀、開元之政」作爲自己奮鬥的目標，決心平服藩鎮、重振國威。從元和元年（西元八〇六年）起，朝廷先後討平西川、夏綏、鎮海節度使，迫使魏博節度使田弘正歸命朝廷，成德鎮的王承宗也不得不向朝廷輸貢賦，請朝廷派官吏。憲宗打擊藩鎮的最大成就，是平定淮西。元和九年，淮西節度使吳少陽死，其子吳元濟自領藩務，隨即叛亂。憲宗發十六道兵討伐，最終於元和十二年擒吳元濟，平定淮西。不久，憲宗又平定

⊙ 打馬球俑。馬球從波斯傳入，唐朝貴族受胡風影響，熱愛打馬球。

了淄青節度使李師道。憲宗能夠取得如此多的勝利，與當時的歷史條件和他個人的努力密不可分。憲宗時期，中央已有了直轄部隊——神策軍，這是打擊藩鎮的軍事保障，同時中央的經濟實力也明顯增強，為打擊藩鎮提供後盾。憲宗本人的決心與意志，在平服藩鎮中發揮了重要作用。元和十一年（西元八一六年），征討淮西三年不下，滿朝文武皆呼罷兵，憲宗幾乎成為孤家寡人，但他堅持繼續作戰，終得成功。平叛戰爭的勝利。元和十年，河北平盧、成德藩鎮在京師刺殺宰相，並在東都策劃暴動，企圖動搖憲宗平叛的決心，而憲宗果斷處置，挫敗了他們的陰謀，繼續平叛而得勝。但憲宗沒能從根本上解決藩鎮割據問題，他死後不久，許多藩鎮又

紛紛發生變亂，各自為政。

唐武宗時期與藩鎮的戰爭主要是同澤潞鎮進行的。澤潞鎮節度使劉從諫素不服從中央。會昌三年（西元八四三年），劉從諫死，武宗採取宰相李德裕的建議，發兵討伐澤潞鎮，經過一年多的戰爭，加之澤潞鎮內部發生內訌，朝廷終獲勝利。武宗之後，中央已不具備與藩鎮進行大規模較量的實力，雙方相安無事，倒是藩鎮之間、藩鎮內部的鬥爭愈演愈烈。藩鎮之間的鬥爭，導致藩鎮之間力量對比變化很大；藩鎮內部鬥爭的結果是藩帥的變更。

唐朝後期的藩鎮割據是導致唐朝衰落的重要原因，由於藩鎮自雄，中央政權變得虛弱無力，幾次企圖削弱藩鎮的努力，不僅沒有達到目的，還消耗了大量的人力、物力和財力，致使國家再無能力與藩鎮較量。與中央力量下降形成明顯對比的是，藩鎮的力量越來越強，藩鎮割據更加無法控制。唐朝中央只能聽之任之，透過僅有的幾個直接控制區域，艱難維持「大唐帝國」的統治。

宦官秉政

宦官是皇宮中專門負責皇帝和後宮之衣食起居、宿衛的侍從人員。由於他們為人奴僕和身體的殘缺，歷來為人們所不齒。唐代的宦官從玄宗晚

年開始，一步步走到了政治的前臺，成爲左右政局的要角，到唐末更開宦官專權的局面。唐末宰相崔胤曾說過一段話，反映了唐代宦官專權的情況。他說：「建國之初，社會安定，四海升平，沒有出現宦官掌政權、軍權的情況。唐玄宗天寶年間以來，宦官勢力越來越猖獗。到德宗貞元末年，宦官開始統領神策軍※2。從此，宦官參掌機密、削奪百官權力、勾結藩鎮、圖謀不軌、賣官鬻爵，做盡不法之事，成爲國家的一大禍患。可見，唐朝後期宦官專權之盛、權力之大、危害之廣了。」

從崔胤的話，我們知道唐代的宦官權勢是從唐玄宗時期開始增長的。唐初太宗規定：宦官的官階最高爲四品官；宦官不得參與政事，只負責守衛、清掃、後宮飲食等事。到玄宗時，宦官開始統兵，並允許擔任三品以上的官職。如楊思功拜大將軍，高力士以恩寵亦拜大將軍，都是一品官，此外玄宗還任命宦官充任監軍使，管理出征的軍隊，但此時尚未出現宦官專權的局面。宦官勢力真正猖獗還是在安史之亂以後。肅宗、代宗朝的李輔國，由於擁立有功，被皇帝賦予極大的權力，手握禁軍，代宗時還被尊爲「尙父」，又加司空、中書令，朝中一切大事都要與之商量，他曾狂妄地對代宗說：「皇上只管殿中安坐，外面的事都交給老奴我處置吧。」雖然後來，李輔國被代宗處死，但另一名宦官程元振又因殺李輔國有功，被皇帝重用，依然大權在握。到德宗時，宦官掌管宿衛皇帝的中央禁軍成爲制度。憲宗朝，正式設立樞密使，由宦官充任，參與國家的政治事務，中書、門下的權力均被其侵奪。後來的皇帝又不斷增加宦官的權力，致使宦官專權成爲唐朝後期黑暗統治的代名詞。

唐朝後期，宦官操縱國政、專擅機要、進退朝臣，甚至連皇帝都要由他們廢立。憲宗、敬宗死於宦官之手，穆宗、文宗、武宗、懿宗、僖宗、昭宗皆由宦官擁立，立君、弒君、廢君，如同兒戲，這種局面一直持續到唐末。宦官勢力如此猖獗，引起了皇帝與大臣的不滿。爲此，他們與宦官之間出現了「南衙北司之爭」※3，後期更爆發了大規模的反宦官之爭，這其中，「二王八司馬事件」與「甘露之變」最具代表性。

「二王八司馬事件」指的是唐順宗時期主張打擊宦官勢力、革新政治的官僚士大夫。「二王」指王伾、王叔文。「八司馬」指韋執誼、韓泰、陳諫、柳宗元、劉禹錫、韓曄、凌准、程異，他們在改革失敗後，俱被貶爲州司馬，因而被稱爲「八司馬」。「二王八司馬」的改革發生在

順宗年間，由於順宗的年號爲永貞（西元八〇五年），所以這場改革又被稱爲「永貞革新」。永貞革新得到了順宗的支持。順宗初即位，就任命改革派人物韋執誼出任宰相，改革派人物分掌要害部門，控制朝廷的財政和部分軍事權力，並欲奪宦官的兵權。改革派還頒布一系列的政令，嚴明賞罰、停止苛政，罷免貪官，提拔賢良。改革取得一定的積極效果，當時社會的反應是「人情大悅」、「市里歡呼」。但這次改革的打擊面過大，觸動的利益過廣，所以遭到許多元老重臣、地方節度使的反對，更遭到宦官集團的抵制。宦官俱文珍、劉光琦等聯合劍南西川節度使韋皋、荊南節度使裴均、河東節度使嚴綬反對王叔文的改革集團，而且他們計高一招，逼迫改革派的後盾順宗，讓位於太子

李純。太子即位，就是唐憲宗，而憲宗並不支持改革派，所以改革派很快失勢，王叔文、王伾等人遭到貶逐與殺害，這場以打擊宦官勢力爲目標的改革宣告失敗。

永貞年間的反宦官之爭失敗後，有一部分人認爲，對宦官不能採取和平奪權方式，要用武力來消滅宦官，進而消除閹黨勢力，由此便引發了文宗時期的另一場反對宦官的爭鬥——甘露之變。

唐文宗是宦官擁立的皇帝，所以自登基以來，就處於宦官的控制之下，軍國大政均掌握在宦官手中。做傀儡的文宗想恢復自身權威，就想辦法用武力除掉身邊的宦官。爲此，他重用由宦官推薦的李訓、鄭注兩人，因爲用他們兩人執行翦除閹宦的計畫，不易受到宦官的懷疑。很快，李訓被任命爲宰相，鄭注出任鳳翔隴右節度使，開始逐步實行預定的計畫。

大和九年（西元八三五年）十一月二十一日早朝時分，文宗和文武百官照例來到紫宸殿議事。金吾將軍

⊙唐代騎兵部旅俑

韓約啓奏說：「左金吾院石榴樹上昨晚上有甘露降下來。」「夜降甘露」乃是古人眼中的一種吉兆。李訓遂率百官稱賀，請文宗前去觀看。文宗裝作非常高興的樣子，派李訓等人先去查看。李訓等人去了很久，回來報告說：「那些甘露好像不是真的，不宜對外宣布。」文宗此時回頭命大宦官仇士良、魚志弘再去查看。當仇士良等走在途中，他們發現了問題。帶路的韓約緊張得滿頭大汗，隨著一陣微風吹來，藏在帷幕後的甲兵忽隱忽現，仇士良等人立刻意識到情況不妙，迅速返回大殿，把文宗抬進宣政門，將大門緊緊關閉。之後，仇士良命令五百禁軍上殿討賊，見人就殺，文武大臣六百多人，死於閹宦刀下。接著宦官又派遣騎兵全城搜捕逃亡之人，使得長安城血流成河，參與誅殺宦官計畫的許多大臣都被滿門抄斬，受牽連而死的人有一千餘人，這就是所謂的「甘露之變」。

在宦官與官僚士大夫的鬥爭中，士大夫們不畏艱險的精神是值得肯定的。但他們的力量與宦官相比，相差甚遠，因此他們力圖打擊閹宦、恢復皇權的努力盡歸於失敗。更嚴重的是，這種鬥爭大大地消耗了統治集團內部的力量，國家的政治常軌受到了嚴重的影響，地方割據勢力更加有恃無恐，唐政權的統治已處於風雨飄搖

之中。

朋黨之爭

士大夫之間的黨爭，是中國古代官場的痼疾。唐朝也存在著朋黨之爭，唐後期的黨爭成為當時政治生活中的重大問題，對唐朝的衰落負有不可推卸的責任。

朋黨的劃分，與人的思想、地位、學識、性格有關，更重要的是與人所生活的社會環境有關。朋黨中的成員之間多是親屬、師生、朋友的關係。這樣的後果就是，各個朋黨在相爭之時，不會考慮對方在所討論的事情、所提出的觀點或解決的方法是否正確，而是一味的否定對方、肯定己方、不辨是非、不講原則。這對國家而言，是百害而無一利。唐代最著名的朋黨之爭就是「牛李黨爭」，這場黨爭持續了半個世紀之久，使本已不和諧的政治局面，更增加了幾分混亂。

「牛李黨爭」中「牛」指的是牛黨首領牛僧孺、李宗閔；「李」指的是李黨首領李德裕。「牛李黨爭」緣起於一場科舉考試。憲宗元和三年（西元八○八年），朝廷舉行科考。牛僧孺、皇甫、李宗閔三人在答題中對時政大加批判，被考官楊於陵、韋貫之評為上第。這觸怒了時為宰相的李吉甫，李吉甫是後來李黨首領李德裕

的父親。李吉甫在憲宗面前陳訴，說翰林學士裴垍、王涯在審查考卷時有徇私舞弊的行為。憲宗聞言勃然大怒，將裴、王、楊、韋四人免職貶官，牛僧孺等三人也未獲重用，被外放充任藩鎮的幕僚。事後許多人為牛僧孺等鳴不平，指責李吉甫嫉賢妒能。於是憲宗於同年命李吉甫任淮南節度使，啓用被貶職的裴垍出任宰相。這樣，兩派在中央都有了代表人物，出現了初步對立的局面，但這時還屬於「牛李黨爭」的形成時期。在之後的穆宗、敬宗、文宗三朝，兩黨勢力互有進退，一黨在朝執政，就將另一黨貶至朝外。

政治主張不同，是「牛李黨爭」的一大特點。牛黨主張維護以進士科取士，而李黨對科舉制不滿，要求改革選舉制度；李黨力主削弱藩鎮勢力，恢復中央權威，而牛黨則反對用兵藩鎮，主張採取妥協政策；李黨主張精簡國家機構，而牛黨卻極力反對。從這裡我們不難看到黨爭的不講原則性。精簡國家機構，利國利民，有何不可？牛黨明知是正確的，但這主張是李黨所提，不管有無可取之處，一概否定。有個例子，更為典型。文宗大和五年（西元八三一年），鎮守西川的李德裕奏請朝廷收復吐蕃佔領的維州，當時形勢對唐朝十分有利，可是在朝為相的牛僧孺卻堅決反對。到宣宗大中三年（西元八四九年），牛黨的杜悰收復了維州，而在朝執政的牛黨人物並無提出不同意見。可見，黨爭的實質就是對人不對事。哪怕是正確的事，只要是對方提出來的，就要堅決否定。這完全是士大夫中不同利益集團之間毫無原則的意氣之爭。「牛李黨爭」，最後以宣宗朝牛黨當政而告結束。

朋黨之爭，是繼南衙北司之爭後的另一場統治階級內耗的爭鬥，而且曠日持久，朝野震驚，破壞了正常的議政、施政程序，擾亂了皇帝大政方針的制定。加之，各黨為了自己的利益，內連閹宦，外結藩鎮，使三股勢力都深入唐朝政治之中，大臣們只知互相傾軋，置國家的前途於不顧，這樣的國家豈能不亡？

唐末變亂

唐朝後期，由於中央與藩鎮、藩

⊙登封古天文臺

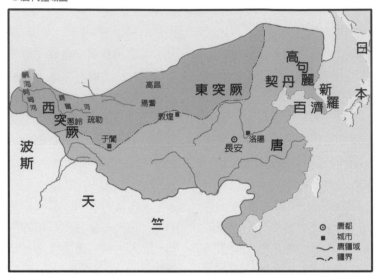

⊙唐代疆域圖

高句麗

契丹

新羅

百濟

日本

東突厥

高昌

焉耆

敦煌

西突厥

鏹海阿姆河

錫爾河

葱嶺 疏勒

于闐

波斯

洛陽

長安

唐

天

竺

⊙ 唐都
■ 城市
▬ 唐疆域
〜 疆界

鎮與藩鎮之間連年戰爭，不斷增加賦稅、徭役，掌權的宦官更有恃無恐地欺壓百姓，強佔土地、勒索錢財，引起百姓們的極大怨懟，抗爭此起彼伏。到懿宗、僖宗時期，連年的天災使得糧產銳減，人民苦不堪言，而朝廷仍然不斷的加派賦役，於是，唐朝史上規模最大、歷時最久的農民動亂爆發了，領導者是王仙芝與黃巢。

黃巢之亂爆發於乾符二年（西元八七五年），王仙芝、黃巢先後揭竿，後協同作戰，活動範圍主要在今山東、河南、湖北一帶。不久，王、黃又分兵作戰。乾符五年（西元八七八年），王仙芝戰死，其眾投奔黃巢，黃巢成為最高領導者。此時，黃巢決定東攻洛陽，而唐朝派來大軍，打消了黃巢的計畫。之後，黃巢率軍轉戰今江蘇、浙江、福建、江西、安徽等地，壯大農民兵。廣明元年（西元八八○年）七月，黃巢利用淮南節度使高駢與中央相猜忌並畏懼起義軍的形勢，迅速北渡長江，於同年十一月佔領東都洛陽，十二月攻入長安，唐僖宗逃往成都。十二月十三日，黃巢即位於含元殿，國號大齊，改元金統。將原有唐朝官員三品以上全部革職，四品以下酌情留用。黃巢嚴懲皇族，唐宗室留在長安者全遭處死，富豪的財產被沒收，分給百姓使用。

因黃巢沒有追擊逃跑的僖宗，也沒有將中央禁軍全部殲滅，同時大齊政權自身也缺乏存在的經濟基礎。中和二年（西元八八二年），黃巢軍將領朱溫投向唐朝，沙陀族李克用也乞降於唐朝，大大增強了唐朝的軍力。

唐軍開始了反撲。黃巢軍於中和三年退出長安，向東撤退。之後，黃巢軍與唐軍的幾次作戰均告失利，損失慘重。在朱溫、李克用等軍隊的包圍阻擊下，黃巢最後退至今山東萊蕪境內，於中和四年六月兵敗自殺。

這次黃巢之亂，給予垂死掙扎的唐王朝致命的一擊，唐朝的統治土崩瓦解。叛變投降的朱溫，成為左右唐末政局的人物。天復三年（西元九○三年），朱溫將內侍省數百名宦官全部誅殺，出使在外的宦官也就地正法，宦官專權局面結束。四年後，朱溫廢唐哀帝而自立，改國號梁，定都開封。唐朝滅亡了。

唐朝自唐玄宗天寶年間以後的一百五十多年裡，一直處於動盪之中。政權得以如此長時間的維持，有賴於唐初君主勵精圖治所打下的堅實基礎，也有賴於後期有為君主的亡羊補牢。唐朝的衰落源於安史之亂的爆發，唐朝的滅亡是藩鎮割據、宦官專權、朋黨之爭等因素交叉作用的結果。藩鎮長期割據，與中央對抗，嚴重削弱了中央集權的力量；宦官專權，使皇帝大權旁落，嚴重破壞了國家正常的統治秩序；朋黨之爭，瓦解了統治集團的力量，嚴重動搖唐朝統治的階級基礎。政權日趨腐朽，百姓的生活也日趨悲慘，最終導致大規模農民動亂的爆發。在黃巢軍的沉重打擊下，唐朝統治徹底崩潰，統治中土兩百九十年的大唐帝國壽終正寢了。

註解
※1 僚人，中國古代嶺南和雲貴地區一些民族的泛稱。
※2 中央禁衛軍，負責保衛皇帝。
※3 以宰相為首的機構，稱為「南衙」；由宦官操縱的各機構，稱為「北司」。

⊙ 朱雀門是唐長安皇城的正南門，因在四象中屬朱雀而得名。門下的朱雀大街，是皇室舉行慶典的主要場所

◎秦淮河上的金陵（南京城），像南唐中主、後主的性格般牢靠不住，南唐注定沉入秦淮河的煙波之中。

南冠北繫：南唐覆亡眞相

南唐享國三十九年，轄土不過江淮，這樣一個蕞爾小邦，猶如歷史長河中的一朵浪花，太過平凡而普通。本來人們很容易就把它忘掉了，但因為和一個人緊密聯繫在一起，李唐從此不朽。這個人就是「詞中帝王」李煜。無數人在震驚於他的藝術才華之餘，不禁要問，這樣一個頗具才情的人，怎麼守不住祖宗傳下來的那點基業呢？

穿過階級森嚴的朝廷
走進平平仄仄的詩詞
南唐的馬車
拐進一個撲朔迷離的街巷

———海默《夢迴古代‧南唐》

南唐，建國於西元九三七年，亡於九七六年，歷前主李昪、中主李璟、後主李煜三世，享國共三十九年。南唐轄土不過江淮，最盛時也僅有三十五州，大約地跨今江西全省及安徽、江蘇、福建和湖北等省的一部分。這樣一個標準的小國，就如歷史長河中的一個浪花而已，太過平凡而普通，本來人們應該很容易就把它遺忘掉了，但因為和一個人緊密地聯繫在一起，南唐從此不朽。這個人就是李煜，一個謎般的皇帝。

⊙南唐最後一任皇帝，因詩詞而聞名的李煜。

李煜出生於農曆七月初七，這一天恰是中國傳統的「七夕節」，一個頗賦傳奇色彩的東方式「情人節」。巧的是，李煜在人間度過四十二個春秋之後，又在同一天與世長辭。李煜留下了太多的奇蹟，他聰穎過人，博通眾藝，書法自創金錯刀、攝襟書和撥鐙書三體。畫山水、墨竹、翎毛，皆清爽不俗，尤工墨竹，人謂「鐵鉤鎖」。通曉音律，既自度《念家山曲破》、《振金鈴曲破》等曲，又曾與昭惠周后審訂《霓裳羽衣曲》殘譜。兼富於藏書，精於鑑賞。詩文俱佳，詞則尤負盛名。凡是中國人，凡是識點字的，對李煜寫的詞多多少少都會知道一些：「問君能有幾多愁，恰似一江春水向東流。」「春花秋月何時了，往事知多少」等。

無數人震驚於他的藝術才華之餘，都有一個問題要問：這樣頗具「才情」的聰明人怎麼會守不住祖宗傳下來的那點基業呢？難道真是詩人誤國嗎？

創業艱難

在探究南唐覆滅的眞相時，我們先從南唐的立國者李煜的祖父李昇談起。因爲他在創立這個國家時留下不少包袱，讓他的子孫嘗盡了苦頭。

五代十國是中國綿久歷史中的一段插曲。鼎盛的唐朝經「安史之亂」打擊後，一蹶不振，百病叢生。其內有宦官專政、朋黨爭權、藩鎮割據；外有吐蕃、南詔、回紇侵擾。尤其是那些藩鎮，擁兵自重，不受中央約束，實際上就是一個個獨立的小王國，肅宗之後的歷代皇帝大多對其無可奈何。至唐朝末年，黃巢之亂席捲全國，最後攻破洛陽、長安，毀去了唐王朝的最後一點顏面。藉機而起的朱溫覺得唐王朝已無存在的必要，就廢去唐哀帝，自己做了皇帝，定國號爲「梁」，五代十國動盪分裂的局面就這樣揭幕了。

北方地區後梁、後唐、後晉、後漢、後周你爭我奪，戰火連綿，南方則有十個小國星羅棋布。南方諸國中，以吳國和南唐疆域最大，國力最強。南唐尤以立國時間久、穩定時期長而著稱。南唐王朝的締造者，就是自稱唐宗室後裔的李昇。

李昇是吳國宰相徐溫的養子，原名徐知誥。徐溫死後，吳天祚三年（西元九三七年），徐知誥透過廢長立幼，逼其禪讓，奪取了皇位，改國號爲大齊，改元升元。升元三年（西元九三九年），徐知誥自稱爲唐玄宗的後代，改國號爲唐，史稱南唐，自己也改名李昇。李昇是個頗有作爲的開國之君。江淮本來就是富庶之地，是唐王朝時最重要的財源，曾力撐唐王朝達百年之久。他即帝位後，實行「與民休息」的政策，減免賦稅，均定田租，發展生產，獎勵農民墾種，栽桑養蠶，發展經濟作物和工商業，使江淮獨在五代亂世中能「比年豐稔，兵食有餘」。陶懋炳在《五代史略》中說：「南方諸國君主固無出其右者，中原的『小康』之主後唐明宗也難望其項背，能勝過他的唯有後周世宗柴榮。」

李昇與吳國的締造者楊行密一樣，都在社會底層生活過，知道江淮經歷多次戰亂，百姓早已困頓不堪，因此奉行「保土安民」的政策，與民休息，不謀求軍事擴張，要求子孫不得更改。這種想法雖好，但在兵荒馬亂的五代十國，卻在一定程度上限制了南唐的發展。有一次，因爲江淮連年豐收，大臣們都要求趁北方混亂之機北伐，恢復唐朝原來的疆土。李昇說：「我自小在軍旅中長大，滿眼看到的都是戰亂爲百姓帶來的嚴重危害，能使百姓安定，我也就放心了，其他還要奢求什麼？」還有一年，吳

越國發生大火，宮室和府庫都被燒得面目全非，作戰用的兵器鎧甲幾乎被燒沒了，吳越國王錢元受到驚嚇發狂病。這時，群臣又提出趁此千載難逢的良機發兵，一舉滅掉吳越。李昇不但沒有答應，還說：「我不做幸災樂禍的事。」反而派人到吳越去慰問，此後又送去大量救濟物資。一次，他在和大臣討論政事時透露了他採取保境安民的原因。當時朝中大臣宋齊丘和馮延巳都說應當出兵吞併楚、吳越和閩國，李昇卻說：「吳越的錢氏父子總是討好中原政權，發兵攻打，不僅師出無名，弄不好就會招來中原軍隊。閩國地勢險要且土地貧瘠，發兵攻打最少也要半年以上才能結束戰爭。即使是佔領了也未必能夠得到多少好處，恐怕也是得到的少，損失的大，尤其閩人不好治理，好作亂。發兵攻打的最佳對象應該是楚國的馬氏政權，而且也能輕易奪取。為什麼呢？因為他不施仁政，枉法亂國。總之，莫為了得到尺寸之地而背上天下皆知的惡名，昔日孟子還說過，燕人去攻打齊國的時候，還擔心會驚動四周的鄰國，我可不想得到這麼一個結果。」

原來李昇不去開疆拓土，除了厭惡用兵禍亂百姓這一原因外，還想留下個好名聲，如此未免顯得過於保守和迂腐。修內政和繕兵甲是可並行不

悖的，後周世宗柴榮就是一個很好的例子。實際上，在五代十國時期，僅滿足於做割據一方的諸侯是不行的，兼併乃勢之所趨，不壯大自己的實力，只有坐等被人吃掉。李昇不去消滅吳越，為其後代留下了一個後患。更可怕的是，南唐傳到後主李煜手中時，還在奉行著這項基本國策，面對北宋趙氏咄咄逼人的態勢，南唐的「保土安民」與引頸受戮別無二致。

前主李昇是個虔誠的佛教徒，這使他的兒孫們多多少少受到了影響，延及朝野，崇佛蔚然成風。中主李璟也很尊崇佛法，他聽說有位禪師文益頗富佛名，於是延請到金陵住進清涼寺作為國師，文益死後李璟封他為「大法眼禪師」。到後主李煜時，已經到了瘋狂佞佛的地步。李煜普濟眾僧，如有道士願意做僧人的話，就贈二金。僧人如果犯了法，在佛像前拜一百下就可以無罪釋放了。李煜還在境內大修佛寺，並大量賜土地給寺院。金陵禪院裡面，供養著包括日本、朝鮮等國來的上萬名僧人，吃穿用度都來自國庫。北宋大軍兵臨城下時，他一方面令軍士念救苦菩薩，另一方面親自上陣，寫一封信給佛祖，許諾兵退之後要造佛建塔、齋僧萬員。《十國春秋》至此歎曰：「江南之亡，非文之罪，用浮屠之過。」可謂至語。

⊙ 顧閎中《韓熙載夜宴圖》（局部），描繪出南唐大臣韓熙載放蕩不羈的夜生活，生動呈現出南唐後期各階層人物的衣著和生活形態。

李昇 種下的另一惡果，就是在繼承人的問題上舉棋不定，造成南唐王朝高層人心渙散。李昇在世的時候，中主李璟是長子，按說應該由他來繼承皇位，但李昇卻並不喜歡他，他鍾愛的是次子李景遷。不幸的是，李景遷後來死了，李昇又打算傳位給第四個兒子李景達。這不僅製造了統治階級內部的矛盾，使他們兄弟彼此猜忌失和，大臣拉幫結派；也缺乏對儲君進行必要的培養和指導。

升元七年（九四三年），李昇服丹藥中毒突然死去，最不願意做皇帝、確實也沒有能力做皇帝的李璟，竟然登上了帝位。

守成非易

中主李璟在升元七年（西元九四三年）李昇死後，繼任成為皇帝，改元保大。稱李璟為守成之君是有點高估他了，我們之所以這麼說，主要是相對於後主李煜而言的。畢竟李璟沒有把基業給丟掉，而且在其即位的初期，由於南唐國力強盛，還擴展了國家的版圖，吞併了一些州縣，將李昇傳下來的二十八個州增加到三十五個。只是到了統治後期，昏聵的李璟遇上了英姿勃發的後周世宗柴榮，李璟在兩人的較量中一敗塗地，丟失了大片土地，軍隊精銳喪失殆盡，國家淪為後周的附庸，從此一蹶不振。

李璟愛好文學，性情溫和，最喜歡別人順著他，對他說好聽話，這樣一來，那些諂諛之臣有了用武之地，

朝政日亂。最典型的就是他的寵臣馮延巳※。

馮延巳在中國的詩詞史上的地位緊追南唐二主之後。他的詞流傳下來的有一百餘首，留有《陽春集》。王國維在《人間詞話》中說：「馮正中詞雖不失五代風格，而堂廡特大，開北宋一代風氣，與中後二主詞皆在《花間》範圍之外，宜《花間集》中不登其隻字也。」劉熙載在《藝概》中也說：「馮延巳詞，晏同叔（晏殊）得其俊，歐陽永叔（歐陽修）得其深。」可見馮延巳對宋詞影響之大。

如此優秀的一位詞人，馮延巳在政治上卻是個十足的卑鄙小人。前主李昇很欣賞青年時期馮延巳的才華，封他為秘書郎，讓他陪伴太子李璟。喜歡填詞作曲的李璟對馮延巳一見如故，兩人愛好相通，經常作詞唱和，感情自然與日俱增。所以，自李璟做齊王起，馮延巳便一直擔任他的掌書記，其後又兩次擔任宰相，權傾朝野。就這麼一個人，在獲得人主的恩寵之後，馬上作威作福起來。為了能買到姬妾，他竟和弟弟馮延魯偽造一份前主李昇的遺詔，下令：聽任民間出賣兒女。大臣蕭儼識破了他的伎倆，告到李璟那裡，但李璟為了顧全馮延巳的面子，竟然不了了之。

馮延巳為了邀功固寵，用盡手段。前主李昇死後，李璟剛剛即位，當時還只是一個掌書記的馮延巳，就時常和李璟說閒話，一天要去好幾次。弄得李璟都覺得有點討厭，就訓斥他道：「即使是當掌書記也應該有自己的事情去做吧，你怎麼這麼討人嫌，總往我這裡跑呢？」這次雖然吃了個「閉門羹」，但他摸準了中主李璟愛慕虛榮的心理，一找到機會就用花言巧語來獻媚取寵。一次，他說：「原來打仗時，我們僅僅損失了幾千士卒，先皇便吃不下飯，這種鄉下老農的做法怎麼能成就天下大事呢！現在陛下有幾萬軍隊在外面作戰，照樣宴樂擊球，這才是真正

⊙南唐人首魚身像

的英明之主啊！」這話後來傳到中主那裡，李璟聽起來十分受用。

馮延巳當宰相後，知道李璟不愛勤政，爲了能大權獨攬，就撒了個彌天大謊：「天下之所以不能國泰民安，是因爲我不能施展出我的眞正才能，陛下以後不要親自處理那些具體的事情了，交給我來辦就好了。」這正中中主的下懷。馮延巳眞正的才能如何呢，從處理湖南叛亂時的手忙腳亂、喪師失地可以看出，他這個人其實沒有什麼施政本事。

同朝的大臣對馮延巳的眞面目看得很清楚。一次，馮延巳對大臣孫晟出言不遜，他說道：「你小子是憑什麼混到現在這個官的？」孫晟怒氣塡膺，就回敬道：「小子我只不過是江北過來的一介書生，要論捉筆塡詞，不及你的十分之一；要論喝酒和搞笑，也不及你的百分之一；要論諂媚陰險與狡詐，更比你差千倍萬倍。你時常鄙視我，這我倒也無所謂。可是皇上讓你輔佐太子，是讓你用道德來影響他，你可不要誤了國家大事呀！小子我擔任現職，不知道憑什麼得來的，但你所擅長的那些邪門歪道，恐怕要敗壞我們這個國家了。」由此可見馮延巳人品之差。

但李璟身邊的這種小人遠不止一個，除了馮延巳、馮延魯兄弟二人外，還有陳覺、魏岑、查文徽。這五個人結黨營私，敗壞朝政，南唐人把他們五人稱作「五鬼」。「五鬼」如此不堪，李璟應該不會不知，他之所以對他們如此優容，還有他更深層的原因。馮延巳、馮延魯、魏岑都是齊王府裡的舊僚，都是李璟的心腹，是李璟精心培植的一股勢力。李璟雖已登上了皇位，但前主李昇選嗣不當造成的裂痕還在，當年全力擁戴二王子景遷的宋齊丘今日也還在朝中，並與陳覺結黨，勢力頗強。所以，雖然李璟高高的坐在皇帝的寶座上，卻難免會脊背發涼，難保哪天不會被從皇位上拖下來殺掉。爲了讓自己王位可以坐得長久，無形當中他就把自己和馮延巳等人綁在了一條船上，下面的大臣越是對他們彈劾，他越不爲所動，甚至還會免去彈劾者的官職。這種短視淺見只能使南唐的政治越來越腐朽，越來越黑暗。

李璟在選嗣的問題上，也同樣麻煩不斷。即位之初，他曾在父親李昇的梓棺前發誓，要遵守李昇「兄終弟及」的遺詔，等自己千秋萬載後就傳位給三弟景遂。一開始他也確實準備這麼做：中興五年（西元九四七年）他立景遂爲太弟，以作儲君；爲了避免不必要的麻煩，他把自己的大兒子弘冀封爲藩王，讓他離開京城去鎮守邊境，但一場突如其來的戰爭打亂了這一切。

中興十三年十一月，後周世宗柴榮進攻南唐，大軍長驅直入，摧枯拉朽，大將或被捕或被殺，僅有的十五萬大軍幾乎消滅殆盡。消息傳來，南唐舉國震驚。在大臣們的勸說之下，李璟把長江以北的十四個州割讓給後周，同意摘除皇帝的稱號，稱唐國主，奴顏婢膝地向後周上表稱臣，並以後周的正朔為年號（時年為後周顯德五年）。柴榮大抵上得到了自己想要的東西，就班師回朝。江南獲得了短暫的安寧。

與此同時，南唐圍繞立儲問題展開了激烈的鬥爭。在後周大軍兵臨城下之時，李璟曾想將皇位禪讓給皇太弟景遂，並讓太傅宋齊丘總攬大權，但尚書陳喬認為不妥。出人意料的是，皇太弟景遂和景達接連上書推辭，都不願為儲，李璟遂趁機毀掉「兄終弟及」的誓言，將皇太弟景遂發往洪州做晉王，立己出長子燕王弘冀為太子。太子弘冀沉厚寡言，屢有戰功，按說是個很不錯的人選，但長時間的等待和煎熬讓他失去了耐心，他變得剛愎自用、凶狠殘暴起來。為了改變李璟那種國主軟弱、朝綱不振的局面，他準備推行大刀闊斧的改革，讓朝廷中那些他不喜歡的老官員統統罷官。這批失意的人遂聚集在李璟的周圍哭訴太子弘冀的種種不是，讓心腸軟的李璟很生氣，有一次他把太子叫來，用球杆狠狠地打了他一頓，還說要廢了他，仍立景遂為皇太弟。太子聽了很慌張，驚懼之下派人去洪州，下毒鴆殺了自己的叔叔，製造了一場骨肉相殘的宮廷血案。太子的醜行瞞過了大家的眼睛，卻瞞不過自己的良心，他突然生起病來，病情日漸加重，最後不治而亡。

李璟接連喪弟失子，諸子之中，以六子從嘉最為年長，李璟就不顧大臣的反對，於北周顯德六年（西元九五九年）將其立為太子。北宋建隆二年（西元九六一年）六月，李璟死去，太子從嘉繼位，這就是南唐最後一位君主李煜。

李璟這樣做是極不明智的，拿他自己來說吧，他就是一個不怎麼喜歡政治、不願意當皇帝也不怎麼會當皇帝的人，被逼無奈才勉力為之。李璟在位期間，南唐國力江河日下，僅僅是當時北方多事，國家才沒有亡在他手上。可惜的是，他雖然知道這一點，卻又重蹈覆轍，立了一個和自己一樣的太子，南唐國滅為天下笑，李璟也負有不可推卸的責任。

危機四伏

南唐後主李煜，原名從嘉，字重光。他不僅生日特別奇巧（他出生於七夕），出生之後的相貌也與常人不同，史書稱之為「駢齒重瞳」，就是

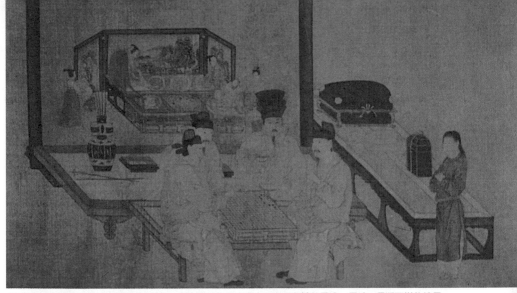

⊙ 南唐畫家周文矩作品《重屏會棋圖》，畫中描繪的是南唐中主李璟與其弟景遂、景達、景逷下棋的情景。居中觀棋者是中主李璟，對奕者是景達和景逷，左側觀戰者是景遂。

有兩層門牙和一個眼睛裡有兩個瞳孔。他長大之後，英俊秀美，才氣逼人，「精究六經，旁縱百氏」，善詩詞、精書畫、通音律，身邊簇擁著南唐文人韓熙載、馮延巳、李建勳、徐鉉等。在即位之前，他一直過著「心志於金石，泥花月於詩騷」的文人雅士生活。

李煜本就詩心風流，南唐政治鬥爭的殘酷更加促使他選擇逃避現實，一心向文。他父親是個溫厚、與世無爭的人，因為皇位的問題卻屢屢和皇叔們鬧得不歡而散，朝中大臣們亦是貌合神離。父親整天愁眉不展，讓他覺得為人君也沒有多少樂趣。給李煜刺激最大的，還是他的哥哥前太子弘冀，他們之間本來感情很好，是無話不談的兄弟。但李煜長大之後，慢慢有了人君之相，尤其是他眼睛重瞳，

這是傳說中的大舜和西楚霸王項羽才有的異相。弘冀慢慢對李煜嫉恨起來，害怕李煜將來和他爭奪太子之位。李煜其實對皇權這東西並不感興趣，他後來上書給趙匡胤時曾說過：「自出膠庠，心疏利祿，被父兄之萌育。樂日月以優遊。」他在《漁父》詞中也說：「一壺酒，一竿綸，世上如儂有幾人」，「一棹春風一葉舟，一綸繭縷一輕鉤。花滿渚，酒滿甌，萬頃波中得自由」。這些話確實是他內心的真實寫照。哥哥弘冀猜忌他，他雖然很傷心，但對哥哥還是一如既往的好。弘冀因為玩弄陰謀，重疾纏身，李煜跑前跑後地照顧他，弘冀深為感動。所以，在臨死之前，弘冀對李煜吐露了他毒殺皇叔景遂的人間慘劇，這深深地刺激了李煜，令他對政治愈加厭惡。

因爲李煜不是長子，而且弘冀也非常能幹，李煜從未想過要做一國之君。他很想在藩王的位置上終老此生，他爲自己取號爲：鍾山隱士、鍾峰隱者、蓮峰居士、鍾峰白蓮居士，其中均飽含著消極出世、逃避遁隱的意味。但弘冀和他父親相繼死去，南唐的江山意外地落到了他的手上。更加無奈的是：此時分裂的局面已接近尾聲，分久則合的格局隨著一個人的即位逐步加近，這個人就是趙匡胤，一個應後唐明宗李嗣源祈禱而生的人物。

據說，五代時後唐明宗李嗣源（唐沙陀部人）勤於治國，「天下粗安」，被後世譽爲「小康」之主。在一次祭祀活動中，他無限眞誠地禱告：「臣本蕃人，豈足治天下！世亂久矣，願天早生聖人。」沒過多久，趙匡胤就在後唐禁軍將領趙弘殷家裡誕生了。趙匡胤取代後周，建立大宋，最幸運的是，他得到一份很好的家業。創造這份家業的是一代英主柴榮，柴榮在位五年有餘，曾決心「以十年開拓天下，十年養百姓，十年致太平」。他大刀闊斧地改革，整頓軍事，獎勵生產，興修水利，熔佛鑄

幣，均定田賦。他南征北戰，先後取後蜀階、成、秦、鳳四州和南唐江淮地區十四州，又北攻契丹，不折一將一卒，一舉收復莫、瀛、易三州十七縣，爲北宋的打下堅實的基礎。趙匡胤登基後，採取了「先易後難」、「先南後北」的戰爭方略，準備依次吞併南方的荊南、南漢、後蜀、吳越、南唐等割據政權，最後再來對付北邊的勁敵遼朝和在遼朝控制下的北漢。

李煜接手的南唐卻是個不折不扣的爛攤子，國庫不豐又屢興干戈，還要不停地向北方上貢。後周顯德五年（西元九五八年），中主李璟向後周稱臣後，以勞軍的名義，向柴榮送上銀、絹、錢、茶、穀共百萬。李煜剛登基時，也給北宋貢去了金器二千兩、銀器二萬兩、紗羅繒彩三萬匹。爲收買北宋宰相趙普，一次就送給人家五萬兩白銀。南唐本是小國，這樣折騰的結果常常是入不敷出，中主李璟末年就有大臣鍾謨請求鑄大錢「永通泉貨」，以一當十，來度過財政危機。李煜即位後，又於乾德二年（西元九六四年）發行鐵錢來救急，同時還巧立名目收稅來增加收入，發

⊙一代名君後周世宗柴榮像

⊙南唐前主李昇哀冊（局部）

展到後來，連民間鵝生雙蛋、柳條結
絮都要抽稅，真是窮瘋了！

南唐軍隊在多次戰爭中精銳盡
失，剩下的大多疲憊不堪、士氣低
落。戰略緩衝之地的江北十四州既已
失去，一旦北宋軍隊渡過長江，南唐
都城大門洞開，再無險可依。本來北
人不適舟楫，南唐水軍犀利，但南唐
水軍被北宋誘降、俘虜者不在少數，
趙匡胤就用這些人加緊訓練水軍，南
唐最後的一點優勢也喪失掉了。

南唐國中大臣一直精於弄權。自
南唐開國後，就有宋齊丘和孫晟結成
兩黨，爭鬥不已，互相攻擊，造成極
大的內耗，前主李昇和中主李璟均不
勝其煩。李煜即位後，朝中亦不乏碩
才俊士，如：蕭儼、陳喬、徐鉉、韓
熙載、潘佑、張洎等，但由於李煜摸

不透他們的脾氣，所以並不能做到知
人善用，最典型的就是韓熙載。

韓熙載，山東北海人，字叔言，
五代南唐進士，工於文章詩詞。他是
南唐三朝老臣，兵部尚書。年輕時志
向很大，他離開家鄉來江南時，一個
叫李谷的好朋友來送行，他就對李谷
說：「江南要是任用我為宰相，要不
了多久就會長驅直入，平定中原。」
李谷也說：「中原要是讓我當宰相，
平定江南就好像探囊取物一樣容
易。」後來後周進攻江南，果然任用
李谷為將，輕易就奪取了淮南之地。
韓熙載因為是北方人，始終沒有得到
重用。李後主剛即位時，猜忌心很
重，鴆殺了很多從北方來的大臣，韓
熙載為逃避李後主的猜疑而故意縱情
聲色。李煜對韓熙載的放蕩行為很不
滿意，就派畫家顧閎中潛入韓家，仔
細觀察韓的所作所為，然後畫出來給
他看。這幅畫今天珍藏在北京故宮博
物院，畫名就叫《韓熙載夜宴圖》。
如此精美傳神的圖畫，背後折射出來
的卻是當時南唐君臣互相懷疑、彼此
不信任的尷尬狀態。事後，韓熙載還
是沒有被李煜重用，最終在淒涼中死
去。

南唐更無成功的外交可言。雖然
也是「遠交近攻」，但畫虎不成反類
犬。吳越國和南唐靠得最近，前主
李昇時主動與其修好，甚至在吳越國

有難的時候去救濟人家，喪失了一次又一次獨霸江南的好時機。中主李璟時閩國內亂，南唐趁機搶奪地盤，吳越國也插手其中，兩國終於反目，但兩國並未全力火拚。吳越國後來投靠了北周及之後的北宋，每次南唐被北方進攻，吳越國都要趁火打劫一番，南唐卻也無可奈何，這是「近攻」。

至於「遠交」，是指北方的兩個國家：契丹遼國和北漢。契丹是南唐努力結交的對象，但此時的遼主是歷史上有名的昏君遼穆王耶律璟，號稱「睡王」，經常酗酒，性情殘暴，視人命如草芥，稍有不如意就殺人，如此一個昏君，自然不把南唐放在心上，遼穆王貪圖的只是南唐的那些禮物。他還曾派親舅出使南唐，由於南唐照顧不周，竟被後周的刺客割去了首級，遼穆王大怒，從此與南唐絕交。

雖然如此，李煜還是打起十二分精神來打理國家，力圖為死氣沉沉的南唐帶來一點改變。即位初年，李煜也確實勵精圖治，賞罰分明。他建立龍翔軍，操練水戰，以備不時之需。金陵烽火使韓德霸負責京城治安，但此人飛揚跋扈，經常無故欺壓百姓，國子監教授盧郢打抱不平，將韓德霸拉下馬來，痛揍一頓。韓德霸來李煜面前哭訴，李煜毫不手軟，立即革了韓德霸的職。人們都為

後主如此乾脆俐落的手段而眼前一亮，此事一時傳頌江南。李煜一直想物色一位傑出的宰相，以輔助他挽狂瀾於既倒。他也試圖發揮韓熙載的作用，卻因無法接受這麼一個放蕩不羈、縱妾賣春的人來做宰相，事情最終不了了之。他時常大力稱讚那些為國家做出貢獻的人，比如陸昭符入宋不辱使命，集賢殿學士徐鍇，守正不阿，為國提拔出許多英才，讓滿朝上下心服口服，一時人心思進，南唐氣象為之一變，國家也獲得暫時的安寧。

國滅身囚

日子一長，李煜就被暫時的安定蒙蔽了，放鬆了警惕，漸漸胡作非為起來。

李煜佞佛，每次散朝以後，李煜就和皇后換上僧服，開始頌經拜佛，天天如此，以至於他臉頰上長出了一個贅瘤。佞佛之外，他還愛下棋，為了和近侍下棋，他常常拒絕召見大臣。無聊之餘，他又琢磨著如何改進造紙和製硯的技巧，好紙好硯是造出來了，但政事卻也荒廢了。他的皇后也是個好風雅逸樂的女人。她善彈琵琶，後主就為她找來燒槽琵琶，她創出一種葉子格遊戲（類似於今天的紙牌遊戲），還精通服裝設

⊙ 南唐陶舞俑，線條流暢，所表現的衣物質感很強，但盛唐的富麗氣派已消失。

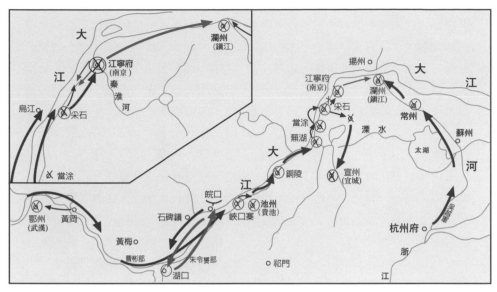

⊙宋滅南唐示意圖

計，創高髻纖裳及首翹鬢朵裝，又會製造香水，尤喜舞蹈。李煜對皇后情有獨鍾，雙宿雙飛，遊戲人間，難免慢怠了政務。李煜的《浣溪沙》將這種醉生夢死的生活描寫得極其生動：「紅日已高三丈透，金爐次第添香獸，紅錦地衣隨步皺。佳人舞點金釵溜，酒惡時拈花蕊嗅，別殿遙聞簫鼓奏。」他時常沉醉於兒女私情中不能自拔，有兩首詞將他的這種情緒表述得最為清晰，一首為《一斛珠》：「曉妝初過，沉檀輕注些兒個，向人微露丁香顆，一曲清歌，暫引櫻桃破。羅袖裛殘殷色可，杯深旋被香醪涴。繡床斜憑嬌無那，爛嚼紅茸，笑向檀郎唾」；另一首為《菩薩蠻》：

「花明月黯籠輕霧，今宵好向郎邊去。剗襪步香階，手提金縷鞋。畫堂南畔見，一向偎人顫。奴為出來難，教郎恣意憐。」這兩首詞都寫得十分香豔，不似人君所為。他有宮女名窅（音杳）娘，輕麗善舞，用帛纏足，纖小彎曲像新月，著素襪在六尺高的金蓮花上旋舞，飄飄然有凌波仙子之姿。相傳中國婦女的纏足，從那時開始。荒淫如此，不亡何待。

後主李煜在這邊悠游度日，趙匡胤統一天下的網卻越收越緊了。西元九六六年，北宋在滅掉後蜀之後，將兵鋒指向南漢，為了節省點氣力，同時考驗一下南唐的忠誠度，趙匡胤降旨，讓南唐後主寫封勸降信給南漢。

李煜雖然照辦了，但也被這種羞辱深深的刺痛，又打算奮發圖強了。次年三月，李煜下令讓兩省侍郎、諫議大夫、給事中、中書舍人、集賢勤政殿學士等，分班於光政殿值夜，召對諮詢，指陳時政，論古今得失，往往進行到深夜。這架勢看起來很不錯，但大家提了很多建議，李煜卻不知道怎麼採用。過了一年之後，他見局勢沒有什麼變化，就故態復萌，又開始宴樂遊玩了。

他幼稚地認為只要自己不停地上貢，以誠相待，趙匡胤就會放過他，任他偏安於東南一隅，延續唐末以來藩鎮割據的故事。所以，他聽不進大臣的勸告，尤其是那些久經沙場的老將們的建議。西元九七○年，北宋傾力猛攻南漢，邊防空虛。南唐大將林仁肇上言，願「假臣兵數萬，出壽春，渡肥、淮，據正陽」可以收復江北全境。李煜害怕得罪北宋，拿出前主李昇「保境安民」之令，曰：「無妄言，宗社斬矣。」趙匡胤素來忌憚林仁肇的威名，就使出了一招非常拙劣的反間計。他拿出一副林仁肇的畫像來讓南唐使臣看，說這是林仁肇準備來投降的信物。使臣回來一彙報，李煜信以為真，立即派人鴆殺了林仁肇，自毀長城。林仁肇死後，將士離心，南唐國勢愈來愈弱，日薄西山，已是不可救藥了。

趙匡胤統一的腳步越來越緊，西元九七四年，他兩次遣使讓李煜來東京開封面聖，兩次都遭拒。趙匡胤以出兵相要挾，李煜表現出了少有的頑強，他慷慨地表示要「親督士卒，背城一戰，以存社稷」，即使戰敗，也要「聚室而焚，終不做他國之鬼」。趙匡胤聽了他這些豪言壯語，不怒反笑：「此措大兒語，徒有其口，必無其志」，後來趙匡胤的話果然應驗。李煜在軍事上的無知是驚人的。當北宋大將曹彬在長江上搭起了浮橋，大軍陸續過江時，坐在宮中的他兀自不信，他對大臣張洎說：「我也以為曹彬此舉近於兒戲，江上架橋，亙古未聞，怎麼可能會成功呢！」宋軍突破長江天險，在江南如入無人之境，不久就兵臨金陵。李煜整日在皇宮中與和尚、道士們談經論道，賞畫作詞，一點也不知道外面的情況。有一天，他登上城牆去巡視，才發現城外遍布北宋的旗幟，京師已經被圍得水洩不通。李煜這才慌了手腳，連忙讓人出去求援，一方面派出使節委屈地解釋：南唐對太宗一向夠奴顏婢膝的了，只是因為有病才拒詔，不能到開封朝拜，如今竟要兵鋒相向。趙匡胤則充滿霸氣地說了那句流傳千古的名言：「臥榻之側，豈容他人酣睡！」開寶八年（西元九七五年）金陵城被攻破。李煜本來堆好了柴草，準備自

焚殉國，到最後一刻卻放棄了，隨著大臣肉袒出降，南唐國破。

南唐滅亡後，李煜被帶到開封，封違命侯。太宗即位，進封隴西郡公。太平興國三年（西元九七八年）七夕那天，是他四十二歲生日，宋太宗恨他有「故國不堪回首月明中」之詞，命人將他毒死。死後被追封吳王，葬洛陽邙山。

追思這樣一個帝王，後世人們的心情是很複雜的。作為一個文學家，他的詞獨步古今、天下無雙，後期的經歷尤使他進入到一個無人能及的獨特境界，寫出了：

桃花謝了春紅，太匆匆！
無奈朝來寒雨晚來風，
胭脂淚，離人醉，幾時重？
自是人生長恨水長東

春花秋月何時了？往事知多少。
小樓昨夜又東風，
故國不堪回首月明中。
雕欄玉砌應猶在，只是朱顏改。
問君能有幾多愁？
恰似一江春水向東流。

這樣的千古名句。但作為一個帝王，他的表現卻極其幼稚、低能。北方從北周柴榮起就屢有吞併南唐之心，趙匡胤於西元九六○年即位後更是勵精圖治、虎視鷹揚，而後主卻一

心只想虛與委蛇，稱臣、傾國力上貢、收買北宋大臣，幻想與虎謀皮，苟且偷生；且內政不修，佞佛成性，宴樂無度，親小人、遠賢臣；外交上一無是處，更不知「脣亡齒寒」的道理，北宋攻打後蜀、南漢時，坐視不管；軍事上戰事未開，先自毀長城，殺了為北宋忌憚的名將；在北宋大軍猛攻長江防線時卻又無所作為，任其浮橋搭就，天塹變通途；金陵城被圍困，猶在宮中與道士、和尚大談佛道，直到淪為俘虜才大夢初醒。如此帝王，稱其為昏君，也毫不為過。

南唐雖亡於李煜之手，卻是南唐三代君主共同累積而成的悲劇，某種程度上來說，這是一種宿命。李煜是不幸的，但他又是幸運的，王國維在《人間詞話》中說道：「詞至李後主而眼界大開，感慨遂深，遂變伶工之詞而為士大夫之詞。」沒有亡國之痛，就不會有那些流傳千古的佳作，這就是所謂「國家不幸詞人幸，賦到滄桑句便工」。但後人並沒有吸取李後主的教訓，南唐國滅一百四十九年後，同一幕慘劇再次上演，這一次，主角卻換成了滅國無算的趙匡胤後裔，另一位「藝術家皇帝」宋徽宗淒然登場了⋯⋯

註解
※ 馮延巳，字正中，他的號歷來有兩種說法：一說號延巳，又一說號延己。

◎遼壁畫馭者引馬

煙消雲散：遼朝覆亡眞相

遼朝的滅亡，在於它既拋棄了熟悉的草原環境、
喪失了民族的特質，又沒有真正學習到中原儒家
治國思想的精髓，反倒沾染了太多的腐朽習性，
亡國自是必然。但令人驚異的是，這個曾經稱雄
一時的民族，自亡國之後，就神祕地集體失蹤
了，再也覓不到它的蛛絲馬跡，成為歷史的匆匆
過客。

駄在馬背上的江山
注定走不了多遠
當懸崖勒馬爲時已晚
飄然而逝就成了最好的去處

——海默《夢迴古代·遼朝》

遼朝與北宋、西夏、金一度並存，四個政權之間的戰爭與和平，一度成為中國中世紀後期歷史的主流，同時也對日後中國多民族國家的形成和發展產生了重大的影響。遼朝自耶律阿保機稱帝，共歷八帝，當國二百一十年。其轄境最廣大時，東起鴨綠江，西抵阿爾泰山，北到貝加爾湖，南至河北、山西北部一帶，地域不可謂不廣，國祚不可謂不久。在其繁榮昌盛之時，周邊如北宋、西夏和金等政權，有的接受冊封，成為遼的附屬；有的每年交納巨額歲幣，以換取和平，其國勢不可謂不強大。

作為一個少數民族政權，有如此國運國勢，在中國歷史長河中並不常見。然而，這麼一個優秀的民族及其政權，是如何一步步走向衰敗的境地？又是如何退出中國傳統政權主流，最後集體消失在茫茫草原和大漠之中，不能不令人深思……

⊙濃眉大眼、身穿圓領窄袖寬袍的契丹人。

南征北伐

遼國由古老的契丹族建立，契丹族從哪裡來，史學界眾說紛紜，不過可以確定的是，遼河上游是契丹族早期活動的重要地區。關於契丹族的起源，有一個神奇的傳說：契丹族的始祖奇首可汗乘白馬出遊時遇到一位駕青牛車的女子，奇首可汗與該女子相愛，兩人生下八個兒子，據說就是契丹族八部的祖先。唐咸通十三年（西元八七二年），契丹族傑出的首領耶律阿保機出生在迭剌部的一個新貴族家庭。阿保機成年以後，身體魁梧健壯，武功高強，且胸懷大志，要成為經國濟世的人才。

唐天復元年（西元九○一年），剛度而立之年的阿保機被推舉為迭剌部的「夷離堇」（軍事首長）。他多次率軍出征，擊破室韋、突厥和奚人部落，甚至越過長城南下掠奪河東、代北，俘獲了大量牲畜、人口，大大增強了迭剌部的政治和軍事實力。唐天祐四年（西元九○七年），契丹八部一致推舉阿保機為聯盟可汗，自擔任可汗之日起，阿保機就積極進行建國稱帝的準備。

西元九一一年五月，阿保機的族弟剌葛等人聯合發動叛亂，阿保機果斷採取措施，平息了叛亂。戰爭雖然歷時三年，牽制了阿保機的兵力，打亂了他對外擴張的計畫，但阿保機的首領地位也藉此得以鞏固。

西元九一六年，阿保機正式稱帝，國號契丹，建元神冊。阿保機稱「天皇帝」，其妻述律氏稱「地皇后」。歷史上契丹的國號曾有幾次變動：西元九四七年改稱遼，九八三年又改為大契丹，一○六六年改稱大遼，此後不再改號，直到一一二五年被金所滅。

在漢人和與之結盟的中原割據政權的影響下，阿保機已不甘於只做草原游牧部落的統治者，他把目光投向了草原地區之外。阿保機稱帝後，加緊向周邊用兵，他龐大的征服計畫是：征服漠北，佔領遼東，臣服高麗，南下幽、薊，將統治範圍推進到黃河以北，建立一個南到黃河，北至漠北的北方大國。

神冊二年（西元九一七年），駐紮在太原的軍閥李存勗進攻後梁，征兵新州（今河北涿鹿），激起軍民不滿，李存勗的部將盧文進舉兵降遼，這為契丹提供了一次絕佳的南下機會。阿保機抓住戰機，迅速發動了對中原的第一次大規模戰爭——新州、幽州之戰，他指揮契丹兵聯合盧文進合攻新州，擊敗李存勗部將周德威，並圍攻幽州達半年之久。之後阿保機雖在李存勗援軍的強大攻勢下被迫撤軍，但幽州實際被盧文進控制，這為

契丹再次南下留置了一個重要通道。

神冊六年（西元九二一年）冬，阿保機再度率軍入關，下涿州（今河北涿州），圍定州（今河北定州），與李存勗大戰於沙河、望都（今河北沙河市和望都縣），攻勢猛烈。只是後來天降大雪，契丹軍馬糧草奇缺，傷亡甚大，阿保機才不得已撤兵。

兩次用兵失利後，阿保機改變了戰略部署，將進攻方向轉向西北和東北，計劃先征服草原諸游牧部落，解除來自側翼的威脅，再全力南下爭奪河北、河東。

天贊三年（西元九二四年），阿保機親率大軍，大舉征伐吐渾、党項、阻卜等部，兵鋒北至烏孤山（今蒙古國肯特山），西達阿爾泰山。次年，阿保機又舉兵東征渤海國。渤海國居東北地區，政治和文化都在北方各民族之上，素有「海東盛國」之稱，但當時的國力已經下降。阿保機降服渤海國後，改為東丹國，意即東契丹國，由皇太子耶律倍出任東丹王，管理東丹事務。如此，阿保機便將勢力擴大到了渤海沿岸。

遼建國前後，大批漢人進入草原地區，阿保機的統治靈活地兼顧契丹族等游牧人口與漢族等農業人口，使遼朝成為兼治蕃漢的多元政權。他不僅任命效忠於己的本族和妻族子弟控制契丹諸部，還積極網羅漢族的有識之士，如韓延徽、韓知古、康默記等人，協助他管理漢人並處理漢民族的諸項事務。

作為一個有遠見卓識的新興游牧民族的首領，阿保機十分重視本民族的文化建設。他命人參照漢字，制定了契丹大字；參照回鶻字，創制契丹小字。契丹文字後來失傳，考古學者在遼慶陵（今內蒙古赤峰市巴林右旗北）出土的「哀冊」※上看到了許多奇怪的文字，經過確認，古老的契丹文字重新為世人所認識。

阿保機以其卓越的軍事、政治才幹，統一了草原各游牧民族和北疆大片領土，加速契丹和北方各民族的融合交流。天顯元年（西元九二六年）七月，阿保機在由渤海國回軍途中，病死於扶餘府（今吉林農安縣）。

在遼太祖的政治生活中，有一個女人不能不提，那就是皇后述律平。

述律平不僅多次幫

⊙契丹鐵矛

助阿保機統兵作戰，「名震諸夷」，而且還積極爲阿保機網羅人才，遼朝佐命功臣之一的韓延徽就是由她舉薦的。遼太祖死後，述律平以皇后身分稱制，掌握了軍國大權。當時有元勳重臣不服管制，述律平以傳統的部族禮儀爲由，下令他們爲太祖殉葬。漢人趙思溫反駁她：「親近之人莫過於太后，太后爲何不以身殉？」述律平毫不遲疑，揮起佩刀，砍下自己的右手，放在太祖棺內，說道：「兒女幼小不可離母，暫不能相從於地下，以手代之。」臣下沒有辦法，只得爲太祖殉葬，述律平因此得到「斷腕太后」的稱號。述律平稱制期間，曾遣使與後唐修好，長期遭受戰亂的各族人民有了暫時的安寧。

阿保機死後，在述律平的主持下，次子耶律德光繼位爲契丹新皇帝，即遼太宗。耶律德光在二十歲的時候就做了契丹兵馬大元帥，跟著阿保機立下赫赫軍功。他繼位之後，促進了契丹族政治和經濟的發展，使遼國逐漸走向強盛。

在鞏固了自己的帝位之後，遼太宗著手將父親阿保機的偉業繼續推進，向南用兵，爭霸中原。這時，後唐大將石敬瑭爲了謀求稱帝，向遼太宗求

⊙ 遼太宗賜與大臣耶律羽之的「萬歲臺」石硯。

助。石敬瑭在給契丹的文書中，表示願意稱臣於契丹，並答應向耶律德光行父子之禮，並在事成之後把雁門關以北十六州的土地獻與契丹。等待時機已久的遼太宗喜出望外，趕忙親自出兵相助。在遼軍的幫助下，石敬瑭打敗後唐軍，接受耶律德光冊封爲晉帝，他信守前言，把燕雲十六州割讓給了契丹，並約定雙方永爲父子之邦。當時石敬瑭四十五歲，耶律德光只有三十四歲。

石敬瑭死後，遼太宗爲了繼續南進，接連三次出兵討伐，直到滅了後晉。會同十年（西元九四七年），遼太宗率領大軍進駐後晉的都城開封，他穿上漢族皇帝的裝束，接受文武百官的朝賀。遼太宗在中原稱帝，完成了他父親阿保機的夙願。

隨著遼的統治區域不斷擴大，遼太宗爲了善加治理各民族的事務，承襲阿保機「因俗而治」的原則，創制了頗具民族特色的北、南兩套完整的官制，即北面官和南面官。北面官制，即遼朝契丹族的官制，官吏一律用契丹人，掌握契丹的軍政事務。南面官制，是十六州等以南的漢族區域

⊙ 石敬瑭爲後唐名將，後唐明宗之婿。他主動獻上燕雲十六州依附遼朝，自稱兒皇帝，對往後宋代北方門戶洞開影響深遠。

的官制，利用漢官管理漢人事務。

遼太宗重視人才，尤其注重選拔有才能的漢族人任官。在援助石敬瑭的戰爭中，遼太宗得到了後唐的翰林學士張礪，他非常高興，讓手下以禮相待。張礪感動不已，此後真心輔佐遼太宗，在攻伐後晉的戰爭中屢屢直言進諫，遼太宗從中獲益匪淺。

遼太宗還允准契丹人隨漢族禮俗，可和漢族人自由通婚，促進了民族之間的交流和進一步的融合，也從根本上連結起契丹族與漢族的密切關係。作為一位草原中走出來的少數民族首領，此舉難能可貴。

然而，契丹人入主中原，蠻橫習性一時難改。遼兵每到一處，經常騷擾百姓，搶奪糧草，一些漢人充當契丹人走狗，也藉機搜刮民財，魚肉百姓，這引起中原人士對遼軍的極大不滿，於是中原地區反抗不斷。遼太宗駐留汴京不足三月，快快北返，途中病故於欒城（今河北欒城）。

母子經略

西元十世紀後期，遼國出現了一位傑出的貴族女性，她就是遼景宗耶律賢的皇后，遼聖宗耶律隆緒的生母蕭綽，也就是「蕭太后」。蕭太后和遼聖宗當政時期，遼國歷史進入鼎盛。

遼應曆十九年（西元九六九

年），遼景宗即位以後，徵召朝臣蕭思溫之女蕭綽入宮。蕭綽聰明機智，美麗過人，深受景宗寵愛，進宮不到半年，就被冊封為皇后。遼國在景宗的父親世宗和堂叔穆宗治理期間，國勢已日漸衰微。景宗很想將國家扶上中興之路，然而他即位不久，就患了嚴重的風疾，身體非常虛弱，於是他將權力委於聰慧過人的皇后身上。從此，蕭綽開始代替景宗治理國家，推行全面改革。在她的努力下，遼國軍事日漸強盛，政治經濟也步入正軌。遼與北宋的對峙也由此拉開了帷幕。

乾亨元年（西元九七九年），宋太宗親自率軍攻打幽州城，蕭太后放權給耶律斜軫與耶律休哥兩位統帥，大敗宋兵於高梁河上。乾亨五年九月，遼景宗在出獵途中，病卒於雲州（山西大同）焦山行宮。臨終之時他留下遺詔：「梁王隆緒嗣位，軍國大事聽皇后命。」時年，年僅二十九歲的蕭太后扶持幼子即位，並且很快完成了新朝的軍政權力調整：戰功赫赫的耶律休哥留守南京（今北京），總管南面軍事，加強邊防；另一名將耶律斜軫為北院樞密使，管理內政事務，嚴管契丹貴族。

蕭太后當政期間，對遼國陳舊的制度進行了一系列

⊙ 遼朝文官形象。遼代實行南、北面官制，此文官著漢官服，應屬南境的漢族官員。

大刀闊斧的改革。此時由於契丹族的勢力擴張，與漢族的對立已經到了十分尖銳的地步。為此，蕭太后注重調整各民族的法律關係和地位。在遼國原來的法律中，契丹人的地位明顯高過漢人等其他民族。例如：契丹人打死漢人，只須賠償財物牛馬；如果漢人打死契丹人的話，不但本人抵命，親屬還要被沒為奴婢。後來蕭太后規定：只要是遼國子民，無論是契丹族還是漢族，都一律平等對待。蕭太后還致力於緩和國內的階級關係。此前遼國的特權階級違犯法律、損害百姓利益，往往能逃過追查。蕭綽嚴格執法，規定即使是主人，也不可擅殺奴婢，奴婢犯下過失，必須交由官府審決。皇族貴戚耶律國留將出逃的奴僕擅自殺死，蕭太后知道後便將耶律國留處斬。

在選官用人方面，蕭太后採取了諸多積極的措施。統和六年（西元九八八年），蕭綽在遼國推行科舉制度，為平民發揮才幹、躋身上層社會開啟了一條通路。蕭綽知人善任，在她的親信重臣中，有一個漢族官員韓德讓。韓德讓的祖父韓知古、父親韓匡嗣先後受到太祖和太宗的重用。蕭綽對韓氏家族格外優遇，韓德讓的忠心和才幹得到了淋漓盡致的展現，他不但為太后和幼主想出了一個輔治宗室的絕妙計策，還「領宿衛事」，直接負責太后的安全。

⊙蕭太后蕭綽像

除了治理內政，蕭綽也想盡辦法發展遼國的軍事力量。她對將士賞罰分明，遼國軍人一掃從前的頹廢之勢，士氣大振。透過諸多改革，遼國面貌煥然一新。據《遼史》記載，自變革之後，遼國「國無幸民，綱紀修舉，吏多奉職，人重犯法」，一片興旺的景象。

這一時期，由於遼迅速崛起，因此在與北宋的角力中占得先機，獲取了主動權。遼宋之間有一個解不開的死結，就是後晉皇帝石敬塘割讓給遼國的燕雲十六州。這片土地不但幅員遼闊、經濟發達，且是交通樞紐、戰略要地。遼國不願退出，宋朝則耿耿於懷，意欲收回。統和四年，宋太宗遣三十萬大軍兵分三路直撲燕雲，向遼國南境發起全線進攻。宋軍初戰連連得手，危急之下，蕭太后率幼帝御駕親征，她以金戈鐵馬、氣吞萬里的氣概，接連大敗三路宋軍，楊家將故事中的主角之一——北宋名將楊業就在此次大戰中遇難。遼軍全勝而歸，從此宋軍再也不敢深入遼境。

統和二十二年（西元一〇〇四年），蕭綽見宋朝多次喪師，畏懼怯戰，再度親率二十萬大軍揮戈南下。

遼師長驅直入，兩個月便抵達與北宋都城開封隔河相望的澶州（今河南濮陽）。蕭太后「親御戎車，指麾三軍」，在澶淵城下擺開陣勢。宋眞宗驚惶失措，在宰相寇準力勸之下，眞宗勉強親征，宋軍大振。此時，遼大將蕭撻覽在察看地形時中伏弩身亡，遼軍士氣受挫。在形勢對宋有利的情況下，蕭太后審時度勢，順勢採取了與宋通好的建議，與宋朝簽訂了歷史上著名的「澶淵之盟」，即宋歲輸遼銀十萬兩，絹二十萬匹，宋帝尊蕭太后爲叔母。宋、遼多年芥蒂，終以一紙和約偃旗息鼓，此後宋、遼友好往來達一百二十年之久。

當一切障礙俱已掃除，政權穩如泰山，國勢蒸蒸日上之時，苦心經營了二十七年的蕭太后終於放心地把權力交給她的愛子耶律隆緒，即遼聖宗。聖宗即位時年僅十二歲，他刻苦學習，文武兼修。他喜好漢族文化，嚮往漢族的先進文明，他曾親自翻譯了白居易的《諷諫集》，遍召臣下閱讀。聖宗極爲欽佩唐太宗，認爲唐太宗是「五百年來罕見之英主」。親政後，遼聖宗大力選拔人才，知人善任：重用有才幹的漢族官員，在他們的幫助下進行改革，修治法律，實行賦稅制度。在他統治期間，遼國與中國文化愈加融合。

蕭太后和遼聖宗勤於政事，在他們母子執政期間，徹底扭轉了遼穆宗之後的中衰局面，引領遼國進入鼎盛時期。

昏君亂政

遼代歷史上，昏君亂政的事例爲數不少。在蕭太后當國和遼聖宗執政之前，遼國就因爲幾位國君的昏庸無能而險些喪國。

在遼太宗耶律德光之後，世宗和穆宗相繼統治遼國，由於二人統治腐敗，遼國剛剛出現的強盛勢頭就漸趨衰微。遼世宗耶律阮時代，貴族爭權鬥爭更趨激烈。耶律阮殘酷鎮壓異己，重用佞臣耶律察割等人。天祿五年（西元九五一年），耶律阮召集各部酋長出兵攻打後周，酋長們由於連年征戰，民力耗損，不願意南侵。耶律阮強令他們按期南下，自己親率本部人馬到達歸化州（今河北宣化）的祥古山，夜宿於火神澱。耶律阮設宴招待群臣和各部酋長，喝得酩酊大醉，深夜，

204

⊙ 宋眞宗像。宋眞宗時，簽訂「澶淵之盟」，宋朝成爲遼朝的兄弟之邦，每年向遼輸出「歲幣」以換取和平。

耶律察割率人衝入內帳，刺殺了沉睡中的耶律阮。

穆宗耶律璟是在權貴鬥爭中上臺的，遼世宗死後，時為壽安王的耶律璟殺死耶律察割，登上大位。遼穆宗在歷史上有「睡王」之稱，常常通宵達旦地飲酒作樂，然後一睡不起。穆宗在位時期，皇族的反叛奪位事件層出不窮，穆宗均予以血腥鎮壓。遼穆宗嗜殺成性，為了鎮壓反叛者，他設立了許多種毒刑，「或以手刃刺之、斬擊射燎、斷手足、爛肩股、折腰脛、劃口碎齒，棄屍於野」。遼穆宗甚至對近侍吹毛求疵，近侍拿筷子和刀叉慢了些，穆宗就親手將之刺死。野蠻的酷刑和殘殺激起了身邊人的無比憤恨，穆宗的殘暴終於換來殺身之禍。應曆十九年（西元九六九年），遼穆宗前往黑山（今內蒙古巴林右旗崗根蘇木境）打獵，就在他爛醉如泥的時候，近侍和廚子上前將他殺死。

之後，蕭太后和遼聖宗母子勵精圖治，一掃遼國的頹廢，使遼國國力達於鼎盛。但是，聖宗長子耶律宗真即位以後，由於連年征戰，再加上他本人篤信佛教，窮奢極欲，遼國政治從此腐敗，國力急遽衰落。

重熙二十四年（西元一○五五年），耶律洪基即位，是為遼道宗。遼道宗在位長達四十七年之久，他在位期間，遼國政治更加腐敗。遼道宗重用耶律重元等奸佞，不理朝政，結果導致「重元叛亂」。此外他還篤信佛教，在位期間大修佛寺、佛塔，社會風氣日趨消極。遼道宗統治後期，錯誤地製造出「皇后案」和「太子案」，大大挫傷了遼國的元氣。

遼道宗的皇后蕭觀音也出身於「一門出三后，四世出十王」的遼朝蕭家。史載，蕭觀音「姿容冠絕，工詩，善談論。自製歌詞，尤善琵琶」。她因生下皇太子耶律濬，加之達曉事理，在朝野上下深孚眾望。

蕭觀音非常關心朝政，她對遼道宗終日飲酒作樂、不理朝政的行為深感不安。蕭觀音多方進諫，規勸遼道宗以國家社稷為重，遼道宗對蕭觀音的良苦用心不但不領情，反而對她逐漸疏遠。

太子耶律濬長大涉政後對耶律乙辛等奸臣的行為極其不滿，耶律乙辛也把太子視為「眼中釘」。為了廢掉太子，耶律乙辛煞費心機，偶然間他讀到了蕭觀音的《懷古》詩，靈機一動，計上心頭。耶律乙辛向遼道宗密奏蕭皇后和伶官趙惟一有染，並拿出《懷古》一詩，詩中有「宮中只數趙家妝，惟有知情一片月」一句，耶律乙辛誣陷詩中的「趙惟一」三字說明皇后與趙惟一通姦，遼道宗竟然信以為真。

這時候，遼國社會流傳一首《十

香詞》，詞句非常香豔，據說《十香詞》出自蕭觀音之手。蕭觀音深居宮中，又有詩人的浪漫，寫出這樣的詞句本無可厚非，然耶律乙辛竟又誣稱《十香詞》是蕭觀音寫給趙惟一的信物。遼道宗勃然大怒，不聽蕭觀音的苦苦辯解，詔令她自盡，年僅三十六歲的蕭觀音絕望地寫下一首淒慘絕倫的《絕命詞》後自縊而死。蕭觀音死後不久，太子耶律濬也受到耶律乙辛的陷害而死。「皇后案」和「太子案」在遼國激起軒然大波，遼國百姓群起而為蕭觀音母子鳴冤，這兩起冤案使得遼朝統治集團大失人心。之後耶律乙辛還不甘休，大肆誅殺與太子關係密切的朝臣，造成巨大的內耗。

遼道宗死後，更為殘暴的天祚帝耶律延禧上臺，遼朝的滅亡也就成了必然。遼的腐朽統治引起各族人民的不滿，尤其是受遼統治者壓迫的女真族開始崛起，成為遼的掘墓人。天祚帝耶律延禧很喜歡捕魚射獵，今日河北張家口壩上有個安固里淖旅遊區，在遼朝時是天祚帝最喜歡遊玩的地方。據《遼史》記載，天祚帝在位時曾七次來此遊獵取樂。

天祚帝時期，遼國的統治已是風雨飄搖，但契丹貴族渾然不知。對所轄女真族的壓迫日甚一日，好獵的契丹貴族經常派出使者到女真人的領地強行索要海東青。使者兇橫殘暴，到處搜刮勒索。汙人妻女，並常常去榷場中強買強賣女真人的貢品，還戲稱為「打女真」。天祚帝哪裡知道，女真族仇恨的怒火正在暗中蘊積，只待機會燬然燎原。

遼天慶二年（西元一一一二年），天祚帝到混同江（今松花江）遊獵玩耍。依照遼朝禮制，四周各部落的酋長都來拜會這位大朝天子。酒宴之間，天祚帝喝得高興，命各酋長跳舞助興，偏偏女真族酋長完顏阿骨打神情冷漠，推辭不能，這場宴會鬧得不歡而散。天祚帝本想殺掉阿骨打，但是又怕引起其他酋長的反對，就把這件事擱在一邊。

阿骨打性格剛直，早就不滿遼朝貴族欺負女真部族。他繼任完顏部首領後，建築城堡、打造軍器、訓練人馬，逐步統一了女真各部，積極準備反遼。天慶四年冬，完顏阿骨打召集周圍女真部落，以兩千五百兵馬，一舉攻下遼國的寧江州（今吉林扶餘）。不久，女真人又在出河店（今黑龍江肇源）大破遼國軍隊。天祚帝又驚又怒，親率七十萬大軍御駕親征。完顏阿骨打當時僅有兩萬兵，但「女真不滿萬，滿萬不可敵」。兩軍相會，女真將士以一擋百，把遼軍殺得屍橫遍野。遼天祚帝連夜潰逃，才保住了性命。從寧江州戰場中逃潰的殘兵敗將四處劫掠，朝廷以擔心他們相

◎契丹王子騎馬圖

聚為患為由，不予治罪。當時，軍隊中流傳著「戰則有死而無功，退則有生而無罪」的說法。戰士既貪生怕死，武官見皇帝無能，遂生變節之心。不久，遼軍都監耶律章奴在上京叛亂。雖然叛亂很快就被平定，但是叛亂分裂的風潮在遼朝內部越積越濃，不久渤海國也發生叛亂。一時之間，遼朝內外交困。

煙消雲散

當大遼昏君權臣在一點一點地恣意破壞著祖宗留下的基業時，被其壓迫奴役者以不同的方式發動了滅遼戰爭。阿骨打的實力不斷壯大、雄心日益膨脹。加之，北宋政權對燕雲十六州揮之不去的情結，使他們始終沒有放棄對遼的用兵。多種力量匯集在一起，遼朝滅亡的命運似乎已經難以避免了。

為滿足自己驕奢淫逸的生活，遼統治者對百姓政繁賦重、淫刑吝賞，對人民的剝削日甚一日，百姓怨聲載道，反抗情緒廣為散布。他們最初選擇逃亡，農民游食四方，官府為了保證稅收、防止流民鬧事，採取了更為嚴厲的防範和打擊措施，同時把逃亡農民的賦稅攤派到沒有逃亡的農民身上，此舉又進一步加劇了農民的破產和更大規模的流亡。「官逼民反」，走投無路的百姓走向公開對抗官府的道路。天慶六年，渤海人高永昌殺掉東京留守蕭保先，自稱大渤海皇帝，揭竿起義，短短的十餘天，遠近響應，匯集了近萬人的隊伍。

與此同時，不甘忍受迫害的女真族在阿骨打的帶領下，把反遼建國事業大大推進了一步。遼天慶五年（西元一一一五年），阿骨打在會寧（今黑龍江阿城南）正式稱帝，國號大金。這時候，遼朝兵力大部喪失，不滿遼朝貴族統治的北方人民，發動了更大規模的抗爭。階級和民族對立問題交會在一起，遼的喪國指日可待了！

此時，北宋政權也趁遼國衰微之際，積極收復失地。有人向宋徽宗提議道，遼朝行將滅亡，收復北方燕雲失地，機不可失。宋徽宗派人從山東渡海，前往金朝會見阿骨打，表示願意夾攻遼朝。雙方約定滅掉遼朝之後，北宋收回後晉時期割讓給遼朝的燕雲十六州，北宋把每年送給遼朝的銀、絹，如數轉送給金朝，歷史上把這件事稱作「海上之盟」。

遼軍潰敗之後，天祚帝只得逃入夾山（今內蒙中部武川陰山一帶）。倉皇敗逃途中，天祚帝仍舊不改往日

惡習，常常帶著隨從打獵飲酒。天祚帝文妃蕭瑟瑟見國事當頭，皇帝卻畋遊無憂，忠臣良將廣遭疏斥，便作詩諷諫：「丞相來朝兮劍佩鳴，千宮側目兮寂無聲。養成外患兮嗟何及，禍盡忠臣兮罰不明。親戚並居兮藩屏位，私門潛蓄兮爪牙兵。可憐往代兮秦天子，猶向宮中兮望太平。」天祚帝讀完此詩，以爲文妃諷刺自己柔弱無能，聽由強臣擺布，惱怒之下，下令賜死文妃。

金軍起兵不到十年，勢如破竹，連戰連捷，接連攻下遼國上京臨潢府（今內蒙巴林左旗）、中京大定府（今內蒙寧城以西）、西京大同府（今山西大同）、南京析津府（今北京）。雖然一一二四年完顏阿骨打病死，但金滅遼的勢頭未有絲毫減弱，即位的金太宗聯合西夏，對天祚帝窮追不捨。金天會二年（西元一一二四年）冬，天祚帝不聽大臣耶律大石等人的勸阻，率殘軍出夾山，南下武州（今山西省神池縣），試圖收復山西州縣，結果又被金軍擊敗，許多部下投降了金軍。隔年正月，天祚帝經天德軍城（今內蒙古呼和浩特市東）過沙漠，向西逃竄，路上水糧斷絕，只能吞咽冰雪充飢止渴。二月，他逃到應州新城（今山西省懷仁縣西）東，被金兵追上俘獲。金太宗降封他爲海濱王，不久改封爲豫王。沒過多久，金人又

將他殺死，並驅趕馬群將他的屍體踩成一灘肉泥（一說於一一七八年病死），至此，大遼國滅亡。

從恃強凌弱到任人欺凌，大遼政權經歷的大起大落，值得人們注意。透過上述對遼代歷史的縱向分析不難看出，遼朝的滅亡在道宗執政時期就已注定，這一點早爲當時人和稍後的達人賢者所洞察。明中期，著名思想家「後七子之一」的浙江臨海人王宗沐在作《宋元資治通鑑》時，對遼的滅亡有精闢地評價：「道宗之初，似有可觀者，而晚年讒巧競進，賊殘骨肉。」加上道宗本人一味荒唐嬉戲，不思精進政治，百官多因循迎奉，貪贓枉法，大大地損害了百姓各業的安居生活。當時的時局已經是「諸部反側，甲兵之用無寧歲」，王宗沐於是肯定地說：「遼之亡也，吾不曰天祚，而曰道宗！」事實確如此，天祚即位後，既無能力重振朝綱，力挽將傾之廈，卻又在行將倒塌的大廈上投下了「最後的稻草」，投下的不是「一根」，而是一堆重如巨石的「亡國稻草」。

遼勃興之時，我們看到的是一隻冉冉升起、披堅執銳的草原雄鷹；遼之衰亡，我們看到的是一隻病魔附體的瘟雞。遼朝之敗，在於它既拋棄了熟悉的草原環境、喪失了本族特質，又沒有真正學習到中原儒家治國的精

髓，反倒沾染了太多的腐朽習性，豈有不亡之理？！

遼國滅亡後，皇族耶律大石受到同宗部落的擁戴。此後他揮兵西進，捷報頻傳，擊破西域諸政權十多萬大軍，並於一一二八年在起爾曼（今烏茲別克布哈拉）稱帝，建立喀喇契丹王朝，史稱西遼。他即位後，派兵東行伐金失敗，但在中亞，西遼軍隊稱得上「萬里可橫行」，連喀喇汗王朝也俯首稱臣，成爲西遼附庸。耶律大石精通遼、漢文字，博學多識，他把整個遼國制度搬用於西遼。耶律大石之後，西遼政權趨於穩定，統治者內部再生驕奢淫逸之風，醉生夢死。軍紀敗壞，以燒殺劫掠爲快事，劫來財物之後，又常常因分贓不公發生內戰，一些將領率軍出走，大大削弱了國力。部分出走的將領投靠了漸趨強勁的蒙古族領袖成吉思汗，西遼遂成爲蒙古西征的祭品！一二一八年西遼亡於蒙古，計統治八十餘年。

隨著西遼的滅亡，契丹族也逐漸淡出人們的視野。契丹的本意是「鑌鐵」，也就是堅固的意思。這個剽悍勇猛的好戰民族，在兩百多年的時間裡曾經揮斥長城內外，輝煌一時。但令人驚異的是，這樣一個稱雄一時的

⊙ 點茶圖。透過宋朝的貿易和餽贈，契丹貴族流行起飲茶風氣。

民族，自明代以後就集體失蹤了，人們再也聽不到關於他們的消息。

到清代，有學者注意到，在遼闊的呼倫貝爾草原上活躍著一支特色鮮明的草原民族——達斡爾人。透過比較，人們發現：達斡爾族和契丹族在生活習俗、宗教、語言上有不少相似之處，大量證據表明，達斡爾人是繼承契丹人傳統最多的民族。然而，在沒有足夠的科學證據之前，許多學者對這個集體消失的民族仍然懷著極大的興趣關注著，探尋著……

註解
※ 帝后崩逝時所作之頌揚其功德的文冊，多用韻語寫成。

吟徵調宮鬵下桐
松間疑有入松風
仰窺低審含情容
以聽無絃一弄中
臣京謹題

聽琴圖

⊙宋徽宗作品《聽琴圖》，畫卷上方的七絕句為大文學家蔡京所題。

文盛武衰：北宋覆亡眞相

北宋一朝，其政治、經濟、文化、科技都高度發達，是當時世界上最富庶的國家。然而，為什麼這樣一個富庶的朝代卻被輕易地滅掉了，從此被扣上「積貧積弱」的帽子呢？究其原因，根源於北宋實行的中央集權君主制。為了分散大臣之權，北宋統治者人為地製造了一個效率低下、流弊叢生的制度，給各種腐敗墮落的行為提供了溫床。富而不強是北宋亡國的重要原因。

從富到強的距離
比從水到汽的距離更近
溫水一盆的北宋
最終沒有等來沸騰的那一天

──海默《夢迴古代‧北宋》

西元一一二七年四月，是春末夏初北方最宜人的季節，阡陌縱橫，綠浪翻滾，山河秀麗，引無數英雄縱橫馳騁。在這片北中國遼闊的平原上，此刻卻行進著一支長長的隊伍，雖華服玉衣，卻是疲憊不堪，一個個面露驚恐之色。

有誰會想到，組成這支隊伍的，竟是大宋王朝的兩個皇帝——當了一年多太上皇的宋徽宗趙佶和他繼位的長子宋欽宗趙桓，以及皇家宗室、妃嬪宮女、文武百官、工匠等一萬四千多人，還有數不盡的用大車裝載的金銀寶貨、文玩古物、儀仗圖籍。他們此行的目的地，正是北宋初年幾代皇帝曾經夢想踏上的土地——燕雲十六州。只是這次行軍的性質與他們祖先的夢想迥然不同。北宋初年的皇帝們夢想著以征服者之姿踏上這片土地，而他們，卻成了異族的囚徒，這片土地也最終成為亡國之君的棲息地。

這一年，北宋覆滅，南宋在風雨飄搖中宣告誕生。在這興亡之間，距離一代明主宋太祖趙匡胤開創的大宋王朝，已經過了整整一百六十七年。夢想是怎樣失去的？曾經的豪情又是怎樣沉淪的？一個經濟文化異常繁榮的世界大國，為什麼會被百年的風雨侵蝕而轟然倒下？讓我們倒轉時光，從後周大將趙匡胤披上龍袍的時候開始去尋找答案吧！

⊙宋太祖趙匡胤，北宋王朝的建立者。

出師未捷

後周顯德七年（西元九六○年）正月初一，開封城的皇宮裡洋溢著新年的喜慶氣氛。這時，從北方邊陲的鎮、定二州傳來緊急軍情，報告北漢勾結契丹入寇。小皇帝和年輕的太后驚慌失措，倉促派遣殿前都點檢趙匡胤統帥禁軍前去抵禦。一場改朝換代的陰謀始浮出水面。正月初三，大軍出征，當晚駐紮於開封東北的陳橋驛。趙匡胤與其弟趙匡義，和親信趙普導演了「陳橋兵變、黃袍加身」的故事，輕易地奪取了後周政權。趙匡胤登基做了皇帝，改元建隆，以「宋」為國號，定都開封，封後周小皇帝柴宗訓為鄭王。

雄心勃勃的趙匡胤決心完成生命中輝煌的三部曲，以便讓後人把自己的名字，與歷史上漢武帝、唐太宗等偉大君主銘刻在一起。這就是：第一步，控制原後周地區；第二步，統一全國，主要是歷史上的漢族聚居地區；三，奪回燕雲（又稱幽雲）十六州，北逐契丹，建立萬世基業。

在北宋取代後周的過程中，趙匡胤特別注意嚴肅軍紀。開封城中沒有發生以往改朝換代時出現的那種燒殺搶掠的混亂局面，各級官員基本上得以保留原有官職，社會形勢比較安定──人心迅速向新的朝廷凝聚。在經濟上，趙匡胤繼續推行後周世宗的改革措施，鼓勵墾荒、減輕租稅、興修水利，產生了穩定人心、鞏固統治的作用。軍事上，陳橋兵變前夕，趙匡胤就命令大將韓令坤、慕容延釗等人分兵控制了黃河以北各路戰略要地。接下來的半年，趙匡胤又親率大軍先後平定後周境內兩個力量較強的藩鎮李筠和李重進的叛亂，使得一些勢力較小，又對趙匡胤不滿的地方藩鎮更感到無力與中央抗衡，只得表示屈服。這樣到建隆元年（西元九六○年）末，北宋在原後周統治區已大抵穩定了局勢。接下來，趙匡胤開始考慮如何完成後周世宗一統中國的事業。

這時在宋的周邊，北有勁敵契丹和契丹扶植的北漢，東南有南唐、吳越，南方有荊南、南漢，西南有後蜀等政權。這樣的形勢，使趙匡胤深深感覺到臥榻之外，皆他人家也。在一個大雪紛飛的夜晚，趙匡胤和晉王趙光義走訪宰相趙普共商國策。趙普聽了宋太祖試探他的話──「欲收太原」之後，沉吟良久然後說，先打太原等於直接面對契丹的威脅，不如先削平南方諸國之後再攻打北漢，到時，北漢這樣的彈丸小國還能逃到哪去？聽了趙普的分析，趙匡胤哈哈大笑：「正合我意！」一個先消滅南方割據勢力，後消滅北漢的統一戰爭方略就這樣確定了。

按照這個方略，趙匡胤從西元九六三年開始，用了十三年的時間，先後滅掉了荊南、湖南、後蜀、南漢、南唐等割據政權。其中南唐是比較強大的一個，為求自保，長期以臣事北宋，屈膝依附。西元九七四年，趙匡胤為製造進攻南唐的藉口，要南唐後主李煜親自到開封朝拜。李煜怕遭宋朝扣留，推辭不就，趙匡胤遂派大將曹彬率十萬大軍進攻南唐。李煜在圍困了近一年後才被迫出降。平定南唐不久，西元九七六年十月，趙匡胤在「斧聲燭影」[1]中突然死去，他的弟弟趙光義登基，是為宋太宗。

趙光義繼承了趙匡胤的未竟事業，使用政治壓力，迫使割據福建

漳、泉二州的陳洪進和吳越的錢俶歸附。西元九七九年初，他率大軍親征北漢，並擊敗了契丹的援兵，北漢國主劉繼元被迫投降。至此，安史之亂以來兩百多年的軍閥割據局面基本上結束了。北宋的統一，結束了五代時期混亂爭鬥的局面，使得中原地區進入一個和平穩定的發展時期，百姓從頻繁的戰火中解脫出來，開始正常的生產生活，為南北經濟、文化的發展，創造了有利的條件。

完成了趙匡胤的第二步宏願，趙光義開始積極籌備對契丹的戰爭。

契丹是居住在中國東北的少數民族，早在北宋建立之前的西元九〇七年，契丹首領耶律阿保機就統一契丹各部，建立了政權。阿保機死後，耶律德光繼立，改國號為遼。在阿保機建立政權日益強大時，常常向南侵擾五代的北部邊境。西元九三六年，後唐節度使石敬瑭為代後唐自立，以割讓燕雲十六州及約為父子之國作條件引契丹為援。燕雲十六州的割讓，使長城以南一直到當時的國都開封，八百公里的遼闊平原，沒有任何一個險關要地能夠阻擋龐大游牧騎兵團的衝擊，從此中原王朝在與北方游牧民族的對戰中處於無險可守的被動地位。

北宋甫建立時，總兵力不到二十萬人，以步兵為主；財政狀況不算太好，「帑藏空虛」，難以支撐大規模

⊙北宋第二任皇帝宋太宗趙光義

214

軍事行動。遼國軍隊總數為三十萬人，以騎兵為主。雙方力量對比，顯然是宋弱遼強。為此，趙匡胤專門設立了一個機構叫「封椿庫」，其職能就是將每年的財政盈餘全部儲存起來，作為收復燕雲的專款資金，由趙匡胤本人親自掌管。只可惜天不假年，錢是存了不少，英雄卻已不在。直到北漢投降後，在戰爭中經歷洗禮的北宋軍隊總數達到了將近四十萬人，太祖皇帝多年的積蓄也足以保證大規模軍事行動的後勤供應。趙光義於是組織了兩次大規模北伐，試圖收復燕雲，但都以全軍覆沒的慘敗告終。

西元九七九年，趙光義以剛剛平定北漢的疲憊之師，在毫無充分準備的情況下進攻幽州。高梁河一戰，宋軍大敗，趙光義腿部受傷，坐在一輛驢車上狂奔，方才逃脫了性命。九八六年，一心想報仇雪恨的趙光義不顧糧草、軍械缺乏等不利條件，再次盲目開戰，結果又招致了失敗。其中陳家谷一戰，號稱「楊無敵」的北宋名將楊業被俘後壯烈殉國，成就一段流芳千古的「楊家將」故事。遼軍在再次挫敗宋軍的進攻後，轉而採取攻勢。一○○四年，雙方再戰於澶州，宋真宗在佔有優勢之下決意議和。十二月宋遼講和，雙方約為兄弟之國，宋每年給予遼「歲幣」銀十萬兩、絹二十萬匹，這就是「澶淵之盟」。

自此以後，宋遼關係趨於緩和。趙匡胤的後人們失去了「一條杆棒等身齊，打四百座軍州都姓趙」的豪情霸氣，不但沒能繼承他的宏願，反而不得不在那容不得他人酣睡的「臥榻之側」，留下了一個無法驅趕的噩夢——極其無奈地接受了相繼與遼、西夏、金和蒙古族等政權同床共枕的尷尬局面。這個噩夢的存在就某種程度上來說，左右了北宋的基本國策。直到一百多年後，隨著遼國的滅亡，這個噩夢醒了，整個大宋帝國卻也到了脆弱得難以承受任何風吹雨打的地步。

⊙ 明朝劉俊作品《雪夜訪普圖》，描繪宋太祖趙匡胤雪夜赴趙普宅，商討治國之策。

變革圖強

對遼戰爭的軟弱無力，似乎使北宋的統治者對戰爭有某種恐懼症，刺激他們重新思考國家的基本政策。宋太宗在淳化二年（西元九九一年）時對大臣們說：「國家若無外憂，必有內患。外憂不過邊事，皆可預防。惟奸邪無狀，若爲內患，深可懼也。帝王用心，常須謹此。」這段話表明宋太宗對於內外之防，孰輕孰重，已經做出了新的判斷。「澶淵之盟」的簽訂則標誌著大宋皇帝放棄了太祖皇帝的萬丈雄心，政策重心由宋初的積極擴張轉爲集中精力鞏固國內的統治。

趙匡胤曾參與擁立後漢節度使郭威建立後周，十年之後自己也被下屬擁立，黃袍加身。如何防止此類事件的再次上演呢？趙匡胤登基不久，就和趙普商議：「從唐朝以來五十多年，當皇帝的換了八個姓，戰亂不斷，民不聊生，這是爲什麼呢？我想平息天下的戰亂，制定國運長久的方針，應當怎麼做呢？」趙普回答道：「這不是別的原因，就是因爲藩鎮權力太大，君弱臣強罷了。現在要想解決它，也沒什麼別的取巧方法，只要削弱藩鎮權力，控制他們的財政權，剝奪他們的兵權，天下自然就安定

了。」趙匡胤表示贊同。這次談話後不久，趙匡胤就導演了一齣「杯酒釋兵權」戲碼，用贖買的辦法，把大將們統統請回家。如何確保皇權的穩固，成爲北宋政權的第一要略。

爲了加強皇權，宋初統治者把行政司法權、軍權和財政權分離，相互牽制。在中央，中書省掌行政司法權，樞密院掌軍權，三司使掌財政權，形成了「三權分立」的宰相體制。地方設三級行政區劃，第一級爲「路」，相當於現在的省。在一路內分設了經略安撫司、提點刑獄司、提舉常平司和轉運使司，分別負責軍事、司法、賑災專賣和財賦，互不統屬，直接對中央負責，以達到分權目的。地方行政第二級的府、州等，在知府、知州外另設通判等官職以牽制。北宋統治者還經常設置一些臨時機構和臨時職務，把各種常設職務和相關事務相分離，形成有職無權、職事分離的情況。這樣，從中央到地方，臣下的每一項重大決定，都要受到各方面因素的牽制，不能獨斷專行。然而，分權必然導致機構臃腫，官俸支出大大增加，潛伏著寅吃卯糧的財政危機。而眾多官員的相互推諉也使行政效率相應低下，甚至影響到中央的決

⊙ 後周太祖郭威像。郭威字文仲，邢州堯山（今河北隆堯）人。他幫助後漢高祖劉知遠建國，武功顯赫，在西元九五一年被部下擁立爲帝，建立後周。

策執行，以及下情不能順利上達的弊處。

在加強皇權的措施中，武將出身的趙匡胤把軍事方面的分權、集權措施放在整個國策的最核心地位。在軍事部署上，中央與地方駐兵各半，使「內外相制」，降低兵變成功的可能。同時實行「守內虛外」，在京城周圍屯駐數十萬甲兵，以防內患，而在與遼、西夏的邊境則實行消極防禦。對於軍隊的招募和常備軍的維持，趙匡胤祭出「荒年募兵制」和「更戍法」兩招，他說：「荒年人民會叛亂，軍隊不會叛亂；萬一豐年變亂，軍隊會叛亂，人民卻不會叛亂。」招募饑民入伍，用軍隊紀律加以束縛，使其不能鋌而走險，確實能在一定程度上緩和問題，但結果是軍隊數量大幅增長，戰鬥力卻大幅下降，且為新的財

⊙宋煮茶畫像磚

政危機埋下了隱患，社會問題在實質上並未得到緩和。中央禁軍則實行三年一輪換派到外地的制度，使將無常兵，兵無常將，將不知兵，兵不知將，防止兵將合一。皇帝更是直接干預軍隊的作戰指揮權，將領臨戰才知自己所率何部，到了戰場上不但要巴結奉承皇帝派來的監軍（通常都是宦官），甚至連打仗都要按照戰前皇帝下發的陣圖排兵布陣。上述做法雖使北宋難有第二次「黃袍加身」的可能，但也除去北宋對外戰爭致勝的可能。

冗官、冗兵必然導致冗費。為了加強皇權而增加的開支，從宋初就呈現出鏈式增長的趨勢。到北宋中期，約四千萬的人口養了兩百多萬軍隊，范仲淹的老友富弼就估算過：「一直以來全國的財政收入，十之八九都花在軍隊身上了。」

不僅是軍隊，冗官也嚴重影響了國家財政支出。以科舉制為例，北宋有兩大變化，一是舉子一旦考取，不需再經過吏部的考試選拔，可直接委任官職；二是擴大錄取名額，甚至規定按考生總額十比一的比率加以錄取，成為定制。吃皇糧的官僚團迅速壯大。宋朝皇帝的統治基礎擴大了，腰包卻也

扁了下去。

如此龐大的支出，假使沒有同樣巨額的收入支持，財政就會不堪負荷。而在以農立國的古代社會，自作聰明的趙匡胤卻制定了「不抑兼併」的土地政策。他白日夢般地幻想著富戶佔有大量土地其實是為國家守財，有起義或邊患擾動，大地主們為了維護統治，會自發地向朝廷提供財物。事實證明，這種犧牲人民利益以鞏固統治的片面做法，與每個王朝初年與民休息、發展生產的通常做法背道而馳，換來的只是階級對立問題激化。其結果必然是：一方面土地兼併帶來的繁重剝削壓迫導致人民不斷反抗，直接威脅統治者；另一方面，官府控制的土地劇減使得賦稅收入隨之劇減，造成龐大的官俸、軍費及皇室奢侈的排場難以維持的情況。增加稅額，加重對人民的剝削雖可暫時緩解問題，但只是治標不治本，反會使階級關係更加惡化。舊有的統治手段迫切需要改變。慶曆三年（西元一〇四三年），宋仁宗任用范仲淹為參

⊙范仲淹像

⊙王安石，字介甫，號半山，封荊國公。江西臨川人，北宋政治家，也是著名文學家，為「唐宋八大家」之一，著有《王臨川集》、《臨川集拾遺》等存世。歐陽修曾讚王安石：「翰林風月三千首，吏部文章二百年。老去自憐心尚在，後來誰與子爭先。」

知政事，針對當時的社會危機，從明黜陟、抑僥倖、精貢舉、擇官長、均公田、厚農桑、修武備、減徭役、覃恩信、重命令等十個方面進行改革，史稱「慶曆新政」。新政的核心是整頓吏治，故觸犯了官僚、權貴等既得利益者，遭到他們的強烈反對。反對者製造各種謠言，對范仲淹等改革派官員惡意中傷。新政實行僅一年，范仲淹等人就被迫離開朝廷擔任外官，新政的各項法令也相繼取消。

慶曆新政的失敗，不僅沒有使北宋皇帝對變法改革失去信心，反而由於慶曆新政失敗後各種社會問題的突顯，使新的變法改革呼之欲出。宋神宗熙寧二年（西元一〇六九年），王安石被任用為參知政事，再次高舉變法的大旗。王安石所主持的「熙寧變法」，內容涉及政治、經濟、文化、軍事等各個方面，是針對北宋統治危機所進行的全面改革，試圖挽救危機，達到鞏固統治的目的。為了製造變法在道德上的合理性，王安石編纂了《三經新義》，頒布天下。透過對儒家《詩》、《書》、《周禮》的重新注釋，與當時流行的理學思想對抗，為變法創造理

論依據。

熙寧變法取得一定成就，北宋政府的財務危機暫時得以緩解，但最終結果仍然是失敗了。新法的推行同樣遭到既得利益者的強烈反對。這些人藉由太皇太后和皇太后，向支持王安石變法的宋神宗施壓，迫使宋神宗兩次把王安石罷相。

但是與其說王安石變法斷送於守舊派之手，毋寧說變法斷送於王安石自己之手。誠然，王安石變法的經濟措施相當高明。正如黃仁宇的評論：「令人驚異的是，在我們之前九百年，中國即企圖以金融管制的辦法操縱國事，其範圍與深度不曾在當日世界裡任何其他地方提出。當王安石對神宗趙頊說『不加稅而國用足』，他無疑的已知道可以信用借款的辦法刺激經濟之成長。」但是王安石的失誤之處恰恰在於他太追求手段，而忘記了根本目標。宋神宗支持王安石變法是為了鞏固統治，解決財政困難只是鞏固統治的必要條件。但由於宋神宗在守舊派壓力下的決心動搖，王安石極須拿出成績來顯示變法的正確性，穩定改革派

⊙宋神宗趙頊，北宋第六位皇帝

的軍心，因此犯了急功近利的毛病，為了增加稅收而增加稅收。王安石變法中對人民有益的農田水利法、方田均稅法的落實程度，遠遠比不上免役法、市易法、青苗法、均輸法等能馬上來錢的政策落實得堅決。王安石還高興地吹噓自己的新法一出，國家迅速增加了多少的收入，而忽視了百姓真正得到了多少的利益。他的措施不僅打擊了大官僚、大地主、大商人和高利貸者，也使一般小商人因為國家壟斷導致的市場蕭條而破產。變法十幾年，雖適度緩和了財政困難，但是階級對立問題卻更顯尖銳了。

用人不當也成為王安石變法被後人詬病的軟肋。變法的順利推行需要深入理解變法內容，又具有實際辦事能力的人才。但是人才的培養，需要一定的時間。急功近利的目標，使王安石不得不降低標準選拔人才，結果選拔出一些利用變法為自己撈取政治資本的投機分子，甚至企圖利用變法名義中飽私囊的貪官汙吏。這進而給哲宗、徽宗兩朝留下了另一個惡劣政治遺產——黨爭。宋神宗死後，哲宗年幼，高太

⊙宋代錢莊

后臨朝，以司馬光為相，新法被全盤廢除，新黨亦被驅逐出朝廷。哲宗親政後，重新任用以章惇為首的新黨，又開始了對守舊人士的迫害。北宋朝廷自此陷入黨爭的泥沼，不能自拔。從此，整個國家進入了失去理想主義、政治道德淪喪的時代，沐猴而冠的腐敗分子高坐於廟堂之上，虎視眈眈的敵國陳兵於邊境磨刀霍霍。北宋政權喪失了自我拯救的機會和能力。

實亡宣和

王安石變法的失敗，讓北宋統治者錯失了自我挽救的機會。哲宗朝任用的所謂新黨，已經不再是像王安石那樣真正具有理想、正直廉潔的改革家。曾是王安石改革最重要的支持者呂惠卿、章惇、曾布、蔡卞、呂嘉問、蔡京、李定、鄧綰等人，最終都淪為聲名狼藉的大奸臣。其中厚顏無恥如鄧綰者，還在人們的嘲笑中留下一句名言：「笑罵從汝，好官須我為之。」——你愛罵就罵吧，反正我官當得舒服就行。官場上的倫理道德淪喪一至於此矣！

沒有操守的官場等同爛掉的蘋果，亡國的跡象已浮現，挽救危亡的機會已經錯失，總有一個皇帝要成為亡國之君，把他的生命與整個國家一起埋葬。於北宋而言，這一個角色是由中國古代帝王中最具有藝術家氣質的宋徽宗趙佶擔任。治明史的有一句話：「明實亡於萬曆。」同樣，總結北宋歷史我們也可以得出結論：「北宋實亡於宣和[2]。」

宋徽宗趙佶生於神宗元豐五年（西元一〇八二年）。據說宋神宗有一天在觀看一幅南唐後主李煜的畫像時，對這位亡國之君的風度大為讚賞，不久宋徽宗就誕生了。在他出生時，神宗據說還曾經夢見李煜前來謁見。這使當時的人們普遍相信趙佶是由李煜轉世托生

⊙ 書寫《資治通鑑》留名青史的北宋名臣司馬光。

的。並且有人信誓旦旦地說，因為是李煜轉世托生，所以趙佶斷送了趙匡

胤開創的北宋江山，就是為李煜報亡國之仇。當然，剛剛誕生不久的趙佶，顯然還不具備斷送江山這樣「卓越」的能力，因為按北宋的皇位繼承制度，身為宋神宗第十一個兒子的趙佶，他離皇帝的寶座是相當的遙遠！

當趙佶知道自己不能夠以政治成名的時候，他便依著自己的興趣，把精力都用在他喜好的藝術領域。假如沒有以後的風雲際會，他極可能會成為中國史上可用「偉大」一詞來形容的藝術家。至少在中國書法史和中國美術史上，他皆享有無可爭辯的崇高地位。他獨創的瘦金體書法挺拔秀麗、飄逸犀利，八百多年來，沒有人能夠達到他的深度。除了極富個人特色的瘦金體，他的楷書和草書也達到爐火純青的地步，其楷書作品《穠芳依翠萼詩帖》被後世評論家稱為「神品」，而《草書千字文》被人拿來與盛唐時期的「草聖」張旭與懷素和尚相提並論。在繪畫領域，趙佶更是當之無愧地躋身於中國史上最優秀的大畫家之列。他的作品講求意境，

繪畫技巧堪稱登峰造極。據說，龍德宮建成後，趙佶召來各路名家作畫。欣賞過其他作品後，趙佶無一句誇讚之辭，卻偏偏對一位名氣不大的年輕畫家所畫的斜枝月季大加讚賞，並特別賜給他當時只有六品官才能穿的緋色袍服。他人不明所以，趙佶指出：月季花四時朝暮的花葉均不相同，極其難畫；而此人畫的是春天正午時分的月季，一絲不差，所以重賞。眾人無不嘆服。從這個故事，我們可見趙佶對藝術的投入程度和觀點。

正當趙佶認為自己將會以偉大藝術家留名青史的時候，上蒼卻在西元一一○○年給了他一個轉機——他年僅二十三歲的哥哥宋哲宗趙煦因為荒淫縱欲而在沒有子嗣、沒有遺囑的情況下崩逝。皇位只能由宋神宗的正宮娘娘向太后召集朝中重臣進行「朝議」來決定。由於缺乏確切史料，我們至今還不知在這場權力鬥爭中，趙佶本人或者其下屬事先做了哪些動作，但可以確定的是，「朝議」時向太后似乎認定

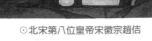

⊙北宋第八位皇帝宋徽宗趙佶

了趙佶的仁孝端正和福壽之相，堅決主張由趙佶繼位。而當時的宰相章惇認為：趙佶人輕佻，不適合君臨天下。但章惇的意見遭到了與會其他大臣的反對，於是，「行為輕佻」的趙佶變成了後來的宋徽宗。不幸的是，事實證明，後來被稱為大奸臣的章惇看得非常準確。

通常情況下，像宋徽宗這樣真正的藝術家（其藝術成就表明他絕不是一般的美術愛好者）一般都會擁有風流浪漫的氣質，性格中往往具有蔑視傳統價值觀和世俗行為規範的面向，他們喜歡按照自己的喜好行事，為人處事易流於情緒化，富有濃厚的感性色彩，宋徽宗正是如此。當一個情緒化的藝術家長出了沒有人可以約束的權力翅膀，這種錯位導致的是一齣悲劇。號稱「極盛」的北宋王朝儘管百弊叢生，但畢竟還能苟延殘喘，這種局面之所以急轉直下，北宋迅疾覆滅，不能不說是跟宋徽宗在帝王和藝術家兩個角色上的錯位，有剪不斷、

理還亂的關係。

上之所好，下必甚焉。趙佶的藝術家身分，使一些投機分子找到了終南捷徑，他們紛紛亮出各式各樣的書畫作品，用以求得加官晉爵，其中收穫最大的是蔡京。

蔡京的書法造詣甚高，與蘇軾、黃庭堅、米芾並稱為「北宋四大家」。據說有一次，蔡京曾經在兩個下級官吏的扇子上，為他們題了兩句杜甫的詩。沒想到幾天之後，這兩個傢伙忽然闊綽起來。一問之下才知道，蔡京題過的扇子，被當時還未登上皇位的端王趙佶花兩萬錢買走了。由此可見，這位本身就是書法大家的宋徽宗是何等喜愛蔡京的作品。宋徽宗登上皇位那年，蔡京在新舊黨爭中被貶黜到杭州居住，次年年底，他還是待罪之身，而到第三年夏天，卻已扶搖而上出任右僕射兼中書侍郎，相當於大宋帝國的副宰相。這段令人眼花繚亂的戲劇性變化，固然是朝廷政治鬥爭的結果，但是蔡京的藝術才華

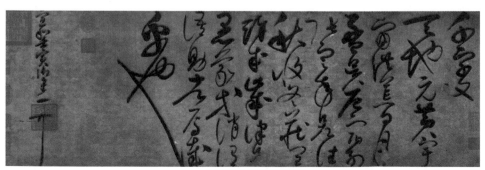

⊙宋徽宗《草書千字文》

也在其中發揮了非常關鍵的推力。

除了蔡京的書法，宋徽宗還酷愛各種稀奇古怪的石頭。為了搜索奇石，宋徽宗下令在蘇州增設應奉局，由蔡京的心腹朱勔主持，專門在江浙一帶為他搜羅珍奇物品與奇花異石。當時，管成批運送的貨物叫「綱」，向京都運送奇花異石的船每十艘編為一綱，於是就稱之為「花石綱」。起初，這種花石貢品的品種並不多，數量也有限，徵集區域僅在東南地區。後來，宋徽宗對這些貢品大為讚賞，進貢者紛紛加官晉爵，恩寵有加。在功名利祿的刺激下，「花石綱」迅速演變成全國騷亂的大行動。為了搜尋出奇制勝的奇花異石，各地官吏如狼似虎，不僅運送「花石綱」的運費要從當地老百姓身上搜刮，同時像這樣的「御用之物」又為官吏們敲詐勒索提供了冠冕堂皇的機會。史書記載，「花石綱」掠奪前後持續了二十多年，「為此傾家蕩產者不計其數」，形成了一場真正的災難。宣和二年（西元一一二〇年），在受花石綱禍害最深的浙江東南一帶，發生了方臘領導的叛亂，幾個月之內，就將東南地區席捲進去，並有近百萬民眾群起響應，波及人口約在數百萬以上。而最初負責此事的朱勔，因為搜刮有功，一路加官晉爵，爬到了與蔡京平起平坐的地位。

蔡京、王黼，與童貫、朱勔、梁師成、李彥等四人，都是靠拍宋徽宗的馬屁得到位極人臣的地位，時人稱之為「六賊」。他們好皇帝所好，在宮中開市。令宮女扮作胡姬商女，皇帝扮乞兒，逗樂取笑。王黼更引誘徽宗微服出遊，夜宿娼門。又怕人知道，君臣曾翻牆出宮。宮垣高聳，徽宗一時下不來，呼王黼做墊腳石，笑著說：「王安石（一說司馬光），背聳過來。」王黼接口：「神宗皇帝，腳伸下來。」神宗在位勤政，王安石力主變法，大宋朝呈中興之象，卻遭徽宗君臣笑謔，真是莫大的諷刺。他們操縱朝政，公開出賣官爵，明碼標價，所謂「三千索，直秘閣；五百貫，擢通判」。宋徽宗即

⊙北宋竹火鷂模型

位十年，官員名額增加了十倍，官俸開支也相應的增加了三倍。李彥還奉宋徽宗之命主持「西城括田所」，搶奪民田，強迫自耕農充當佃農，向政府交租。他們除了幫助宋徽宗斂財，還利用職權填滿了自己的腰包。朱勔藉在蘇州主持應奉局之便，霸佔民田達三十萬畝。蔡京霸佔的更多，超過了五十萬畝。幾個厚顏無恥的小人，在宋徽宗的庇佑下，把大宋朝搞得天怒人怨，離亡國更近一步了。

靖康之難

正當北宋國內政局進一步惡化的時候，十二世紀初，居住在中國東北白山黑水之間的女真族所建立的金國崛起於遼國內部。這時的遼國統治極為腐敗，其政治昏暗不堪的程度，比起北宋不相上下。宋徽宗認為：金的崛起，削弱了遼的實力，給宋提供了一個「恢復燕雲」的機會。宋徽宗過於相信自己的實力，他不但沒有選擇更好的坐山觀虎鬥的策略，反而於一與金訂立夾攻遼的「海上之盟」，雙方約定：金出兵攻遼中都，宋出兵攻燕京；滅遼之後，燕雲諸州歸宋，宋則將原本納予遼的銀、絹照數給金。

宋徽宗做著馬上能夠實現太祖都沒能完成之偉大事業的迷夢，無奈宋朝軍事的虛弱卻讓他大為丟臉。此時的宋軍已是腐敗不堪，在童貫的率領之下，連敗於遼國的殘兵敗將之手。最後，還是金兵攻下燕雲數州，搶掠一空後還要北宋政府再交納一筆「代役錢」才能贖回。也正因看清了宋的腐敗無能，宣和七年（西元一一二五年），金滅遼之後，兵不卸甲、馬不停蹄地要繼續滅宋。宋徽宗才驅一狼，又引一虎，急忙傳位於太子趙桓，自己逃往南方。趙桓即位，改元靖康，即北宋亡國之君宋欽宗。

宋欽宗登基伊始，下令處治奸臣，任用主戰派領袖李綱指揮軍隊，一時人心大振，取得了第一次東京保衛戰的勝利。宋欽宗見形勢大好，認為禍患已除，在投降派的慫恿下，把李綱貶到外地。靖康元年（西元一一二六年）冬，當金兵再次兵臨開封城下的時候，北宋雖有良將忠臣，但不能為所用。腐敗的北宋統治者竟然聽信市井無賴的吹噓，在上演了一齣七千七百七十九個「神兵」守東京的鬧劇後，東京城被金兵攻破。大肆搜刮四個月後，金軍押著被俘的宋徽宗、宋欽宗兩個皇帝和皇家宗室、妃嬪宮女、

⊙開封祐國寺塔

文武百官、工匠等一萬四千多人，滿載著搜刮去的財物，回到北方去。從趙匡胤稱帝開始的北宋王朝在統治了一百六十七年之後，宣告滅亡。

自從錢穆先生提出宋代「積貧積弱」之說以來，人們幾乎都將它看作是宋王朝的基本特點。但多年來的歷史研究表明，拋開南宋不談，僅北宋經濟就比許多朝代發達，財政收入更是遠遠大於其他王朝。世界上最早的紙幣和銀行信用、四大發明中的活字印刷術也出現在北宋，火藥和火器在北宋時開始大規模使用，指南針在北宋開始大量裝備遠洋船舶。宋朝十萬戶以上的城市大量出現，開封繼長安、洛陽和南京之後，成為世界上第四個人口超過百萬的城市……然而為什麼這樣一個富庶的朝代就這樣被輕易地滅掉了，從此被扣上「積貧積弱」的帽子呢？

究其原因，根源在於北宋實行的

⊙宋代攻守城器械復原圖

是中央集權的君主專制制度。在這樣的制度下，一種「臥榻之側，豈容他人酣睡！」的情結從趙匡胤以來，就一直左右著北宋九帝的治國方略。為了分散大臣之權，集中皇帝之權，北宋統治者人為地製造了一個效率低下、流弊叢生的制度，為各種腐敗墮落的行為提供了溫床，導致軍隊戰鬥力低下，決策失誤，執行時相互推諉，一個「富」而不「強」的國家，這是北宋亡國不可忽視的重要原因。

註解
※1 斧聲燭影，相傳宋太祖病重，召太宗光義入宮，屏退左右。在燭影下，只見太宗或離席、或躲離，且聽到引斧戳地的聲音，當晚太祖即崩殂。
※2 西元一一一九年至一一二六年，宋徽宗最後一個年號。

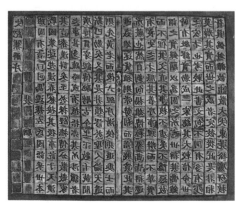

⊙ 北宋泥活字版。宋代發達的印刷技術，促進了知識的流通。

◎西夏王陵石刻

蒙古彎刀：西夏覆亡眞相

西夏自從元昊以後，統治階層分裂加劇，逐漸衰亡，與此同時，蒙古民族崛起於北方草原。西夏在金、北宋、蒙古之間搖擺不定，朝秦暮楚。成吉思汗考慮到歷代西夏國王的狡詐反覆，臨死留下遺詔，攻滅西夏後，不留子遺。正是由於蒙古軍隊的征服和無情屠殺，多數党項人舉族而亡，少數人則四處逃匿，改族易服。党項人從此自歷史的長河中徹底消失了。

朝秦暮楚的西夏國王
最終落得兩手空空
從歷史的窄巷中
悄然逃遁

　　　——海默《夢迴古代·西夏》

歷史上，少數民族建立的政權，不乏英明的君主。像西夏這樣政治經濟甚至文化都強盛一時的民族國家，在立國幾個世紀以後，忽然於一夜之間，國破族滅，神祕地消失了。歷來讀史者，莫不扼腕長歎！

西夏是西元十一世紀至十三世紀，以党項族為主，包括部分漢族和其他少數民族建立起來的政權。疆域「東盡黃河，西界玉門，南接蕭關，北控大漠」，擁有今寧夏全部、甘肅大部、陝西北部和青海、內蒙古部分地區。西夏王朝先後有十位帝王登基。若從西元八八一年拓跋思恭建立夏州政權算起，至一二二七年被成吉思汗滅亡止，夏王國曾有三百四十七年的悠久歷史；如果從一○三八年元昊稱帝正式建立西夏王朝算起，也有一百八十九年的歷史。在漫長歲月裡，西夏先後與北宋、遼鼎立，和南宋、金對峙。然而就是這樣一個強盛一時的民族政權，它的神祕失蹤像一陣風般拂過水面，人們竟難以在歷史的冊頁裡尋覓到它的漣漪……

西夏王朝何以能自立成國？是什麼力量使它在周邊政權林立及朝代更替中立於不敗之地？又是什麼力量使頑強的党項族和他們輝煌一時的燦爛文化悄無聲息地湮滅於歷史的長河？讓我們穿過時光隧道，回到「党項時代」，去追尋西夏獵獵招展的旌旗……

邐迤雄心

党項族是古代北方少數民族之一，屬西羌族的一支，故有「党項羌」的稱謂。據載，羌族發源於「賜支」或者「析支」，即今青海省東南部黃河一帶。漢代時，羌族大量內遷至河隴及關中一帶。此時的党項族過著不知稼穡、草木記歲的原始游牧生活。他們以部落爲單位，以姓氏作爲部落名稱，逐漸形成了党項八部，其中以拓跋氏最爲強盛。此外還有黑党項、雪山党項等部落。

隋朝時，部分党項羌開始內附，追隨中原政權。唐朝時，經過兩次內遷，党項逐漸集中到甘肅東部、陝西北部一帶，包括靈、慶、夏、銀、綏、延、勝等諸州，仍以分散的部落爲主。他們與室韋、內遷的吐谷渾及漢族雜居相處。經濟以畜牧業爲主，「党項馬」在當時名噪一時。唐中央多在党項族聚集地設立羈縻州進行管理，有功的党項部落酋長被任命爲州刺史或其他官職。

唐末黃巢之亂時，唐僖宗傳檄天下勤王。党項族宥州刺史拓跋思恭出兵，聯合其他力量共同擊敗叛軍。戰鬥中，拓跋思恭的弟弟拓跋思忠戰死。唐僖宗賜拓跋思恭爲「定難軍節度使」，後被封爲夏國公，賜姓李。至此，党項拓跋氏有了領地，轄境包括夏、銀（今陝西榆林東南）、綏（今綏德）、宥（今靖邊東）、靜（今米脂東）等五州之地，握有兵權，成爲名副其實的藩鎮。拓跋氏隨後不斷擴充自己的軍事勢力，至唐朝末年，成爲雄踞一方的實力派藩鎮。在五代的更替戰亂中，拓跋氏儼然成一獨立王國，逐一依附、臣服於中原政權，連續被詔封，數次獲恩賜，多次度過政權危機，使夏州政權得以逐步壯大。

西元九六〇年，後周將領趙匡胤發動軍事政變，在汴京（今開封）稱帝，史稱北宋。北宋立國之初即著手消滅地方割據勢力，統一中國，其勢不可擋。夏州政權也面臨前所未有的挑戰。此時的夏州地方政權雖經營八十年（西元八八一至九六〇年），但在強大的中原政權面前卻顯得相當孱弱。夏州地方政權在宋朝建立之初採取依附政策，企圖自保。但在宋太祖恩威並施的壓力下，李繼捧不得不於太平興國七年（西元九八二年）舉族進京，被迫獻出夏州節度使所屬五州之地，並接受宋朝所賜趙姓。夏政權由此失去獨立性。

到李繼遷時，党項族實力逐漸恢復，逐步走向了抗爭的道路。李繼遷，人稱「射虎英雄」，乃當年鎮壓黃巢之亂而陣亡的拓跋思忠之後，銀州防禦使李光儼之子。幼年的李繼遷

因善騎射而聞名。他憑一己之力射死猛虎，在党項族部家喻戶曉，被視為民族英雄。年長之後，居住在銀州的李繼遷得知先人擁有的「五州之地」盡失於宋朝，悲憤異常。與弟弟李繼沖、謀士張浦籌劃了「走避漠北、安立室家、聯絡豪右、卷甲重來」的戰略。他成功地避過了宋軍的監視，率數十人直奔夏州東北三百餘里的地斤澤。在那裡舉起反宋大旗，著力恢復「故土」。

李繼遷透過姻親關係獲得党項上層人士，諸如野利等大族的支持，故隊伍發展很快，聲勢日益壯大。宋雍熙二年（西元九八五年），李繼遷設計攻佔銀州（今陝西米脂）。党項部眾見李繼遷得勝，紛紛歸附，兵勢大振。他先設官授職，確定尊卑等級，並且「預支」一些尚被宋朝佔領之州郡的官職分封給各位酋長，激勵他們各自為之奮戰。他尊崇「漢法」，仿唐、宋官制建置軍事、行政官職。他吸收漢族知識分子如張浦、李仁謙等加入其統治集團。李繼遷逐步確立了領袖地位。

宋雍熙三年，他向契丹遼國稱臣，以圖借遼抗宋。有遼國撐腰，繼遷此後不斷襲擊宋西北邊境。宋咸平元年（西元九九八年），宋真宗繼

⊙敦煌莫高窟《西夏王供養圖》

位。已被西夏騷擾得疲憊不堪的宋朝廷採納趙普「以夷制夷」的建議，任命李繼遷爲定難軍節度使，並把夏、銀、綏、宥等州領土歸李繼遷管理。李繼遷實現了恢復「故土」的第一步。透過這件事，李繼遷也感覺到了宋朝統治者的軟弱無能。他已不肯滿足於「故土」的恢復，爲進一步擴張勢力，他把進攻的矛頭對準了關鍵的靈州。

靈州（今寧夏靈武）位於黃河上游、河套以西，這裡土地肥沃，地饒五穀，尤宜稻麥，水草肥美，農牧兩宜。靈州又位於夏州的西側，倚賀蘭山，引黃河，地位重要，是唐、宋時代西北邊疆的著名重鎮。在靈州的西面，是古代中原通往西域的要道——河西走廊，當時這一地區主要散居著回鶻部落。靈州的西南，則是吐蕃部落分布地區。因而，靈州成爲漢、回鶻、吐蕃和党項各族爭奪的目標。經過四年的反覆爭奪，咸平五年初，李繼遷一舉攻佔靈州。

攻佔靈州後，繼遷改靈州爲西平府，次年定都於此，西夏建國迎來了新的企機。在這裡，李繼遷一面學習漢族先進的農耕技術，使靈州一帶逐漸成爲半農半牧區，並發展爲西夏政權的政治中心。另一方面又極力向西擴展領土，以期征服吐蕃、回鶻諸部落。咸平六年，李繼遷率兵攻佔西涼府（今甘肅武威）。但吐蕃六谷部首領潘羅支設計擊敗李繼遷。繼遷被流矢射中，次年去世，年僅四十二歲。

李繼遷死後，其子李德明承襲其位。李德明承父遺訓，「傾心內屬」，以待時機。他對外採取「依遼和宋」方針，同時向遼、宋稱臣，接受兩國封號。與宋達成「景德和約」，雙方朝貢貿易不絕，西夏獲得相對和平的發展環境。李德明在穩定北線和東線之後，著手實施「西掠吐蕃健馬，北收回鶻銳兵」的戰略計畫。經過二十多年的戰爭，攻克甘州城、涼州，瓦解吐蕃六部。回鶻瓜州王曹賢順也降服稱臣。

節節勝利助長了德明稱帝的欲望。他役使數萬民夫在延州西北修建豪華宮室，又在靈州西北、黃河對岸靠近懷遠鎮的地方建造了新的西夏都城——興州。但不幸的是，李德明在完成了建國稱帝的各項準備後，於宋明道元年（西元一〇三二年）死去，享年五十一歲。

獵獵旌旗

歷史發展需要英雄人物，也造就了英雄人物。元昊就是在党項政權發展的關鍵時刻，造就的一位有傳奇色彩的英雄人物。他主政十七年，稱帝十一年；沒有死在敵人的刀下，卻死在自己兒子的手中；短暫的一生，卻

有著輝煌的歷史。

元昊，字嵬埋，生於宋景德元年（西元一○○四年），其母為惠慈敦愛皇后衛慕氏。少年元昊，身長五尺有餘，面圓鼻高，豪氣逼人；平時白衣黑冠，騎馬佩弓，百餘騎兵，前呼後擁。他通曉蕃漢語言，研究佛學法典，對兵書手不釋卷、潛心研讀。他志存高遠、雄心勃勃，在太子時期就表現出與父親不同的志向，要其父背宋自立，同宋遼爭霸，走向獨立發展之路。被否定後，他爭辯道：「穿獸皮衣服，放牧牲畜，這是我們民族的本性。英雄豪傑，就應該稱王圖霸，何必錦衣玉食，文質彬彬？！」

李德明死後，元昊繼承了夏國王位。為達到「為帝圖皇」的目的，他確立了尚武重法的戰略方針，主要從三方面施力：強化刑罰；兵馬為先；以功利之心教化民眾，培養党項族的「虎狼之心」。

元昊採取了一系列措施增強党項族的民族意識。他恢復西夏姓氏，摒棄原唐、宋政權賜給的李姓、趙姓，改為嵬名氏；自建年號開運（後改為廣運）；下達「禿髮令」，要求部眾三天內必須禿髮，否則殺頭；命令大臣野利仁榮搜集整理西夏文字，並使之系統化、一致化（後編撰十二卷）；設立蕃字院和漢字院，負責對外文書交流；創建蕃學，選拔子弟入學讀書，考試選才；以「忠實為先、戰鬥為務」的原則，改革唐宋繁節繁文，把禮儀的九拜改為三拜，把音樂的五音改為一音。國人如不照此實行，以滅族罪論；在官民服飾上體現階級關係，嚴格規定身分與衣服的樣式、顏色的匹配等，強化社會階級秩序等。升興州為興慶府，在城內大興土木，擴建宮城，廣營殿宇。

他完善了各項管理制度，以提高行政效率。元昊於宋明道二年（西元一○三三年）設官分職，遂逐步廢除世襲制。當時其中央中樞機構有五個：中書掌管行政，樞密掌管軍事，三司掌管財政，御史臺掌管諫察彈劾，開封府（又稱「興慶府」）掌管京城事務，相當於唐、宋的「三省六部」。大慶二年（西元一○三七年），元昊為準備登基，又將各主管機構增至十六司，名稱與前朝相異，與北宋的官制名稱也不盡相同。此外，蕃名官號又增設了昂聶、昂星、阿尼、廠駕等十多個。這樣，就使西夏國的行政管理體制形成了蕃漢合一、兩制並存的格局。

元昊還完善軍事制度，以提高軍事作戰能力。元昊在由党項羌組成的「族內兵」之外，另設「族外兵」，族外兵由戰俘中的勇士擔任，於作戰時衝鋒陷陣作先鋒；仿照宋朝軍事建制，在全國劃分為左、右兩廂，並設

十二個監軍司，各規定駐地和軍名；增加兵種，如專門負責宿衛的衛戍軍、專門掠奪人口的擒生軍、砲兵部隊潑喜軍等。對軍隊的駐紮也作了精心的部署。

一切準備就緒後，元昊於夏大慶三年、宋寶元元年（西元一〇三八年）十月在興慶府登上皇位，國號大夏，改元天授禮法延祚元年，豎起了一代王朝的獵獵旌旗。元昊稱帝後，尊母親衛慕氏為惠慈敦愛皇后，封妻野利氏為憲成皇后，立子寧明為皇太子。

元昊稱帝後，又採取一系列措施鞏固統治。首先，調整中央官制，增設尚書省、設尚書令，尚書省下設十六司；其次，確立朝廷禮儀，制定符合本國實際的朝廷禮儀。如朝賀，規定群臣「常參」為六日，入見起居為「九日」。朝賀時，宰相領班，百官依次排列朝謁、舞蹈、行三拜禮，行為不符合規矩的要受到處罰。元昊還花重金購買從宋朝宮中跑出來的侍女、宦官，學習參考宋朝的宮廷禮儀和典章制度；第三，培養和網羅人才。為了鞏固統治，元昊大力興辦「蕃學」，培養人才。他重金招攬各方精英，尤其是受過良好教育的宋朝知識分子，被宋遺棄的文臣武將。這些措施，對完善元昊的蕃漢聯合統治政權和加速西夏政權的穩定有重要作用。

元昊稱帝後，宋夏戰爭難以避免。他在稱帝後上表要求宋朝廷承認其稱帝的合法性，承認其皇帝稱號，但遭到宋朝的嚴詞拒絕。宋朝斷然下詔削奪賜姓官爵，停止互市，並在邊關張貼告示，懸賞捉拿元昊首級。朝貢貿易和邊地互市的斷絕，沉重打擊了西夏的經濟，雙方的交惡逐步升級。從天授禮法延祚三年（西元一〇四〇年）到五年，經過三川口戰役、好水川戰役和定川砦戰役，元昊皆大獲全勝。元昊躊躇滿志，得意洋洋。然而，連年征戰，耗費了西夏大量的國力、財力，破壞了農業的正常生產和牲畜的徵用，使畜牧業受到打擊；朝貢的停止、榷場的關閉、貿易的斷絕，使得西夏急需的日用品如茶葉、

⊙西夏黑釉刻字瓷瓶

布匹、糧食等物價飛漲，人怨沸騰；作爲中原政權的宋朝，雖國力大不如前，但畢竟瘦死的駱駝比馬大，元昊想戰勝宋朝也絕非易事。此時，夏與遼的關係也逐步惡化，西夏希望與北宋停戰議和。經過一年的討價還價，於天授禮法延祚七年（西元一〇四四年）簽訂了宋夏和約，西夏再向宋朝稱臣，雙方又回到原來朝貢與互市的關係。同年，西夏與遼之間的戰爭爆發。元昊採用誘敵深入之計，在河曲大破遼軍，雙方透過議和，戰事暫停。

夏與宋、遼的關係趨緩，內政卻出現了嚴重的問題。元昊性格多疑、易猜忌，濫殺無辜。開運元年（西元一〇三四年），元昊生母衛慕氏一族的首領山喜密謀殺害元昊篡權。機密洩漏後，元昊一怒之下把他沉到河底淹死了，並斬殺生母衛慕氏、妃子衛慕氏，以及和妃子生的兒子。大慶二年（西元一〇三七年），大臣山遇惟亮與他在對宋關係持不同意見，也被元昊設計殺害。從此，朝野上下噤若寒蟬，惟元昊之行是行。

晚年的元昊逐漸從一個令人敬仰的英雄，墮落爲沉湎酒色、不問政治的荒淫暴君。天授禮法延祚十年，他在兒子寧令哥的成婚大典上見兒媳婦年輕貌美，楚楚動人，按捺不住，竟將兒媳婦強行納爲小妾！父子從此反目成仇。不僅如此，他還與被其殺害的大臣野利遇乞的妻子沒藏氏勾搭成奸，並被沒藏氏兄妹設計玩弄。天授禮法延祚十一年，元昊命喪親生兒子之手，兒子也以「弒父」之名被殺害。元昊死時，年僅四十六歲。

血雨腥風

元昊死後，西夏這艘航船駛進了崎嶇的航道：其內部，皇族與外戚的鬥爭、君權與相權的爭奪、「蕃禮」與「漢禮」的較量、党項貴族和漢族官僚的對立問題等從未停息；其外部，與北宋、遼、金、南宋、吐蕃的戰爭如火如荼⋯⋯

元昊死後，權臣沒藏訛龐擁立元昊與沒藏氏所生之子諒祚爲帝，尊沒藏氏爲宣穆惠文皇太后，他自任國相，總攬軍政大權。西夏開始了沒藏氏專權的時期，福聖承道四年（西元一〇五六年），沒藏氏因與多人通姦，被情夫所殺。沒藏訛龐恐大權旁落，遂將女兒嫁與諒祚爲后，自己也由國舅升格爲國丈，仍總攬朝政。臣民無不敬畏有加。

佑都三年（西元一〇五九年），已滿十二歲的諒祚開始參與國事。他對沒藏訛龐的獨霸朝政、飛揚跋扈頗爲不滿。於是設計捕殺沒藏訛龐全家，清除了在朝廷專權達十二年之久的沒藏氏家族。

⊙莫高窟壁畫

諒祚親政後，迎其情婦梁氏入宮，立爲皇后，並任用梁后弟梁乙埋爲家相，共理朝政。諒祚是一位稍有作爲的皇帝，其在親政當年就解決了夏、遼存在多年的邊界問題。他喜好收藏圖書，研習中原文化，仿宋制完備官制體系；上表要求恢復李姓，要求恢復邊界榷場互市。因爲他的巧於周旋，與遼、宋、吐蕃的關係大體平穩，西夏也獲得短期的發展。

拱化五年（西元一○六七年），年輕的諒祚突然身亡，其八歲的長子秉常繼位，梁太后垂簾聽政。梁太后擢升弟弟梁乙埋爲國相，重用党項貴族都羅尾集團，逐漸形成以梁太后爲首的母黨集團。他們控制朝政後，倒行逆施。首先，上表宋廷，要求廢除諒祚時期改行的「漢禮」，恢復「蕃禮」獲肯。其次，排斥異己，打擊皇族，提拔親信。元昊的弟弟、都統軍嵬名浪遇，精通兵法，是諒祚時的國相，也難以倖免。大力提拔梁乙埋的親信，加強后黨集團勢力。再次，爲提高威信，勒索厚賜，竟然窮兵黷武，向宋朝發動長達十年的戰爭。

大安二年（西元一○七六年），秉常開始親政。他試圖取消「蕃禮」，恢復「漢禮」，此舉影響到梁氏集團的利益。大安六年，雙方對立激化，梁氏集團發動政變，囚禁秉常，導致西夏政局陷入混亂。皇族新黨、秉常親信和各地部族首領擁兵自重，與梁氏集團進行對抗。宋朝主戰派亦「興師問罪」，動用五十萬大軍分五路

直撲西夏。西夏國內「歲賜」、和市斷絕，經濟混亂，財用匱乏，物價暴漲，官民怨恨，民不聊生，處於混亂之中。迫於壓力，大安九年，在梁氏集團的操持下，秉常復位。

⊙西夏鎏金銅牛

但梁氏集團惡性不改，一方面以秉常的名義向宋朝遣使稱臣納貢，求得「歲賜」——每年的賞賜，另一方面又尋機在宋朝邊境騷擾、搶掠。大安十一年（西元一○八五年）二月，梁乙埋死，梁太后立梁乙埋之子梁乞逋為國相，梁氏姑姪把持朝政。十月，梁太后死去。梁氏集團勢力大減。夏國分管左右廂兵的統帥、皇族仁多保忠公開與梁乞逋對抗，皇族與后族的關係再次緊張起來，而憂心如焚、自感無用的秉常在這場鬥爭的煎熬中憤而死去。

天安禮定元年（西元一○八六年），秉常的長子、年僅三歲的乾順帝繼位，由母后梁氏和梁乞逋共同輔政。乾順的母親乃國相梁乞逋的妹妹。因此，夏國歷史上又出現了一個梁氏集團，為區別起見，這個集團稱為「小梁氏」集團。小梁氏集團當政時，夏朝內亂外戰更加劇烈。梁氏集團依仗「一門二后」的國戚關係，控制朝政，打擊舊臣，鞏固勢力。其倒行逆施引起朝野震怒，部族豪酋與之悖離。

前梁氏集團內部，梁乙埋一生亦步亦趨、俯首聽命其姐梁太后，姐弟一心，「團結合作」。而小梁氏兄妹矛盾重重。梁乞逋野心勃勃，不甘於相位，陰謀篡權。他多次假傳聖旨，聚攬兵權，甚至在公開場合指責小梁太后，目中無人，刑賞自專；小梁太后也不是省油的燈，想方設法遏制、削弱他的力量。天佑民安三年（西元一○九二年），宋夏環（州）慶（州）戰役，小梁太后親自領兵作戰，冷落梁乞逋。梁乞逋極其不滿，遂加緊篡權活動。天佑民安五年十月，梁乞逋叛亂的跡象愈加明顯。在小梁太后的授意下，大首領嵬名阿吳、仁多保忠等率兵誅殺梁乞逋及其全家。小梁太后從此大權獨攬。

梁氏兄妹依然奉行對外戰爭的政

策，連年征戰。從大安十一年（西元一○八五年）至永安二年（西元一○九九年）小梁太后被鴆殺的十三年裡，他們對宋發動戰爭前後達五十次以上，有時一年竟達六、七次！宋夏戰爭中，夏軍屢有危機，多次向遼請求援助，都未成功。小梁太后大為不滿，在對遼表章中言語侮謾，引起遼道宗憎惡。永安二年，遼道宗派使者到夏國鴆殺小梁太后，梁禍始除。

乾順親政後，改變了自元昊以來推行的「尚武重法」立國方針，轉而實行「尚文重法」的策略。外交方面，前期採「依遼抗宋」之策，後期採「附金侵宋」之計，並採取一系列措施理順統治集團內部的關係，緩和社會問題。具體包括：一是加強皇權。他吸取教訓，找藉口剝奪嵬名氏、仁多氏、梁氏等大族的兵權，削奪后黨勢力；分封宗室，鞏固皇權。二是提倡漢學，促進「漢禮」的推廣普及，在「蕃學」之外，增設「國學」，以「漢學」培養人才。尊儒崇佛，吟詩作對，並於甘州修建臥佛寺，為母祈福。三是依法治軍，頒行《貞觀玉鏡統》，對軍事制度、軍律軍紀作了務實的說明。四是多次上書遼朝，謝罪求婚，用聯姻的方式鞏固夏遼關係。

在對宋關係上，乾順帝親政後多次向宋上表謝罪，宋也因此恢復「歲賜」。稍後，則藉機透過戰爭、外交等途徑侵佔遼、宋領土。正當西夏王朝的發展蒸蒸日上之時，任得敬裂國之禍卻對西夏政權造成惡劣的影響，甚至將西夏推向覆亡的邊緣。

任得敬原是宋西安州州判，乾順破西安州時投降夏國。他為了得到乾順的重用，於元德三年（西元一一三七年）四月，將十七歲的女兒送給乾順，被提升為靜州防禦使。後任氏立為王后，又擢升他任靜州都統軍。仁孝初即位，任得敬以鎮壓部落起義有功，授翔慶軍都統軍，封西平王。人慶四年（西元一一四七年）五月，任得敬上表請求入朝議事。因眾大臣的疑忌和反對未果。天盛元年（西元一一四九年）七月，任得敬賄賂晉王察哥向仁孝進言而得以入朝為尚書令，後又相繼被提升為中書令、國相。至天盛十二年三月，任得敬晉爵為楚王，出入威儀不遜仁孝，對夏王權構成極大的威脅。

其實，早在天盛八年（西元一一五六年）任得敬任國相後，他就開始精心布局，為奪取夏國的王位做準備。任得敬提拔了大量的部族子弟，網羅黨羽，培植勢力。天盛九年六月，任得敬以其弟任得聰為殿前太尉，任得恭為興慶尹。以後又以侄任純忠為樞密副都承旨，族弟任得仁為南院宣徽使。天盛十二年十月，任得

敬屢請仁孝廢除學校，廢棄科舉取士，以便任意擢用親信，仁孝不予採納。天盛十七年（西元一一六五年）五月，徵發民夫十萬，大築靈州城，在他所駐的翔慶軍司修建宮殿，企圖把仁孝置於瓜、沙諸州，自己竊據靈、興地區，使夏國一分爲二。任得敬還利用仁孝重文輕武、自己領兵二十多年的機會，逐漸掌握了一支強大的軍事武裝，準備實現其篡權的野心。

乾祐元年（西元一一七〇年）五月，任得敬要脅國主仁孝分國，並欺凌宗親、誅鋤異己。仁孝無力制止，被迫將西南路及靈州羅龐嶺分歸任得敬，讓他另立爲國。爲得到合法承認，任得敬又脅迫仁孝派左樞密使浪訛進忠、翰林學士焦景顏去金國，請求冊封。金世宗出於多方考慮，拒絕了他的冊封要求。八月，任得敬因遭到金國的反對，竟然與南宋祕密聯絡謀約合攻金朝。宋四川宣撫使虞允文派人以密書回報，被夏兵俘獲，任得敬陰謀大白。仁孝在金朝的支持和援助下，誅殺了任得敬，滅任氏黨族，一舉粉碎了任得敬篡權分國的野心。

如風悲歌

西夏正走下坡路的時候，蒙古族在北方大草原悄然崛起。與西夏民族一樣，蒙古族也過著游牧生活，而與西夏不同的是，北方茫茫大草原使得蒙古族的崛起勢頭更加迅猛。崛起的蒙古鐵騎如勁冷的北風，掃向周邊秋葉一般的國家，殘酷無情，勢不可擋。夏國自然也是其劍鋒所指。

西夏于朝與漢族交往的百餘年，也是逐步漢化的百餘年。其間，它雖然取得經濟、文化等各方面的發展，但同時也削弱了其尚武剽悍的社會風氣，導致軍隊戰鬥力下降，政治鬆弛，社會尚文、奢靡之風盛行。國家的虛弱、蒙古的入侵、戰略的失誤、皇帝頻繁更替等等，皆加速了西夏滅亡的進程，直至煙消雲散……

從天慶十二年（西元一二〇五年）到寶義二年（西元一二二七年），是西夏逐步被消耗、蠶食的二十三年。這一時期可分爲兩大階段，一是夏金戰爭階段，一是夏蒙戰爭階段。

自元德六年（西元一一二四年）乾順上表依附金朝到皇建元年（西元一二一〇年）夏金關係破裂，雙方維持了八十六年的宗主關係。兩國雖偶有衝突，但大致保持著守望相助的友好關係。

夏金關係的破裂源於蒙古族的入侵。皇建元年以前，蒙古兵三侵西夏。在蒙古族第三次入侵的時候，西夏曾遣使赴金求援，但遭金衛紹王拒絕。最後，中興城被水淹浸，夏襄宗不得不與成吉思汗面約和好，獻子女

給成吉思汗，才解除危機。夏王氣急敗壞，將失利遷怒於金。皇建元年（西元一二一〇年）八月，夏國發兵萬餘騎，攻打金葭州（今陝西佳縣境），大肆燒殺搶劫，兩國關係正式破裂。第二年，靠宮廷政變上臺的夏王遵頊又趁蒙軍北面進攻金國之機，攻打金國，擄掠財物，擴張領土。同時，夏國採取「附蒙攻金」的政策，從光定元年（西元一二一一年）到光定七年間，年年派兵侵入金朝，攻城掠地，但總是勝少敗多，得不償失。

在附蒙攻金期間，蒙古貴族不斷向西夏徵兵，西夏不勝其煩，稍加抗拒便引來戰火，中興府幾度告急，遵頊始意識到蒙古軍才是最大威脅。於是，光定八年（西元一二一八年）三月遵頊寫信給金朝，想重新和好，恢復邊境貿易，商討聯金抗蒙之計。金宣宗責以遵頊反覆無常、毫無信譽，對遵頊的建議不予理睬。遵頊大怒，立即引蒙古軍進攻金國，但被金國接連打敗。遵頊又萌生「聯宋攻金」之意。光定九年，他兩次派特使到四川，約南宋出兵夾攻金國。南宋利州路安撫使丁焴覆信表示同意，但都未能如約出兵。次年，宋夏相約出兵攻金，夏軍野戰，宋軍攻城。九月，攻金鞏州，大敗，軍士死傷萬計。撤退途中遇金伏擊，遵頊由此恐懼不已。

對金戰爭非但未能撈到好處，反

⊙西夏文石碑，西夏陵區出土。

而再次淪為蒙古貴族的「幫手」。光定十一年，蒙古軍木華黎率部渡過黃河，浩浩蕩蕩進入夏國，河西諸城守將望風披靡，紛紛投降。遵頊不僅不抵抗，而且設宴款待，並撥出五萬人馬供木華黎指揮，隨蒙古軍進攻金國，他又回到了附蒙攻金的老路上了。此後兩年，他積極配合蒙古大軍攻擊金國。自夏國與金國關係破裂的十三年裡，大小戰事二十五場，耗費了兩國的國力，又為蒙古滅亡兩國創造了條件。當兩國都筋疲力盡之時，蒙古大軍傾全力滅亡西夏，夏蒙戰爭全面爆發。

光定十三年（西元一二二三年），剛愎自用、懦弱、反覆無常的遵頊也失去了蒙古的信任，在朝中一片怨憤之聲中退位，做了夏國唯一的太上皇。遵頊的次子德旺繼位。

德旺轉變附蒙攻金的策略，開始

⊙西夏王陵遺址，一片荒涼滄桑景象，那崇慕漢文化的民族已不知何蹤。

聯金，共同抵抗蒙古族的侵擾。乾定二年（西元一二二四年）二月，德旺趁成吉思汗率軍西征之際，遣使聯絡未被成吉思汗征服的漠北蒙古部落，意圖結為外援，共同抗擊成吉思汗，以固西夏。五月，成吉思汗從西域回師途中得知西夏有「異圖」，遂率兵由河外攻沙州（今甘肅敦煌）。由於實力不濟，夏獻宗德旺遣使至成吉思汗軍中請降，許以子為人質，成吉思汗軍退走，沙州解圍。

蒙古大軍撤走只是暫時的。蒙古找個藉口，於第二年又再攻城掠地，先後攻陷肅、甘、涼等州。其中最為慘烈的要數攻守靈州的冰河大戰。十一月，成吉思汗大軍直撲中興府的北方重鎮靈州城。

靈州乃當年李繼遷的根據地，西夏國的第一都城。末主睍名睍（李睍）遣西夏名將睍名令公守城。睍名令公率十萬大軍在靈州城西黃河沿岸層層設防。蒙古大軍圍攻靈州必先渡河。此時，千里黃河，朔風成冰。蒙古軍是一支百戰百勝的虎狼之師，而西夏

靈州守軍則是一支精銳的王牌部隊。兩軍在冰封的黃河上布陣列戰。堅硬的冰面上，蒙古騎兵發動多次攻擊。儘管西夏缺乏能與之對抗的騎兵，但此戰關係到整個西夏的生死存亡，因此，西夏軍隊眾志成城、以一當十，奮勇拚殺。蒙古軍隊在草原上馳騁自如，但在光滑的冰面上，騎兵優勢不顯。雙方戰得天昏地暗，血流成河。

隨著時間的推進，蒙古騎兵的優勢開始顯現。西夏步兵終於支撐不住，陣型開始出現缺口，最後隊形混亂，兵士潰散，十萬大軍被蒙古軍斬殺殆盡，靈州由此失守。而蒙古人為了這場勝利，也付出了數萬人的代價，對蒙古大軍是個極其沉重的打擊。

中興府之戰是西夏最後的戰爭。乾定四年（西元一二二七年）一月，末主嵬名睍（李睍）被蒙古軍圍困在中興府內，一籌莫展。右丞相高良惠領兵抵抗，日夜拒守，積勞成疾，最後勞累過度而死。禍不單行，六月，中興府一帶發生強烈地震，房屋倒塌，瘟疫流行。被蒙古軍隊圍困達半年之久的中興府糧盡援絕，軍民多患病，失去了抵抗的能力，末主李睍走投無路，只得派遣使節向成吉思汗請求寬限一個月獻城投降。

七月，避暑六盤山的成吉思汗病重，他考慮到歷代西夏國主的狡詐反復，恐其死後生變，遺囑死後祕不發喪，待夏主獻城投降時，將他與中興府的軍民全部殺掉。不久，末主李睍率李仲諤、嵬名令公等投降蒙古。蒙古軍隊帶著末主等行至薩里川，成吉思汗病死。蒙古軍隊遂遵照成吉思汗的遺囑，將尚在投降途中的末主李睍等盡數殺死。蒙古軍隊隨即衝向中興府，屠殺城內西夏軍民，無論老幼，不留孑遺。毀掉城池、宮殿、文牒，夷滅中興府。後又率軍踏平賀蘭山上的行宮和西夏王陵，企圖將西夏從文化上消滅於無形。建國一百八十九年的西夏王朝於焉滅亡。

西夏亡國時，由於蒙古軍的征服和無情殺戮，多數党項族人舉族而亡，少數党項人被迫四處逃亡，隱名埋姓，改族易服。作為一個獨立民族的党項人，作為自成一體的西夏文化，從此自歷史的長河中徹底消失，再也聽不到党項族的任何消息。

⊙金代貴族墓內磚雕，雕畫出墓主一家宴飲情景，也展示出金代精湛藝術。

歧路倉皇：金朝覆亡真相

追尋金朝興亡的發展軌跡，我們不難發現它經歷了一條與遼朝興亡大體相似的道路。它們興起之初之所以可與大宋政權分庭抗禮，屢占上風，憑藉的是它們極具戰鬥力的軍政組織。他們實行兵民合一的政策，在勵精圖治的帝王指揮下所向披靡。然而，當他們功成名就，建立起以漢族文化為主導的專制政權之後，隨著政權組織的急遽變化，制度的缺陷就暴露出來了。

制度是綱　國力是目
一個綱舉目不張的朝代
剩下的日子屈指可數

────海默《夢迴古代·金朝》

金 完顏氏，起自太祖完顏旻（阿骨打）收國元年（西元一一一五年），終於哀宗完顏守緒（寧甲速）天興三年（西元一二三四年）。

在整個中國歷史的長河中，這一百二十年的歷史，雖是短暫的一段，但卻是不容忽視的重要時期。其所以重要，不外乎底下幾點：第一，它是由遠在東北邊疆白山黑水間的女真族建立起來的一個王朝，因而歷史賦予這個王朝的統治許多特點，並從中可看出由少數民族統治者所建立的王朝，是怎樣發生演化的。第二，它是在南北朝之後又一次出現的南北長期對峙的政權，其更加充分地反映出南北對峙階段歷史發展的諸特點。第三，它是在先後滅掉遼和北宋兩個皆比自己先進的王朝之後發展起來的，這使這個王朝背後的歷史更為錯綜複雜。

最後，金王朝也未能逃脫「其興也勃，其亡也忽」的歷史規律，走過了一個發展——興盛——衰亡的歷史進程，與其他王朝一樣留給後世深刻的歷史教訓。

244

吞滅遼宋

居住在今天東北地區的女眞族，屬於通古斯語系。這是一個非常古老的民族，先秦時期的肅愼當屬其遠祖，《三國志》所謂的挹婁，北魏所謂的勿吉，隋謂之黑水部，唐謂之黑水靺鞨，蓋其地也。貞觀年間，唐太宗征高麗，靺鞨佐之，「戰甚力」。五代時始稱女眞，居住在同江之南者謂之熟女眞，江之北謂之生女眞，皆臣服於契丹，後避契丹諱，更名爲女直。

生女眞分爲很多部落，最初，以「完顏」爲號者即不止一部，其中以居住在按出虎水（今黑龍江哈爾濱以東阿什河）流域的完顏部最爲強大，即後來建立金朝的一部。

生女眞地區氣候寒冷，山多林密，嚴酷的自然環境造就了他們艱苦卓絕、英勇善戰的特有性格。其俗皆編髮，項間綴以豬牙爲飾物，頭上插雉尾，經濟生活大體正處在半農半牧階段，所以當時生女眞社會的生產力水準不過相當於中原西周時代或更早時期。女眞社會發展一直比較緩慢，到遼末時雖已有生產剩餘，但人們仍然是物物交換以通有無。自函普成爲女眞之完顏部首領以後，社會發展的步伐開始加快。財產私有化的程度逐漸提高，加劇了階級和社會的分化，部族首領逐漸成爲統治者。但是直到金立國之初，統治者與一般成員的社會地位大體是平等的，他們「同川而浴，肩相摩於道。民雖殺雞亦招其君同食」。

完顏阿骨打是女眞族傑出的領袖，他因應女眞族社會發展和反遼抗爭的需要，建立了金王朝。阿骨打的青年時代，正是女眞族由氏族

⊙南宋、蒙古、西夏和金國形勢圖

蒙古

金

●會寧府

西　夏

中興府●

河

穎昌　鄭城

采石

長　　釣魚城　襄陽　柘皋
江　　　　　　　　臨安府

南　宋

順昌

● 都城
✗ 南宋與金的戰場
✗ 南宋與蒙古的戰場

社會向階級社會轉化的時期，也是統一的女眞族初步形成的時期。劾里鉢（金世祖）共十三子，阿骨打是次子。阿骨打兄烏雅束（康宗）死於西元一一一三年十二月，由阿骨打嗣位爲都勃極烈[*1]。阿骨打自幼「力兼數輩，舉止端正」，「好弓矢」、「善射」，二十三歲「被短甲，免冑，不介馬，行圍號令諸軍」。世祖、肅宗、穆宗、康宗時期的許多重大變革和規定，都出自阿骨打的建議。阿骨打襲位爲都勃極烈後，爲了擺脫遼朝對本族的奴役，開始了建立國家政權的嘗試。一一一三年，阿骨打出兵射死遼將耶律謝三。在吳乞買等女眞大貴族的支持下，阿骨打於一一一五年農曆元旦稱帝，國號大金，改元收國，迎來女眞族發展的新時代。

建國前後，阿骨打進行了一系列的社會改革。在中央，他把部落聯盟的最高軍事首領改稱皇帝，確立皇帝在全國最高的統治地位。他把都勃董、國相、勃董發展爲中央統治的最高權力機構——勃極烈制，把氏族制時的貴族議事機構改造爲新的統治機構。在地方，阿骨打改「猛安謀克」[*2]制爲地方行政組織。在社會生活方面，阿骨打改變女眞族的舊習俗，禁止同姓爲婚，這是女眞族宗族觀念和倫理觀發展支配的結果，可認爲是發展本族的一項有利措施，也是對氏族

血緣支配關係的沉重打擊。建國後，阿骨打還命令歡都之子完顏希尹創造女眞文字。女眞文字是根據漢字改制的契丹字拼寫女眞語言而制成的。女眞字成爲全國通行的官方文字。

阿骨打立國後的第一個政治目的是擺脫遼朝的壓迫。他首選黃龍府（今吉林農安）爲攻擊目標。當年九月，金軍以破竹之勢，佔領黃龍府。遼天祚帝親率號稱七十萬大軍，前去抗擊阿骨打的二萬精軍，金軍大勝。西元一一一六年，金軍又攻佔遼的東京遼陽府（今遼寧遼陽）。之後的幾年，相繼攻佔遼的上京臨潢府（今內蒙古巴林左旗南）、中京大定府（今

⊙金代銅虎符

內蒙古寧城西大名府）、西京大同府（今山西大同）。到一一二二年，金軍攻下南京析津府（今北京）。一一二三年，完顏阿骨打去世，弟吳乞買繼位，為金太宗。一一二五年（宋徽宗宣和七年），遼天祚帝在應州被金將婁室擒獲，曾經強盛一時的遼王朝壽終正寢。

隨著遼的滅亡，金和宋的對立逐漸上升。早在西元一一一一年，宋徽宗派童貫出使遼朝，童貫（原名馬植，童貫為其改名）帶回燕人李良嗣。此人自稱有滅遼的良策，深得童貫的歡心，但此人品行甚差。李良嗣向徽宗建議宋金聯合攻打實力尚強的遼國，雙方遂於一一一八年簽下了「海上之盟」，合力滅遼。這場交易，北宋沒有撈到什麼好處，金朝則獲得大批的戰利品、「歲幣」以及廣大的土地。

金一天天強大起來，而北宋卻進入衰亡時期。在宋金聯合攻遼的過程中，金人也看出了宋王朝的腐敗與懦弱。在滅遼的當年十一月，便大舉攻宋。金軍分兩路南下，東路由完顏宗望率領，從平州出發，佔檀州、薊州等地，守將聞風而降，金人長驅直下，渡黃河，直逼開封。西路軍由完顏宗翰率領，從雲中出發，攻太原，同時派人去見在太原的童貫，要求宋朝割河東、河北地區，宋金以大河為

界。西路的金軍在太原城下受阻。金人南下的消息傳到開封，北宋朝內一片混亂。宋徽宗趕緊傳位給他的兒子趙桓，是為宋欽宗；第二年改元靖康。宗翰率領的西路軍攻下太原，不久全軍會師於東京城下，接著攻陷開封城。金軍在開封城內大肆搜刮擄掠，徽、欽二宗也做了俘虜。靖康二年（西元一一二七年），金人擄徽、欽二宗和大量的金銀財寶北歸，史稱「靖康之難」。

世章之治

金太宗滅北宋後，即著手渡江對南宋的戰爭，但心有餘而力不足，宋金對峙的局面大抵形成。自熙宗、海陵王到世宗、章宗的統治時期，金朝國勢蒸蒸日上。

西元一一三五年，金太宗死，繼位的熙宗，時年十六歲。熙宗在官制方面作了許多重大改革，包括廢除舊的勃極烈等輔政制度，採用遼宋的漢官制度。一一三八年，又實行「天眷新制」，其主要目的是全面實行「漢化」政策，推行漢官制度，如原來的各種官職按新的制度進行換授；按功勳授予女真貴族不同的勳爵和封國；進一步加強了相權；制定典章禮儀；在上京會寧府營建宮殿。一一四一年，金宋雙方訂立了「紹興和議」，以淮水和大散關（今陝西寶雞縣南）

為宋金的分界線，金朝的統治領域大致確定下來。熙宗晚年，統治層內部鬥爭漸趨激烈，互相殘殺，山東境內的叛亂此起彼伏。一一四九年，完顏亮殺熙宗，奪帝位，是為海陵王。

海陵王即位後，進一步加強中央集權，以鞏固皇權。一一五三年，他把都城遷到燕京，並營建都城，是為中都；原來的汴京，改為南京※3。同年九月，完顏亮進攻南宋，於當月渡過淮水。然而，海陵王的連年征發，導致金軍內部不穩，士兵叛逃，軍心大亂。金軍在采石磯（今安徽馬鞍山）一戰大敗，海陵王退至揚州和瓜州，被部下所殺。

十月，完顏雍即位，是為金世宗。金世宗有良好的漢文化素養，刻意學習儒學典籍，吸收歷代帝王的統治經驗，崇尚仁政王道。即位以後，

他採取措施，快速穩定統治。他任用海陵王時的臣僚，維持穩定的政治制度；爭取女真貴族的支持；成功地鎮壓了漢族、契丹族的叛亂；並吸收漢人、契丹人以及其他各族的上層人士參政議政。宋金關係方面，一一六五年，雙方訂立「隆興和議」，換來了四十年相對穩定的局面。

金世宗時期，他把主要精力放在內政的整治和社會經濟的發展方面。他對前代的制度作了一些增減，宰相增設平章政事二人，進一步加強皇權統治。在經濟上，世宗積極恢復發展農業生產，減輕農民的負擔，招收流亡，開墾土地。為了恢復和發展社會經濟，他躬自節儉，不尚奢華，嚴於律己、管束王公大臣。元人王惲曾經提起這樣的一件事：當時，有諸王要求朝廷提供額外的封賞，世宗對他們

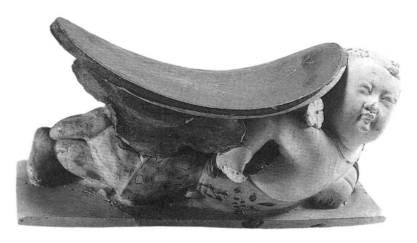

⊙金代三彩臥童枕

說：「你們這些人怎麼如此貪婪啊，你們豈不知道國家庫府中的財產就是百姓的財產，我只不過是代百姓保管罷了，豈敢妄自花費呢？」正是由於金世宗明識統治者和老百姓的關係，不隨便動用國庫資產，所以在他統治期間，稅收不及什一，「兩稅之外，一無橫斂」。不到數年，國庫充實，民間殷富，「以致大定三十年之太平」。世宗即位時，全國有三百多萬戶，二十年後增至六百七十多萬。大定年間，政局穩定，財政充足，世宗因此享有「小堯舜」之稱。

西元一一八九年，世宗完顏雍病故，由皇太孫完顏璟繼承皇位，是為金章宗。章宗在位期間繼承了世宗的統治政策，繼續推行漢化，提倡學習漢族文化，鼓勵女真族和漢族之間通婚，促進民族融合。宋金之間的相對和平狀態也得以維持，北方獲得相當程度的發展。

世宗、章宗時期是金朝的興盛時期，在歷史上被稱為「大定明昌之治」，為當時和後世人們所稱羨。金代著名學者元好問稱，「（南湖先生）歷大定、明昌、泰和，優遊於太平和樂之世者五十年。」金朝著名的藝術家趙秉文亦稱讚道：「大定明昌間朝廷清明，天下無事。」比起金末的喪亂，大定明昌時期的確算得上是太平盛世。

金蒙交惡

章宗時期雖然號稱極盛，但是諸多問題已經顯現。章孝太子（即章宗之父）聰明過人，極好讀書，他想要效法北魏孝文帝，改變金人的夷狄風俗，施行中原的禮樂。然而天不隨願，章孝太子還未繼承大位就早逝了。章宗完顏璟聰慧好學，有其父的風采，他喜好文學，崇尚儒雅，一時名士層出不窮，執政大臣多具文采、學問，有能力的官吏和耿直的大臣皆得到了任用，政治清明，文治燦然，金朝發展到了極盛的頂點。當然，在文字華麗辭章的背後，不難發現，**講修明經之術的目的在於「保國保民」，以圖使統治「國祚長久」**。但是，章宗治世之下的社會卻充斥著負面因素。他極好浮誇奢侈，到處修建宮室，外戚和小人多干預政事。大臣們只能奉承媚上，圖一時安樂，不敢逆其所好。這就是章宗之後大安、貞祐時期金朝衰弱的重要原因。

章宗時，「外戚小人多預政」，指的是李元妃一家。章宗未即位之前的元配蒲查氏，早在大定二十三年就已病故，章宗即位後，追封其為欽懷皇后。章帝繼位後，一直沒有立妃；在看中了李氏之後，就要立她為皇后。李氏出身微賤，因此大臣們一致反對章宗的這一決定，監察御史宗端

修、右拾遺路鋒、翰林修撰趙秉文、御史中丞張公著等都因此丟了官。李氏雖然未能立為皇后，只進封為元妃，但是她的兄弟喜兒、帖弟依仗她的權勢干預朝政，官至極位，就連他家的私奴也仗勢欺人，眾大臣敢怒不敢言。監察御史宗端修，「喜名節」，進士出身，李氏兄弟干預朝政，令其憤憤然，故上書要求皇帝「遠小人」。章宗竟不知他是指誰，特命喜兒傳詔，讓他說出姓名來。端修面告喜兒：「小人者，李仁惠兄弟。」仁惠是章宗賜給李喜兒的名字。端修直截了當地斥責他為「小人」，他亦不敢隱瞞，據實上奏，章宗雖也責備了喜兒兄弟，但還是離不開他們。監察御史張公著，更是把矛頭直指李元妃本人，他不怕得罪章宗，上書竟有「妾上僭政，夫人失位」這樣頗有刺激性的話。外戚宦官干政在東漢以來的漢族皇室從未絕跡，金王朝在學習中原王朝文化和制度的同時，也沾染上了這一惡習。

就在金王朝走向衰落的時候，北方草原上又興起了一股新的勢力——蒙古族。蒙古人的祖先，唐朝時稱為「蒙兀室韋」，居於額爾古納河流域。遼金時期，他們廣泛分布在北方大草原上，以遊獵為生，性勇悍。金立國之初，就不斷遭受蒙古族人的襲擾。天會十三年（西元一一三五年），蒙古族內部發生叛亂，金主完顏亶派遣金朝貴族宋王宗趁機打擊，暫時緩解了北邊的壓力。一一四三年四月，完顏亶試圖再次利用蒙古人的叛亂之機出兵，卻以失敗告終，原因在於金王朝統治集團內部的問題。金朝貴族魯王完顏昌早先因罪被誅，他的兒子薩罕圖郎君率領其父的部人叛逃蒙古，蒙古人的勢力由此不斷強盛，直取金朝的二十多個團寨，金人大敗。金只好轉而與蒙古謀和，每年送給蒙古大批的牛、羊、米、豆、棉和絹等物品以換取和平，但效果並不明顯。金朝為避免受蒙古的侵擾，不斷在北方修建界壕和邊堡，屯重兵防守。金對蒙古只能窮於應付。大定年間，北方就流傳著這樣的民謠：「韃靼來，韃靼去，趕得官家沒處去」，反映了金朝的無奈。

西元一二〇八年，章宗死，衛紹王完顏永濟※4繼位。章宗安排衛紹王繼立，自有他的如意算盤。原來元妃李氏所生葛王，自泰和三年（西元一二〇三年）五月未滿周歲而夭折之後，章宗就一直為繼嗣問題憂慮不已，特別是他的健康每況愈下，這個問題就更加突顯了。一二〇八年，后妃賈氏及范氏有了身孕，但此時章宗已病入膏肓。當年十一月，他臨終之前，賈氏和范氏都還未屆產期，於是就由元妃李氏與其兄李新喜會同宰相

完顏匡商量，策立衛紹王永濟爲皇位繼承人。很顯然，章宗立永濟，不過是讓他暫時看守皇位，他在遺詔中實際上是用《禮記》中「有嫡立嫡，無嫡立庶」的原則，否定了金太祖的「傳授至公之意」。一旦賈氏和范氏生下「龍子」，則皇位仍屬於章宗一系。然而，章宗的如意算盤很快即告落空。衛紹王雖然才識平庸，但當上皇帝之後，也如章宗一樣，千方百計要把皇位傳給自己的後代。爲此，設法不讓賈氏和范氏腹中的胎兒出世，就成了他的當務之急。早在章宗駕崩之前，衛紹王便利用機會選擇了兩個妖妄之人「護視」賈氏和范氏爲章宗孕育皇子，其司馬昭之心，不問可知。果然，他繼位僅僅兩個多月，大安元年（西元一二〇九年）八月，即宣布賈氏和范氏妊娠都出了問題。賈氏產期已過，仍不見動靜；范氏則胎氣有損，經用藥調治，胎形已失。范氏不得已表示願意削髮爲尼。這明明是衛紹王暗中搞的鬼。在這一事件中，被犧牲掉的是章宗元妃李氏。當初章宗臨終時，完顏匡是和元妃一起受遺詔擁立衛紹王的，然而他卻想獨專定策之功，於是開始謀劃除掉李氏。他編造謊言說，當初，賈氏嘔吐，且腹中有積塊，其實是患病，卻被李氏說成是妊娠反應。李氏趁機與其母兄計議，令賈氏詐稱有孕，以便

⊙女真貴族佩戴飾品

臨產時，取李家兒冒充，以爲皇嗣。這種謊話的確是過於離奇了。章宗晚年把一切希望都寄託在早生皇子上，即使李氏欲行偷梁換柱之計，賈氏又怎敢與之相配合而犯欺君之罪呢？然而，衛紹王最終還是把李氏一家和賈氏殺了。在除掉了心腹之患後，衛紹王於大安二年八月，立自己的兒子胙王完顏恪爲皇太子。

就在金王朝變亂不斷的時候，蒙古族人已羽翼豐滿。金泰和六年（西元一二〇六年），鐵木眞統一蒙古各部，建立大蒙古國，稱成吉思汗。最初，成吉思汗仍入貢於金，並曾見到

衛紹王永濟。金章宗死後，成吉思汗聽說永濟繼位，極端蔑視，聲稱：「我以前以為中原的皇帝是大上派來的使者，然而怎麼能有這樣的庸懦之輩呢？」成吉思汗兵勢日焰，金朝勢危，欲絕地反擊。大安三年春，蒙古入貢，衛紹王遣重兵分屯山後，欲就蒙古人進場之時加以襲殺。然而金的「乣軍」中有人為蒙古人報信，蒙古人開始還將信將疑，然而報信者不斷，蒙古人遣人窺之，才相信這是真的，於是遷延不進。

「乣軍」是契丹及北方其他部族的武裝力量，雖受制於金朝，卻與女真統治者離心離德，此時更明確傾向於新興的蒙古貴族。衛紹王加害成吉思汗的計畫未能實現，成吉思汗不僅不再向金進貢，還採取對金先發制人。在蒙軍強大攻勢面前，衛紹王束

手無策，只知與臣下相對哭泣。當蒙軍逼近中都時，金軍經不起連續攻擊，只得乞和。

就在蒙古大軍不斷向金發動攻擊的時候，金王朝內部再次發生政變。西元一二一三年，金貴族胡沙虎在宮廷政變中殺死了衛紹王。金世宗之孫，即金章宗的庶兄完顏珣繼位，是為金宣宗。本已朝政凋敝的金王朝，經過這一番折騰，更是打不起精神來了。

歧路倉皇

衛紹王被殺，徒單鎰向胡沙虎建議，立珣為皇帝，理由是此人為章宗之兄、完顏永恭長子，眾望所屬，「元帥決策立之，萬世之功也」，胡沙虎接受了這一建議。當時，完顏珣尚在彰德府（今河南安陽），胡沙虎派人將其迎到中都。至寧元年（西元一二一三年）九月甲辰，完顏珣即位於大安殿為宣宗。胡沙虎雖然早已罪惡昭彰，但是宣宗念其有援立之功，仍把他當成靠山，以他為太師、尚書令兼都元帥，封為澤王，其子弟數人也都身居要職。胡沙虎弒君，宣宗從極端狹隘的自私立場出發，對此人不但不懲治，反而加以袒護，結果是鼓勵了其他野心家鋌而走險。宣宗即位不久，蒙古大軍進逼京西重地紫荊關，距燕京只有二百里。在此生死存亡之

⊙金代彩繪陶瓶

際，金軍內部又發生了變亂。胡沙虎的部將術虎高琪因為戰敗懼罪被殺，先發制人率領礼軍包圍胡沙虎的官邸，闖入臥室內將其殺死，然後退到應天門待罪。由於高琪手握重兵，宣宗不敢加罪於他，而是將那些當初跟隨胡沙虎弒逆之人一起殺掉，才結束了這場危機。胡沙虎本來罪不容誅，宣宗不能明其罪而誅之，於是又有術虎高琪的擅殺事件，這實際上是胡沙虎弒衛紹王事件的延續。對此，宣宗也無可奈何，只得糊裡糊塗地赦免了高琪，這表明他已無力控制局面，僅是由胡沙虎的傀儡轉變為術虎高琪的傀儡罷了。

蒙古軍隊自章宗末年大規模入境滋擾，到宣宗即位初期，金已喪失了黃河以北的大片土地。貞祐二年（西元一二一四年）春，蒙古人破中原九十餘郡，直抵中都城下。宣宗懼怕蒙古，君臣上下把一切希望都寄託在與蒙古講和上，將領們也都畏縮不敢出戰，藉口是「恐壞和事」。然而，越是這樣，蒙古越是不肯與之講和。當時大臣張行信對宣宗說：「自從崇慶以來，皆是因為和議耽誤了大事，如果我們時時肯和蒙古一戰，能夠挫敗蒙古人的鋒芒，那麼即使和議也是能夠長久的。」此時金朝的軍官，再也不是當年英勇善戰的猛安謀克，張行信的期盼可謂完全脫離現實。

金宣宗畏敵如虎，竟又希望憑空出現奇蹟，在蒙古軍兵臨城下時，他在東華門設「招賢所」，內外士庶言事能迎合其旨意者，即依次授官。於是，一些人競相到這一機構胡言亂語。有一村民叫王守信，敢說大話，聲稱「諸葛亮為不知兵」。侍御史完顏寓竟對這般狂言信以為真，以為此人真是古今未有的軍事家，趕忙推薦給朝廷。而這個招搖撞騙的小人被委以軍都統的重任，他招募一些市井無賴充當士兵，教閱進、退、跳、擲之村術，無非兒戲，其陣法曰「古今相對」，並將這四個字大書於旗上。又做黃布袍、緇巾各三十六件、牛頭響環六十四枚，聲稱用這些「法物」即可嚇跑敵人。謊言終有揭穿的一日，他們出城之後，不敢與蒙古人對陣，而是殺害一些無辜百姓以充「斬獲」，向朝廷邀功請賞。其實，王守信的「古今相對」陣法，實屬荒誕不經。然而，金朝統治者卻深信不疑，這表明金的統治已是窮途末路，他們無計可施，只能把自己的命運交給王守信這樣的地痞無賴之人。但是，騙術最終被揭穿，金宣宗不得不派遣宰相承暉向成吉思汗乞和，並獻上衛紹王之女岐國公主及金帛、童男女五百、馬三千匹，雙方暫時達成妥協。議和之後，成吉思汗由承暉護送，退出居庸關。

雖然成吉思汗從中都郊外撤走，但山東、河北多數州縣仍在蒙古軍隊的佔領之下，許多州縣經戰爭破壞，已殘破不堪。此時的中都儼如一座孤城，內乏糧餉、外無救援。金宣宗於是詔告天下，放棄中都，南遷汴京，以躲避蒙古大軍的打擊。宣宗南遷後讓皇太子留守，並命右丞相兼都元帥承暉留守中都。六月間，在宣宗尚未到達南京之時，駐守中都以南的乣軍發生了嘩變，投降蒙古。蒙古軍再次南下，並在乣軍的配合下，對中都加緊圍攻。金宣宗匆忙把太子守忠也接到開封。是年五月，中都陷落。

南遷之後，金朝君臣上下個個醉生夢死，只求苟安。每當蒙古大軍壓境之時，君臣唯有相對而泣，在大殿之上長呼短歎；而當蒙古軍退兵之後，則又開始飲酒作樂。宰相們研討時政，無非是做做樣子，凡是遇到要害的問題，便宣布下次再議，每次均如法炮製，直至國家滅亡。宣宗也並

不比他的大臣們更關心金王朝的命運和前途，關心的只是如何繼續過他奢華的生活。他曾經讓人偷偷為他做一件大紅半身繡衣，並且告誡說，千萬不要讓敢於直言的監察御史陳規知道。當繡衣做成送去時，他又問陳規是否知道此事，來人連忙解釋說，凡是宮中大小事，他一概不敢向外傳播，何況皇帝又親自叮囑過。宣宗聽罷，算是鬆了一口氣，說：「如要讓陳規知道了，必會以奢華規諫我，我實在是害怕他的話啊！」已經到了危亡的關頭，這位君主還在為一件繡衣煞費苦心，昏庸之極，可見一斑。興定三年（西元一二一九年）十二月，宣宗遷怒於術虎高琪，藉故殺了他，以洩其忿。然而病入膏肓的金朝，滅亡已是指日可待了。

此時，金王朝再次出現了皇位危機。得寵的貴妃龐氏之子完顏守純和後來被立為皇后的王氏之養子太子守緒爭奪王位。元光二年（西元一二二三年）十二月，宣宗病故。他臨終的前一天晚上，近臣都已經出宮了，只有一位年老的前朝資明夫人鄭氏陪伴著這位行將就木的皇帝。宣宗知道鄭氏可靠，便將後事託付給她，讓她「速召皇太子主後事」，言罷氣絕身亡。鄭氏果然不負重托，沉著機智地應付了前來看望宣宗的龐貴妃，金哀宗完顏守緒才得以順利繼位。

⊙金代玩具騎馬人，是游牧民族生活的具象呈現。

哀宗繼位後，因成吉思汗尚未結束西北的戰事，無暇顧此，金朝又得到了喘息的機會。在極其艱難的情況下，金室在汴京支撐了九年，後因為蒙古軍攻城益急，被迫出走歸德（今河南商丘）。正大初年，哀宗一度有振作精神、勵精圖治的表現，但是很快就變得和其父一樣的消沉和腐敗，老百姓對金朝的統治徹底喪失了信心。正大元年正月的一天，開封城內狂風大作，端門門樓上的瓦片都被風吹落了，當時有一男子身著麻衣，對著承天門又哭又笑。有人問他為何如此瘋癲，他回答說：「吾笑，笑將相無人；吾哭，哭金國將亡。」金王朝的末日即將來臨了。

⊙金代磚雕「豐收舞蹈人」

正大四年（西元一二二七年）七月，成吉思汗病死於進軍西夏都城的途中。當時西夏都城已被圍困多時，城內糧盡援絕，不久西夏國王出降，蒙古滅夏的戰爭宣告勝利。這時，他們就有可能全力以赴展開滅金戰爭了。西元一二二九年，窩闊臺即汗位。兩年後，元軍即發起了對金朝的總攻擊。一二三二年初，蒙古軍和金軍在鈞州三峰山展開大決戰，結果金軍大敗，曾經屢建戰功的完顏和尚也被俘，成了刀下鬼，金軍主力至此喪失殆盡。三月，蒙古大軍攻克中京洛陽，並遣使至汴京敦促哀宗投降。哀宗以親王為質向蒙古人乞和，遭到了拒絕。這時，汴京城內又發生了疫情。金哀宗除了出逃，已別無他法。十二月初，哀宗逃出汴京，渡河準備取衛州（今河南衛輝）。攻之不克，又遇蒙古軍自河南追來，金軍慘敗。最後，哀宗夜棄六軍，渡河折回河南，帶著身邊的六、七個人逃到歸德。

天興二年（西元一二三三年）六月，哀宗從歸德啟程赴蔡州，途中正遇大雨滂沱，扈從人員徒步在泥濘中跋涉，沒有糧食，只能採摘青棗充飢，一路上忍飢挨餓，備嘗艱苦。次日抵達亳州。僧道父老在道旁迎候，

只見皇帝儀衛不過是以青黃旗兩面為前導，黃傘擁後，從者不過二、三百，馬不過五十餘匹。哀宗在亳州停留一日，次日進抵亳州南六十里，在雙溝寺避雨。哀宗舉目四望，只見遍地荒涼，不復人跡，於是哀歎道「生靈盡矣」。當月底，哀宗抵達蔡州。當時由於宋、蒙聯合攻金的談判一時尚無結果，所以哀

⊙金代鐵佛，表情莊嚴，衣紋線條自然流暢。

宗到達蔡州初期，情況較為平靜。城內又有了商販，人們以為皇帝到來，又可以過上太平日子了，他們把儲存多年的好酒都拿了出來，一下子喝個淨光。哀宗也忘了是在逃難中，剛在蔡州安頓下來，就大興土木，修建「見山亭」，以為遊憩之所。然而，外面的嚴酷現實，很快就使蔡州城裡這些人「安享太平」的美夢破滅了。八月，宋、蒙雙方達成協定；不久，宋軍和蒙軍相配合，在唐州和息州等地發動進攻，徹底打破了哀宗聯宋抗蒙的夢想。九月間，蔡州城內的糧荒已異常嚴重。十二月，宋、蒙雙方的軍隊對蔡州城展開猛烈的攻擊。天興三年正月初十，哀宗眼看城破在即，便下詔傳位給總帥完顏承麟，希望他能衝殺出去，再圖恢復大金帝業。承麟當即宣告即位。此時，宋、蒙大軍已衝入城內，哀宗自縊身亡，承麟猶率部進行巷戰，最後為亂兵所殺。金王朝在淒慘的境地中滅亡了。

追尋金朝興亡的發展軌跡，我們不難發現它經歷了一條與遼朝興亡大體相似的道路。他們之所以興起之初可與大宋分庭抗爭，屢占上風，憑籍的是他們極具戰爭力的軍政組織，遼有「斡魯朵」和族軍，金有「猛安謀克」；他們都實行兵民合一的制度，在勵精圖治的帝王指揮下所向披靡。然而，當他們建立起以漢族文化為主

導的君主專制政權之後，隨著原來政權組織形式的急劇變化，制度的缺陷便日漸突顯出來了。

這首先表現在其原來自身制度上的先天不足和不適應性。金朝的猛安謀克軍的戰鬥力持續下降，即使統治者施以豐厚的兵餉也無法遏止。

其次，女眞族在處理統治階層與被統治階級之漢民族的關係問題上，未能找到一條合適的道路。金朝在控制了江淮及大散關以北廣闊的漢族傳統聚居區之後，爲統治中原，將百萬以上的女眞人徙置於黃河下游的人口稠密區，是以犧牲漢人利益的辦法去救濟女眞人的。然而，此舉既沒有解決農耕經濟形式下女眞人日益貧困的問題，反而導致漢人刻骨的痛恨。他們不僅搶佔漢族最富庶的耕地，爲了塡補日益增大的生活和軍事開支，又不斷加重漢族的賦役。女眞人與漢人的對立衝突恰如史籍所言：「盜賊滿野，向之倚國威以重者，人視之以爲血仇骨怨，必報而後已」。

第三，河患也是促使金朝滅亡的重要原因。在金控制江淮以北之時，河患氾濫成災，連年不斷。更爲不幸的是，黃河似乎也與女眞人作對似的，自從金室南遷後，黃河竟然改道，不再北流，而是流向東南。範圍非常廣泛，進一步加劇了統治階層與漢民族的衝突，各地反抗的怒火從未停息。

金朝以馬上得天下，在治理天下時，卻遇到內外雙重問題。金朝對外一直受到兩宋、西夏、蒙古和高麗等政權的牽制，稍有閃失，就會被顛覆；在內，在安置女眞族和處理漢族關係問題上，產生了新的民族和階級問題，這些問題始終存在，一直沒有善加解決。而統治階級內部血腥的權力鬥爭，又在腐蝕著政權根基，面對著強勁的蒙古旋風，它的滅亡似乎也就不難理解了。

註解
※1 金初最高軍政長官的稱謂。
※2 猛安謀克原是一種軍事組織，阿骨打嗣位爲都勃極烈的第二年，便命令各個部落以三百戶爲謀克，十謀克爲猛安，設官吏管轄。把領兵的千夫長、百夫長改革爲受封的地方領土、領戶之長，這是對舊氏族制的一項重大改革。
※3 西元一一六一年，開封又改爲金的首都。
※4 原名允濟，世宗第七子，後避章宗父允恭諱改稱永濟。

⊙元人繪製的宋耕織圖

南逃無路：南宋覆亡眞相

南宋偏安一隅，國運不昌，帝王懦弱。從立國之君趙構始，歷代帝王都沒有作為，且奸臣當道，堪稱歷史上最軟弱的王朝之一。它著力經營長江以南廣大地區，使中國南方社會經濟得以提昇發展，呈現出高度繁榮。但它在軍事上卻一直讓步於北方強敵，最終被蒙元所滅。

偏安一隅的結局
肯定是永不安寧
江南水鄉的千里沃野
終不敵來自北方的大刀

——海默《夢迴古代·南宋》

南宋（西元一一二七至一二七九年）是北宋趙氏王朝的延續，始於高宗趙構，終於衛王趙昺，共九帝。

自靖康之禍後，南宋習於偏安，在收復北方故土之主戰派和安分做個小王朝之主和派間的爭鬥，猶如東晉王朝背景的重現。在皇帝們無意與北方爭鋒的讓步下，終不脫沉淪滅亡的宿命。

⊙ 宋高宗名趙構，南宋開國皇帝，宋徽宗第九子，宋欽宗之弟，曾被封為康王。

苟且偷安

「靖康之變」後，留守在相州（今河南安陽）的康王趙構逃到了南京（今河南商丘），一一二七年五月，趙構在南京即位，改元建炎，即宋高宗。高宗王朝後來定都臨安（今浙江杭州），偏安南方，與定都開封的北宋相區別，故史稱爲南宋。

高宗即位後，迫於輿論的壓力，不得不把「主戰派」大臣李綱召回朝廷，擔任宰相。然而，這只是高宗收買人心的手法，他很擔心抗金戰役勝利後，宋欽宗會回來和他爭奪皇位，不想與金朝兵戎相見之下，遂又任命了一大批「主降派」的官僚居於要職。因此，從南宋建立初期，抗金戰役中主戰派與主和派之間的激烈鬥爭就開始了。

李綱擔任宰相後，提出了許多抗金的主張，還極力在宋高宗面前舉薦大臣宗澤。宗澤是一位堅決抗金的將領。金兵第二次攻打東京開封的時候，就是宗澤領兵抗擊金兵，一連打了十三次勝仗。宋高宗對宗澤的勇敢早有耳聞，這次聽了李綱的推薦，就派宗澤去開封府做知府。這時候，金兵雖已從開封撤出，但開封城經過兩次大戰，人心惶惶，秩序混亂。宗澤在軍民中很有威望，他一到開封，就整頓城中治安，嚴懲搶劫的罪犯，開封的秩序漸漸安定下來。同時他還積極聯絡各地民眾組織起來的義軍，河北義軍聽到宗澤的威名，紛紛自願接受他的指揮。這樣一來，開封城中人心安定，存糧充足，物價穩定，重新恢復了大戰前的局面。但是，就在宗澤準備北上恢復中原時，宋高宗和投降派卻嫌南京不安全，想把都城遷到更南方。李綱因反對南逃，被撤了職。

不久，金兵分路大舉進攻。金太宗派大將兀朮（宗弼，阿骨打之子）向開封進攻，宗澤率部成功地擊退了兀朮的進攻。金軍對宗澤又害怕又欽佩，長時期沒敢再揮師南下。宗澤認爲高宗應回開封領導軍民收復中原，於是上了二十幾道奏章，都石沉大海。這時的宗澤已是七十歲的老人，一氣之下臥病不起，臨終前還呼喊「過河！過河！過河！」宗澤去世後不久，團聚在開封附近的各地義軍既受到南宋政府的猜忌，又遭到金兵的鎮壓，抗戰力量大大削弱，中原地區又落入金人手中。

建炎三年（西元一一二九年）初，金兵分路渡河南下，宋高宗等人從揚州倉皇逃往杭州。十月，金將兀朮領兵十萬分兩路渡河，長驅直入。宋高宗又從臨安逃往紹興、明州，當金兵追過來時，高宗又從明州乘船逃往溫州。金兵下海追趕三百里，遇大風雨被南宋水師打敗，才引兵撤退。

⊙岳飛北伐路線圖

這次戰事使大江南北許多繁華城市和附近農村遭到嚴重破壞，人民陷入水深火熱之中。

與此同時，江南江北許多地區的人民積極抗擊金兵，金兵進攻揚州時，張榮領導的梁山泊水軍從清河南下在江蘇淮安堅持抗金，隊伍發展到一萬多人。南宋官軍中也不乏堅決抵抗的金軍將領，他們英勇善戰，不屈不撓。建炎四年三月，金將兀朮率十五萬金兵到達鎮江黃天蕩附近時，抗金名將韓世忠率軍攔擊。當時韓世忠手下僅有宋軍八千人，雙方兵力懸殊。激戰時，韓夫人梁紅玉親自擊鼓助威，雙方相持四十八天，金軍終於撤兵。兀朮擺脫了韓世忠的阻擊後，帶兵轉道建康才撤回北方。在返回途中，又遇到了岳飛軍隊的頑強阻擊，被殺得潰不成軍，狼狽撤回。

這一時期抗金的主力是岳飛及其岳家軍。岳飛從小刻苦讀書，尤其愛讀兵法，他力大過人，十幾歲的時候就能拉開三百斤的大弓，後來又學得一手百發百中的好箭法。傳說岳飛離家抗金前夕，其母姚氏在他背上刺了「精忠報國」四個大字，這成為岳飛終生遵奉的信條。先前，都城開封被金軍圍困時，岳飛曾隨宗澤前去救援，多次打敗金軍，受到宗澤的賞識，稱讚他「智勇才藝，古良將不能過」。南宋建立後，岳飛上書高宗，要求收復失地，被革職。岳飛遂改投河北都統張所，在太行山一帶抗擊金軍，屢建戰功；後復歸東京留守，宗澤死後，岳飛繼續留守開封。

高宗被迫流亡海上以後，岳飛孤軍堅持敵後作戰。他先在廣德（今安徽廣德）攻擊金軍，六戰六捷。又在金軍進攻常州時，率部馳援，四戰四勝。這次趁兀朮北撤的時候，他跟韓世忠配合，重挫金軍的氣勢。次年，岳飛又與韓世忠配合，在建康城南牛頭山設伏，大破金兀朮，收復建康，金軍被迫北撤。從此，岳飛威名傳遍大江南北，聲震河朔。同年，岳飛升任通州鎮撫使兼知泰州，擁有人馬萬餘，建立起一支紀律嚴明、作戰驍勇的抗金勁旅「岳家軍」。

紹興三年（西元一一三三年），岳飛剿滅李成、張用等「軍賊遊寇」。次年四月，岳飛揮師北上，擊破金傀儡偽齊軍，收復襄陽、信陽等六郡。同年，三十二歲的岳飛升任清遠軍節度使。次年，岳飛率軍鎮壓了洞庭湖地區的楊么起義軍，從中收編了五、六萬精兵，「岳家軍」實力大增。由於「岳家軍」英勇善戰，很快成為一支抗金的主力部隊，成為和劉光世、韓世忠、張俊齊名的抗戰派將領。

　　紹興六年，岳飛再次出師北伐，一路攻城奪地，由於是孤軍深入，不得不撤兵。此次北伐，岳飛壯志盈懷，寫下了千古絕唱《滿江紅》：

怒髮衝冠，憑欄處、瀟瀟雨歇。
抬望眼，仰天長嘯，壯懷激烈。
三十功名塵與土，八千里路雲和月。
莫等閒，白了少年頭，空悲切！
靖康恥，猶未雪。臣子恨，何時滅？
駕長車、踏破賀蘭山缺！
壯志飢餐胡虜肉，笑談渴飲匈奴血。
待從頭，收拾舊山河，朝天闕！

　　紹興七年（西元一一三七年），岳飛再升為太尉。他屢次建議高宗傾全國之力興師北伐，收復中原，但都為高宗所拒絕。紹興九年，金國政變，金兀朮掌握大權，次年，金兀朮兵分四路南下進攻南宋。岳飛率領岳家軍深入河南地區，先後收復潁昌（今河南許昌）、鄭州、洛陽等地。岳飛把主力駐紮在潁昌，自己親率騎兵駐守在郾城。兀朮聽到岳飛出兵，鼓足勇氣率一萬五千餘騎精兵，來到郾城北面。金軍以身披重鎧甲，頭戴鐵兜的精銳「鐵塔兵」列在正面，以號稱「拐子馬」的騎兵布列兩側。岳飛面對強敵毫不畏懼，派兒子岳雲為先鋒，命令岳雲只許勝，不許敗。岳飛看準金軍的弱點，命將士預備好長砍刀、大斧，等金軍衝來，彎腰下砍馬腿，上砍敵兵。激戰持續到天黑，殺得金兵屍橫遍野。兀朮不禁哀歎：「自起兵以來，全仗拐子馬取勝，不料今日遭此重創。」此後兀朮連戰連敗，岳飛率兵乘勝追擊，一直打到東京附近的朱仙鎮。金軍深感岳家軍的厲害，發出「撼山易，撼岳家軍難」的感嘆。

　　岳飛等主戰派遂加緊打擊金軍、收復中原失地的步伐。他在朱仙鎮招兵買馬，聯絡河北義軍，積極準備渡過黃河收復失地，他激動地對諸將說：「直搗黃龍，與諸君痛飲耳！」然而，「已把杭州做汴

⊙ 抗金名將岳飛，字鵬舉，相州湯陰（今河南湯陰）人。

州」的高宗和奸相秦檜卻一心求和，連發十二道金牌，命令岳飛退兵。岳飛抑制不住內心的悲憤，仰天長歎：「十年之功，毀於一旦！」他壯志難酬，只好揮淚班師。

岳飛回到臨安後，馬上就被解除兵權。紹興十一年八月，高宗和秦檜派人向金求和，金兀朮要求「必先殺岳飛，方可議和」。秦檜乃誣岳飛謀反，將其下獄。當年十二月，秦檜以「莫須有」的罪名將岳飛毒死於臨安風波亭，是年岳飛僅三十九歲。其子岳雲及部將張憲也同時被害。

宋、金雙方達成了「和約」：其一，宋向金稱臣，「世世子孫，謹守臣節」。其二，劃定疆界，東以淮河中流為界，西以大散關（今河南寶雞西南）為界，以南屬宋，以北屬金；宋割唐（今河南唐河）、鄧（今河南鄧縣）二州及商（今陝西商縣）、秦（今甘肅天水）二州之大半予金。其三，宋歲貢銀二十五萬兩、絹二十五萬匹。「紹興和議」確定了宋金之間政治上的不平等關係，結束了長達十餘年的戰爭狀態，形成南北對峙的局面。

帝王無能

紹興三十二年（西元一一六二年），宋高宗禪位，三十六歲的孝宗趙昚即位。孝宗頗欲有番作為，他為岳飛平反，又將秦檜時期製造的冤假錯案全部予以昭雪。先後任用了張浚、虞允文等主戰派大臣，力圖恢復中原。然而，面對高宗的處處牽制、主和派的極力阻撓，孝宗深感力不從心，中興大業最終不得不付諸東流。其後的帝王們大多滿足於安逸的生活和偏安江南的既成事實，北復中原的大計漸漸歸於沉寂。

孝宗之後，其子光宗趙惇繼立，光宗似乎智力上有些障礙，加上皇后李氏生性妒悍，光宗整日抑鬱不樂，他在位十五年，毫無建樹。

光宗之後，寧宗趙擴亦是位無所作為的皇帝。他即位時發生了戲劇性一幕，當太皇太后吳氏命趙擴穿戴黃袍登基時，趙擴居然嚇得極力掙脫，口中還大聲地喊道：「兒臣做不得，做不得！」太皇太后只好強行給他披上黃袍，登上皇位。寧宗即位後，毫無主見，任人擺布。寧宗朝，外戚韓侂冑把持朝政，此人結黨營私，打擊異己，史稱「慶元黨禁」。

慶元黨禁很不得人心，韓侂冑為

⊙宋代蹴鞠枕

了挽回人心，決定北伐金國，建立不世之功業。於是他任用辛棄疾、葉適等主戰派，從開禧二年（西元一二○六年）開始北伐。戰爭初期，宋軍收復了一些地方，但在金軍的反攻下很快趨於失敗。投降派史彌遠勾結楊皇后，乘機反撲，打擊主戰派。他們槌殺韓侂冑，割下他的腦袋獻給金朝，乞求和議，宋金達成「嘉定和議」。史彌遠因此升任右丞相兼樞密使，把持宋寧宗趙擴一朝達十七年之久。史彌遠對金採取屈服妥協的政策，對南宋百姓則瘋狂掠奪。他的擅權大大損害了南宋統治的根基，南宋政治從此更加敗壞。

孝宗至寧宗三朝共統治南宋六十多年，北伐大業一誤再誤，在此期間，金國統治也日益腐朽，然而興起於蒙古高原的蒙古汗國氣勢正旺。蒙古鐵騎不僅滅了西遼，圍攻西夏，而且在成吉思汗的領導下，完成了對中亞的征伐。

⊙南宋落花游魚圖

⊙宋寧宗趙擴

嘉定十七年（西元一二二四年），寧宗病死，史彌遠立趙昀為皇帝，即宋理宗。寧宗時，在選立太子問題上，史彌遠為保持自己擅權的地位，玩弄手段廢掉皇弟沂王之子貴和，從越州找到了另一宗室子趙與莒，賜名貴誠，立為沂王，全力扶植。寧宗死後，他馬上矯詔擁立貴誠，改名昀，繼續擅權理宗一朝。

史彌遠兩朝擅權長達二十六年之久，權傾朝野，把國家一步步拖向絕境。他以宣繒、薛極為心腹，王愈為耳目，盛章、李知孝為鷹犬，馮榯為爪牙，專擅朝政，權傾內外。薛極與胡榘、聶子述、趙汝述，依附史彌遠，人謂之為「四木」；李知孝、梁成大和莫澤為史彌遠排斥異己，不遺餘力，人謂之為「三凶」。廷臣真德秀、魏了翁、洪咨夔、胡夢昱等官員因為反對他的專權，皆遭竄逐。史彌遠等人，對金一貫採取屈服妥協的政策，對南宋百姓則瘋狂掠奪。他招權納賄，貪汙公行；還大量印造新紙幣，不再以金、銀、銅錢兌換，而只以新幣兌換舊幣，並且把舊幣折價一半，致使紙幣充斥，幣值跌落、物價飛漲，民不聊生。史彌遠一直得到宋寧宗、理宗的信任，封官加爵不已，甚至到紹定六年（西元一二三三年）病死，還被追封為衛王，諡忠獻。

理宗當政，「淵默十年無為」。理宗親政後，大力宣導理學，企圖借理學力量緩和朝廷鬥爭，一時間理學思想瀰漫朝野。官員一面誇誇其談，空講仁義道德；一面欺世盜名，魚肉百姓。此外，理宗沉溺美色，怠於政事，也正是理宗情色之好，導致另一位奸相權臣爬上權力的巔峰，為南宋的命運提前劃上了句號，這一權臣就是賈似道。

奸佞喪國

賈似道，臺州（今浙江臨海）人，他尚年幼時，父親賈涉在淮東制置使任上突然病逝。因為家道中落，又無人管教，賈似道漸漸不務正業，經常酗酒賭博，沾染了一身惡習。賈似道的命運發生轉變，是因為同父異母姐姐賈氏被選入宮中。賈氏長得漂亮，深得理宗的憐愛，進宮不久就被冊封為貴妃。賈似道藉此裙帶關係，相繼被提拔為籍田令、太常丞、軍器監、大宗正丞等京官。一身流氓習氣的賈似道，在京城臨安有恃無恐，行為放蕩不羈。他常常白天在妓女家裡

⊙宋代《列女傳》

鬼混，夜間又通宵在西湖上泛舟遊玩。有一天晚上，理宗登高眺望西湖夜景，見湖上星火點點，就對左右說：「這必定是似道。」次日前去詢問，果然沒錯。

雖然無才無德，因是貴戚的關係，加上他善於使弄權術，所以賈似道連年升官、步步高升。寶祐五年（西元一二五七年），他一路遷升為知樞密院事兼任兩淮安撫大使。

賈似道平步青雲之時，也正是北方蒙古貴族橫掃天下之際。南宋政權的弱不禁風，盡收蒙古貴族的眼底，而南宋似乎對蒙古大軍所向披靡的戰鬥力不甚認識。端平元年（西元一二三四年），南宋藉金國新亡之機，在沒有充足準備下，突然派軍隊北上，企圖收回蒙古軍佔領的河南及三京之地，結果在洛陽遭到蒙古軍的襲擊。這次軍事行動導致了嚴重後果，它激化了南宋與蒙古國的對立。

寶祐五年（西元一二五七年）二月，蒙古大汗蒙哥調動三路大軍全面侵宋，蒙哥之弟忽必烈親率大軍圍攻鄂州（今湖北武昌），矛頭直指南宋都城臨安。理宗萬分慌張，派賈似道以右丞相兼樞密使的身分屯兵漢陽，以援鄂州，賈似道本不學無術，他看到蒙古鐵騎驍勇善戰，鄂州岌岌可危。萬分驚恐之下，就祕密派人去向忽必烈求和，提出的條件是：「北兵

若旋師，願割江爲界，且歲奉銀、絹各二十萬。」忽必烈原本不想議和，這時突然得到蒙哥在前線病逝的消息，爲了趕回蒙古去爭奪汗位，他就順水推舟答應了議和條件，率軍撤回北方去。

賈似道見蒙古軍主力撤走，就出動大軍攔殺了一小股蒙古兵，洋洋得意回到臨安，以作邀賞之功。他把私自訂立和約的事瞞得嚴嚴實實，到處吹噓自己取得大勝。宋理宗聽信了賈似道的謊話，認爲賈似道立了大功，誇獎一番之後，又晉升他爲少師，封衛國公，視之爲「股肱之臣」。爲了標榜所謂的豐功偉績，賈似道甚至指使門客廖瑩中、翁應龍等撰寫文章，名曰《福華編》，爲自己根本不存在的「援鄂之功」歌功頌德，可謂肉麻至極。

蒙古政權上層因忙於內部事務的處理，放緩了打擊南宋的腳步，南宋得以暫時的苟延殘喘。然而，南宋朝廷並沒有抓緊這難得的時機緩解衝突、增強國力。相反的，由於賈似道的橫行霸道，進一步加快了滅亡的進程。

賈似道爲了鞏固自身地位，排斥異己，殘害抗戰將領。他網織罪名殺害左丞相吳潛，逼死抗蒙有功的向士璧、曹世雄，領導釣魚城抗戰、讓忽必烈大軍束手無策的王堅，也被賈似

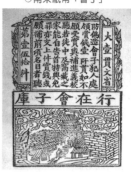
⊙南宋紙幣「會子」

道解除兵權，以致鬱悶而死。賈似道還透過實行所謂「打算法」，把在抗戰中支取官物用作軍需的將領一概治罪。至此，賈似道羽翼豐滿，權傾朝野，把持朝綱長達十五年時間。

賈似道專權後，對人民的剝削愈益苛重，致使社會經濟更爲蕭條。賈似道以南宋政府財政困難、軍糧不足爲由，在景定四年（西元一二六三年）實行「公田法」。其辦法是：按官品規定占田限額，兩浙、江西等地官戶如果超出限額，在超額的田地中抽出三分之一，由官府買回，作爲公田出租，然後收公田租以充軍糧。「公田法」本與農民關係不大，但是許多官吏以買田邀功，常將只能收租六、七斗的田虛報爲一石，官府據此規定重額官租，強迫農民交納，這使得農民負擔大大加重。同時，有權勢的官僚大地主雖然家有餘田，但拒不出賣，地方官爲了充成買田數額，就強迫中小地主乃至自耕農賣田。「公田法」推行以後，許多人家破產失業，南宋王朝與中小地主以及自耕農的衝突對立也更明顯了。

景定五年，賈似道又在各地實行所謂「經界推排法」，也就是清查民間土地，分毫必計地向民間搜括田稅地租。在實際推行過程中，地方政府動輒虛加貧弱農戶的租稅。無疑地，「經界推排法」又成為一禍國殃民之舉。

賈似道不僅透過「買公田」、「經界推排法」之類的手段從民間搜刮財富，而且連年濫印紙幣，造成貨幣極度貶值，物價飛漲。城市工商業、農業直至國民經濟遭到嚴重破壞，國力迅速衰微。大臣黃震上書指出國家面臨四個弊端——民窮、兵弱、財匱、士大夫無恥，被連貶三級，朝中難聞正直的聲音。

景定五年，理宗終因嗜欲過度而病死，皇太子趙禥在賈似道扶持下繼位，是為度宗。度宗孱弱無能，亦是位貪戀女色之徒，朝中大小事務依然託付給賈似道，稱賈似道為「師臣」。賈似道為了考驗度宗對他的信任度，也為了在新君面前樹立威信，便在辦理完理宗喪事後，棄官回到紹興私宅，之後指使人謊報蒙古兵犯境。度宗和謝太后聞報大驚，手詔請賈似道出來主政，並特拜他為太師、封魏國公，賈似道這才出來「為國視事」。

賈似道經常巧設陰謀，置度宗於股掌之上。咸淳三年

（西元一二六七年），他向度宗提出要歸家休養，度宗每天四、五次派侍從傳旨挽留，又每天十多次派人送去各種賞賜。被派去的人唯恐賈似道離京，竟每夜躺在賈府門外守著。度宗又在靠近西湖的葛嶺，賜給賈似道第宅一所，把他送到那裡去休養。從此，賈似道每五天入朝一次，也不去公堂理事，一切公文皆由人送到他家中簽署，朝中其他幾位宰相只是掛名而已。當時人們形容這種情況說：「朝中無宰相，湖上有平章（指賈似道）。」此後，度宗又給他十日一朝的特權，而且每次退朝，度宗總要離座目送他走出殿廷，才敢坐下。

雖然賈似道深居豪宅，朝廷內外一切政事，若他不同意，任何人也不敢辦理。誰要是使他稍不滿意，輕則斥責，重則削去官職，終身不用。一些企圖向上爬的官吏，紛紛向他行賄。這樣一來，賈似道斂財無數，南宋的貪汙之風也隨之大盛。

在賈似道不斷向度宗要官要權之時，蒙古軍正大舉南下，南宋危機十分深重。景定元年（西元一二六〇年），忽必烈北返蒙古奪得汗位之後，迅速穩定了內部，不久即又派兵佔領南宋四川地區，並沿漢江南下，於咸淳四年（西元一二六八年）包圍

⊙ 南宋三弓床弩，防守時所使用殺傷力頗大的武器。

襄陽，次年又圍樊城，直逼南宋腹地。

　　咸淳六年，正當襄、樊被圍，南宋前線形勢十分危急之際，賈似道卻悠閒地躺在葛嶺私宅中，過著極端荒淫的生活。他掠取許多美貌的妓女、尼姑爲妾，日夜淫樂。他喜歡鬥蟋蟀，且著有《蟋蟀經》，描述他養蟋蟀、鬥蟋蟀的經驗。賈似道還特別愛好奇玩珍寶，廣爲搜羅。他聽說已故兵部尚書余玠有玉帶殉葬，竟掘墳取來。

　　賈似道在葛嶺恣意淫樂，整日不上朝，如果有人提及邊防之事，他即加貶斥。有一天，度宗問他：「襄陽被圍已三年，怎麼辦？」他扯謊道：「北兵已退，陛下從何處聽得此言？」度宗告訴他是聽一個宮女講的，他就立即處死了那個宮女。自此，不管前線情況多麼吃緊，誰也不敢透露半點眞實消息。

　　咸淳七年（西元一二七一年）十一月，忽必烈定國號爲元，加緊統一的步伐。咸淳九年正月，樊城被元軍攻破。襄陽被圍五年，糧盡援絕，城中軍民拆屋當柴燒，縫紙幣做衣穿，守將呂文煥孤立無援，於是獻襄陽城投降元朝。襄陽之戰對元宋雙方都具有重要意義。勝利的一方發現南宋朝廷的腐朽沒落已不可救藥，從中看到滅宋的希望；而失敗的一方不僅沿長江一線及以南的防守從此處於極其被動的勢態，而且民心士氣大受挫折，

⊙宋代發明的縷懸式指南針

南宋王朝滅亡的喪鐘已清晰可聞。

　　咸淳十年，賈似道的母親去世，值此國家生死存亡的緊要關頭，賈似道不僅不組織抗元，反而趁機大擺排場，炫耀權位。度宗親往祭奠，太后以下之皇親國戚以及朝中大臣，也家家設祭。有的祭臺搭到數丈高，爲裝祭品，還跌死了好幾個人。賈似道回臺州治喪，動用皇帝的儀仗送葬，山陵的規模甚至超過度宗的壽墳。下葬那天，整日大雨，山洪猛漲，送葬的百官立在大水中，連動也不敢動一下。

　　此後沒幾天，度宗因酒色過度，突然駕崩。賈似道又立年僅四歲的趙顯當皇帝，繼續操縱著南宋大權。

　　元軍佔領襄陽後，又於當年攻下鄂州。京城太學生和群臣上疏，一致要賈似道親自督師抗元。賈似道迫不得已，只好在臨安設立都督府，但他遲遲不敢與元軍對決。直到德祐元年（西元一二七五年）正月鄂州失陷以後，他才抽調各路精兵十三萬，從水路出發。他帶了大批輜重，船隻首尾相接達百餘里。途經安吉（今浙江安吉北），他的座船因過於龐大，在攔

◎蒙古軍攻滅大宋皇朝

河壩上擱淺，水軍只得為他換船繼續前進。隊伍開到蕪湖（今安徽蕪湖），賈似道就迫不及待地與元朝聯繫議和，他從蕪湖放回元朝俘虜，並送荔枝、黃柑給元朝丞相伯顏，同時派使者去元軍大營，請求稱臣送歲幣。伯顏拒絕議和，並繼續進兵至安慶（今安徽安慶）、池州（今安徽貴池）、丁家洲（今安徽銅陵東北長江中）一戰，宋軍前鋒毫無鬥志，不戰而走，後方督戰的賈似道也驚慌逃竄。此一役，宋軍主力大部被殲，士氣喪失殆盡。

賈似道兵敗之後，元軍主力順長江東下，很快逼近臨安，趙宋王朝已處在滅亡的前夕。賈似道喪師辱國，朝野震動，群情激憤，太學生及臺諫、侍從官紛紛上疏請殺賈似道，太后謝道清不許，只削降他三級官職，命他回紹興私宅去為他母親守喪。賈似道到了紹興，紹興的地方官關起城門來不讓他進去，於是朝廷改命賈似道去婺州（今浙江金華）居住，婺州群眾聽說賈似道來，就貼出通告，把他趕走。可見賈似道犯下滔天大罪，人人不容。在朝臣的強烈要求下，謝太后只得將賈似道貶為高州團練使，並派人監押。紹興府有個小吏鄭虎臣，因受過賈似道迫害，為了報仇，他主動要求擔任押送官。鄭虎臣一路上羞辱賈似道，不時找機會欲置賈似道於死地。走到漳州，鄭虎臣橫下心來，在賈似道如廁時結束了他的性命。

德祐二年正月，元丞相伯顏率領的元軍雲集臨安城下，謝太后欲戰不勝、南渡無法脫身，她任命文天祥為右丞相兼樞密使，與元軍接洽。然而，文天祥前往元營和談時卻被伯顏扣留。謝太后無奈，只得向伯顏奉上傳國寶璽和降表，開城投降，南宋主體政權至斯滅亡。此後帝王官宦走向了長達三年的逃亡之路。

度宗死後，他的三個兒子嘉國公趙㬎、益王趙昰、衛王趙昺，相繼被朝臣擁立為帝。弟兄三人即位時最大的不過八歲，在位時間最長的也只有三年。其中，度宗之後繼位的恭帝趙㬎，在位兩年，被元軍俘獲後送西藏為僧，又被冤殺；恭帝被元擄住後，大臣陸秀夫等擁立趙昰為帝，在位三年，在元軍追擊中受驚而死，終年十一歲，葬於永福陵（今廣東省新會縣

南）；末帝趙昺在位兩年，在元軍追擊下，由大臣陸秀夫背著投海而亡，終年九歲，時為西元一二七九年。宋室在南方一百五十三年的統治宣告終結。

南宋的政治和軍事形勢留給後人更多的是苟且、軟弱和無可奈何！分析南宋的經濟實力和軍事裝備會發現，南宋並不是個不堪一擊、積貧積弱的王朝。宋朝在行政制度、經濟運行和火藥火器技術的研究等方面都勝過漢唐。南宋朝廷以雄厚的江南經濟做後盾，推行「以金錢換和平」的外交策略，似乎也無可厚非。不幸的是，兩宋政權一直處於諸多勃興的草原民族政權的夾擊和圍攻之中，窮於應付戰局，實屬無奈！契丹、党項、女真和蒙古族在十至十三世紀相繼崛起，其勢難以敵當，也在情理之中。兩宋朝廷本無意消滅這些敵對政權，攻擊力雖不甚銳利，但抵禦來犯之敵的能力尚且有餘，在面對蒙古族大軍的時候尤其如此。從一二○六年開始，蒙古族大軍幾乎是以排山倒海之勢相繼滅金、西夏、花拉子模、俄羅斯諸公國，以及波蘭等東歐國

⊙陸秀夫像

家，獨獨在吞併南宋的戰爭中，無論是出動的兵力，還是相持的時間※，損失之慘痛，都是前所未有的。

南宋滅亡的真正原因在於統治者上層出現了嚴重的問題，朝政上吏治腐敗，使得民不聊生。加之在外交措施方面失當（南宋與蒙古結盟滅掉金朝，頓失防禦屏障，並將自身實力暴露於蒙古貴族面前，實屬重大失策），導致內外交困。像賈似道在政治腐敗、國運衰微的南宋末年，由一個浪蕩子弟迅速爬到了右丞相兼樞密使的高位，充分體現了南宋統治集團的腐朽沒落。在元軍大舉攻宋的時候，作為前線指揮，他一面封鎖軍情；一面向敵人稱臣請降，這種兩面手法是無法長久的。君臣上下，不思進取，既沒有北定中原的雄心，也沒有積極防禦的打算，只是一味搜括民脂民膏，貪戀奢華的生活，所謂「暖風熏得遊人醉，直把杭州作汴州」就是活生生的寫照。南宋後期的政治可用皇權旁落、大臣擅權、皇后干政、朝政混亂和民怨沸騰來概括。如此以來，國家豈有不滅亡之理？所以，當南宋統治者選擇了逃避甚至是投降政策時，實際上就意味著選擇了一條注定滅亡的道路！

註釋
※ 從一二三五年舉兵伐宋，到一二七九年徹底摧毀宋王室，歷時近半個世紀之久。

⊙遠征歐洲的蒙古大軍，運用拋石機攻打城堡。

倉皇北顧：元朝覆亡眞相

元帝國是中國歷史上，第一個統有今日四海疆土、少數民族統治為主的政權。它地域廣博，軍事嚴整，在經濟、文學和科技等方面都創造了輝煌的成就。然而，元朝統治者雖深知漢文化傳統在治理國家中的重大作用，卻不得其要領，在政治、文化、軍事、社會和民族制度等許多方面都呈現其原始性，阻礙了歷史的發展。

從蒙到漢
從北方到南方
元朝終因水土不服
泣血而亡

——海默《夢迴古代·元朝》

西元一二〇六年，在燕京（北平）一千兩百公里外的斡難河上游，尚屬金帝國的藩屬蒙古族諸部落，正舉行一場重要的集會。在這次集會上，孛兒只斤部落四十四歲的酋長鐵木真被推舉為大可汗，號稱「成吉思汗」，蒙古帝國正式誕生。此後的六十多年間，蒙古帝國共發動五次大規模的軍事行動，鐵蹄踏遍歐亞大陸版圖，建立了一個規模空前的龐大帝國。成吉思汗及其子孫兩次南征，先後滅掉金和南宋，於一二七九年徹底終結唐以來的分裂局面，使四分五裂的中國再次統一。

元朝自一二七一年建國至一三六八年滅亡，歷時九十七年，它是中國歷史上第一個以少數民族統治全中國的政權。這個朝代地域廣博，軍事嚴整，在經濟、漢文學和科技等方面都創造出輝煌的成就。

然而，就是這樣一個強大而繁盛的帝國，在短短不到一個世紀的時間裡就轟然倒塌，消失在歷史的浪潮裡。它的覆滅是每一個王朝的必然，還是異族統治者的宿命？也許只有在奔流不息的歷史長河中，才會找到我們想要的答案！

⊙元朝開國君主「成吉思汗」鐵木真

274

悄然而逝

　　元帝國的創造者成吉思汗，姓孛兒只斤，名鐵木真，是古代蒙古族的傑出領袖和軍事家。《元史‧太祖》贊他「深沉有大略，用兵如神」，毛澤東更賦予他「一代天驕」的稱號。

　　鐵木真於西元一一六二年出生在蒙古孛兒只斤氏的貴族家庭。這個時期的蒙古草原上，部族林立，各部族之間征伐不止。鐵木真九歲時，其父也速該被塔塔兒人用毒酒害死，他所屬的部落便逐漸衰落下去。一一七五年，十四歲的鐵木真一家人被迫遷居青海子居住。他在克烈部的王罕幫助下，勢力逐漸強大。成年的鐵木真被部將推舉為乞顏部落的「汗」（首領）。一一九六年，鐵木真聯合王罕和金朝的力量，打敗了塔塔兒部，並於六年後消滅了這個古老的部族。塔塔兒部的滅亡，不僅使鐵木真報了殺父之仇，還使他統一了蒙古東部。同時，金朝還授予鐵木真「札兀惕忽里」（諸部統領）的稱號，使他成為蒙古部名正言順的首領。

　　東部統一之後，鐵木真把目光投向了西蒙古各部。在消滅掉強大的克烈部後，鐵木真又陸續消滅了爾蠻部等蒙古諸部，於一二○六年統

　　一了蒙古高原。同年，四十四歲的鐵木真被蒙古貴族們一致推舉為全蒙古的大汗，成為蒙古歷史上第一個建立統一政權的君主。

　　成吉思汗建立的蒙古帝國在當時尚屬於軍事行政的聯合體，為了鞏固統一、加強統治，成吉思汗開始逐步建立政治、軍事、經濟制度。他打破了蒙古族原來的氏族組織，按照十進位法，把蒙古各部牧民統一劃分為十戶、百戶、千戶、萬戶，並相應設立了十戶長、百戶長、千戶長、萬戶長。這些領主均由成吉思汗直接任命分封，並按其階級高低領有一塊大小不等的封地和數量不等的封戶。在其領地內的牧民男子都是戰士，平時放牧，打仗時則隨領主出征。此外，成吉思汗還創立了「怯薛制」，即挑選貴族子弟和自由民中「有技能、身體健全者」組成一支萬人軍隊，輪流入宮宿衛，「怯薛」在漢語中的意思是「番直宿衛」。這是蒙古軍的精銳，也是對地方加強控制的主要武裝力量。

　　蒙古族最初是沒有文字的，早期的命令，也都是「刻指以記之」。攻滅乃蠻部落之後，成吉思汗命被俘的乃蠻掌印官維吾爾人塔塔統阿教蒙古貴族子弟讀寫。從此蒙古有了文字和印信。成吉思汗在

⊙蒙古盟長印

建國後下令把許多習慣法固定下來，編成法典，即「大札撒」；他把自己發表的訓話和命令編爲《訓言》，同樣具有法律效力。各種制度的建立和完善，使蒙古汗國由蒙昧狀態逐漸步入文明社會；不僅鞏固了蒙古各部的統一，促進社會經濟的發展，也爲以後蒙古民族共同體的形成和元帝國的建立，開創了有利的局面。

國力的昌盛和軍事的強大，令成吉思汗不再滿足於蒙古各族內部的統一。他的目光穿過蒼茫遼闊的高原，落在高原之南、甚至更遠的地方，那裡有党項族所建的西夏、女眞族創建的金朝，以及趙氏宋朝。

相對於強勢的金朝和宋朝而言，西夏王朝顯得最爲弱小。因此，早在蒙古帝國建立的前一年，成吉思汗就發動了對西夏的首次征伐，但這只不過是一次試探性的戰爭，目的是觀察西夏的反應和軍事實力。一二〇七年秋，成吉思汗又以西夏不肯納貢爲由，開始了第二次征討；此次戰爭歷時數月，後因夏日酷熱而草草結束。短短兩年之後，經過一年多練兵備戰的蒙古軍團第三次派兵進攻西夏。這一次，有備而來的蒙古軍隊迅速擊敗了西夏，包圍住西夏京城中興府，由於西夏的拚死抵抗，蒙軍始終沒能攻下該城。但城裡的情況也危急萬分，西夏襄宗走投無路，不得已獻女求和，蒙古軍掠奪了大量的財物滿載而歸。這次戰爭之後，西夏對蒙古政權已構不成太大的威脅，也爲其日後攻打金國奠下基礎。

金朝是由女眞族建立的政權，西元一二五〇年以後開始走向沒落，但仍不失強悍。一二一一年，成吉思汗以替被金國殺死的酋長俺巴孩報仇爲名，向金發動攻擊。蒙古軍隊一路挺進，節節勝利，於一二一二年攻破宣德州、興德諸要塞；第二年秋，雙方激戰於懷來，金

⊙ 窩闊臺即位圖。元太宗窩闊臺，鐵木眞的第三子，他在位期間成功征服中亞和華北地區。

軍大敗，蒙軍乘勝圍攻金國中都。一二一五年五月，蒙軍佔領中都，次年金主求和，需要休養士卒的成吉思汗暫時同意講和。

一二一九年，成吉思汗親率大軍西征，花剌子模王國首都尋思干在強大的蒙軍攻擊下迅速淪陷，國王出逃，不久病死在黑海的一個小島上。這次西征歷時八年，於一二二五年結束。成吉思汗把花剌子模故地封給他的次子，建立了察合臺汗國。花剌子模王國的滅亡，成吉思汗和他的子孫們備受鼓舞，信心大增。此後，蒙古帝國又進行了兩次西征，並先後建立了欽察汗國、窩闊臺汗國和伊兒汗國，一度使蒙古帝國的領土橫跨歐亞大陸。成吉思汗的威名震撼了全世界，當時著名的學者志費尼（Juvain）在《世界征服者史》一書中，曾稱他為「世界最偉大的征服者」。

西征回軍後的第二年（西元一二二七年），成吉思汗再次向西夏王朝發動攻擊，這一次，他誓將西夏滅亡。但此時的成吉思汗舊傷未癒，又添熱病，不久便在六盤山逝世。臨終他留下三條遺囑，其中一條就是如何滅西夏，遵照這一遺言，臣子們對成吉思汗之死不發喪，不舉哀。西夏人以為成吉思汗未死，於抵抗無效後舉國投降。至此，西夏王朝退出了歷史舞臺。

死後的成吉思汗被蒙古士兵護送回蒙古故鄉祕密安葬，沒有陵墓也沒有塔寺，甚至沒有一塊用來標示的墓碑，成吉思汗就這樣悄悄地消失了，消失在他所來自的遼闊蒙古山水間，消失在茫茫的草原上！但是，他的精神和遺願並未就此消失，他所建立的廣闊蒙古帝國，把蒙古社會送進了先進的文明世界中；他改革國家體制，創建完整的政治軍事制度，壯大蒙古帝國的勢力，為以後的空前大一統局面打下了良好的基礎，也正是有了他的東征西戰，擴展疆土，才開創了中國歷史上空前龐大的元帝國！

盛衰興亡

西元一二七一年，成吉思汗之孫也是蒙古帝國大汗的忽必烈，漸次佔領了西夏、金、南宋和大理國等四國遼闊的疆地，組成龐大的元帝國。

當初，隨著一二三四年蒙古與南宋「聯合」滅金，元與宋政權的正面衝突進入到最後的白熱化階段。一二五七年，當時的大汗蒙哥正式發動對南宋的全面進攻，遭到了南宋軍民的頑強抵抗，蒙哥也在一二五九年七月死於軍中。急於爭奪汗位的忽必烈得知蒙哥死訊後，即於次年在開平（今內蒙古正藍旗東）宣布即汗位，並於一二六四年擊敗了同樣稱汗的弟弟阿里不哥，奪得了最高統治權。

⊙ 元世祖忽必烈，元朝的開國皇帝，也是蒙古帝國第五位大汗。

忽必烈在鞏固自身地位後，於一二六七年再次南下攻宋，經過五年艱苦卓絕的戰爭，才佔領襄陽；又於一二七六年圍困臨安城，迫使主持南宋朝政的謝太后開城投降。三年後，南宋大臣陸秀夫背著末帝趙昺投海自盡，南宋王朝徹底終結，元朝最終完成了對中國的統一。

元帝國建立和統一的歷史，是一部血與火的戰爭史。從最初的部落之爭到蒙古帝國四處征戰，從元朝的建立到最後的滅亡，無不處在南征北戰的烽火中。元朝統一天下後，對軍制做了一些改革，加強對軍隊的控制與管理。忽必烈實行軍民異籍分治的政策，使軍職不得干預民政。雖然軍職世襲的舊制被保留下來，但軍隊的調遣、軍官的任命，都由樞密院直接掌握。元朝的軍隊分為蒙古軍、探馬赤軍、漢軍和新附軍等。

元初採取了一系列漢化政策，以期維持長治久安的局面。所謂漢法，不僅是指中國傳統的統治制度，更主要的是它包括了一整套先進的生產方式和與之相應的結構，與保守落後的蒙古「舊俗」相對而言。為貫徹漢法，鞏固統治，元朝將全國劃分為十一個行政區。在中央設中書省總理全國行政，樞密院掌管軍事，御史臺負責監察。在地方上設行中書省，各行省設丞相一人，掌管全省軍政大事。行省之下又設路、府、州、縣。這一制度的確立，使中央集權在行政體制上得到了保證。

推行漢法，還包括保護和發展農耕經濟。西夏、遼、金、宋與蒙古族政權之間兩三百年的戰火，讓北方社會經濟遭到嚴重的破壞。在中原和江南先進農業經濟的影響下，蒙古統治者也逐步認識到：應該放棄其落後的游牧經濟，採用「以農桑為急務」的政策。他們在大力提倡墾殖的同時，又普遍推行屯田制度，恢復和發展社會經濟。同時，元朝還採取了其他一系列措施，如遷徙民戶充實內地和西北地方，興修水利，清理豪強侵佔的土地和民戶，釋放部分奴隸從事農業生產……等等。由於這些政策的貫徹實施，元朝各地的農業生產有不同程度的恢復和發展。這一期間，水利灌溉業發達，糧食產量大大提高，僅江

浙一省的歲糧總數就佔全國的三分之一強。

農業和手工業的恢復和發展帶動了都市的繁榮。元朝的海運空前的興盛，杭州、廣州、泉州、溫州都設有貿易船舶管理機構，管理中外船舶貨運和產品銷售，逐步發展成為繁華的大都市。義大利旅遊家馬可波羅是這樣描寫當時盛況的：「杭州的街道和運河都相當廣闊，船舶和馬車載著生活日用品，不停地來往街道上和運河上。估計杭州所有的橋，有一萬二千座之多……，杭州城內有十個大廣場和市場，街道兩旁的商店，不計其數，每一個廣場的長度都在一公里左右……，一星期裡有三天是交易日，每一個市場在這三天交易的日子裡，總有四、五萬人參加。」元朝的開放和興盛由此可見一斑。

然而，元帝國地域的廣大和發達的海內外交通與貿易，無法掩蓋其複雜的社會民族問題。學者柏楊在他的《中國人史綱》中有如此的描述：「馬可波羅所見的杭州市廛，是中國都市的外貌；馬致遠筆下的元曲，是士大夫階層在象牙塔中的安逸生活。事實上，大多數中國人都在水深火熱之中，接受亡國奴的待遇。」為了維護其身為統治階層的需要，元朝統治者從建國之初就採取了民族壓迫政策。它把當時全國人分為四等：第一等是蒙古人，是最為高貴的民族；第二等是色目人，即中亞人，因他們多數信奉回教，因此也稱之為回回，又因為他們當亡國奴較早，頗得元統治者的信任；第三等是漢人，主要是金朝時所屬的漢族；第四等是南人，主要是南宋所屬的漢族。

元朝的四等人在法律上的地位、政治上的待遇和經濟上的負擔都各不相同。第三等和第四等的漢人最受歧視，因為在蒙古人的眼中，漢人除了供給他們固定的田賦外，別無他用。比如，在法律上規定蒙古人、色目人、漢人犯了罪，分屬不同的機關審理。蒙古人毆打漢人，漢人不能還手；漢人殺蒙古人者償命，殺色目人者罰黃金四十巴里失（一巴里失約折銀幣二兩），而他們殺死漢人者，只需交出一份埋葬費即可。此外，元政

⊙忽必烈狩獵圖（局部）

府將每二十家編爲一「甲」，「甲主」由蒙古人擔任，這二十家就是「甲主」的奴隸，其衣服飲食，甲主可隨意索取，女子和財產也可隨心所欲。在甲主控制下的漢人，不能打獵、持有兵器、集會拜神、學習拳擊武術、趕集趕場，甚至夜間走路亦被禁止。

另外，元朝實行職業、戶籍分等制，將全國百姓分爲官、吏、僧、道、醫、工、匠、娼、儒、丐十級。在他們眼中，一向在中國傳統社會最受尊敬的儒家知識分子，淪落到連娼妓都不如的地位。

隨著蒙古族統治者漢化程度的加深，他們愈發明白耕地的價值，漸漸開始利用特權兼併土地。元朝土地的絕大部分由貴族官僚、寺院、地主佔有，他們憑藉政治上的強勢巧取豪奪，許多小地主和農民喪失土地淪爲佃戶。官田的租額不斷增加，佃戶繳納不起，流亡、餓死的情況時有發生。租種私田的佃戶，要向地主交納五、六成甚至八成以上的高額地租。此外，地主對佃戶還可隨意課派，若佃戶生男便供奴役，生女則淪爲奴婢或妻妾。沉重的徭役也擔在貧苦大眾身上，每當國家有大規模的征伐時，就下令各千戶簽發兵員。元朝時期，戰爭頻仍，許多百姓在戰爭中死亡，土地荒蕪。明朝開國皇帝朱元璋在總結元朝滅亡的原因時說：「民富則親，民貧則離，民之貧富，國家休戚系焉。」元朝統治者不實行「阜民之財，息民之力」的經濟政策，不實行獎勵墾荒、屯田，大興農田水利建設等措施來穩定社會經濟秩序，結果亡了國。

由此可知，元朝政治、法律制度是較爲原始和落後的。群眾在受到沉重的經濟剝削和壓迫之外，還要受到蒙古貴族的民族歧視和壓迫。這一時期貴族和官員的貪汙腐敗，在歷史上也屬空前。早在蒙古第二任大汗窩闊臺時，曾想將帝國的賦稅以一百四十萬兩銀幣包給商人劉廷玉，因大臣耶律楚材的極力反對才作罷。但後當有人出價至二百二十萬兩時，抵制不住誘惑的窩闊臺終於包給了他。此後，每一個大汗只知盲目剝削，強加賦稅，苛重的賦稅重擔又落到了漢人的身上。

元統治者的暴政中，「頗具特色」的是賦予「喇嘛」、「番僧」等無上的特權。元朝以喇嘛教爲國教，僧侶不僅享有法律特權，甚至還干預司法。元世祖封名僧八思巴爲國師和帝師，由他掌管全國宗教事務及藏族地區政務，其法旨在西北地方（今西藏、青海一帶）與皇帝詔敕並行。元朝皇帝多封有帝師，帝師的弟子被封爲國師、國公等，他們都是當時社會的特權階層。元朝的寺廟是享有特權

⊙ 蘇州橫塘驛站。驛站制度自春秋時期即已存在，主要在傳送文件。元朝改良中原驛站制度，改稱「站赤」，擴大設置數與功能。站赤除設休息所供使者歇憩外，也駐有檢查來往者身分的官員。

的經濟實體，佔有大量土地和勞動力，其土地的主要來源之一是皇帝「賜田」。元朝法律嚴格保護僧侶財產所有權，許多寺廟有皇帝頒賜的「護持」詔書，僧尼憑此享有免稅、免役的特權。正是享有這些特權，所以番僧們經常為所欲為，在許多地方成為麻煩製造者。像江南佛教總督楊璉真伽，駐紮杭州，挖掘許多宋朝皇帝和大臣的墳墓，得到陪葬的金銀珠寶；並且至少有五十萬戶農民（約二百五十萬人）被他編為寺院的農奴。喇嘛所過之處，隨從如雲，強住漢人住宅，把男子逐走，留下婦女陪宿。第九任大汗海山對喇嘛教尤其狂熱。海山曾下詔說：「凡毆打喇嘛的，砍斷他的手。凡詬罵喇嘛的，割掉他的舌頭。」他們在街上行走鮮少出錢買東西，都是徑行奪取。

元統治者在政治、宗教和民族等政策方面的蠻橫，帶給百姓們經濟生活的困頓和精神文化生活的壓抑進一步加劇。他們唯有揭竿而起，反對暴政。這種抗爭從元朝建國開始直至最後，始終與蒙古人的統治相伴，至元朝末年達到了最高潮。

元末烽火

在元統治的不足百年裡，各種反抗運動不絕史書，據記載，江南地區就有兩百餘起。隨著蒙古貴族統治的延續，賦稅和徭役雙重剝削日益嚴重，土地高度集中，社會經濟衰敗，政治黑暗，各地反抗此起彼伏。人禍加上天災，毫無生活希望的百姓於是舉起反抗的大旗。西元一三四〇年，在戰火和災害雙重肆虐下的山東、河北地區，發生了三百餘起農民反抗事件。一三四五年，黃河又在今河南開封東北四十公里處決堤，大部分的村莊、田地和農民盡被淹沒。數十萬飢民湧向街頭，迅速演變成為反抗元朝統治者的一股力量。

此時的元朝統治集團內部卻是不顧百姓們的生計，正進行著慘烈的奪權鬥爭。在一三〇八年至一三三三年

的二十五年間，元朝先後歷武宗、仁宗、英宗、泰定帝、天順帝、文宗、明宗、寧宗至元順帝共八代皇帝，由此可見皇權爭奪之激烈程度。

元朝統治者的驕奢侈靡在後期愈演愈烈。每一新帝即位，就對貴族大臣們肆意賞賜，金銀鈔幣動輒數百萬以上，田地也逾千頃，如元順帝賜丞相伯顏土地，一次就達五千頃。在元朝統治者的「帶領」下，買賣官爵，高下有價；賄賂公行，蔚然成風。各級官吏也跟著巧立名目，貪汙勒索，如有撒花錢、生日錢等名目繁多的勒逼；政治腐敗，無一復加。

各種問題加在一起，注定了元王朝走向滅亡的歷史命運，而直接敲響元帝國喪鐘的，是一起天怒人怨的工程——修復黃河故道。至正十一年（西元一三五一年）四月，因黃河年久失修，經常決口氾濫，元政府徵發北方十三路民夫十五萬人整治黃河，派遣兩萬軍隊監工。白蓮教首領韓山童及其門徒劉福通等人趁機進行宣傳，鼓動服役的民夫，準備舉行大規模起義。他們提出「復宋」口號，並發布檄文，抨擊「貧極江南，富稱塞北」的不公平現象，號召廣大群眾推翻元朝的黑暗統治。不幸消息洩露，官府派兵

搜捕，韓山童被俘。劉福通率領部眾，苦戰突圍，於五月攻佔潁州（今安徽阜陽），正式點燃了元末農民起義的烈火。各地農民紛起響應，很快就湧現出無數支起義隊伍。其中，信奉白蓮教的起義軍，因頭裏紅巾，被稱為「紅軍」、「紅巾軍」，以劉福通為首的一支稱為北方紅巾軍，主要活動在江淮一帶；以徐壽輝、彭瑩玉為首的一支稱南方紅巾軍，主要活動在江漢一帶。另有不信奉白蓮教的起義軍，主要有起兵於慶元（今浙江寧波）的方國珍起義軍和起兵於高郵（今屬江蘇）的張士誠起義軍。這些起義軍各自為戰而又相互呼應，共同要拉倒元朝的腐朽統治。

西元一三五二年，徐壽輝軍攻克江南重鎮杭州路。與此同時，徐州的起義軍也佔領了徐州及其周圍地區，切斷了元朝賴以聯繫南北的交通主動脈。起義軍的勝利使元廷極為震驚，遂派大將脫脫率大軍南下，向起義軍發動全面反撲。在元軍的強大攻勢下，起義軍連連敗退，徐壽輝部被迫退出長江中下游，劉福通部活動的區域也越來越小。各路義軍的抗爭轉入低潮。然而，此時的元順帝聽信讒言，罷免了脫脫的軍事指揮權，元軍軍心渙散。

另一起義軍將領張士誠趁勢奪取淮東地

⊙ 蒙古騎兵的驍勇善戰，在入主中原後，尚武之風漸漸在漢化中頹靡。

區，進而渡過長江，佔領浙江大部，其他各地起義軍也藉機主動出擊。徐壽輝部重新佔領湖廣、江西大部；郭子興部攻佔集慶等地，佔領江東和浙東大部。經三年激戰，元軍主力遭受重創，其軍事優勢逐步喪失。

一三五三年二月，劉福通迎韓山童之子韓林兒爲帝，建都亳州，國號大宋，改元龍鳳。一時之間，中原各地的紅巾軍都接受了大宋政權的領導。此後，劉福通爲擴大戰果、分散元軍對大宋政權的壓力，遣軍三路北伐。一三五八年，劉福通攻克汴梁，控制了中原及北方諸地，從根本上動搖了元朝根基。

帝國日落

劉福通起義的第二年，定遠土豪郭子興在濠州（今安徽鳳陽）起兵，組織紅巾軍，屬北方紅巾軍系統。就在這一年，漢族貧苦農民出身的窮和尚朱元璋投奔郭子興麾下，爲一名普通的士卒。參加起義後，朱元璋因足智多謀、英勇善戰，被郭子興收爲親兵，授予最低一級的軍銜九夫長，不久又將養女馬氏嫁與他爲妻。後來，他回鄉募兵七百人，又陸續收編附近一些地主武裝，嚴加訓練，培養出一批心腹和一支數萬人的精兵，更受到郭子興的器重，很快升任鎮撫、總管。至正十五年（西元一三五五年）

正月，朱元璋再攻克和州（今安徽和縣），又升爲總兵官。不久，郭子興病死，北方紅巾軍所建大宋政權的小明王韓林兒任命郭子興兒子郭天敘爲都元帥，妻弟張天佑爲右副元帥，朱元璋爲副元帥，由朱元璋執掌該部實權。當年五月，朱元璋率部渡過長江，攻佔采石、太平（今安徽當塗）。次年三月攻佔集慶路（今江蘇南京），改名爲應天府，然後攻佔鎮江、寧國（今安徽宣城）、池州、徽州（今安徽歙縣）、揚州等地，鞏固了自己的陣地。郭、張均死於集慶之役，朱元璋便成爲這支隊伍的最高統帥。宋政權下令在應天設江南等處行中書省，授他爲行省平章。當劉福通率軍三路出兵攻打蒙古之時，朱元璋藉機在南方壯大地盤。他先後派兵攻佔了鎮江、廣德、長興、江陰等地，使勢力範圍進一步擴展和鞏固。

一三六〇年，徐壽輝被陳友諒殺死，陳友諒自立爲帝，改元大義，國號爲漢。不久，陳友諒即率軍南下攻打應天，結果慘敗。一三六四年，朱元璋採用火攻之法，陳友諒兵敗身亡，其大漢政權隨之滅亡。

此後，朱元璋又攻佔襄陽，全面控制了長江中游地帶。爲穩定江漢局勢，朱元璋轉兵東攻張士誠，此時，已投降元朝的張士誠將韓林兒和劉福通趕至滁州。朱元璋便以請求遷都爲

名，派軍隊將韓林兒迎往應天。行至瓜步鎮（今江蘇六合），奉迎的軍隊將韓林兒沉入長江溺死，韓宋政權就此滅亡。至此，朱元璋已初步顯示出他的帝王野心，他把「驅逐胡虜，恢復中華，立綱陳紀，救濟斯民」作為他的口號。

此時元朝的最高統治階層卻陷入荒淫無序的狀態，毫無復興的希望。元順帝妥歡帖睦爾是元朝的最後一位皇帝，他在位期間，元朝統治階級內部鬥爭加劇，各地民變風起雲湧。面對社稷不保的局面，他卻荒於政事，只顧飲酒作樂。就在朱元璋大舉北上，準備滅元之時，元統治集團內部再次發生了內亂。

早在一三五九年，皇太子愛猷識里達臘見政局動盪、順帝聽任朝臣傾

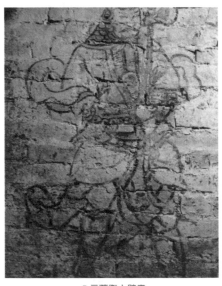

⊙元墓衛士壁畫

軋，就打算聯合當時丞相太平逼順帝遜位，遭到太平嚴詞拒絕，皇太子又中傷太平，逼其辭去相位。在皇太子的咄咄逼勢下，順帝被迫罷免太平，但由於大臣們的堅決反對，皇太子的陰謀未能得逞。此後不久，元朝內部的鬥爭更甚，各皇子之間以及順帝與朝臣、皇子的戰爭不斷。

擊滅張士誠後，朱元璋制定了南征北伐的計畫。他以部分兵力向浙東、福建、兩廣和四川進軍，消滅南方的割據勢力；主要兵力則用於北伐，與元政權進行最後的決戰。此時，元政權雖然依靠地主武裝把北方紅巾軍鎮壓下去，但其統治基礎卻在各支起義軍的沉重打擊下趨於瓦解。至正二十七年（西元一三六七年）十月，朱元璋派出徐達、常遇春渡淮北上，短短數月，即下山東、取汴梁、克潼關，對大都（今北京）形成三面包圍之勢。元順帝驚恐萬分，慌忙帶著后妃、太子北逃。

一三六八年正月，在徐達率北伐軍平定山東的凱旋聲中，朱元璋在應天就帝位，定國號大明，建元洪武，是為明太祖。一個新的王朝就此誕生了。

二月，徐達回師河南，兵峰直指汴梁、洛陽，直到此時，元朝內部的混戰仍在繼續。閏七月二十八日，徐達率軍攻陷通州。據《庚申外史》

載，部分大臣再三勸說順帝死守京城，以待援軍。他不同意，說夜間觀測天象，大元氣數已盡，當讓位予朱元璋。當晚，元順帝即率同后妃、太子和一些大臣，逃往漠北。八月，徐達率兵進入大都，元朝在中原的統治被推翻。

逃往漠北的元順帝屯兵上都（今內蒙古自治區錫林郭勒盟正藍旗）。朱元璋曾遣使遺書，對其曉以利害，目的在於招降。順帝作《答明主》一詩，令使者帶給朱元璋。詩曰：

金陵使者渡江來，漠漠風煙一道開。
王氣有時還自息，皇恩何處不昭回。
信知海內歸明主，亦喜江南有俊才。
歸去誠心煩爲說，春風先到鳳凰臺。

這首詩的文采如何暫且不論，但卻寫得不卑不亢，自認元朝氣數已盡，又自詡大元的皇恩浩蕩；既高興江南已有明主治理，又婉轉表達了自己禪讓的誠意。這種態度恐怕在歷代帝王之中，也是「前無古人，後無來者」吧！只是不知叱吒風雲、縱橫一世的「一代天驕」成吉思汗看到後世兒孫的如此場景，是該哀其不爭，還是該對這種「廣闊胸襟」、「謙謙君子之風」而感到自豪呢？

逃到草原上的這位頗具豪氣的元順帝，在明軍接連不斷的打擊下，惶惶不可終日。一三七○年五月二十三日，他懷著悲憤和鬱悶，死於沙拉木倫河畔的應昌。元順帝的兒子愛猷識里達臘獲悉父親去世的消息後，便在哈拉和林繼位，他將殘元政權又維持了八年，並屬兵秣馬盼望著有朝一日重登中國皇位。一三七八年，愛猷識里

⊙蒙古雜戲陶俑

達臘懷著滿腔遺憾去世，其子脫古思帖木兒繼位。一三八八年，藍玉率領十萬大軍，在貝爾湖南岸大敗脫古思的軍隊，俘虜殘元諸王、平章以下官員三千多人及軍士七萬餘人。脫古思帖木兒逃走後被其部將縊殺，殘元的主力大致被消滅。一四○二年，鬼力赤者殺掉坤帖木兒自立爲可汗，除去「元」的國號，改稱韃靼，北元滅亡。

「馬上得天下，不能馬上治天下」，這一千古至理名言，在元朝再次得到印證。天下統一以後，統治者應當調整統治階層內部利益關係，肅清吏治，精誠團結，勵精圖治；應當與民休養，發展生產，省刑罰，恤民力，創造理想的社會環境。然而，元廷官員雖然深知漢文化傳統在治理國家中的重大作用，卻不得其要領，在政治、經濟、軍事、社會和民族制度等多方面都呈現其原始性。阻礙歷史的發展，只能被歷史所拋棄，這就是無情的歷史規律。

⊙ 萬里長城建於秦始皇時代，將春秋戰國時秦、燕、趙三國修築的城牆連在一起，從臨洮到遼東，以禦北方游牧民族。長城在漢代和明代曾大規模修建，今日所存的，正是明代修築的部分。

煤山孤魂：明朝覆亡眞相

明朝自永樂以後，鮮見有作為的帝王。崇禎帝意欲有所作為，但他接手的大明朝內憂外患嚴重，猶如風中之燭，隨時都有覆滅的危險。崇禎又非雄才大略的皇帝，噁頭噁腳，窮於應付，在國內外同時開闢兩個戰場，與農民軍和清軍作戰。依據明朝當時的實際情況，幾無成功的可能。與後金爭鋒，兵餉不足，只能勒逼民眾，民眾愈加不滿，反抗愈烈。明王朝的崩潰，其實是國內問題全面激化的結果。

內憂外患　怨聲載道
大明王朝猶如風中之燭
在雷雨交加的夜晚
隨風飄搖

———海默《夢迴古代·明朝》

⊙明太祖朱元璋像

西元一六四四年三月十九日上午，北京城德勝
門外，熙熙攘攘的百官民眾簞食壺漿，夾道
歡迎一支浩浩蕩蕩的義軍進城。走在隊伍最前
面的一位，騎著高大的烏龍駒，身著藍布
箭衣，頭戴白色氈笠，看上去意氣風發，
英武絕倫。他，就是出身驛卒的農民起
義軍將領，推翻明朝、建立大順政權的
「闖王」李自成。這一天陽光晴和，鳥鳴
鶯啼。

與李自成形成鮮明對比的，是在紫
禁城後煤山一角陰鬱的樹林中，明
朝末代皇帝——崇禎帝朱由檢。他
愁容慘澹，一會兒仰天長嘆，淚流
滿面；一會兒拊膺頓足，以頭觸
地。當第二天人們找到他時，看到
的是一具僵硬而冰冷的屍體。他已不知何時，在一棵
樹上自縊身亡了。至此，曾經輝煌一時的大明王朝，
在享國二百七十年之後，由於統治集團內部問題的積
重難返，在如暴風驟雨般農民起義的沉重打擊下，壽
終正寢。

明初盛世

明王朝的建立者是朱元璋，他是繼漢高祖劉邦之後，中國歷史上第二位平民出身的皇帝。朱元璋，出生在淮北一個貧苦的農民家裡，從小為地主放牛牧羊，生活困苦。十七歲時，家鄉發生旱災、蝗災和瘟疫，他的父親、長兄、侄兒和母親先後去世，他只好到附近的皇覺寺裡當小行童。不久，寺院因災荒缺糧而關閉，朱元璋便帶著木魚和瓦缽，外出遊方化緣；後終因走投無路，到濠州投奔到農民義軍郭子興的隊伍。由於他刻苦學習武藝，有勇有謀，顯示出極高的軍事才能，深得郭子興的讚賞，遂把養女嫁與他為妻。郭子興去世後，他逐步掌握了軍隊大權，成為最高統帥。在群雄逐鹿的元末，深謀遠慮的朱元璋一一削除群雄，於一三六八年建立大明王朝。

出身貧寒的太祖朱元璋非常珍惜來之不易的江山，他精心治理大明帝國，期盼朱家王朝能夠萬世長存。他改革軍政制度，集行政、軍事、司法、監察等大權於一身，每天天未亮就起床處理政務，接見大臣，批閱奏章，一直忙到深夜。他兢兢業業，一心想著如何鞏固統治。每日黃昏，他便令專人在道路上敲打木鐸，高聲叫喊：「和睦鄉里，教訓子孫，各安生理，毋作非為！」五更時，又派專人在城門譙樓※上吹起畫角，高聲唱道：「創業難，守成又難，難也難！」朱元璋嚴厲整肅吏治，認為：「吏治之弊，莫過於貪墨。」為此，他下令：「凡是官吏貪汙的，都要治罪，不容寬貸！」官吏貪贓枉法者，一概發配到邊地充軍。官吏貪汙獲贓六十兩以上者，處以梟首示眾，剝皮實草之刑。各府州縣衙門左首的土地廟，就是剝皮的刑場，叫皮場廟。貪官在此砍下頭顱，掛到旗竿上示眾；再剝下人皮，塞上稻草，擺到衙門公座旁邊，以警告繼任的官員。朱元璋還藉胡惟庸案、藍玉案、郭桓案和空印案等，大興黨獄，除掉一批結黨營私、貪汙受賄的官員們。由於採取了這些有力措施，吏治腐敗的現象逐漸得到扭轉，「一時守法畏法」，「吏治煥然丕變矣」。

朱元璋下決心推行「休養生息」的政策，大力發展生產。他說：「天下初定，百姓財力俱困，譬猶初飛的小鳥，不可拔其羽；新植之木，不可搖其根，要在安養生息之。」朱元璋下令，凡是戰爭中拋荒的田地，被他人耕墾成熟的就成為耕墾者的產業，如果原來的田主回來，由官府另外撥給同等數量的荒地作為補償。他大力推行屯田，注重水利建設，全國墾田面積大幅增加。開國僅僅二十四年，

全國耕地面積達到八百五十餘萬頃，比北宋耕地數字最高的開禧五年（西元一〇二一年）的五百二十四餘萬頃增加了三百餘萬頃；政府的稅糧收入達三千二百七十九萬九千八百石，比元朝的稅糧收入增加了近兩倍；全國人口共有一千零六十五萬二千八百七十戶，六千零五十四萬五千八百一十二人，比《元史》所載元世祖至元八年（西元一二九一年）全國最高的人口數字，增加了一百九十五萬戶（約七百萬人）。洪武中期，有一首流傳於江西的民謠，描述當時經濟發達、社會安定的景象：「山市晴，山鳥鳴，商旅行，農夫耕，老瓦盆中冽酒盈，呼囂隳突不聞聲。」

朱元璋之後，雄才偉略的明成祖朱棣發動「靖難之役」，從侄子建文帝朱允炆手裡奪得帝位，成為明帝國最有開拓性的帝王。他上臺以後，開拓進取，建立內閣，肅清吏治；鼓勵墾田養殖，發展經濟；治理惠通河，遷都北京；經營邊疆，派鄭和下西洋。鄭和下西洋以後，僅永樂年間共有六十多個國家的國王或使臣兩百餘次訪問中國。中國沿海居民前往南洋的人數也日益增多，不少人僑居海外，對南洋的開發有莫大作用。鄭和下西洋，擴大了中國和亞、非各國的和平交往，發展了與這些國家的政治、經濟和文化交流，明朝也成為當

⊙明成祖朱棣，明朝第三位皇帝，明太祖第四子。

時世界上極富庶的文明大國。

明成祖為建立長治久安的統治，積極開展對蒙古族政權的打擊。他六掃虜庭，五次親征，然終未能如願，於永樂二十二年（西元一四二四年）病死在北征途中。太子朱高熾繼位，是為仁宗，年號洪熙。十個月後，仁宗去世，太子朱瞻基繼位，改元宣德。仁、宣二帝共在位十二年，他們對明太祖奠定、明成祖加以拓展的基業採取守成之策，實行休養生息；採取蠲免賦役、恤貧賑災、墾荒屯田、興修水利等措施，推動了社會經濟的進一步發展和繁榮。明初七十年，國勢臻於鼎盛，在亞洲乃至世界上都有深重影響力。這是繼西漢文景、漢武之治和唐代貞觀、開元之治之後的又一個盛世。史稱「明有仁宣，猶周有成、康，漢有文、景，庶幾三代之風焉」，堪稱盛世。

萬曆衰敗

然而，明成祖好大喜功，在位期間不斷興師動眾，大興土木。他治理吳淞江、運河和黃河，營造長陵、北京城和武當山宮觀，攻打蒙古和安南，並屢次派鄭和下西洋，耗費驚人。

仁、宣繼位後，政策趨於內斂保守，從一個極端走向另一個極端。完全停止下西洋的活動，中斷與西洋各地的聯繫，中國的帆船從此絕跡於印度洋和阿拉伯海，退出正在醞釀形成中的世界市場；在邊疆，採取收縮政策，無原則地息事休兵，不僅罷兵安南，而且在北方對蒙古奉行單純防禦的策略，屢棄軍事重鎮；重用宦官，為明中後期的宦官專權埋下了隱患。此外，仁、宣慎用刑罰，客觀上對外戚、權貴和官僚的貪殘不法有保護和縱容的作用。宗室、勳戚、官僚恃勢弄權、兼併土地，以致百姓破產流

⊙明神宗朱翊鈞，年號萬曆，明朝第十三位皇帝。

⊙ 明英宗像。在土木堡之變中，英宗曾遭瓦剌擄去。

亡。到明宣宗去世、年僅九歲的明英宗繼位時，明帝國的統治危機已潛滋暗長，時隱時現。正統七年（西元一四四二年），宦官王振專權，標誌著明朝歷史轉入中期。各種社會問題急劇惡化，相繼爆發了葉宗留、鄧茂七領導的農民起義和瓦剌入侵的「土木堡之變」，明前期的太平繁榮出現了不和諧的因素。

自王振專權始到萬曆九年（西元一五八一年）張居正去世，通常被認為是明代的中期。明代這一百多年歷史的基本特徵是：大部分時間內，帝王失去了勤政進取的作風，宦官擅權，高層官員爭權奪利，官員們追求浮華的生活，政治日趨腐敗。在商品貨幣經濟不斷發展的刺激下，明前期所創制的許多社會制度已無法適應新的社會形勢，社會問題和民族問題也日益突顯。為了緩和社會問題、鞏固

明王朝的統治，從嘉靖年間開始，許多官員先後提議多項經濟和政治改革。到萬曆初年，張居正改革則把這場革新運動推向高潮。然而，由於統治階層內部複雜的權力鬥爭，以及皇權運行的專制與獨裁，改革觸動了一大批當權者的既得利益，也損害了中小地主階層和農民的現實利益。張居正死後不久，即受到抄家懲處，明帝國的改革氣象隨之蕩然無存。

神宗萬曆皇帝朱翊鈞十歲登基，在首輔張居正和母親慈聖皇太后的輔佐下，初期尚能勤於政事，愛惜民力，節制有度，是一位「好皇帝」。但親政後卻過著驕奢淫逸的生活，他沉溺於酒色，以酗酒聞名。有官員說他「每夕必飲，每飲必醉，每醉必怒」。據說有一次他喝得酩酊大醉，竟然荒唐地割下了宮女的頭髮，還差點將身邊兩名宦官打死。他本人並不引以為恥，還振振有辭地說：「誰人不飲酒？」活脫脫的酒鬼一個！朱翊鈞又是個好色之徒。他寵愛鄭貴妃，與之朝夕相處，貪圖春宵一刻的快樂。他在後宮多行淫亂，弄來十個小太監，玩起「十俊」的同性淫亂勾當。為滿足永無止境的淫欲，他迷戀飲鴆止渴的房中術，二十多歲就搞得身心俱疲，常常動火熱症、頭暈目眩，這是他多年無法臨朝的原因之一。

神宗長期怠政，勤於搜刮，加劇了明末官場的腐敗。官員奏疏多被「留中」，嚴重打擊了官員參政、議政和行政的積極性。在職官員的考課升遷時停時行，不少官位長久空缺，助長了官場上的因循拖沓之風，為各級官員貪汙納賄、欺壓百姓洞開方便之門。明朝的政治環境日趨惡劣，社會問題加劇，農民起義、市民暴動、軍兵嘩變、民族對立尖銳等問題日漸突現。至末代皇帝崇禎上臺時，明王朝的統治已處於風雨飄搖之中，所以，清朝人在修《明史》時，就發出了「明之亡，實亡於神宗」的感慨！

崇禎受命

明朝末代皇帝崇禎，名由檢，又稱思宗或莊烈帝。他出生於萬曆三十八年（西元一六一〇年），是熹宗朱由校的異母兄弟，他的祖父是明神宗萬曆皇帝。朱由檢的童年不是很幸福，先是因為萬曆帝不喜歡他的父

⊙明代錦衣衛木印

親，即後來的光宗朱常洛，遲遲不願立儲。待其皇父即位後，又因為內廷權力爭鬥，即位僅僅一個月時間，便莫名其妙地一命嗚呼。光宗的兒子、也就是他的哥哥，十六歲的由校倉促即位，即天啓皇帝。天啓年間，以太監魏忠賢為首的閹黨集團控制了明朝中樞，他們廣結朋黨，打擊異己勢力，迫害東林黨人。為了廣樹淫威，他們強化特務機關，如錦衣衛和東廠等。舉國上下，政治腐敗、官員昏庸，賄賂公行，財政枯竭，各級官員不惜民力，以搜括為能事。加之這一時期天災不斷，農民起義的烽火已經燃遍黃河上下、大江南北，兵變接二連三，大明江山岌岌可危。天啓七年（西元一六二七年）八月二十二日，熹宗朱由校病死，因無子嗣可立，按兄終弟及的傳位祖制，身為熹宗唯一倖存的弟弟，朱由檢幸運地成為明朝第十六代皇帝。此時的大明王朝像許多享國日久的王朝一樣，在貪汙腐敗、賄賂公行

⊙ 明代末年閹黨頭目，大太監魏忠賢。

以及流民起義的內憂和外部強大的壓力下勉強支撐著。可以說，自始至終，巨大的壓力沒有片刻離開過他的肩頭。

不可否認，崇禎是一位意欲有所為的皇帝。即位之初的崇禎皇帝也曾以中興為己任，力挽將傾之大廈。要解決這個問題，必須首先翦除長期把持朝政、氣焰囂張的魏忠賢集團。最初，朱由檢表面上對魏忠賢及客氏優遇有加、一如前朝。魏忠賢也在試探新君，九月初，他請求辭去東廠職務、回家養病。朱由檢把他褒揚一番，「溫旨慰留」。但對地方官員請求為魏忠賢建生祠的奏疏，卻不置可否，既不責怪也不批准。魏忠賢只好主動上疏辭建生祠，朱由檢又把他表揚了一通，保留原來的生祠，但不再增建新的生祠，先把魏忠賢集團穩住。

朱由檢行動的第一步，是把與魏

⊙明代火銃

忠賢沆瀣一氣的客氏（先帝的奶娘）非常客氣地「請」出皇宮，除去魏忠賢的權力後盾和政治幫手。接著，朱由檢更換了內廷前朝的宦官，將藩王時代時的親信調入宮中，把內廷控制在自己手裡。這一舉措，等同昭告天下魏忠賢即將失勢的信號。原本依附於魏忠賢的一些官員開始倒戈。曾為魏忠賢賣命的御史楊維垣首先上疏彈劾魏忠賢的第一幫凶崔呈秀，措詞雖不激烈，也未涉及到魏忠賢，但卻是明末破天荒的第一遭，不免引起朝野的矚目，人們都在關注著年輕新君的態度。朱由檢沉著應對，既不批評楊維垣，也不對崔呈秀過分指責，只是說「不得苛求」。這種態度顯然是在鼓勵官員們繼續對其進行彈劾。三天之後，楊維垣再次上書彈劾，說崔呈秀「貪淫橫肆」。崔呈秀一面上疏辯解，一面循例請求罷免。朱由檢先是讓他聽候處置，過幾天下令他回籍守制，以示懲罰。幾天

之後，朱由檢再以「罪狀明悉」為由，罷免了他的職務。

看見崔呈秀失勢，見風使舵的官員們便把矛頭直接指向魏忠賢。抨擊最為猛烈的是江蘇海鹽貢生錢嘉徵，他列數了魏忠賢的十大罪狀：並帝、蔑后、弄兵、無君、無聖、克剝藩封、濫爵、朘民、掩邊功、通關節等。魏忠賢得知消息後找到朱由檢，他痛哭流涕，連呼冤枉。朱由校讓內侍官為他誦讀錢嘉徵的奏章，魏忠賢聽得魂飛魄散，請求辭官養病，以圖保全自己的地位與財富。朱由檢批准了他的請求，命他回家「調養身體」。此後，朱由檢迅速調整宦官的職權，命令王體乾掌管東廠印、高時明掌管司禮監司，改調寧國公魏良卿為錦衣衛指揮使、安東侯魏良棟為指揮同知，控制了內廷局勢。在一切準備妥當之後，朱由檢發布告說，魏忠賢「逞私殖黨，盜弄國柄，擅作威福，難以枚舉」，將他貶謫到中都鳳陽祖陵管事香火，客氏貶至浣衣局。天啟七年十一月六日，權傾朝野、不

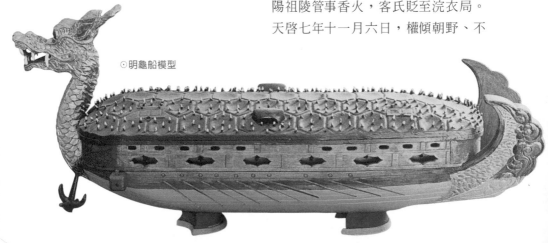

⊙明龜船模型

⊙明五彩文瓷瓶

可一世的魏忠賢自縊在阜城的一家客店裡。這一天，離熹宗去世還不到三個月的時間。崇禎元年，朱由檢下令磔忠賢屍於河間，斬崔呈秀於薊州，又斬客氏屍。

接著，朱由檢對依附魏忠賢集團的文武官員進行了一番整頓，有的處死，有的下獄，有的罷官，有的削籍，有的降職等。魏忠賢閹黨集團被徹底剷除，一時朝野整肅。

回天乏術

在剷除魏忠賢閹黨勢力之後，崇禎帝採取了一系列重大措施，力圖重振朝綱，整飭邊防，實現明朝的中興。崇禎旰衣宵食，非常勤政。然而，由於明帝國積重難返，很多問題並非他本人所能左右，想有所爲並不意味著就能有所爲。再加上他本人面對內外窘境，急火攻心，犯了致命性錯誤，在治國的策略上出現了重大的決策失誤，導致最終敗亡。

他試圖嚴禁宦官干預朝政，卻重蹈覆轍。天啓七年十一月，崇禎帝下令罷除了各邊鎮太監。次年正月，再次下令「內臣俱入直，非受命不許出禁門」，以防內臣與廷臣結黨營私。然而，瞬息萬變的時局，很快讓朱由檢改變了對宦官的態度。崇禎二年（西元一六二九年）十一月，朱由檢

派乾清宮太監王應朝監軍，十二月派司禮監太監沈良佐等提督九門和皇城門、李鳳翔提督京營。崇禎六年四月，派司禮監太監張其鑑、郝純仁、高養性、韓汝貴、魏伯綬等監管糧倉。崇禎九年六月，命司禮監太監曹化淳參與司法監察，崇禎十二年，命司禮監太監崔琳參與兩浙地區的鹽課及各項賦役事務。到崇禎十四年八月，他甚至親臨太學，令司禮監太監王德化「率群臣習儀於太學」。宦官勢力除在崇禎即位之初短暫的受挫外，在崇禎朝一直受到重用，全面參與明王朝的軍政事務。宦官行使監察之權干預政事，在明代產生了極大的負面影響，激化宦官與文官武將的對立。《明史》對此評價說：監軍的宦官們侵佔軍餉，握有精兵，不是用來打仗，而是爲自己作威作福。宦官貪生怕死，往往臨陣逃脫，諸位大臣恥與爲伍。

他力圖在官員隊伍中樹立正氣、打擊朋黨，卻事與願違。崇禎二年，朱由檢爲大批受到迫害的仁人志士平反昭雪，尤其是恢復東林黨的政治和社會地位，把他們比喻爲屈原、岳飛，鼓勵他們以大無畏的氣概與獻身精神爲明王朝效力。但是，隨著宦官勢力再度崛起，再加上明後期黨爭已成爲病垢陋習，複雜的派系黨爭以新的面目呈現。崇禎一朝，官員結黨營

私，黨同伐異，日甚一日。朱由檢曾慨然長歎道：「諸臣但知黨同逐異，便己肥家。」

他一邊破格用人，一邊濫殺將帥。明代選官取士，率重科舉，逐漸形成了「非科舉不入翰林，非翰林不入內閣」的定制。但朱由檢認為，那些自幼飽讀科舉學業的進士縱有滿腹經綸，往往與現實需要脫離太遠。他不拘於考課升遷的定例，注重實際才幹，親自從地方官中考取錄用官吏，破格選拔一批治行卓著的知縣、推官進入翰林院。如崇禎二年，後金兵臨城下，翰林庶起士劉之綸上疏直言禦敵之策，被任命為兵部侍郎。崇禎三年，僅任教諭的宋一鶴，因率軍有方，先是被提升為兵部員外郎，再升為天津兵備僉事，又以平賊有功，升右僉都御史，至巡撫湖廣。崇禎九年後，他更是打破用人制度，但凡有高談闊論或禦敵之材者，皆有可能被提升重用。如陳新甲，萬曆時舉人，崇禎中因戰功升右僉都御史，巡撫宣府，出入邊關，後被提升至兵部右侍郎、宣大總督，直至兵部尚書。

為了網羅更多的人才，朱由檢還准許宗室子弟應試授官，重申「保舉」之制。在軍事征戰戍守中普遍使用「札委」之制，即允許高官因戰事或組織管理軍兵的需要，發放一些臨時的任命狀，代行管理之責，然後根據札委官的表現，以決定是否提拔重用。但是，在不拘一格降人才的同時，朱由檢對文臣武將的要求又極為苛刻。他實行「錯一事則罷一官，丟一城則殺一將」的做法。不管文臣武將地位多麼顯赫，不論曾經立過多大的戰功，只要出現差錯就立即處死。崇禎一朝，共誅殺總督七位、巡撫十一人，包括三邊總督鄭崇儉、薊遼總督袁崇煥、南畿總督熊文燦和畏罪自殺的楊嗣昌等。

面對貪風熾盛的腐敗現象，崇禎帝也曾痛下決心，整肅朝綱。崇禎元年七月，他要求六科給事中、十三道監察御史等監察官們切實負起責任，認真糾察官員的貪汙行為。實際上，他確實又拿不出懲治貪汙的有效辦法，百官仍然肆無忌憚地納賄。李自成進北京時，農民軍實行追贓助餉的政策，動用嚴法酷刑，數以千萬計的銀兩從皇親國戚和貪官肥將的嘴裡吐

⊙ 利瑪竇和徐光啟（右）。天主教耶穌會教士利瑪竇以士大夫打扮，融入明代士人圈傳教。受其影響，明朝大官徐光啟偏好西洋科學，和利瑪竇合譯歐幾里得的《幾何原本》。

了出來，亦可見明末官員貪汙數量之龐大。

　　崇禎帝反對空談，倡導經世濟民之學。他對科學技術——特別是對西方傳教士帶來的西方自然科學知識——產生濃厚的興趣，認爲西學可用以拯救時弊，強兵救國。因此，他不僅親自瞭解，還鼓勵大臣們學習傳播。徐光啓、王徵、方以智等都是學習西學的佼佼者。崇禎帝對西方天主教也產生了濃厚的興趣，曾吸收一些傳教士爲朝廷服務。這些舉措，雖然未能挽救明朝的危亡，卻也促進了明末科學技術與思想文化的繁榮，算是辦了一件好事。

　　儘管做了不少努力，然由於大明帝國經過兩百多年的運行，政治腐敗、經濟衰微、軍事羸弱，已積重難返。加上崇禎帝急火攻心，性格缺陷，能力不足，無力回天。在農民義軍和滿清貴族的雙重打擊下，大明王朝就像汪洋中的一條船，行駛在黑風惡浪的航道上，只能漸漸沉淪下去。

鐵騎入關

　　長城，明人稱之爲「邊牆」，主要是爲防備蒙古族內侵而修築的。但大明皇帝幾乎沒有人會想到，屢次破牆入關，入主紫禁城取代自己江山的不是蒙古族，而是疏於防範的女眞人，即後來的滿洲人。

⊙後金創立者，金太祖愛新覺羅・努爾哈赤。

　　英宗正統初年，明政府撤銷了在東北的直轄機構——奴爾干都司，除在遼東地區直接派駐漢軍鎮守外，東北其他地區主要委派當地少數民族首領代爲管理。到萬曆年間，在努爾哈赤的率領下，建州女眞部漸漸強大起來。萬曆四十四年（西元一六一六年），努爾哈赤建立大金政權，公開與明朝爲敵。次年，神宗抽調了大批精兵強將十餘萬，企圖消滅後金軍，卻在薩爾滸一戰大敗而歸。遼東戰事日益激烈，成爲朝野關注的問題。天啓年間，努爾哈赤及其子皇太極大抵完成對東北女眞各部的控制，征服了朝鮮，迫使蒙古族各部歸順女眞族。

明朝對後金的來犯採取禦守為主的策略。天啓六年（西元一六二六年），鎮守寧遠的遼東巡撫袁崇煥以少勝多，擊退了來勢洶洶的後金軍隊，努爾哈赤身負重傷，不久即病死於瀋陽。袁崇煥乘機加固城防，並在隨後的戰爭中打退了皇太極的進攻，使一向頹廢的明王朝精神為之一振。

朱由檢即位後，便把復興遼東的希望寄託在袁崇煥的身上，提升他為兵部尚書、右都督史總督薊遼兼督登萊天津軍務，執掌遼東的軍事大權。崇禎帝問袁崇煥：「遼東軍兵受到侵擾已十年有餘，不知愛卿有何退兵復遼良策？」袁崇煥說：「我受陛下隆恩，在您的鼎力支持下，五年之內，遼東全境定可收復！」朱由檢大喜道：「只要能收復遼東，無論是財物或是名譽獎勵，我都毫不吝惜。」給事中許譽卿聽了袁崇煥的海口，心存疑惑，問他：「五年收復遼東，您在人力、物力、財力等方面究竟是如何安排的？」袁崇煥竟然答道：「我看到皇帝對遼東戰事如此心情急躁，我就姑且允諾五年復遼，其實就是為了安慰安慰他罷了。」許譽卿聽後，大

⊙ 明思宗朱由檢，又稱崇禎皇帝，是明朝末代君王。

驚失色。袁崇煥的輕率與朱由檢的急迫心理，為後來袁崇煥的悲劇埋下了禍根！

春風得意的袁崇煥回到遼東，自然不敢掉以輕心，凡經略事皆雷厲風行。他加強兵備、整飭邊防。為統一軍權，他設計誅殺了擁兵自重的平遼總兵官毛文龍。此舉遭到許多大臣的非議，也使朱由檢對他產生了猜疑和不滿。後金方面，皇太極汲取了此前慘敗的教訓，在「議和」的幌子下，加緊兵力的調整和部署。於崇禎二年十一月一舉攻下遵化，威逼京師。袁崇煥進行了有效的人員調動和果斷的布置，率師回防京師，解除險情。

皇太極深感不除袁崇煥，便無法深入明朝腹地，遂決定設計把他除掉。皇太極在率軍圍困京師的時候，

⊙ 位於北京天安門廣場的箭樓，建於明正統四年（西元一四三九年）。

曾俘虜了兩名太監，一個叫楊春，一個叫王成德；於是設下反間計，再將他們放走。兩個太監逃回宮裡，向朱由檢報告說：「皇太極的軍隊之所以能成功入關直逼京師，乃是袁崇煥放縱所致。後來皇太極主動撤回關內，也是與袁崇煥密謀的欲擒故縱之計，而此前袁崇煥誅殺毛文龍也是為了削弱明軍在遼東的防禦。袁崇煥已經向後金投降了！」崇禎帝信以為真，震驚不已，他思前想後，於十二月初下令逮捕袁崇煥，並處以磔刑，製造了明末親者痛、仇者快的最大冤獄。崇禎帝自毀長城，無疑使士庶寒心，軍心離散，離亡國也就不遠了。

鎮守遼東的大批將領多心存疑慮，結命自保，無心死力禦敵；或在後金的威逼利誘下，舉城投降。後金鐵騎繼崇禎二年入關後，分別在崇禎七年、八年、九年又相繼突破長城邊塞，進入京畿，甚至遠達山東地區；兵鋒所向，如入無人之境，大肆燒殺搶掠。明軍畏之如虎，只敢在後面遠遠追擊。崇禎九年（西元一六三六年），皇太極改國號為清，改女真為滿洲，加緊了消滅明王朝的步伐。

崇禎十二年九月，清兵在關內滯留五個月，縱橫兩千餘里，歷經五十七戰，攻陷城池七十餘座。同年十月，朱由檢任命洪承疇為兵部尚書兼副都御史總督薊遼軍務，期望憑籍洪承疇之力能加強對遼東的防禦、「滅寇雪恥」。崇禎十四年四月，清兵圍困錦州城，洪承疇分析了當時敵我軍情的優劣，主張「守而兼戰」、「且戰且守」，以穩紮穩打的方式去援救錦州守將祖大壽及其部屬。但兵部尚書陳新甲卻唆使崇禎帝下密詔，催促洪承疇急速出兵、速戰速決。雙方展開殊死搏鬥，傷亡慘重。

明軍一度在乳峰山爭奪戰中屢敗清軍，爭取到戰爭的主動權，致使皇太極「憂憤嘔血」。但是明軍的短暫勝利，未能從根本上改變朝廷的錯誤決策所帶來的被動局面。清軍採取圍點打援的戰術，將主力推進到塔山、杏山之間，將明軍團團圍困在松山，切斷了明軍與後方的聯繫，使之陷入孤立無援的困境。明軍堅守長達八個月之久，仍然見不到援軍。

崇禎十五年（西元一六四二年）初，彈盡糧絕的明軍人心大散，松山副將決定投降，引清軍入城，洪承疇被俘降清。至此，明朝在關外的八處鎮守據點被清兵奪走大半，寧錦防線已失去了它應有的作用。

無計可施、無兵可用的崇禎帝只好暗地派兵部尚書陳新甲與清軍議和，但清軍提出的苛刻條件徹底打碎了他的美夢。更讓他無法容忍的是，礙於體統與面子進行的祕密和談，竟然被洩露出去。惱羞成怒的崇禎帝殺

掉陳新甲以挽回顏面。談判既已無果而終，清軍又屢屢內侵，肆意深入內地劫掠財物，歷時長達七個月，俘獲人口近三十七萬，牲畜三十二萬頭，金銀珠寶無算。崇禎帝與廷臣相顧無語，他所能做的就是繼續追究戰敗者的「責任」，包括總督趙光抃、范志完，還有巡撫、總兵、副將等多人都被斬首。

崇禎十六年八月，皇太極暴病而亡，清廷內部因爭奪皇位，暫停了對明朝的進攻。而此時，起義軍的烽火已燃遍大明江山，一步步進逼北京。清朝當國的多爾袞在一批漢族降官的建議下採取了靜觀其變、伺機而動的策略，為入主中原做最後的準備。

晚明悲歌

明末，大半個中國爆發了嚴重的天災。

萬曆末年至天啟年間的五、六年間，陝西地區幾乎無年不災，災害類型包括旱、蝗、風、雹、水、霜、地震、山崩和瘟疫等。崇禎初年，陝西延安地區連續多年滴水未降，草木枯焦，百姓最初採食山間蓬草，稍後剝食樹皮，最後只能吃山間一種名叫「青葉」的石頭，不數日便腹脹而死。延安城外有數個大坑，每坑可埋屍數百，許多大坑都被塞得滿滿的。此情此景，官府不僅不予以賑災蠲

免，反而束於功令，賦稅之外又加「遼餉」，地方官趁機勒逼，嚴加催科。百姓「轉相逃則轉相為盜」、「安得不相率而為盜者乎」？萬曆末年，山東諸城舉人陳其猷進京會試，繪《饑民圖》伏闕上疏，其序略云：「見道旁刮人肉食者如屠豬狗，不少避人，人視之亦不為怪。」

崇禎三年（西元一六三○年）至六年的四年間，河南連年大旱，「秋既無收，麥又難種。野無青草，十室九空」，骨肉相殘，易子而食者，比比皆是。自崇禎九年以後，山西保德州幾乎無歲不荒，「至十三年，斗米八錢，人相食，盜賊遍野，村舍丘墟」。

大旱導致更多的自然災害，如蝗災和鼠疫的爆發。蝗災最初出現在陝西的渭河兩岸，然後陸續向關中、河南、淮河、長江一帶發展。到崇禎十三年，除江漢平原一帶災害較輕外，黃河、長江兩大流域的中下游及整個華北平原成為蝗災的重災區。鼠疫也流行開來。

崇禎七、八年間，鼠疫首先在山西太原府的興縣出現，「天行瘟疫，朝發夕死。至一夜之內，一家盡死無子遺。百姓驚逃，城為之空」。此後，鼠疫迅速從北向南漫延。北直隸大名府，「人死十之五六，歲大凶」；河南陽武縣「死者十九，滅絕

者無數」。榮陽縣甚至出現了「民死不隔戶，三月路無人行」的慘況。

由於旱、蝗、鼠疫等自然災害的交相出現，百姓死亡甚眾。據估計，萬曆八年（西元一五八○年）至十六年，北方地區因旱、蝗和鼠疫而死亡的人口達七百萬人之多。而崇禎年間北直隸的疫區內更有百分之四十以上的人口死亡，人口由崇禎初年的一千零九十五萬人降至七百三十萬人；山西人口由崇禎三年的一千零二十四萬人降至六百二十萬人；河南人口可能少了一半左右，只剩下八百二十餘萬人。陝西、山東等地的死亡人口也都在數百萬之譜。倖存下來的災民為求生存，初則三五成群，後則數十百千人聚結一起，組成了一股股「盜賊」、「土寇」、「流民」或「流賊」等。他們如涓涓細流，逐漸匯成澎湃駭浪，一支又一支聲勢浩大的農民起義軍，成為滅亡明王朝的利劍。

天災既已發生，人禍也接踵而來。地方官員們擔心本地出現民變會影響到自己的政績和升遷，不據實上報，盡可能大事化小，小事化無。他們不顧百姓死活，繼續催逼稅賦錢糧，追索歷年積欠，引發更大規模的人口逃亡。由於明政府規定：一戶逃稅，同里甲的農戶要受牽累、代納逃戶的賦役，如此只會引起百姓更大規模的反抗浪潮。

陝西「流賊」作亂的奏報越來越多，言辭越來越激烈，原陝西三邊總督服毒自殺。崇禎帝任命左副都御史楊鶴為陝西三邊總督，負責陝西等西北地方的「剿匪」事務。然而，朱由檢在「剿」和「撫」的態度問題上卻舉棋不定，他的基本態度是「息事寧人」，只要能把叛亂平息下去，就萬事大吉。楊鶴說，招撫賑濟和解決農民復業最為緊要。他認為：唯有解決農民的生計問題，才有可能徹底平息動亂；如果一味鎮壓，雖可以彈壓一時，卻無法恢復社會生產，參加起義的農民只會更多，後患更加嚴重。聽了楊鶴頭頭是道的招撫言論，崇禎帝同意了招撫計畫，派御史吳甡帶帑銀十萬兩到陝西放賑，「招撫流盜」。招撫工作最終失敗。究其原因，主要在於明政府在當時條件下無法解決農民生存的根本問題，發放的少許賑恤銀很快就花光了，官府一時又拿不出更多的錢糧解救饑民。為了生存，饑民只好再次拿起武器。

崇禎四年的招撫既已失敗，崇禎帝轉而使用剿殺的手段。他提升原延綏巡撫洪承疇任陝西三邊總督，全力鎮壓在山西和陝西的農民軍。洪承疇有謀有勇，對陝西軍民情況頗為熟悉，他率領陝西、甘肅、寧夏等地兵馬，四面出擊。到崇禎四年底，在不到一年的時間裡，陝西境內幾支較強

大的義軍均被鎮壓下去。剩餘的農民軍採用了更為靈活的游擊戰術，聲東擊西，接連奏捷。崇禎八年止月十五，一支農民軍突入防守空虛的明中都鳳陽城，縱火焚毀了朱元璋的「龍興之地」，皇陵享殿、龍興寺等都盡數被焚，義軍還打出了「古元眞龍皇帝」的大旗來歡慶勝利。

農民軍的勝利引起明廷朝野上下的極度震驚，崇禎帝身著素色布袍，親自到太廟告祭祖宗之靈，下罪己之詔。同時，展開了對農民軍更大規模的鎮壓，崇禎帝籌措白銀百萬兩充作軍費，調洪承疇的陝西兵出關，與中原各省的軍兵會合，限期六個月內消滅農民軍。為配合行動，崇禎帝又任命楊嗣昌為兵部尚書，統籌全國軍務。楊嗣昌認為，「安內方可攘外」，主張先全力剿滅農民軍，再對付關外的清軍。為此，他提出了鎮壓農民軍的「四正六隅十張網」的軍事部署。具體而言，就是以陝西、河南、湖廣和鳳陽等四個農民軍活動主要區域為「四正」，責成地方巡撫專責防守，以剿為主，以防為輔；延綏、山西、山東、應天、江西、四川等六個地區為「六隅」，設六個巡撫，以防止起義軍進入各自的管轄區域，必要時則參加聯合協剿行動。「四正」和「六隅」結成「十張網」，猶如布下的天羅地網，企圖一舉全殲

農民軍。為配合這一宏大計畫，他提出增兵增餉建議，加派「剿餉」，計二百八十餘萬兩。

此舉無異於飲鴆止渴，雖然楊嗣昌的剿殺計畫在短時間內確實發揮了「強心劑」的作用，農民軍嚴重受挫，一部分軍隊在高壓之下主動投降明軍。李自成軍隊的人數銳減，生存極其困難，而張獻忠、羅汝才等人也只得接受明廷的「招撫」。然而，複雜的社會問題不僅未得解決，反越來越惡化，大批災民加入農民軍隊伍裡去。他們英勇無畏，抱著赴死的決心，繼續戰鬥。崇禎十四年新年剛過，李自成義軍攻克了洛陽、殺死福王。將從福王府裡沒收的大批糧食與錢物分給貧困的百姓，並提出「不當差，不納糧」的口號，受到饑民的熱烈歡迎。此後的一段時間，李自成農民軍又多次攻打河南省城開封，轉戰於河南各地，大致消滅了明王朝在河

◎闖王李自成像

南的抵抗力量。與此同時，張獻忠也在湖廣穀城重舉義旗，轉戰豫皖，進軍湖廣、江西等地，在崇禎十六年五月佔領武昌後，正式建立了大西政權。

面對風起雲湧的革命浪潮，明廷上下束手無策，崇禎帝內心早已方寸大亂，眾大臣也深知現在的農民軍已經難以消滅，沒有人願意擔當統帥三軍的重任，大家猶如熱鍋上的螞蟻，難度時艱。兵部尚書楊嗣昌畏罪自殺，明朝再無「中興大將」可用。崇禎帝哀歎說，「嗣昌死後，再也沒有堪任的督師了。」崇禎十六年，崇禎帝欽點吳甡為督師，前去鎮壓農民軍，吳甡卻提出種種苛刻的條件。崇禎帝大怒，下令將吳甡充軍，改由孫傳庭督師。孫傳庭率領明王朝僅有的兵軍進入陝西，旋即被李自成消滅。此後，崇禎手裡幾乎沒有可以調動的軍隊了。

隨著李自成農民軍的日益壯大，其革命目標也日漸明確。崇禎十五年冬，他們開始向各地派遣地方官，為建立全國性統治做準備。崇禎十六年初，起義軍在攻下襄陽後*，改名為襄京，建立中央機構，並在政治、軍事和經濟上制定了一系列的措施。次年新年第一天，李自成在西安建國，號大順，改元永昌。接著，李自成開始部署進攻北京的計畫。

崇禎十七年初，李自成的大軍所向披靡，幾乎兵不血刃就攻打到北京城下。三月十五日，大順軍抵達居庸關。十七日，東路軍抵達京郊高碑店，西路軍抵達西直門外；北京城裡只剩下五、六萬羸弱不堪的軍兵和數千太監「淨軍」，他們也無心戀戰，或向城外空中放炮，或四散逃逸；中午時分，農民軍發起了攻打彰義門、西直門的總攻。十八日，農民軍提出如果崇禎帝「遜位」，可保他一條活命。崇禎帝企圖透過談判拖延時間，以等待各地勤王兵的到來，農民將領看穿了他的意圖，於當天深夜發動總攻。崇禎帝慌亂中安排三個兒子喬裝打扮成普遍百姓的樣子，希望他們混出京城，去聯絡南方明朝官軍，捲土重來。

絕望中的他回到後宮，把袁妃和周皇后招集過來，一口氣喝了幾十杯酒，猛地揮劍砍向袁妃，將她刺死。周皇后轉身回到宮內，自縊身亡。然後，他提劍四顧，歇斯底里地在後宮四處奔走，看到了長平公主在一旁哭哭啼啼，他悲憤地說：「妳為什麼要生在我的家裡？」揮劍就刺。長平公平下意識揮臂遮擋，右臂被刺中，昏倒在地，血流不止。接著，他又刺傷或刺殺了幾個小宮女和嬪妃。最後，他發瘋似地親自到前殿敲鐘，企圖召集百官上朝商量對策，百官早已做好

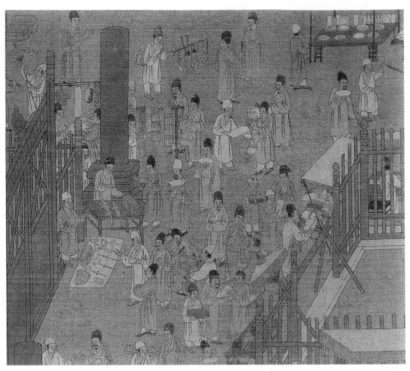

⊙ 明代北京皇城大明門前的棋盤街，沿街小販、地攤林立，貨物琳瑯滿目，呈現出一副平民經濟發達的景象。

了投降的準備，無人前來。十九日凌晨，太監王相堯在宣德門投降，劉宗敏率領農民軍浩浩蕩蕩由此開進北京城。在正陽門的兵部尚書張縉彥、在朝陽門的朱純臣相繼打開城門投降，農民軍旋即控制了北京城。徹底絕望的朱由檢，與宦官王承恩登上煤山萬壽皇亭，赤足輕衣，自縊而死。在他的衣襟上寫著：「逆賊直逼京師，皆諸臣誤朕。朕死無面目見祖宗，自去冠冕，以髮覆面。任賊分裂，無傷百姓。」真是可悲可歎！一天後，人們

在煤山一角發現了這位明朝末代皇帝的屍體，早已變得又冷又僵。農民軍把他和周皇后的棺材移出宮廷，停在東華門外示眾。四月初，又派人將他的屍體草草掩埋於昌平縣的田貴妃墓中，也就是明十三陵中的思陵。

明朝的滅亡，對於崇禎帝而言，是一場悲劇。崇禎皇帝在位的十七年，是他本人度日如年的十七年，也是大明帝國多災多難的十七年。此時的明朝內憂外患嚴重，猶如風中之燭，隨時都有覆滅的危險，而又不得

不開闢兩個戰場，同時與農民軍和清軍作戰。依據明朝當時的實際情況，幾無成功的可能。與後金爭鋒，兵餉不足，只能加緊勒逼民眾，民眾愈加不滿，反抗愈烈。事實上，明王朝的崩潰就是國內問題全面爆發的結果。試想，一個巨人，當他的內部只剩下空架子時，外部即使輕輕地吹來一陣微風，也會讓他轟然倒地。而崇禎又非雄才大略的皇帝，他目光短淺、剛愎自用、心胸狹窄、貪財如命。他太過功利且馭臣無術，最後直落個無將無兵的困地，加速了大明王朝的崩潰。

崇禎帝在歷史上，是一個受頗多爭議的帝王。他誅殺閹黨、整理朝綱，氣象為之一新，卻又唯內臣是信、肆意殺戮文武將官，最後落個孤家寡人的悲慘結局；面對烽煙四起的破碎河山，他殫精竭慮，調兵遣將，用盡渾身解數，仍無法扶正將傾之大廈；面對空饋的國庫，他肆意加派，搜括糧錢，仍然無法支付官軍俸祿。他又是一個生活節儉的「守財奴」，寧喪江山，不願捨棄內帑貲財。作為喪國之君，他自知無顏面對列祖列宗，以巾掩面，自絕於世，其死亡之悲壯，令人扼腕。因此，在此後的兩百年間，他一直備受人們的憐憫。

明朝的滅亡、清朝的建立，留給人們無限的遐想。明清易代，本是中國王朝數次更替中之一環。但它的特殊之處在於此時已處於傳統社會的末世，中國在世界上由先進轉為落後，大致發生在明中期至清中期這三百年間。清軍入關時的口號是「為崇禎帝復仇」和「弔民伐罪」，入關之初也採取了安撫社會的積極政策。然而初定天下的清統治者卻推行「圈地」、「投充」和「逃人法」等所謂「以夷變華」的五大惡政，並製造「揚州十日」和「嘉定三屠」等慘絕人寰的暴行。清朝的專制與歧視政策帶來社會經濟的大混亂，也引起了全國性的「反清復明」浪潮。

同時，清朝繼承了明朝初年的中央集權制度，對晚明出現的「近代化」思想實行嚴酷控制，其保守性和封閉性更加突顯。到乾隆朝所謂的「文治達到了極盛」時，思想禁錮也發展到了最高峰。清代建國六、七十年後，才迎來了所謂的「康乾盛世」。然而，「正是當中國處於這種『盛世』的一百多年裡，同西方社會發展水準的距離拉得越來越大。『盛世』過後不到五十年，爆發了中英鴉片戰爭，隨之而來的是一幕幕喪權辱國的悲劇，使大清帝國的腐朽落後暴露無遺。」不能不令人扼腕三嘆！

註解
※ 城門上用以望遠的高樓。

⊙《中日馬關條約》，於甲午戰後簽訂於日本馬關的春帆樓。中方代表為李鴻章，日方為伊藤博文。

天朝日落：清朝覆亡眞相

康、雍、乾雖創百年盛世，但由於統治者長期浸
淫於「歌舞昇平」的虛假繁榮中，對朝政的每況
愈下放鬆了警惕，一味滿足於天朝上國的憧憬
中，昧於世界大勢，而此時西方世界正進行著改
變世界歷史進程的工業革命。清朝面臨著「三千
年末有之大變局」，以消極的鎖國心態，試圖構
築起一道隔絕中外的「防線」，結果使中國社會
深陷半殖民化的窘境。清廷的腐敗無能最終結束
了兩千年的封建帝制，迎來共和的新時代。

洋槍洋砲跑步而來
列強鐵蹄踏破美夢
大幕垂落　晚霞散盡
成了一個王朝無言的結局

————海默《夢迴古代·清朝》

有清一代的歷史，即使我們不把清朝及其前身「大金國」在關外的那些歲月算在其中的話，從一六四四年順治帝登基至一九一一年宣統帝退位，也有整整二百六十八個年頭。

兩百多年間，一個由長城外的少數民族所建立的王朝，在其強盛時期形成了空前規模的國土與國力，成就了滿漢蒙藏等各族共有的帝國。它曾成功地抵制沙俄的東擴，也成功地整合了大漠南北各民族，大中華的概念由此形成。在它的歷史中，不見外戚專權、宦官亂政、藩鎮割據。滿族統治者致力於與漢族的融合，滿漢逐漸融合為一體，而漢族文化始終處於核心地位。這樣一個含括多民族的強盛王朝，在步入近代時卻陷入了內憂外患的困境中，從繁榮昌盛走向衰敗落後，最終走上了滅亡之路。

清統治時期的最末一世紀，中華民族面臨著前所未有的屈辱和危機。恰如李鴻章所言，清王朝面臨的是「三千年未有之一大變局」。清朝覆亡的歷史既是一部中華帝國逐漸淪落的苦難史，也是中華民族尋求民族獨立、國家富強的奮鬥史。清末覆亡歷史儘管沉重而不堪回首，但卻有著其特殊的大時代意義，它時時警示世人避免重蹈「後人哀之而不鑑之，亦使後人而復哀後人也」的覆轍。

⊙ 清德宗光緒皇帝。在位三十四年的光緒，親政期間雖試圖改革，任用康有為、梁啟超等人變法，卻不敵以慈禧為首的守舊派勢力而失敗，遭軟禁於瀛臺。

話說明朝末年，皇帝無能，朝綱不振；奸臣當道，社會荒亂；人心不古，民不聊生。一場社會風暴眼見就要來臨。而居於明王朝疆城東北一隅的女眞部落卻逐漸發展起來。明朝建立之初，其統治力量已深入到女眞族內部，漢族先進的文化日益影響女眞人的生活。女眞人半漁獵、半游牧的傳統生活方式逐漸改變，漢族穩定的農耕經濟受到女眞人的青睞。女眞原有三大部：海西、建州、東海。其中建州女眞緊鄰漢族聚居區，受漢族文化影響尤其深遠。清王室愛新覺羅家族隸屬建州女眞貴族斡朵里氏，曾受明朝冊封建州左衛的官職。清太祖努爾哈赤年輕時，時常往返於女眞、漢兩地，熟悉漢文化。

史書說努爾哈赤白手起家，憑其先祖遺留下來的十三副鎧甲開始奮鬥，也有史書記載努爾哈赤襲封了祖職而起家。努爾哈赤二十五歲時，其祖父覺昌安和父親塔克世，同時死於明軍攻城的砲火。在當時的建州女眞中，數王杲實力最強，他曾帶兵襲遼陽，殺死明朝官員。明廷發兵俘王杲，押解北京處死。王杲死後，其子阿臺屢襲明軍。明將李成梁兵圍阿臺藏身的古勒城。阿臺的妻子與努爾哈赤是堂兄妹，覺昌安爲使孫女免於戰亂，便與努爾哈赤的父親塔克世入城勸說阿臺投降。不料圖倫城的城主尼堪外蘭暗通明朝，趁亂喊道：「李太師有令，誰殺死阿臺，誰就做古勒城的城主。」城中大亂，明軍趁機攻城。努爾哈赤的祖、父死於戰火。努爾哈赤悲痛欲絕，質問明朝官員：「我祖、父何罪，竟致屠戮，此仇當報。」明朝官員只有連表歉意，送還覺昌安父子遺體，又賞給努爾哈赤三十匹馬，並封努爾哈赤爲指揮使。努爾哈赤不敢與明朝對抗，便遷怒於尼堪外蘭。三個月後，努爾哈赤以報父仇爲名，率領百餘人的隊伍，向圖倫城發起進攻。

努爾哈赤經過十二次大的戰役，先是統一了女眞各部，繼而統一了東北全境。並於一六一六年在赫圖阿拉（今遼寧新賓）建立統一國家，號「大金國」，年號「天命」。從此，

⊙ 在雅克薩戰爭使用的神威無敵大將軍砲。

大金國與明朝爭雄天下，戰爭中屢敗明軍。一六二六年，努爾哈赤去世，皇子皇太極即位爲清太宗。一六三六年，皇太極改國號爲「大清」，改女眞爲滿洲。

後金政權經努爾哈赤和皇太極父子兩代六十年的東征西討，創制立典，奠定了堅實的基礎。而南面的明王朝在農民起義的衝擊下，趨於沒落。清軍入關，統一中國的時機已臻成熟。

一六四四年，李自成率農民軍入京後，一面出榜安民，一面嚴懲明朝的皇親國戚、貪官汙吏，大肆抄沒家產，充作軍餉。吳襄也在抄沒之列，當李自成得知吳襄乃明朝山海關總兵吳三桂之父時，便讓吳襄寫信，勸降吳三桂。吳三桂猶豫不決，決定先帶兵入京視情況而定。在路上，碰到從北京逃出來的人，吳三桂一打聽，得知父親吳襄被抓，家產被抄，愛妾陳圓圓被劉宗敏據爲己有，不禁衝冠一怒；立即退守山海關，令全軍將士白盔白甲，誓言爲君父報仇。李自成聞報，立即親自帶領二十萬大軍往攻山海關。吳三桂連忙寫信給關外的清軍，請求清兵入關「救助」。此時清朝輔政的是雄才大略的多爾袞，早有問鼎中原之志，一接來書，大喜過望。多爾袞讓吳三桂打先鋒，自己帶領十幾萬清兵埋伏起來。看準時機發動突襲，李自成軍以疲憊之師，猝不及防遂敗下陣來。多爾袞於是帶領清兵順利地走入北京城。

以武力取得天下的清廷在入關之初，仍然迷信武力，企圖以強權維持其對漢族的統治。一方面制定法律，強迫漢族承認滿洲禮俗、服從滿洲貴族的統治。如頒布「剃髮令」，強迫漢族剃髮結辮，抵抗者格殺勿論，有「留髮不留頭，留頭不留髮」之謂。又制定「逃人法」，一方面對那些被滿洲貴族所奴役而逃亡的漢民採取嚴厲的懲罰措施。另一方面則侵奪漢族財產，用「圈地」的形式，廣佔漢族土地，並且針對富庶的江南地區展開掠奪，打擊漢族的豪強勢力。

這些強勢的民族壓迫政策使新興的滿洲政權處境艱難。如果失去漢族官紳地主的支持，滿洲政權是難以立足的。這種處境促使統治者改變統治手段，此番轉變發生在康熙皇帝時期。

康熙是清朝入關後的第二位皇帝，在位時間長達六十一年。這一時期，清政權平定南方的「三藩」叛亂，將臺灣納入清版圖；安撫蒙古、西藏，大體完成全國統一。同時，康熙注重發展社會經濟，勸課農桑、興修水利、輕徭薄賦，修復因戰爭造成的損害；另一方面，清廷加強籠絡漢族知識分子，開科舉、設史館、修明

史以博取支持，因而使清政權在漢文化中獲得認同，逐漸鞏固了統治。

在康熙之後的雍正、乾隆都繼承康熙的政策。三位皇帝在位共一百三十餘年，佔了清代國祚的一半；在一百三十多年的時間裡能夠保持社會持續發展，在中國歷代王朝中是絕無僅有的。然而這段時間也隱含了各種負面因素，在以後的發展中逐漸顯現出來。

清廷不僅用漢文化籠絡漢族知識分子，同時也藉此來對付他們，這就是臭名昭著的「文字獄」。凡有涉及民族偏見的字眼，都可能招來殺身之禍。清朝統治者對明末清初的文人，一則招撫，一則對排滿思想採取高壓手段，甚至濫殺無辜。康、雍、乾三朝，文禍極盛，見於史載的文字獄案件即有百起之多。

康熙二年，浙江湖州有個文人莊廷鑨刻印了朱國楨編寫的《明史》，又請人增添了明末天啓、崇

⊙少年康熙像

禎兩朝的事，其中多有涉及東北女眞族的內容，被人告發。時莊廷鑨已死，康熙竟下令開棺戮屍；其他作序者、刻印者、校閱者、售書者、藏書者被殺害七十二人，充軍邊塞的達幾百人。

康熙五十年，又有人告發，在翰林戴名世的文集裡，有對前明政權表示同情的文字。於是，清廷下令把戴名世打進大牢，判了死刑，株連無辜者二百多人。

雍正時期，有一次，翰林徐駿在奏章裡，錯把「陛」字寫成了「狴」字。雍正一看大怒，立即下令把徐駿革職。在等待判決的日子裡，又有人告發，在徐駿詩集裡有「清風不識字，何必亂翻書」的詩句，便牽強附會地說「清風」二字是影射清朝。雍正定徐駿犯了誹謗朝廷罪，立即處死。

再如雍正四年，禮部侍郎查嗣庭出任江西考官，出題有「維民所止」四字，有人便認爲這是去掉雍正二字之頭。雍正遂把查嗣庭打進了監獄，判了死刑。

像這樣荒唐的案例舉不勝舉，其中絕大部分文字獄，完全是牽強附會，挑剔文字過錯，一句詩、一個字

⊙《古今圖書集成》，康熙時期由陳夢雷所編輯，集經史諸子百家之大成，計三十二典，六千一百零九部，一萬卷，康熙御覽後賜此書名。雍正元年下令戶部尚書蔣廷錫重新編校，加收醫書五十二卷。此書為中國現存最大的類書。

惹來殺身之禍，在康、雍、乾三朝比比皆是，嚴重禁錮了知識階層的思想。清初文字獄是朝廷為了維護滿族皇權的優越統治地位，而對任何反滿思想的嚴厲壓制。「文字獄」不僅砍掉許多會思考的頭顱，也使知識分子不再自由思考，學術風氣轉向保守。

滿洲人入主中原之後，在文化上不僅利用漢文化作為統治手段，同時也由於全面進入農耕區，改變了他們的生活習俗，而瓦解了滿洲人原來的氏族制。滿洲人在戰爭過程中形成的「八旗制」也開始頹廢，這種兵農合一的基層政治組織形式曾經是滿洲人馳騁戰場的強力武器。

「康雍乾盛世」末期，除了這種文化上的保守趨勢外，龐大的國家機器亦已顯示出越來越多的裂縫。乾隆在位後期，為了標榜功績，拼湊「十全武功」裝點盛世門面。他本人好大喜功，追求虛名，浪費了大量的國家財富。更加嚴重的是，吏治腐敗日趨嚴重，大小官吏奢靡成風，營私舞弊，賄賂公行。軍隊也開始腐化，武備廢弛。不論八旗還是綠營，都不勤操練，荒於武事，戰鬥力嚴重下降。長時期浸淫於「歌舞昇平」的虛假繁榮中，使統治者對朝政的每況愈下放鬆了警惕。

另外，征服了先進的漢文化並加以吸納之後，令滿洲族產生了一種自信的心理，陷入自滿的泥淖之中。這時的漢文化由於政治的強勢力量而被強化為不可動搖的意識形態，由此形成了清廷閉關鎖國政策的文化根源，滿足於「天朝上國」般夜郎自大式的憧憬中。

而此時西方世界卻發生了劃時代的歷史劇變，乾隆盛世的外衣下已經潛伏著巨大的社會危機。

乾隆三十年（西元一七六五年），英國爆發了工業革命，英國紡織工哈格里夫斯發明了新式紡車珍妮紡紗機；乾隆五十年（西元一七八五年），卡萊特發明了水力織布機；同年，瓦特改良蒸汽機；而後，美國富爾頓發明了輪船，英國史蒂芬生發明了蒸汽車。這種新的生產革命，推動了西方社會的突飛猛進，促使他們在全世界尋找資源。乾隆三十九年（西元一七七四年），北美爆發了獨立戰爭，八年後，美國獨立，並通過《人權法案》；乾隆五十四年（西元一七八九年），法國大革命爆發，三級會議通過並發表了《人權宣言》，國王路易十六被處死。這些都是具有劃時代意義的歷史事件，是人類新生產力和新社會政治制度的誕生，它們改變了整個世界的局勢，影響了世界歷史的進程。

而此時的乾隆皇帝呢，卻沉浸在中華古老文明的夕陽餘暉之中，渾然

⊙八旗軍裝，其中正黃、鑲黃、正白為上三旗，其餘為下五旗。

不知日之將暮，寒鴉淒迷。乾隆六十年（西元一七九五年）會試，各省上報八十歲以上參加會試者一百一十六人，實際參加會試並三場完竣者九十二人。乾隆聽報後非常高興，對這些老人大加賞賜，藉興教尊老之名，極力粉飾他的太平盛世。

而早在康熙時期，就已開放了海禁（西元一六八四年），在廣東、福建、浙江、江蘇分設四個海關與外商貿易。過了七十多年，乾隆反而關閉了海關，實行禁海政策，只許外商在廣州交易。康熙努力學習西方自然科學，乾隆卻視為異端邪說，無視外部世界，滿腦子天朝意識。當初乾隆反感儒家的「華夷有別」、「尊王攘夷」等民族偏見意識，大興文字獄，如今這些觀念已深入他的骨髓。乾隆王朝在表面繁華的外衣下，內部已漸腐爛了。可以說，對落後文明的抱殘守缺，使大清王朝凶多吉少。

城下之盟

當中國歷史的腳步踏入十九世紀時，大清國在經歷了漫長的歲月之後，步入了垂垂暮年。清朝至嘉慶、

道光時期，所謂「歌舞昇平」、「十全武功」的盛世已消失得無影無蹤。各種社會問題卻像火山噴發般湧現出來，統治階級的腐化加劇，社會危機更加嚴重，清王朝的統治開始走下坡路，由所謂的盛期進入完全的衰敗期。同一時期的西方世界也發生了翻天覆地的變化，進入殖民擴張和殖民掠奪時代。然而，昧於世界大勢的清政府在對外關係方面仍沿續「閉關鎖國」的政策，固守著傳統的「天朝上國」，試圖一廂情願地幻想構築起一道「防線」，將中國置於與世隔絕的狀態。本來，外國人跟中國的交往主要是為了獲得與中國的貿易權，而那時的清王朝卻拒絕這種交易，並因在文化認同上難以接受西方人的禮俗而關起了大門。然而，中國關起的大門不久就為英國的堅船利砲所轟開。

十八世紀中葉，英國在西方各國的對華貿易中居於首位。但是西方工業商品的「重砲」摧毀不了中國自給自足的自然經濟和「閉關鎖國」的對

⊙ 吸食鴉片的風氣盛，不僅使清廷大量白銀外流，影響經濟，也戕害國民健康。

外政策，英國人僅能用銀元從中國買到茶葉等物，自己的工業品卻銷售不出去，貿易逆差困擾著英國人。於是，英國開始向中國大量走私特殊商品——鴉片。

鴉片走私到中國，使中國人的身心健康受到嚴重的損害，社會生產力急劇下降。鴉片一到中國，首先被文武官員們接受。這些官員吸食成癮，再也無心處理公務。清政府原本就很吃緊的財政更加拮据，吏治更加腐敗，軍隊戰鬥力極度削弱。官員們為了滿足私欲，就更加瘋狂地盤剝百姓，老百姓們的生活變得更加貧困。同時，由於鴉片的大量輸入，國內的白銀大量外流。

因鴉片貿易造成的嚴重禍害，以致國內要求禁煙的呼聲日益高漲；道光帝也意識到問題的嚴重性，於是任命林則徐為欽差大臣，前往廣東查禁鴉片。一八三九年林則徐抵達廣州後，整頓海防、收繳鴉片、緝拿煙販。廣東民眾群情激憤地來到英國使館前，要求公使義律交出逃到使館的大鴉片販子顛地，群眾以棍棒和磚石為武器，擲向英使館。林則徐領導的禁煙運動，在當地群眾的支持下，終於成功迫使英美煙商交出鴉片一百一十多萬公斤，從六月三日到二十五日，虎門海灘燃起熊熊大火，所繳鴉片全部當眾銷毀，這就是震驚中外的

「虎門銷煙」。

收繳和銷毀鴉片的消息傳回到英國，英國政府為保護利潤高的鴉片貿易，並打開中國市場，於是決定發動武力戰爭。一八四○年四月，英國議會正式通過了對清動武的決議案。六月，由十六艘兵船、四艘武裝汽船、二十八艘運輸船、五百四十門大砲、士兵萬人組成的「東方遠征軍」陸續到達廣東海面，對廣州實行封鎖。第一次鴉片戰爭正式爆發。面對來勢洶洶的英軍，清廷並沒有堅持強硬的政策，而是一味求和，再加上本身軍隊戰鬥力的低下，很快就敗下陣來。

一八四二年八月二十九日，清政府在英軍砲艦威逼下屈膝投降，俯首稱臣，被迫與英國締結城下之盟──中英《南京條約》，而後又被迫與英、美、法等列強簽訂了一系列條約。這樣，西方侵略者不僅得到中國的巨額賠款，強佔了香港，迫使清政府開放廣州、廈門、福州、寧波、上海為通商口岸，而且還取得了協定關稅權、領事裁判權、片面最惠國待遇、在通商口岸租賃土地和房屋、建立教堂醫院、傳教自由等許多權利。中國的大門被西方列強的砲艦轟開，政治和經濟都喪失了獨立自主的地位，從此江河日下，清政權逐漸由主權獨立淪為西方列強的附庸，日益受制於西方列強。

⊙《南京條約》原件

十幾年後，西方國家又為擴大與中國的商品貿易，急於打開更多的貿易口岸。於是，在一八五六至一八六○年，英、法在俄、美支持下聯合發動了「第二次鴉片戰爭」。中國軍隊再次慘敗，統治者不得不屈膝投降，妥協退讓；被迫與英法美俄分別簽訂了《天津條約》，以換來一時的安寧。然而，英、法政府不滿於《天津條約》的內容，以「換約」為名，於一八五九年繼續北上，先後佔領大沽口和天津。一八六○年，英法聯軍輕而易舉地佔領了北京城，焚毀了當時聞名於世的「萬園之園」──圓明園。咸豐皇帝嚇破了膽，帶著后妃和一些親王、官員慌忙逃往熱河。

面對侵略，清政府愈發無能，國門洞開而又無力抗拒。城下之盟的缺

口一經撕開，列強便紛至沓來爭著分一杯美羹。沙俄自十九世紀起便不斷地佔領中國東北和西北的領土。它藉兩次鴉片戰爭之機，趁火打劫，先後以武力脅迫清政府與其簽訂了《璦琿條約》等，在短短幾十年中侵佔了中國一百四十四萬多平方公里的領土。

十九世紀末，世界主要列強迅速發展壯大。日本自一八六八年明治維新後，開始向西方看齊，推動西化政策，經濟、軍事等國力迅速增強。日本早有覬覦朝鮮之心，並以朝鮮為跳板，向東擴張。在中法戰爭爆發後，日本以為有機可乘，策劃朝鮮親日派官員發動政變。之後，日本獲得了和清廷一樣在朝鮮駐兵的權力。一八九四年，日本乘朝鮮爆發「東學黨起義」之機，出兵朝鮮。對出兵援助朝鮮鎮壓起義的清軍不宣而戰，發動突襲，中日「甲午之戰」正式爆發。

面對日本的威脅，清政府反應遲鈍，措施不力，內部統治集團「帝黨」和「后黨」又彼此對立互鬥。另一方面，朝中保守勢力強盛，權臣李鴻章認為敵強我弱，應該「避戰自保」，力主求和，祈求列強出面「調停」。他奔走於俄、英公使之間，也曾求救於德、法、美三國，但都無功而返。這種消極抵抗的行徑，把清軍推向被動和危險的境地。更令人心寒的是，慈禧又忙於準備六十壽辰的慶典，一心力保和局，苟安現狀。她在甲午戰爭期間置敵兵壓境於不顧，當京師士大夫中有人奏請「停止慶典尋常工程時」，她竟揚言「今日令我不歡者，吾亦將令彼終身不歡」。

結果，腐朽的清政府在甲午之戰期間處處妥協退讓，延誤戰機，致使清廷苦心經營的北洋海軍也全軍覆滅。未等戰爭勝敗定局前，清政府就迫不及待地進行求和。一八九五年，李鴻章與日本代表簽訂了《馬關條約》；條約簽訂後，帝國主義列強以大量輸出資本對中國進行經濟侵略，掀起了瓜分中國的狂潮。清政府向列強大量借款，加深了清政府對列強財政的依賴，喪失了更多的主權。

西方資本主義國家自鴉片戰爭後不斷向中國傾銷商品，逐步破壞了沿海通商口岸及其附近地區的傳統手工業。鴉片輸入的劇增又引起了白銀外流、銀貴錢賤等問題。清政府將支付軍費和賠款的重擔，轉嫁到百姓肩上。地主、官僚趁火打劫，加劇了土

⊙ 圓明園位於北京市西北的海淀區，建於康熙時，乾隆時增築。它融合了各式園林風格，宏麗聞名中外，西人稱之為「夏宮」，又稱「萬園之園」。後毀於英法聯軍戰火，園內珍寶盡被劫掠而去。

地的兼併。天災加人禍，大批國人陷於失業破產、飢餓死亡的困境。

辛酉政變

鴉片戰爭的疾風，揭開了中國近代沉重的帷幕。然而內憂外患的時局並不能喚醒腐朽的清統治者。國勢傾頹，列強環列四周，清統治者並未戮力同心。相反的，第二次鴉片戰爭結束後第二年，清廷內部就發生了奪權政變。咸豐皇帝於一八六一年八月病逝，遺詔年方六歲的兒子載淳繼位，是為同治帝。同時任命親信怡親王載恒、戶部尚書肅順等八人為「贊襄政務王大臣」，總攝朝政。

同治帝的生母慈禧太后是個權力欲望極重的人，她與恭親王奕訢相勾結，密謀發動了「辛酉政變」，剷除了肅順等八大臣，成功奪取政權。慈禧從一八六一年後垂簾聽政，統治中國長達四十八年之久。

辛酉政變是中國近代史上一個極為重要的事件，它決定了中國近代史近五十年的命運。其中最令中國人痛心的是，辛酉政變後的同治新政和日本明治維新幾乎是同時並進，何以日本的維新成功了，迅速成為和西方列強並駕齊驅的強國，而中國卻失敗了？此繫鈴者，就是藉由辛酉政變登上中國政治舞臺的慈禧。

慈禧姓葉赫那拉，屬女真的葉赫部落。葉赫部落是清軍入關前，在東北被滅掉的最後一個部落，其部落首領布揚古臨死時曾憤恨地說：「即是僅剩一個女子，也是滅亡滿洲之人。」所以清朝祖訓，不准選葉赫氏女子入宮。

慈禧十八歲時被選入宮，卻因出身葉赫部落，所以不能接近皇帝。有一天，她看到咸豐皇帝在圓明園的花叢中散步，便故意躲在花叢深處，嬌聲嬌氣地唱起歌來，以吸引咸豐的注意。咸豐帝見她長得標緻，就封她為蘭貴人。那拉氏為人機伶，深得帝心，又被封為懿嬪，後生下皇子載淳，即後來的同治帝。咸豐帝雖然嬪妃很多，卻未能誕下龍子。咸豐帝馬上封那拉氏為懿妃，進而加封懿貴妃，恩寵冠絕後宮，並常和她議論國事。由於長期參與國事，那拉氏漸漸對皇權產生了極大的欲望。而恰在此時，英法聯軍攻入北京，咸豐帝逃到承德避暑山莊，不久便病死。

咸豐死後，朝廷主要分為三股勢力：一是顧命八大臣勢力，即咸豐臨終時指定為皇太子載淳輔政的以肅順為首的八大臣；二是皇族勢力，就是以恭親王奕訢為首的親王集團；三是帝后勢力，也就是兩宮皇太后。從咸豐斷氣之日起，三股勢力便開始了較量。八大臣擁立載淳繼位，改年號「祺祥」。皇后鈕祜祿氏被尊為「母后

皇太后」，懿貴妃那拉氏因是皇帝生母，也被尊為「聖母皇太后」，但她的野心是要垂簾聽政，肅順等八大臣卻不讓她干預朝政。雙方關係惡化，甚至在朝堂上公開爭吵。那拉氏氣得兩手發顫，指著八大臣說不出話來，連懷中的小皇帝也嚇得直哭，把尿撒了那拉氏一身。但那拉氏表面上不露聲色，卻一反常態地對鈕祜祿氏親熱起來。對她說：「八大臣不可靠，不把他們處置掉，咱們就處處受制。」鈕祜祿氏說：「咱們沒有兵權，怎麼能把八大臣處置掉呢？」在徵得東宮皇太后同意後，那拉氏說：「這個不用妳發愁，我已經祕密派心腹太監去請恭親王了。」

當肅順等見到恭親王出現在避暑山莊時，全都大吃一驚，他們責問恭親王奕訢說：「六王爺不留守京師，擅離職守，其意如何？」恭親王說：

「本王爺接到兩宮皇太后懿旨，令我前來哭靈，以盡手足之情，難道有什麼不妥嗎？」

奕訢第一天哭靈，第二天便要覲見兩宮太后。肅順等人竭力阻攔，但奕訢振振有詞地說：「怎麼，皇兄駕崩，皇嫂異常悲苦，我去勸慰一下，總可以吧！況民間婚喪，人倫猶在，難道皇家就不講人倫之道了嗎？」正說話間，一名太監走來叫道：「兩宮皇太后已等候恭親王多時，請六王爺即刻晉見。」肅順等人只好躲在一邊。恭親王在行宮見了兩宮皇太后，商量好了除掉八大臣的辦法。奕訢在熱河滯留了兩天，盡量在肅順等人面前保持恭敬，然後返回京師作部署。

奕訢回京後，又把掌握兵權的勝保拉攏過來，完全控制了北京周圍的軍隊。布置就緒後，那拉氏催促八大臣早日動身，護送咸豐靈柩回京。她

⊙鴉片戰後在廣州的英軍。西方國家挾帶武力的貿易殖民方式，成為東洋各國近代史上不可或缺的一章。

⊙ 慈禧太后，滿洲鑲藍旗人；清文宗咸豐之貴妃，清穆宗同治之生母。她以皇太后身分垂簾聽政，為自一八六一年至一九○八年間清帝國的實際統治者。

對八大臣說：「我們兩位太后和皇上由載垣、端華等七人陪著，從小路先走。肅順帶領軍隊護送靈柩，由大路走，我們先到北京好率文武大臣迎接。」

八大臣不知是計，就照辦了。其實，那拉氏這樣做，是為了把載垣、端華等七人和肅順分開，以便各個擊破。那拉氏一行兼程急行，比肅順早四天回到北京，而恭親王已做好了政變的準備。那拉氏遂以小皇帝的名義發布聖旨，宣布解除八大臣的職務，將載垣、端華等七人逮捕，又立即派侍衛去捉拿遠在途中的肅順。肅順護送靈柩走到密雲縣，天色已晚。他剛剛入睡，逮捕他的侍衛就闖進營帳，把他從被窩裡拉出來就綁。這一年適逢舊曆辛酉年，故叫「辛酉政變」。處置了八大臣後，那拉氏和奕訢便安排載淳登基，廢「祺祥」年號，改第二年為「同治」※元年。

辛酉政變，表現了慈禧和奕訢的權謀智慧，是清朝體制的一大改變；否定了「贊襄政務」大臣，而由兩宮皇太后垂簾聽政。此時，內有「太平天國」運動，外有英法聯軍的入侵，社會異常動盪，民族危機沉重，清王朝處於十分危險的境地。為了政權的穩固，在奕訢集團的主持下展開了同治新政，其措施有：成立總理衙門、設立同文館、辦新式學校、選派留學生、開礦山、修鐵路等，實行學習西方現代化的舉措。但是，這一新政的效果卻與人們的期望大相徑庭，未能使中國走出困境，主要在於慈禧的阻撓。慈禧看起來具有一般女子沒有的謀略和手腕，但實際上一點也不具備治國的雄才大略，她所有的心智幾乎都化為了權術，用盡心機只是為了保住自己的權力。為此，她讓政治觀點對立的朝中大臣互相牽制，內耗不斷，造成了整個國家的停滯不前。這也是同治新政不能比於日本明治維新的一大原因。

風雨飄搖

鴉片戰爭以後，清政府被迫簽訂了一系列不平等條約，割地賠款。為了支付巨額賠款，統治階級只好把債務轉嫁到農民身上。黎民們本就貧困，受盡官紳地主的壓榨，加之突如其來的債務，生活更是難以為繼，求得活路的唯一途徑，就只剩下反抗了。於是，清朝最大規模的人民起義爆發了，這就是洪秀全領導的太平天國運動。

洪秀全，廣東花縣人，幾次應試不第，厭倦八股考試。他目睹了鴉片戰爭前後外國勢力的入侵和清廷的腐敗無能，決心放棄功名，立志推翻清王朝的統治。一天，他在廣州街頭遇到一位身穿漢裝的西方傳教士，得到了一本基督教傳道書《勸世良言》，從此改變他的人生。他把一桶乾淨的水澆到自己頭上，表示改頭換面，與舊世界決裂；從此狂熱布道，發展會眾。他的同學馮雲山、族弟洪仁玕都加入信教的行列。他們把擺在家裡的孔孟牌位砸碎，把儒家典籍付之一炬，此舉遭到當地鄉紳的圍攻。無奈之下，他們到廣西傳教，並創立「拜上帝會」。此後，洪秀全回廣東花縣開始為期二年的著述，他把原始基督教教義與中國百姓渴望平等、太平和反對壓迫、剝削等理想結合起來。他宣傳天下人不分貧富貴賤，都是天父之子女的宗教理念，號召人民透過武裝抗爭，建立起「有無相恤、患難相救、夜不閉戶、道不拾遺」的太平盛世。

一八五一年一月十一日，洪秀全組成太平軍，領導「拜上帝會」，在廣西金田村宣布正式起義。太平軍在攻下永安後頒行天曆，制定各種制度，其政權的雛形基本具備。一八五二年，太平軍在永安突破了清軍重重包圍，長驅北上；入湖南、破武昌、下南京，於一八五三年定都天京，正式建立起新政權，與清政府對峙十餘年。建國之後，太平天國進行了北伐、西征和東征，並建立了一套從中央到地方的政權機關，頒布「天朝田畝制度」，提出了「耕者有其田」的口號。太平天國的政權也因此得到鞏固。

就在太平天國呈現出一派興旺繁榮的景象，形勢十分有利之時，領導集團內部的問題也日益明顯。這時，東王楊秀清在

⊙洪秀全玉璽

⊙太平天國子母槍

太平天國領導集團中的實力大增，想建立自己的最高統治地位，向洪秀全「逼封萬歲」。一八五六年八月二十三日，楊秀清有恃無恐，派人將洪秀全召到東王府，盛氣凌人地以「天父」的口氣對洪秀全說：「爾與東王均爲我子，東王有大功，何只稱九千歲？」洪秀全被迫無奈之下，封楊秀清萬歲。心裡卻對楊秀清恨之入骨，祕召在江西的韋昌輝和在丹陽的秦日綱入京誅殺楊秀清。雙方在天京城內展開了激戰，楊秀清所部署的兩萬多人被韋昌輝消滅。翼王石達開聞訊後急從湖北趕回，譴責韋昌輝濫殺無辜。韋派人去殺石達開，石達開嚇得趕緊連夜逃走。直到十一月，洪秀全爲形勢所迫，不得不下令殺了韋昌輝和秦日綱，召石達開回京輔政。但不久，又對石達開心生猜疑，封自己的兩個無能兄長爲王以牽制石達開。一八五七年六月，石達開在忍無可忍的情況下，帶領十多萬太平軍的精銳之師出走。從此，太平天國強力的領導核心和精銳力量慘遭破壞，使得太平天國元氣大傷、軍心動搖、人心渙散。軍民都發生了信仰危機，太平天國從此逐漸走向衰落。

太平天國雖然不斷地給予清軍沉重的打擊，但太平軍受到的壓力也越來越大。以曾國藩爲首的湘軍成了清廷對付太平軍的主力。曾國藩以羅澤南的湘勇爲基礎，仿效戚繼光的練兵方法，以儒生爲營官，以同鄉情誼作爲維繫湘軍的紐帶，堅持同省同縣的地域標準，對士兵施以三綱五常爲核心的思想教育和禁擾民、嫖、賭、抽的軍紀教育，進行技擊、槍法和陣勢的軍事訓練，以後又出現了同樣性質的李鴻章率領的「淮軍」，這兩支漢人的武裝成爲太平軍的勁敵。同時，自第二次鴉片戰爭後，清廷聯合英、法等列強共同鎮壓太平天國運動，這使太平天國面臨著更爲複雜和險惡的形勢。

一八六四年，天京陷落，標誌著太平天國運動的徹底失敗。這一運動雖以失敗告終，但它持續十幾年，席捲了大半個中國，沉重打擊了清廷。尤其是它迫使腐敗無能的清廷高層，不得不倡辦地方團練以維護自身統治。其結果是中央集權勢力的縮小和地方名流勢力的擴張，間接促使地方政權相對於中央統治的自立，導致清王朝傳統國家統治秩序的崩潰。

在太平天國運動的影響和激勵下，全國各地的反清抗爭此起彼伏，帶給清廷沉重的打擊。之後，各帝國主義列強更是步步緊逼，進一步從政治、經濟、文化上侵略中國，此時的中國眞是風雨如晦，危如累卵，而中國東南地方督撫的劉坤一、張之洞、袁世凱、李鴻章等人反與列強合作，

宣布參加「東南互保」，體現出晚清地方自立的傾向，清朝的中央集權的統治已分崩離析了。

救亡圖存

⊙大清銀行兌換券

清統治者不甘就此沉淪，它掙扎著維新自救，結果卻徒勞無益。內憂外患的時局首先喚醒了士大夫中的一批有識之士。他們以匡濟天下自命，以挽救民族危機為己任，講求「經世致用」的傳統，注重研究現實問題，主張向西方學習，倡言改革，以達到強國禦辱的目的，如魏源在其《海國圖志》一書中明確提出「師夷之長技以制夷」。然而，「經世派」的改革呼聲並沒有引起最高統治者的注意，但這種流風遺響，卻是整個晚清改革的濫觴。他們敢於議政和倡言改革的風氣，對稍後崛起的洋務派人士產生了極大的影響。

「洋務派」是清朝統治集團中一批頗有識見之人，他們繼承「經世派」「師夷長技」的思想，提出了「以中國之倫常名教為本，輔以諸國富強之術」的洋務思想。主張向西方學習，「求強」、「求富」來維護清王朝的統治。

在洋務運動蓬勃開展之時，隨著近代企業的產生和資產階級的出現，反映新興民族利益和要求的早期維新派隨之崛起，主要代表人物有王韜、薛福成、鄭觀應等。他們中的許多人接觸過西方的學術和文化，受過較多西方文明的薰陶和影響，使他們成為「西學」的積極傳播者。同時，他們又深受中華傳統文化的影響，具有相當堅定的中國傳統文化意識。他們已經意識到，洋務派的「師夷長技」只是承襲西方人的皮毛，不能從根本上解決中國的落後問題。他們提出了「中學為體，西學為用」的理論，欲使中國富強起來，必須學習西方，對中國進行全面的改革。如反對專制統治，和西方國家進行「商戰」，實行君主立憲制度等。這裡所說的「西學」已不單指西方的器物之學，也包含了西方的一些法律和制度方面的內容。

甲午中日戰爭後，早期維新思想家提出的「變法」主張在新的歷史條件下加速傳播，很快形成一股新的社會思潮。他們認為只有變法維新、走西化之路，才能使中國富強起來，才能挽救中國被瓜分的危機。維新變法思想的醞釀和傳播，很快形成了一種政治運動，終於在一八九八年發生了著名的「戊戌變法」。

⊙ 首批留洋的學生。以培養洋務人才為目的，清廷在一八七二年挑選出幼童赴美。

這次維新變法的主要領導者是康有爲。一八九五年康有爲到北京參加會試，正趕上甲午戰敗，中日簽訂《馬關條約》之時。消息傳來，立刻引起各階層人士的憤怒和反對。滯京參加會試的舉人在康有爲的號召下聯名上書清廷，痛陳形勢的危殆，這就是有名的「公車上書」。

在上書中，康有爲提出「拒和，遷都、變法」等主張。這份「公車上書」雖然最後沒被送至光緒帝手中，但其內容很快傳播開來，轟動京城。維新派志士在北京、上海、湖南、廣東、天津等地創辦報刊、組織學會、開辦學堂，大力宣傳新思想，製造變法輿論，訓練變法人才，維新變法運動日益高漲。

就在「公車上書」的第二天，會試放榜，康有爲考中進士，清廷授予他工部主事之職，但這並沒有影響他的維新思想。不久，康有爲又用進士名義，第三次上書給光緒帝。這一次，光緒帝看到了，他非常讚賞康有爲的主張。光緒帝親政六年來，耳聞目睹的內政外交，皆是一本失敗的紀錄。他從康有爲的文章中，看到了振興大清王朝的一線希望，爲保大清社稷，非實行新政不可，光緒帝決心向慈禧攤牌了。

他來到頤和園樂壽堂，向慈禧跪地請安後，將公車上書的內容大致說了一遍，然後陳述自己醞釀已久的新政方案。出乎他意料的是，慈禧並未訓斥，也未阻撓。於是光緒皇帝在維新派的策劃鼓動下，於一八九八年六月十一日頒定《明定國是詔》，宣布維新變法。

變法剛開始時慈禧並不反對，她對光緒說：「變法也是要緊的，但勿違祖制，勿損滿洲權勢，方准施行。」然隨著變法的深入，觸動了一些守舊派的利益，反對聲浪四起。御史文悌在木箱中投入不少彈劾光緒帝「倒行逆施」的紀錄文字，又上書彈劾維新人物。光緒帝閱過奏章，怒不可遏，將其革職。皇帝的態度對守舊大臣是當頭悶棒，便轉向慈禧求助。他們聯合起來，唆使文悌到天津，向慈禧的心腹直隸總督榮祿訴苦。

榮祿也十分明白，一旦維新派羽翼豐滿，光緒掌握實權，自己前途未卜。他先透過文悌散布「皇上病重」

⊙《辛丑和約》簽訂於清光緒二十七年（西元一九○一年）九月七日，條約共十二款，其中以賠款白銀四億五千萬兩一項，最為嚴苛。

的謠言，又串通李蓮英唆使太監到茶樓酒肆哄傳「皇上與維新派陰謀加害慈禧太后」的謠言等，這些謠言很快傳到了慈禧耳中。看到火候已成，榮祿就頻繁出現在頤和園，向慈禧報告新政的流弊以及眾大臣的意見。慈禧聽後臉色氣得發青，說：「看來這個皇帝是不能讓他當了。」慈禧太后和頑固派官僚榮祿密謀策劃，決定乘天津閱兵之機進行兵變，廢除變法。他們利用袁世凱於九月二十一日發動政變，囚禁光緒帝於瀛臺。

⊙ 八國聯軍在清宮。慈禧放縱義和團對付各國在華人士，引發歐美八國聯合出兵，直入清宮，滿清皇室逃亡。

光緒帝壯志未酬，心事茫然。他站在涵元殿，望著蒼茫的西苑湖秋水，仰天長歎：「吾不如漢獻帝也！」他從宣布變法到變法失敗，前後只有一百零三天，故又稱為「百日維新」。慈禧重新上臺，立即下令緝拿康有為、譚嗣同等維新派人物。

光緒帝在風聲鶴唳之時，猶不忘記與他休戚與共的維新派人物。他在去瀛臺之前，曾下了一道密旨，令康有為等維新派逃匿。康有為接到密旨後，立即從天津搭一艘英商輪船到上海，後轉香港；梁啓超接到密旨後急赴日本大使館避難，後伺機逃到日本橫濱；譚嗣同接獲密旨後視死如歸，慨然說：「各國變法，沒有不流血的。」他決心以自己的鮮血來喚醒國人。一八九八年九月二十八日，清廷處死了譚嗣同及林旭、楊深秀、劉光第、楊銳、康廣仁等維新派人士，史稱「戊戌六君子」。

⊙清末新政設置機構──學堂書報館

戊戌變法的失敗，把人們依靠朝廷本身的改革來強國的最後一絲夢想徹底擊滅了。清廷錯過了最後一次變革維新的機會，同時也喪失了選擇發展道路的機會。清廷拒絕維新，其結果只能給自己帶來滅頂之災。

辛亥革命

戊戌變法失敗後，中國民主革命人士迅速覺醒，展開了以推翻清王朝為目標的民主革命運動。其主要領導者為孫中山。

孫中山在學生時代便非常關心國家大事。一八八四年中法戰爭後，嚴重的民族危機使他產生了反清思想。一八九四年他趕赴檀香山，聯合華僑

人士二十餘人，組成了中國最早的革命團體「興中會」；並於十九世紀末先後發動了廣州起義和惠州起義。在起義失敗後，他被迫流亡海外。其間，他繼續考察歐美社會，在海外華僑和留學生中進行革命宣傳和組織活動，為傳播民主革命思想東奔西走，不遺餘力。

《辛丑和約》的訂立，使革命知識分子對朝廷再也不寄希望，他們出版了許多民主革命思想的報紙和刊物。隨著革命思想的傳播，國內出現了許許多多的革命團體，其中影響較大的團體有章太炎、蔡元培於一九○三年在上海建立的「光復會」；黃興、宋教仁、陳天華於一九○四年在長沙建立的「華興會」。另外，一九○四年，湖北革命志士劉敬安、張難先等在武昌成立科學補習所，後來又成立「日知會」，暗中從事革命活動。在革命黨人的宣傳鼓動下，有不少青年知識分子投筆從戎，在清朝新軍中進行革命宣傳和組織工作。

⊙ 黃興（前排左一）與宋教仁（前排右二）成立華興會。此照為一九○五年攝於東京。

⊙ 清帝受萬民朝賀敬拜的太和殿。如今天朝
已盡，徒留後人咀嚼那昔日的上國氣象。

一九○五年，在孫中山的倡議下，興中會、華興會、光復會及其他革命團體聯合起來，成立了一個全國性的革命組織——「同盟會」，推舉孫中山為總理，提出了「驅除韃虜，恢復中華，創立民國，平均地權」的政治綱領。這個政治綱領後來被孫中山概括為民族、民權、民生的「三民主義」。從此，中國革命派正式登上歷史舞臺，開始武裝革命的宣傳。

在湖北，革命黨人組織了兩個較大的祕密革命團體——文學社和共進會。這兩個革命團體中的許多骨幹分子，都加入清朝在湖北的新軍，在新軍裡面祕密傳播革命思想，發展革命組織。當時武漢新軍中參加革命組織的士兵群眾達五、六千人，占湖北新軍總數的三分之一左右，為武昌起義的發動奠定了堅實的基礎。為了加強對武漢地區革命力量的領導，共進會和文學社兩個革命團體在同盟會的幹旋下，決定聯合行動：於一九一一年九月二十四日組織統一的起義領導機構，推舉文學社領導人蔣翊武為湖北革命軍總指揮，共進社領導人孫武為參謀長。他們擬定了起義的詳細計畫，推舉了武裝起義後軍政府的負責人，草擬文告，派人到上海迎接同盟會領導人來鄂主持大計，同時和鄰近各省進行聯繫，策動響應。

十月九日，孫武在漢口俄租界製造炸彈不慎爆炸，沙俄巡捕聞訊趕來。孫武逃匿到醫院，而準備起義的旗幟、符號、文告、書信等全被搜去。十月十日，設在武昌的指揮起義的祕密機關又遭破壞，蔣翊武逃脫。清軍宣布全城戒嚴，按照查獲的名單搜捕革命黨人，武昌的革命形勢危急，起義活動處於群龍無首的狀態，眼看起義就要流產。革命黨人和新軍中的覺悟士兵，很快從慌亂中鎮靜下來，自行聯繫，按既定目標發動起義。

一九一一年十月十日，武昌新軍工程第八營的革命黨人打響了武裝起義的第一槍，武昌起義爆發了。他們擊斃了鎮壓起義的軍官，衝往楚望臺軍械庫奪取彈藥。軍械庫守軍中的革命士兵們聞風響應，一舉佔領了楚望臺。其他各營的士兵和軍事學堂的學生紛紛起義，齊集楚望臺，推舉原日知會會員吳兆麟擔任指揮，向總督衙門發動攻擊。革命士兵奮不顧身，通宵血戰，佔領了總督衙門。起義軍一夜之間佔領了武昌城，取得了起義的勝利。十一日晚和十二日晨，漢陽、漢口的新軍也相繼起義，武漢三鎮完全為革命黨人所控制。此後，湖北軍政府宣告成立，推舉黎元洪為都督，廢除宣統年號。

武昌起義後，各省紛紛響應。到十一月初，全國大部分省分皆宣告獨立，清王朝已土崩瓦解，名存實亡。一九一二年一月一日，各省代表舉行南方會議，推選孫中山為臨時大總統，改西元紀年。孫在南京宣誓就任臨時大總統，宣告成立臨時中央政府，中華民國正式誕生。辛亥革命推翻了長達兩百六十多年的清朝統治，結束了統治中國長達三千多年的專制帝制，建立了亞洲第一個共和國。

中國的歷史，由此翻開新的一頁。掩卷之餘，不免遐思。中國歷代王朝都實行以皇帝為核心的中央集權制，相沿未曾改過。王朝的興起和衰亡可說是成於斯毀於斯。古語說：「其興也勃焉，其亡也忽焉。」傳統的中國始終沒有跳出這種王朝更替的泥淖。應當悲歎？應當讚歎？也許不該給制度太多的目光，制度始終由人來實現。滿洲人的興起和清朝的衰亡留下的注腳，已很有說服力了。

註解
※ 一說「同治」，即慈禧與其子一同治理天下之謂。

參考文獻

夏

孫淼：《夏商史稿》，北京：文物出版社，
　　1987年版。

孟世凱：《夏商史話》，北京：中國青年出版
　　社，1986年版。

李民：《夏商史探索》，鄭州：河南人民出版
　　社，1985年版。

黎虎：《夏商周史話》，北京：北京出版社，
　　1984年版。

呂思勉：《呂著中國通史》，上海：華東師範
　　大學出版社，1992年版。

張海鵬：《中國通史》，合肥：安徽人民出版
　　社，1991年版。

楊釗：〈夏桀殷紂論說〉，《史學集刊》，1997
　　年第一期。

楊釗：〈夏桀殷紂論說〉，《學術月刊》，1996
　　年第五期。

商

孫淼：《夏商史稿》，北京：文物出版社，
　　1987年版。

孟世凱：《夏商史話》，北京：中國青年出版
　　社，1986年版。

李民：《夏商史探索》，鄭州：河南人民出版
　　社，1985年版。

黎虎：《夏商周史話》，北京：北京出版社，
　　1984年版。

翦伯贊：《先秦史》，北京：北京大學出版
　　社，1999年版。

李衡眉：《先秦史論集》，濟南：齊魯書社，
　　1999年版。

周遠廉：《中國封建王朝興亡史》，南寧：廣
　　西人民出版社，1996年版。

易永卿：〈商紂王悲劇的原由新探〉，《湘潭
　　師範學院學報》（社會科學版），2001年第
　　一期。

王革勳：〈論商紂王〉，《大同職業技術學院
　　學報》，1997年第四期。

張鍇澤：〈重新認識商紂王的歷史功績〉，
　　《安慶師範學院學報》（社會科學版），1997
　　年第三期。

周

黎虎：《夏商周史話》，北京：北京出版社，
　　1984年版。

周遠廉：《中國封建王朝興亡史》，南寧：廣
　　西人民出版社，1996年版。

范文瀾：《中國通史簡編》，石家莊：河北教
　　育出版社，2000年版。

周遠廉：《中國封建王朝興亡史》，南寧：廣
　　西人民出版社，1996年版。

楊寬：《西周史》，上海：海人民出版社，
　　1999年版。

董惠民：〈略談平王東遷的主要原因——兼與
　　于逢春同志商榷〉，《湖州師範學院學
　　報》，1987年第二期。

秦

錢穆：《秦漢史》，北京：活‧讀書‧新知三
　　聯書店，2004年版。

林劍鳴：《秦漢史》，上海：上海人民出版
　　社，2003年版。

孟祥才：《先秦秦漢史論》，濟南：山東大學
　　出版社，2001年版。

翦伯贊：《秦漢史》，北京：北京大學出版
　　社，1983年版。

張榮芳：《秦漢史論集：外三篇》，廣州：中
　　山大學出版社，1995年版。

呂思勉：《秦漢史》，上海：上海古籍出版
　　社，1983年版。

高敏：《秦漢史》，鄭州：中州書畫社，1982
　　年版。

張鳴：〈秦朝滅亡原因管見〉，《安徽史學》，
　　1994年第三期。

西漢

錢穆：《秦漢史》，北京：生活‧讀書‧新知
　　三聯書店，2004年版。

林劍鳴：《秦漢史》，上海：上海人民出版
　　社，2003年版。

田昌五、安作璋：《秦漢史》，北京：人民出
　　版社，1993年版。

潘國基：《秦漢史話》，北京；北京出版社，

1992年版。

周天遊：《秦漢史研究概要》，天津：天津教
　　育出版社，1990年版。

羅士烈：《秦漢史話》，北京；中國青年出版
　　社，1985年版。

周遠廉：《中國封建王朝興亡史》，南寧：廣
　　西人民出版社，1996年版。

范文瀾：《中國通史簡編》，石家莊：河北教
　　育出版社，2000年版。

呂思勉：《呂著中國通史》，上海：華東師範
　　大學出版社，1992年版。

張海鵬：《中國通史》，合肥：安徽人民出版
　　社，1991年版。

東漢

錢穆：《秦漢史》，北京：生活・讀書・新知
　　三聯書店，2004年版。

林劍鳴：《秦漢史》，上海：上海人民出版
　　社，2003年版。

田昌五 安作璋：《秦漢史》，北京：人民出版
　　社，1993年版。

潘國基：《秦漢史話》，北京：北京出版社，
　　1992年版。

周天遊：《秦漢史研究概要》，天津，天津教
　　育出版社，1990年版。

羅士烈：《秦漢史話》，北京：中國青年出版
　　社，1985年版。

周遠廉：《中國封建王朝興亡史》，南寧：廣
　　西人民出版社，1996年版。

范文瀾：《中國通史簡編》，石家莊：河北教
　　育出版社，2000年版。

呂思勉：《呂著中國通史》，上海：華東師範
　　大學出版社，1992年版。

張海鵬：《中國通史》，合肥：安徽人民出版
　　社，1991年版。

盧太康：〈對「王田制」及王莽改制失敗的一
　　些認識〉，《大同職業技術學院學報》，
　　2001年第一期。

任佶夫：〈論王莽改制〉，《錦州師範學院學
　　報》（哲學社會科學版），2000年第一期。

徐難于：〈論黃巾起義宗教色彩和規模巨大的
　　成因〉，《西南師範大學學報》（哲學社會
　　科學版），1998年第六期。

西晉

（唐）房玄齡等：《晉書》，北京：中華書局，
　　1973年版。

東晉

房玄齡等：《晉書》，北京：中華書局，1980
　　年版。

陳福林等：《歷代衰亡史話》，哈爾濱：黑龍
　　江人民出版社，1987年版。

田餘慶：《東晉門閥政治》，北京：北京大學
　　出版社，1991年版。

《兩晉演義》，「超星數字圖書館」，網址：
　　http://www.ssreader.com/。

劉長旭：〈東晉琅邪王氏家族述略〉，《歷史
　　教學》，1997年第十一期。

施建雄：〈試評桓溫─兼論東晉前期的政治與
　　軍事〉，《三明師專學報》，2000年第3期。

北魏

（唐）房玄齡等：《晉書》，北京：中華書局，
　　1973年版。

（北齊）魏收：《魏書》，北京：中華書局，
　　1974年版。

隋唐

（宋）司馬光：《資治通鑑》，北京：中華書局
　　點校本，1956年版。

（唐）魏徵：《隋書》，北京：中華書局點校
　　本，1973年版。

（後晉）劉昫：《舊唐書》，北京：中華書局點
　　校本，1975年版。

（宋）歐陽修、宋祁：《新唐書》，北京：中華
　　書局點校本，1975年版。

翦伯贊：《中國史綱要》，北京：人民出版社
　　1983年版。

唐長孺：《中國大百科全書・中國歷史・隋唐
　　五代》，北京：中國大百科全書出版社，
　　1988年版。

[英]崔瑞德主編：《劍橋中國隋唐史（589—
　　906年）》，北京：中國社會科學出版社，
　　1990年版。

白壽彝總主編，史念海、陳光崇主編：《中國
　　通史》（第六卷）《中古時代・隋唐時期》，
　　上海：上海人民出版社，1997年版。

吳宗國：《隋唐五代簡史》，福建：福建人民

出版社，1998年版。

張豈之主編，張國剛、楊樹森卷主編：《中國歷史‧隋唐宋卷》，北京：高等教育出版社，2001年版。

南唐

薛居正等：《舊五代史》，中華書局點校本。

歐陽修：《新五代史》，中華書局點校本。

吳任臣：《十國春秋》，中華書局點校本。

司馬光：《資治通鑑》，中華書局點校本。

李煜：《李後主詞》，四庫全書本。

陶懋炳：《五代史略》，人民出版社，1985年版。

徐楓：《歷史的頓挫‧浪淘沙》，中州古籍出版社，1993年版。

杜文玉：〈南唐黨爭評述——與任爽同志商榷〉，《渭南師範學院學報》，1991年第一期。

魏良弢：〈南唐士人〉，《江蘇社會科學》，1995年第二期。

李靜：〈南唐詞抒情模式的位移〉，《北方論叢》2002年第四期。

吳楓、任爽：〈五代分合與南唐的歷史地位〉，《東北師大學報》（哲學社會科學版），1994年第五期。

遼

費正清：《劍橋中國遼西夏金元史》，中國社會科學出版社，1998年版。

楊樹森：《遼史簡編》，遼寧人民出版社，1984年版。

漆俠、喬幼梅：《遼夏金經濟史》，河北大學出版社，1991年版。

紀宗安：《西遼史論‧耶律大石研究》，新疆人民出版社，1996年版。

《遼史》，中華書局點校本。

北宋

黃仁宇：《中國大歷史》，北京：三聯書店，1997年版。

朱紹侯主編：《中國古代史》，福州：福建人民出版社，1990年版。

張邦煒：〈宋徽宗角色錯位的來由〉，《四川師範大學學報》，2002年第一期。

李澤厚：《美的歷程》（修訂插圖本），天津：天津社會科學院出版社，2001年版。

《宋史》，中華書局點校本。

《遼史》，中華書局點校本。

《金史》，中華書局點校本。

《靖康紀聞》，「中國宋代歷史研究網」：http://www.songdai.com/shownews.asp?NewsID=195<

西夏

李蔚：《簡明西夏史》，人民出版社，1997年10月初版。

李錫厚、白濱：《中國斷代史系列——遼金西夏史，上海人民出版社，2003年4月版。

邊人主編：《西夏——消逝在歷史記憶中的國度》，北京：外文出版社，2005年11月版。

[德]傅海波、[英]崔瑞德編《劍橋中國遼西夏金元史》，史衛民等譯，陳高華等審核，中國社會科學出版社出版，1998年版。

宋東俠：〈西夏政權立國基礎淺析〉，《青海民族研究》（季刊），1998年第三期。

劉菊湘：〈地理環境對西夏社會的影響〉，《固原師專學報》（社會科學）1997年第五期。

王德忠：〈西夏的外戚專權及其影響〉，《松遼學刊》（哲學社會科學版），2000年4月。

李蔚：〈略論夏蒙戰爭的特點及西夏滅亡的原因〉，《固原師專學報》（社會科學），2000年7月。

吉家友：〈西夏長存與多變外交〉，《天中學刊》，2001年8月。

宋乃平：〈試論西夏分立的地緣條件〉，《中國歷史地理論叢》，2001年3月。

劉建麗：〈二十世紀國內外西夏學研究綜述〉，《甘肅社會科學》，2005年第一期。

李範文：〈西夏在中國歷史中的地位〉，《寧夏社會科學》，2002年第三期。

李勝剛：〈百年西夏學國內外著作概述〉，《寧夏大學學報》（人文社會科學版），2003年第一期。

伍純初：〈從西夏王族的姓氏變化看其與中原政權的關係〉，《天中學刊》，2004年第四期。

陳廣恩：〈論西夏立國長久的一個重要原因〉，《西北民族研究》，2004年第三期。

「蔓草社區」：

    http://bbs.nxnews.net/forum/index.asp?board-id=45&page=

「插圖」中國歷史：

    http://hisedu.cn/china_pic/content/c/2/2b/22.htm

金

《金史》，中華書局點校本。

李錫厚、白濱：《中國斷代史系列──遼金西夏史》，上海人民出版社，2003年版。

[德]傅海波、[英]崔瑞德編：《劍橋中國遼西夏金元史》，中國社會科學出版社，1998年版。

[日]外山軍治著，李東源譯：《金朝史研究》，黑龍江朝鮮民族出版社，1988年版。

張博泉等：《金史論稿》，吉林文史出版社，1986年版。

南宋

周寶珠、陳振：《簡明宋史》，北京：人民出版社，1985年版。

王曾瑜：《荒淫無道宋高宗》，石家莊：河北人民出版社，1999年版。

王曾瑜：《盡忠報國──岳飛新傳》，石家莊：河北人民出版社，2001年版。

《宋史》，中華書局點校本。

《金史》，中華書局點校本。

《續資治通鑑長編》，中華書局點校本。

元

朱鷹主編：《元朝的故事》，北京：燕山出版社，2005年版。

[美]傑克·威澤弗德：《成吉思汗與今日世界之形成》，重慶：重慶出版社，2006年版。

[法]雷納·格魯塞：《蒙古帝國史》，北京：商務印書館，1989年版。

[法]雷納·格魯塞：《草原帝國》，北京：商務印書館，1998年版。

柏楊：《中國人史綱》，北京：同心出版社，2005年版。

明

《明實錄》，中央研究院歷史語言文化研究所校勘本。

《明史》，中華書局點校本。

肖黎：《名家評說中國著名皇帝》，鄭州：河南人民出版社，2005年版。

陳梧桐：《洪武皇帝大傳》，貴陽：貴州人民出版社，2005年版。

顧誠：《明末農民戰爭史》，北京：中國社會科學出版社，1984年版。

顧誠：《南明史》，北京：中國青年出版社，1997年版。

韋慶遠：《張居正和明代後期政局》，廣州：廣東高等教育出版社1999年版。

樊樹志：《崇禎傳》，北京：人民出版社，1997年。

清

周遠廉：《中國封建王朝興亡史·清朝卷》，南寧：廣西人民出版社，1996年版。

葛劍雄：《千秋興亡·清》，長春出版社，2000年版。

芮瑪麗：《同治中興：中國保守主義的最後抵抗》，北京：中國社會科學出版社，2001年版。

茅海建：《天朝的崩潰：鴉片戰爭再研究》，北京：三聯書店，1995年版。

陳旭麓：《近代中國社會的新陳代謝》，上海人民出版社，1992年版。

王曉秋、尚小明：《戊戌維新與清末新政──晚清改革史研究》，北京大學出版社，1998年版。

李文海：《世紀之交的晚清社會》，中國人民大學出版社，1995年版。

柯文：《在中國發現歷史》，中華書局，2002年版。

李侃 等編《中國近代史》，中華書局，1994年版。

蔣廷黻：《中國近代史》，海南出版社，1994年版。

翦伯贊：《中國史綱要》，人民出版社，1995年版。

2007年好讀強力主打新書系

人類文明的火苗，源自深邃的未知，
而漂移的痕跡，刻畫著我們獨有的印記。
不一樣的角度，就有不一樣的開始，
像是一間間收藏著神祕珍寶的密室，
怎麼看，怎麼精采！

> 最豐富多樣的圖片蒐集
> 最精緻易讀的版面設計

葡萄酒的故事

完整的把葡萄酒的歷史結集成冊，
所有葡萄酒愛好者必備的一本好書！
休・強森◎著／程芸◎譯
定價449元

愛因斯坦─百年相對論

收錄十一位各領域專家學者的文章，以及200張愛因
斯坦的珍藏照片，從其物理學家之路和個人生活兩
大部分來深入介紹這充滿矛盾性格的科學家。書中
深入討論愛因斯坦在空間與時間、機會與需求、宗教
與哲學、婚姻與政治、戰爭與和平、名聲與運氣、生命
與死亡的觀點。
安德魯・羅賓遜◎主編／林劭貞、周敏◎譯
定價350元

世界遺產機密檔案

本書精選全球最著名的50處世界遺產，搭配300張精
緻圖片以及最深入的古文明介紹。邀請讀者在欣賞
鬼斧神工的遠古建築奇蹟之餘，共同聆聽悠遠而神
祕的古文明之歌。
張翅、王純◎編著　定價339元

國家圖書館出版品預行編目資料

天朝落日／彭勇主編.
—— 初版. —— 臺中市：好讀, 2007[民96]
面； 公分. ——（圖說歷史；11）

ISBN 978-986-178-053-5（平裝）

1. 中國 - 歷史

610.9   96008768

好讀出版

圖說歷史 11

天朝落日

主　　編／彭　勇
總 編 輯／鄧茵茵
文字編輯／林碧瑩、莊銘桓
美術編輯／徐明瑞
行銷企畫／許碧眞

發行所／好讀出版有限公司
台中市407西屯區何厝里19鄰大有街13號
TEL:04-23157795　FAX:04-23144188
http://howdo.morningstar.com.tw
（如對本書編輯或內容有意見，請來電或上網告訴我們）
法律顧問／甘龍強律師
承製／知己圖書股份有限公司　TEL:04-23581803

總經銷／知己圖書股份有限公司
http://www.morningstar.com.tw
e-mail:service@morningstar.com.tw
郵政劃撥：15060393　知己圖書股份有限公司
台北公司：台北市106羅斯福路二段95號4樓之3
TEL:02-23672044　FAX:02-23635741
台中公司：台中市407工業區30路1號
TEL:04-23595820　FAX:04-23597123
（如有破損或裝訂錯誤，請寄回知己圖書台中公司更換）

初版／西元2007年9月1日
定價：339元

讀者回函

只要寄回本回函，就能不定時收到晨星出版集團最新電子報及相關優惠活動訊息，並有機會參加抽獎，獲得贈書。因此有電子信箱的讀者，千萬別吝於寫上你的信箱地址

書名：天朝落日

姓名：＿＿＿＿＿＿＿＿ 性別：□男□女 生日：＿＿年＿＿月＿＿日

教育程度：＿＿＿＿＿＿＿＿＿＿＿＿

職業：□學生 □教師 □一般職員 □企業主管
　　　□家庭主婦 □自由業 □醫護 □軍警 □其他＿＿＿＿＿＿＿＿＿＿

電子郵件信箱（e-mail）：＿＿＿＿＿＿＿＿＿＿＿ 電話：＿＿＿＿＿＿＿

聯絡地址：□□□＿＿＿＿＿＿＿＿＿＿＿＿＿＿＿＿＿＿＿＿

你怎麼發現這本書的？

□書店 □網路書店（哪一個？）＿＿＿＿＿＿＿□朋友推薦 □學校選書

□報章雜誌報導 □其他＿＿＿＿＿＿＿＿＿＿＿＿＿＿＿＿＿＿＿

買這本書的原因是：＿＿＿＿＿＿＿＿＿＿＿＿＿＿＿＿＿＿＿

□內容題材深得我心 □價格便宜 □封面與內頁設計很優 □其他＿＿＿＿＿

你對這本書還有其他意見嗎？請通通告訴我們：

＿＿＿＿＿＿＿＿＿＿＿＿＿＿＿＿＿＿＿＿＿＿＿＿＿＿＿＿＿

你買過幾本好讀的書？（不包括現在這一本）

□沒買過 □1～5本 □6～10本 □11～20本 □太多了

你希望能如何得到更多好讀的出版訊息？

□常寄電子報 □網站常常更新 □常在報章雜誌上看到好讀新書消息

□我有更棒的想法＿＿＿＿＿＿＿＿＿＿＿＿＿＿＿＿＿＿＿＿

最後請推薦五個閱讀同好的姓名與E-mail，讓他們也能收到好讀的近期書訊：

1.＿＿＿＿＿＿＿＿＿＿＿＿＿＿＿＿＿＿＿＿＿＿＿＿＿＿＿＿＿

2.＿＿＿＿＿＿＿＿＿＿＿＿＿＿＿＿＿＿＿＿＿＿＿＿＿＿＿＿＿

3.＿＿＿＿＿＿＿＿＿＿＿＿＿＿＿＿＿＿＿＿＿＿＿＿＿＿＿＿＿

4.＿＿＿＿＿＿＿＿＿＿＿＿＿＿＿＿＿＿＿＿＿＿＿＿＿＿＿＿＿

5.＿＿＿＿＿＿＿＿＿＿＿＿＿＿＿＿＿＿＿＿＿＿＿＿＿＿＿＿＿

我們確實接收到你對好讀的心意了，再次感謝你抽空填寫這份回函

請有空時上網或來信與我們交換意見，好讀出版有限公司編輯部同仁感謝你！

好讀的部落格：http://howdo.morningstar.com.tw/

好讀出版有限公司　編輯部收

407 台中市西屯區何厝里大有街13號

電話：04-23157795-6　傳眞：04-23144188

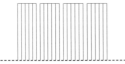

―――――――― 沿虛線對折 ――――――――

購買好讀出版書籍的方法：

一、先請你上晨星網路書店http://www.morningstar.com.tw檢索書目或
　　直接在網上購買

二、以郵政劃撥購書：帳號15060393　戶名：知己圖書股份有限公司
　　並在通信欄中註明你想買的書名與數量

三、大量訂購者可直接以客服專線洽詢，有專人爲您服務：
　　客服專線：04-23595819轉230　傳眞：04-23597123

四、客服信箱：service@morningstar.com.tw